ERICH GELDBACH

FREIKIRCHEN –
Erbe, Gestalt und Wirkung

V&R

VANDENHOECK & RUPRECHT
IN GÖTTINGEN

BENSHEIMER HEFTE
Herausgegeben vom Evangelischen Bund
Heft 70

Die Deutsche Bibliothek – CIP-Einheitsaufnahme

Ein Titeldatensatz für diese Publikation ist bei
Der Deutschen Bibliothek erhältlich.

Göttingen · Vandenhoeck & Ruprecht · 1989
2., völlig neu bearbeitete Auflage 2005
Herstellung: Ph. Reinheimer GmbH, Darmstadt
ISSN-Nr. 0522-9014
ISBN 3-525-87157-0

Vorwort zur 2. Auflage

Zu dem Erscheinungsbild der Christenheit gehören die Freikirchen als wichtiger Bestandteil. Ihre Entstehung hängt aufs engste mit den Fragen nach der Gestalt von Kirche und der Verwirklichung des persönlichen Christseins zusammen. Freikirchen suchten nach neuen Wegen für beides. Wie lässt sich Christ- und Kirchesein glaubhaft in der Welt verwirklichen? Die Antwort der Freikirchen und damit ihre Entstehung führten zu einer immer weiter um sich greifenden Differenzierung und Pluralisierung des Christentums in der Neuzeit. So sind sie tatsächlich eine „moderne" Form des Kircheseins (Wolfgang Heinrichs) und halfen mit, die Moderne hervorzubringen. Ihr Beitrag hat tiefe Spuren in der Geschichte hinterlassen. Daher kann die Beschäftigung mit ihnen nicht nur den Blick für die gegenwärtige Situation der Kirchen und der Ökumene schärfen, sondern zugleich die Vergangenheit lebendig werden lassen.

Das Buch erschien im schicksalsträchtigen Jahr 1989 noch vor der politischen Wende. Mit der Wiedervereinigung Deutschlands waren viele Details des Buches wie Zahlen, Adressen und andere Angaben obsolet geworden. Eine Neuauflage schien daher notwendig, doch ließen andere berufliche Verpflichtungen, insbesondere die Berufung auf den Lehrstuhl für Ökumenik und Konfessionskunde an der Evangelisch-Theologischen Fakultät der Ruhr-Universität Bochum, nicht die Zeit für eine baldige Verwirklichung des Plans. Nach Eintritt in den sog. „Ruhestand" konnte das Vorhaben neu überdacht werden. Die Erinnerung an die Zeit in Bochum erfüllt mich mit großem Dank gegenüber der gesamten Fakultät.

Allen, die mir mit ihren Informationen geholfen haben, die Angaben zu den einzelnen Freikirchen auf den neuesten Stand zu bringen und die Textentwürfe kritisch gelesen haben, danke ich herzlich. Insbesondere nenne ich Ekkehard Bewernick, Reimer Dietze, Dr. Fernando Enns, Dr. Manfred Marquardt, Dr. Dietrich Meyer und Holger Teubert. An zahlreichen Stellen sind Veränderungen und Verbesserungen vorgenommen worden, so dass die Neuauflage wesentlich verändert ist. Das Literaturverzeichnis am Ende ist auf wenige Angaben begrenzt, da die in den Fußnoten zitierten Werke nicht noch einmal aufgenommen wurden.

Das Büchlein hatte ich seinerzeit dem 1988 durch einen tragischen Verkehrsunfall mitten aus seinem schaffensreichen Leben abberufenen Generalsekretär des Baptistischen Weltbundes

Gerhard Claas (31.8.1928 – 21.3.1988)

gewidmet. Auch die Neuauflage gilt seinem Angedenken.

Marburg, im Januar 2005 *Erich Geldbach*

INHALT

1. Einleitung

Trotz neuer und vielfältiger Möglichkeiten der Informationsbeschaffung ist der Kenntnisstand über die Freikirchen in der Bevölkerung und selbst unter Mitgliedern von Kirchenleitungen sowie Pfarrern, Religionslehrern und Kirchenvorständen gering. Auf katholischer Seite scheint dies noch ausgeprägter zu sein als im evangelischen Raum[1], weil für Katholiken die Vielfalt evangelischer Kirchen angesichts eines ausgeprägten Einheitsbewusstseins verwirrend sein muss. Vielfältige Gründe sind für die mangelnde Vertrautheit ausschlaggebend.

1. Im allgemeinen Sprachgebrauch hat es sich eingebürgert, von „der" evangelischen Kirche und „der" katholischen Kirche oder „den beiden christlichen Kirchen" zu sprechen. Es wird bis in die Nachrichtensendungen in Funk und Fernsehen sprachlich vermittelt, dass es eigentlich nur zwei Kirchen in Deutschland gibt. Dabei wird häufig übersehen, dass die evangelische Seite so einheitlich nicht verrechnet werden darf, weil die einzelnen Landeskirchen selbständige, auf dem Territorialprinzip aufbauende Kirchen sind, die sich mit der Evangelischen Kirche in Deutschland (EKD) und seinem Kirchenamt in Hannover ein Dach geschaffen haben. Eine Kirche im dogmatischen Sinn ist die EKD jedoch nicht. Sie vereinigt lutherische, reformierte und unierte Landeskirchen sowie die Herrnhuter Brüdergemeine.[2] Nicht nur territorial, sondern auch konfessionell sind die Kirchen der EKD unterschiedlich, wenngleich es zwischen ihnen aufgrund der Leuenberger Konkordie von 1973/74 Kanzel- und Abendmahlsgemeinschaft gibt. Streng genommen ist es jedoch falsch, von *der* evangelischen Kirche als dem Gegenüber der katholischen Kirche zu sprechen. Es wird aber immer so getan, als gäbe es „die" evangelische Kirche. Dies geschieht von den statistischen Angaben

---

[1] Vgl. die einfühlsame Darstellung von Wilhelm Bartz, Freikirchen in Deutschland. Geschichte, Lehre, Ordnung, Trier 1973; eine Entwicklung des Verständnisses kann man aus den verschiedenen Auflagen des Handbuchs von Konrad Algermissen ablesen. Im Paderborner Johann-Adam-Möhler-Institut hat sich Hans Jörg Urban für das Verständnis der Freikirchen verdient gemacht.

[2] Vgl. Erwin Fahlbusch, Kirchenkunde der Gegenwart, Stuttgart (Kohlhammer) 1979, S. 120 ff.

über die Zahl der „evangelischen" und „katholischen" Bürger oder der Angabe auf der Lohnsteuerkarte bis zu gemeinsamen Verlautbarungen der evangelischen und katholischen Kirchen. Dabei fallen die evangelischen Freikirchen einfach unter den Tisch.

2. In Deutschland sind die Freikirchen zahlenmäßig eine Größe, mit der weder der Staat noch die Kirchenleitungen der sogenannten „Großkirchen" ernsthaft rechnen. Wenngleich im Leben der Gemeinden vieles von dem verwirklicht ist, was in den letzten Jahren in soziologischen und theologischen Untersuchungen als Defizite in den Großkirchen diagnostiziert worden ist[3], haben die Freikirchen in Deutschland keine wirklichen, zahlenmäßigen Durchbrüche geschafft. Sie sind im Gegenteil in den allgemeinen Trend der Stagnation kirchlicher Arbeit und in den Strudel der Entkirchlichung mit hineingerissen. Obwohl in ihnen von der Struktur her ein Aufbau „von unten" zu beobachten ist, und obwohl eine „demokratische" Verfahrens- und Organisationsweise überwiegt, haben sich die Freikirchen dennoch nicht für enttäuschte oder suchende Zeitgenossen als eine mögliche Alternative zu den Großkirchen profilieren können.

3. Der allgemeine Sprachgebrauch redet von Kirche in der Einzahl. Wenn der Plural gebraucht wird, denkt man, wie gesagt, höchstens an zwei, eben an die beiden Großkirchen. Auf sie richtet sich auch das Augenmerk ökumenischer Anstrengungen. Während weltweit die Ökumene eine Vielzahl von Kirchen umfasst, ist in Deutschland ganz häufig ein auf das Verhältnis von evangelischer und katholischer Kirche gerichteter Sprachgebrauch des Wortes „ökumenisch" zu beobachten. Unter der allgemeinen Zielvorgabe von „Einheit der Kirche" wird Ökumene betrieben. Wozu bedarf es eigentlich noch der zwei getrennten Kirchen angesichts der allgemeinen Krisensi-

---

[3] Vgl. z. B. Paul M. Zulehner, Das Gottesgerüst: Bausteine für eine Kirche der Zukunft, Düsseldorf 1987, ders., Leutereligion: Eine Gestalt des Christentums auf dem Weg durch die 80er Jahre, Wien, Freiburg 1982, Franz Xaver Kaufmann u. a., Kirche, in: Christlicher Glaube in moderner Gesellschaft, Teilband 29, Freiburg 1982, 67-188, Jürgen Moltmann, Neuer Lebensstil. Schritte zur Gemeinde, München 1977, Wolfgang Huber, Kirche, Stuttgart 1979, ders., Folgen christlicher Freiheit. Ethik und Theorie der Kirche im Horizont der Barmer Theologischen Erklärung, Neukirchen-Vluyn 1983.

tuation? Besonders von katholischer Seite wird unter Hinweis auf den „Skandal der Trennung" und darauf, dass viele Christen an der Trennung leiden, die Einheit der Kirche eingeklagt. Damit wird der Eindruck verstärkt, dass es eigentlich nur eine Kirche gibt oder geben sollte. In dieses Bild passen die Freikirchen gar nicht. Sie stören nicht nur das Schema der beiden Großkirchen, sondern sind auch untereinander in eine große Zahl von selbständigen Kirchen aufgespalten. Den beiden „Volkskirchen" steht nicht *die* Freikirche, sondern eine Reihe von selbständigen Freikirchen zur Seite. Sie alle haben eine spezifische Geschichte und sind durch besondere Merkmale geprägt. Es würde den ökumenischen Prozess zwischen evangelischer und katholischer Kirche bei schwierigen Fragen unnötig komplizieren, müsste man auch die Freikirchen noch mit einbeziehen.

4. Der geringe Informationsstand über die Freikirchen hat dazu geführt, dass sie einer bestimmten kirchenpolitischen Richtung zugezählt werden und dass evangelische Kirchenleitungen die Probleme, die sie mit ihren innerkirchlichen Gruppierungen haben, auch auf die Freikirchen übertragen. Letzteres geschieht weniger bewusst als unbewusst. Seit den späten 60er und den 70er Jahren des 20. Jahrhunderts wird diese Problematik unter dem Stichwort der „evangelikalen" Parallelstrukturen verhandelt. In den evangelischen Landeskirchen haben Christen des erwecklichen Typus und der Gemeinschaftsbewegung, die sich selbst als „konservativ" einstufen und als „evangelikal" bezeichnen, vielfach gegen Entscheidungen der Kirchenleitungen Widerspruch eingelegt bzw. durch den Aufbau von Parallelstrukturen ihre Unzufriedenheit mit dem offiziellen Kurs der Kirchen zum Ausdruck gebracht. Diese Christen in den evangelischen Landeskirchen sind traditionell durch die Evangelische Allianz[4] mit Christen in den Freikirchen eng verbunden. Es ist wohl diese Verbindung, die dazu geführt hat, die Freikirchen mit den Gemeinschaftskreisen innerhalb der Landeskirchen in einen Topf zu werfen und sie insgesamt als „Evangelikale" ungünstig zu verrechnen. Die Freikirchen werden so dem theologisch und politisch konser-

---

[4] Siehe unten im Kapitel Zwischenkirchliche Beziehungen.

vativen Flügel des landeskirchlichen Protestantismus zugerechnet und gemeinsam mit dieser innerkirchlichen Gruppierung von manchen Kirchenleitungen und den „progressiven", „liberalen", „linken", „aufgeklärten" Theologen bekämpft.

5. Die vorsichtige Reserve mancher Kirchenleitungen und Theologen gegenüber den Freikirchen ist freilich im Bewusstsein der allgemeinen Bevölkerung noch viel massiver ausgeprägt. Hier werden die Freikirchen zu den „Sekten" gerechnet. Je kirchendistanzierter ein Zeitgenosse ist, desto ausgeprägter scheint dieses Urteil zu sein. Damit ist zweierlei erreicht. Eine ernsthafte Auseinandersetzung mit dem Anliegen der Freikirchen bedarf es angesichts des ihnen zugeschriebenen Sektencharakters nicht. Entlastend wirkt an diesem Urteil außerdem, dass man nicht jeden Sonntag in die Kirche zu „rennen" braucht, denn dies tun nur die Sektierer. Im allgemeinen ist für Freikirchler der Besuch der sonntäglichen Gottesdienste eine gern ergriffene Möglichkeit der Gemeinschaft mit Gott und untereinander. Der Gottesdienstbesuch rangiert deshalb in der Wertskala sehr hoch. Dies wird durchaus zu Recht von Außenstehenden beobachtet. Mit dem Hinweis, dass das „In-die-Kirche-Rennen" ein Merkmal der Sektierer ist, kauft man sich indes von der eigenen Verpflichtung frei. Die sprachliche Distanzierung („rennen") von dem Kirchenbesuch entspricht dem distanzierten Interesse an der Kirche.

6. Bei Pfarrern und Theologen, aber auch bei Kirchenleitungen stehen die Freikirchen auch deshalb nicht hoch im Kurs, weil sich ihre missionarischen Anstrengungen über den Raum des eigenen Gemeindenachwuchses nach außen richten. Dabei kommt es notwendigerweise zu Interessenkollisionen. Denn wenn sich jemand entschließt, Glied in einer Freikirche zu werden, muss er oder sie die Mitgliedschaft in der evangelischen oder katholischen Kirche normalerweise aufgeben. Angesichts der ohnehin aus vielfältigen, säkularen, nichttheologischen Gründen sinkenden Mitgliederzahlen in den Großkirchen ist es verständlich, dass Irritationen auftreten und Freikirchen in den Geruch kommen, Mitglieder abzuwerben, was gern als „Proselytismus" verunglimpft wird.

7. Der Hauch des Fremdartigen, der die Freikirchen in Deutschland von jeher umgab, liegt in ihrer Herkunft begründet. Sie sind größtenteils im anglo-amerikanischen Kulturraum erwachsen und haben von dort weltweit ihre Kraft

entfaltet. Trotz der geradezu enthusiastischen Annahme vieler anglo-amerikanischer Lebensgewohnheiten nach dem Zweiten Weltkrieg – von der parlamentarischen Demokratie bis zum Freizeitverhalten und symbolisch durch das Einströmen der vielen Anglizismen in die deutsche Sprache gekennzeichnet – ist man kirchlicherseits vorsichtig-zurückhaltend. Die verwirrende Fülle der Denominationen auf dem nordamerikanischen Kontinent wirkt nicht gerade anziehend, und im Zuge der europäischen Annäherungen im Rahmen der Europäischen Gemeinschaft bzw. der Europäischen Union suchte man evangelischerseits den Kontakt zur Kirche von England einerseits und zur Orthodoxie andererseits.

8. Dass die Evangelische Kirche in Deutschland mit der Kirche von England in Gespräche eingetreten ist und das Meissen-Abkommen geschlossen hat, findet in östlicher Richtung eine gewisse Parallele. Sowohl mit der Russisch-Orthodoxen als auch mit der Rumänisch-Orthodoxen Kirche unterhält die EKD offizielle Dialoge. Dagegen ist gewiss nichts einzuwenden. Gleichwohl aber überrascht es, dass man viel mehr Energien auf eine Verständigung mit anglikanischen und orthodoxen Kirchen konzentriert als etwa auf die Freikirchen. Dies kann zweierlei bedeuten. Entweder man rechnet die Freikirchen im außerdeutschen Raum heimlich zu den evangelischen Kirchen, was man jedoch im eigenen Lande nur eingeschränkt tut, oder man möchte eine eigene kirchliche Aufwertung dadurch erreichen, dass man mit den alten, sozusagen „richtigen“ Kirchen – den orthodoxen Kirchen des Ostens und der anglikanischen Kirche von England – Gespräche führt. Ein versteckter Minderwertigkeitskomplex würde auf diese Weise kompensiert. In jedem Fall aber läuft dieser Prozess der Verständigung an den Freikirchen vorbei. Dies fällt besonders im Blick auf Russland und Rumänien auf, weil es in beiden Ländern zahlenmäßig beträchtliche freikirchliche Minoritäten gibt.

9. Das Mauerblümchendasein der Freikirchen in Deutschland hat aber auch mit ihnen selbst zu tun. Sie haben es nicht verstanden, sich in der Öffentlichkeit genügend präsent zu machen. Das gilt für alle Bereiche. In der Theologie haben sie keine spezifisch freikirchlichen Ansätze hinreichend verdeutlichen können. In der Politik und in den Medien verursachen sie keine Schlagzeilen, selbst auf kommunaler Ebene lassen sie

sich wenig hören. In der Diakonie, wo sie Großes geleistet haben, gehören sie dem Diakonischen Werk an und werden auf diese Weise „vereinnahmt". Im allgemeinen leben freikirchliche Gemeinden in Deutschland zurückgezogen und sind ein Musterbeispiel für die „Stillen im Lande". Die Notwendigkeit einer eigenen Öffentlichkeitsarbeit wurde erst in den letzten zwanzig Jahren entdeckt; sie war bis dahin praktisch nicht existent. So kann der Eindruck entstehen, dass die Freikirchen als eigenständige Kirchen „öffentlichkeitsirrelevant" sind[5]. Die Schneckenhausmentalität hat sich tief in den Gemeinden eingegraben. Wagemutige neue Wege werden durch Ängstlichkeit abgeblockt. Ein bloßes Lavieren zwischen kirchenpolitischen Positionen und Rücksichtnahme innerhalb der Evangelischen Allianz sind kennzeichnender als die Erarbeitung freikirchlicher Positionen. Erschreckend ist vor allem, dass auch in den eigenen Reihen eine große Unkenntnis über den Weg der Freikirchen in Deutschland herrscht.

10. Eine gewisse Veränderung des Bewusstseins hat es innerhalb der „Vereinigung Evangelischer Freikirchen" seit 1999 gegeben, als das Präsidium die Berufung eines „Beauftragten der Vereinigung Evangelischer Freikirchen am Sitz der Bundesregierung" beschloss. Die geringe Dotierung der Stelle zeigt aber auch, dass sich die Freikirchen der Bedeutung einer solchen politischen Öffentlichkeitsarbeit noch nicht genügend bewusst sind.

11. Ein Heft über die Freikirchen in Deutschland entspringt nach dem Gesagten einem zweifachen Bedürfnis. Einmal soll es der an ökumenischen Fragen interessierten allgemeinen und kirchlichen Öffentlichkeit Informationen vermitteln. Zum anderen will es in den freikirchlichen Gemeinden selbst das Interesse an der freikirchlichen Geschichte und den charakteristischen Merkmalen der Freikirchen wecken. Beide Ziele wissen sich dem übergeordneten Zweck verpflichtet, der Ökumene zu dienen. Noch immer wissen Christen verschiedener Kirchen zu wenig von- und übereinander. Nur wenn diese Defizite weiter abgebaut werden, kann es gelingen, dass die Kirchen sich offener begegnen, dass Berührungsängste und Vorurteile abgebaut werden und dass neue Möglichkeiten des

---

[5] So in: Verkündigung und Forschung 32, 1987, 23.

Miteinander-Umgehens erprobt werden. Man wird diesen Aspekt von Generation zu Generation neu zu bedenken haben, weil man nicht davon ausgehen kann, dass das, was eine Generation erreicht hat, sich nahtlos der nachfolgenden Generation vermittelt. Außerdem darf in Zukunft die Ökumene in Deutschland nicht auf die beiden Großkirchen beschränkt bleiben, sondern muss auf eine breitere Grundlage gestellt werden, wie es die Arbeitsgemeinschaft Christlicher Kirchen (ACK) eigentlich sein soll. Das im Jahre 1988 von der ACK durchgeführte Forum zu den Themen „Gerechtigkeit, Frieden und Bewahrung der Schöpfung" hat deutlich gezeigt, wie wichtig es ist, dass alle Kirchen gemeinsam beraten, wenn es um bedrängende Existenzfragen der Menschheit geht. Wenn auch diesem Versuch noch Kinderkrankheiten anhafteten, so war es dennoch ein historisches Ereignis, dass zum ersten Mal seit der Reformationszeit nicht nur die beiden Großkirchen miteinander in den Dialog traten und Ergebnisse zu Papier brachten, sondern dass dieser Prozess sich auf einer multilateralen Ebene der in der Arbeitsgemeinschaft vertretenen Kirchen abspielte.[6]

12. Bei der Bearbeitung des vorliegenden Heftes wurde es eigentlich immer deutlicher, dass ein Gespräch mit der Geschichte zum Verständnis des Gewordenen unverzichtbar ist. Mehr als ursprünglich beabsichtigt kommt deshalb im Folgenden die Geschichte zu Wort. Für viele Freikirchler ist dieser Anmarschweg ungewohnt; denn abgesehen von den Mennoniten, den Herrnhutern und teilweise auch den Methodisten haben sie bisher ein nur geringes Verhältnis zu ihrer eigenen Geschichte entwickelt. In vielen Freikirchen herrscht die Vorstellung, man könne unter Absehung der eigenen Traditionen direkt auf die Heilige Schrift zurückgreifen. Ein gewisser Wandel ließ sich im Zusammenhang einiger Jubiläen beobachten. Nicht zuletzt der nicht unumstrittene Versuch, die Zeit des Nationalsozialismus aufzuarbeiten, hat ein größeres

---

[6] Das Ergebnis des Prozesses war für die damalige Bundesrepublik die Erklärung von Stuttgart „Gottes Gaben – unsere Aufgabe". In der damaligen DDR gab es einen ähnlichen Prozess. Vgl. Ulrich Schmitthenner, Der konziliare Prozess. Gemeinsam für Gerechtigkeit, Frieden und Bewahrung der Schöpfung. Ein Kompendium, Idstein (meinhardt text und design) 1998.

Gespür für die Geschichte hervorgebracht. Die Suche nach der eigenen, unverwechselbaren Identität lässt in verstärktem Maße die geschichtliche Vergangenheit der Freikirchen in den Blick treten.[7] Daher erschien es gerechtfertigt, der Debatte in den Freikirchen zusätzlichen Stoff zu bieten, um das eigene Profil, aber auch die Schwierigkeiten, es zu erreichen, besser verständlich zu machen. Die allgemeinen Kennzeichen im ersten Teil des vorliegenden Heftes wollen dazu verhelfen.

13. Dem am 6. Dezember 2000 verstorbenen ehemaligen Professor für neuere Kirchengeschichte an der Universität Münster, Robert C. Walton (* 18. Dezember 1932), ist es zu verdanken, dass 1990 ein „Verein für Freikirchenforschung" gegründet wurde, der sich die Aufgabe gestellt hat, Geschichte und Theologie der unterschiedlichen Freikirchen zu erforschen. Ein Jahrbuch gibt Rechenschaft über die Symposien des Vereins, die im Frühjahr und Herbst, zumeist in Einrichtungen der Freikirchen, veranstaltet werden. Die Themenpalette ist ebenso breit gefächert wie die Resonanz aus den unterschiedlichen Denominationen.[8] Die Jahrbücher enthalten außerdem fortlaufende Bibliographien zu den einzelnen Frei-

---

[7] Aus der älteren Literatur sei verwiesen auf: Geschichte der Evangelisch-methodistischen Kirche, hg. von Karl Steckel und C. Ernst Sommer, Stuttgart 1982 (eine Neubearbeitung ist in Vorbereitung). Die Studiengemeinschaft für Geschichte der EmK gibt eine Schriftenreihe „Beiträge zur Geschichte der EmK" heraus. Zum 150jährigen Jubiläum der Baptisten erschien: Ein Herr, ein Glaube, eine Taufe. 150 Jahre Baptistengemeinden in Deutschland 1834–1984. Festschrift, hg von Günter Balders, Wuppertal 1984. Die Freien evangelischen Gemeinden begannen 1988, eine Schriftenreihe „Geschichte und Theologie der Freien Evangelischen Gemeinden" herauszugeben. Vgl. auch Karl Zehrer, Evangelische Freikirchen und das ‚Dritte Reich', Berlin (Ost) 1986. Einzelstudien zu dieser Frage gibt es von Günther Kösling, Die deutschen Baptisten 1933/1934. Ihr Denken und Handeln zu Beginn des Dritten Reiches, Diss. theol. Marburg 1980, von James Dwyer, The Methodist Episcopal Church in Germany, 1933–1945. Ph. D. Garrett-Evangelical Seminary and Northwestern University 1978 und von Diether Götz Lichdi, Mennoniten im Dritten Reich – Dokumentation und Deutung, Weierhof 1977. Zur neueren Lit. vgl. Andreas Liese, verboten – geduldet – verfolgt. Die nationalsozialistische Religionspolitik gegenüber der Brüderbewegung, Hammerbrücke (jota Publikationen) 2002, der sehr viel allgemeines Material präsentiert. Vgl. auch unten Anm. 199.

[8] Vgl. die Website des Vereins www.freikirchenforschung.de sowie die Jahrbücher FreikirchenForschung.

kirchen und zu übergeordneten Themen. Bei der Suche nach weiterführender Literatur und Spezialuntersuchungen sei daher nachdrücklich auf dieses Hilfsmittel hingewiesen. Im Aufbau befindet sich eine Spezialbibliothek über das Freikirchentum, die an der Hochschule der Gemeinschaft der Siebenten-Tags-Adventisten in Friedensau (bei Magdeburg) untergebracht ist und deren Bestände entweder vor Ort eingesehen oder per Fernleihe bestellt werden können.

14. Im vorliegenden Büchlein soll auch der Versuch gemacht werden, dem in Deutschland kennzeichnenden Spannungsverhältnis von Landeskirchen und Freikirchen geschichtlich auf die Spur zu kommen. Durch einen Rückgriff auf die Geschichte kann aufgehellt werden, warum es zu jenem „Unverhältnis“ gekommen ist, das ein Miteinander von Landes- und Freikirchen in Deutschland seit jeher belastet hat. Einige wesentliche Fragen lassen sich von der Geschichte her besser einordnen, zum Beispiel: Warum sind tiefgreifende Vorurteile überhaupt entstanden, die sich bis in die Gegenwart in dem Vorwurf gegen die Freikirchen, „Sekten“ zu sein, fortsetzen? Warum sahen umgekehrt Freikirchler bis in die jüngste Vergangenheit in den Volkskirchen weniger einen Partner als einen Gegner? Ist es begründet, die Freikirchen in eine theologisch und (sozial)politisch konservative Ecke zu drängen und sie zusammen mit der Gemeinschaftsbewegung als „evangelikale Nörgler“ einzuordnen? Sind umgekehrt die „Bekennenden Gemeinschaften in den evangelischen Kirchen“ die natürlichen Partner der Freikirchen?

15. Im ersten Teil der Darstellung soll übergreifenden Fragen nachgegangen werden. Es wird dabei oft „typologisch“ argumentiert, das heißt auf viele Ausdifferenzierungen verzichtet, damit ein „typisches“ Leitbild von Freikirche ausgeprägter in Erscheinung tritt. Dass auf diesem Wege idealtypische Bilder entstehen, liegt in der Natur der Vorgehensweise, wird aber auch dem Gegenstand gerecht. Es soll zunächst nicht um mögliche Vermittlungen zwischen unterschiedlichen Typen der Verwirklichung von Kirche gehen, die es natürlich in der Vergangenheit auch gegeben hat, sondern um typische Merkmale, die so klar wie möglich zutage treten sollen.

16. In einem zweiten Teil werden die einzelnen in Deutschland heute existierenden Freikirchen vorgestellt. Dabei brauchen die allgemeinen Punkte aus dem ersten Teil nicht noch

einmal wiederholt zu werden. Auch in diesem Teil ist der Versuch gemacht, sich auf das für die einzelnen Freikirchen „Typische" zu konzentrieren. Bewusst wird damit in Kauf genommen, dass einige Lücken bleiben können.

17. Nach Abschluss des Manuskripts erschien als Band III/6 der Reihe Kirchengeschichte in Einzeldarstellungen in der Evangelischen Verlagsanstalt Leipzig 2004 das Buch von Karl Heinz Voigt, Freikirchen in Deutschland (19. und 20. Jahrhundert). Der ausgewiesene und profunde Kenner des Freikirchentums hat eine Gesamtdarstellung versucht, die sich nach Anlage und Durchführung wesentlich von dem hier vorliegenden Büchlein unterscheidet. Beide Bände ergänzen sich und vervollständigen das Bild, das die Freikirchen bieten. Darum sei nachdrücklich und dankbar auf Voigts Buch hingewiesen.

2. Allgemeine Überlegungen

2.1 Der Ort der Freikirchen: Veränderungen und loyale Opposition[9]

Dass es zu reformatorischen Kirchen als eigenständige und etablierte Kirchen im Reformationsjahrhundert kam, kann als Ergebnis der Tatsache betrachtet werden, dass ein universales Konzil, an das auch Luther appelliert hatte und das die notwendigen, gesamtkirchlichen Reformen in Angriff nehmen sollte, nicht zustande kam. Die Reformation wurde zur Sache einzelner Territorien oder Länder. So hatte in England das Parlament quasi-konziliare Macht auf territorialer Grundlage an

---

[9] Zum Ganzen: vgl. George H Williams, The Religious Background of the Idea of a Loyal Opposition, in: Voluntary Associations. A Study of Groups in Free Societies. Essays in Honor of James Luther Adams, hg. von D. B. Robertson, Richmond, VA 1966, 55-89. In Deutschland ist diese Einordnung der Freikirchen auf kritische Ablehnung gestoßen. Vgl. Johannes Demandt und Uwe Swarat, in: Theologisches Gespräch. Freikirchliche Beiträge zur Theologie 1/1995, 15-23 (hier bes. 18) und 24-29 (hier bes. 27). Natürlich ist zuzugeben, dass das Bild der „loyalen Opposition" keine theologische Beschreibung ist; diese folgt aber weiter unten im Text und deckt sich mit dem, was die Kritiker einforderten.

sich gezogen und nur für dieses Gebiet einige zaghafte Reformen eingeführt. Die zweite englische Reformation hingegen, als die man den Puritanismus seit dem letzten Viertel des 16. Jahrhunderts bezeichnen kann, setzte Kräfte innerhalb und außerhalb der Kirche von England und der „Kirk" in Schottland frei, die für weitergehende und tiefer reichende Reformen eintraten. Die der Heiligen Schrift entnommenen Reformvorschläge gingen weit über das Maß dessen hinaus, was in den beiden Territorialkirchen seit Heinrich VIII. und John Knox zur Durchführung gekommen war.

Es lassen sich gewisse politische und kirchenpolitische Parallelen in der insularen Entwicklung beobachten, die das Erscheinungsbild der Christenheit im anglo-amerikanischen Kontext entscheidend mitgeprägt haben. Das englische Parlament hatte anfänglich in der Tradition konziliarer Ideen sich als eine aus Laien und Klerikern gemischte Versammlung empfunden, die das Recht zur Durchführung von Reformen der Kirche auf ihrer Seite hatte. Im Laufe der Entwicklung bildeten sich im Parlament Interessenkonflikte heraus, die in einem Zwei-Parteien-System – der Tories und der Whigs – gipfelten. Aufgaben und Funktion einer Opposition wurden herausgearbeitet, ja die Opposition verstand sich als nicht aus dem System herausfallend, sondern als Bestandteil des gesamten „parlamentarischen" Lebens. Die Opposition ist gegenüber dem Staatswesen nicht minder loyal als die Regierungspartei; daher entwickelte sich die Idee einer loyalen Opposition.

In den Anfängen des „Parlamentarismus" wurden die politischen Vorgänge mit Begriffen aus der Astronomie benannt: „Revolution" bzw. „‚glorreiche' Revolution", „Rotation", „Konjunktion", „Konfiguration" und „Opposition" waren Begriffe für Vorgänge in den Bewegungen der Himmelskörper. Die für den Kosmos geltenden Gesetzmäßigkeiten sollten jedoch nicht nur für die Ordnungen dort, sondern auch für das irdische Leben hier Gültigkeit beanspruchen können.

Es lässt sich als wahrscheinlich annehmen, dass dem noch immer ein vom Mittelalter übernommenes Analogiedenken zugrunde liegt. Die Erde und das irdische Leben sind Spiegelbilder des Himmels, das irdische Jerusalem entspricht dem himmlischen Jerusalem. Zu Beginn des 17. Jahrhunderts allerdings speist sich das Analogiedenken aus neuen Quellen. Für das Mittelalter kann man davon ausgehen, dass irdische Verhältnisse in kosmische Dimensionen überhöht wurden. Man stellte sich also Gott und seine Heerscharen entsprechend einem irdischen König und seinem Hofstaat vor. Argumentiert wird natürlich in umgekehrter Richtung, dass also Gott das Urbild des irdischen Herrschers abgibt. Es wird streng hierarchisch von oben nach unten gedacht. Doch bei alledem ging es um Absicherung der irdischen Herrschaftsstrukturen. Dies lässt sich am einleuchtendsten dadurch erweisen, dass das himmlische Staatswesen als Vorbild für das irdische herangezogen wird. Aus der Allmacht und Allwissenheit Gottes und aus der von Gott gestifteten, auf ihn gerichteten Einheit der oberen Welt lassen sich Prädikate für den irdischen Herrscher und sein Herrschaftsgebiet ableiten. Dies kam dem Grundgedanken eines einheitlichen christlichen Körpers *(corpus Christianum)* entgegen. Einheit von Kirche und Staat, Imperium und Sazerdotium, Religion und Kultur waren verbunden mit der Auffassung, dass irgendwelche Veränderungen diesem Konzept der universal-christlichen Einheitlichkeit zuwiderlaufen würden. So wenig wie Veränderungen der Einheit zuträglich waren, so sehr war der Einheit durch Unbeweglichkeit gedient.

Im Gefolge von Humanismus und Reformation lässt sich indes beobachten, dass die Gesetze des Himmels nicht nur ideal-theologisch, sondern wirklich auf die Erde übertragen werden. Zu den Himmelserscheinungen zählt zum Beispiel die Revolution, das heißt die ordnungsmäßige, stets gleichbleibende Umdrehung der Himmelskörper um die Sonne. Eine Revolution ist eine den himmlischen Gesetzmäßigkeiten folgende Erscheinung. So lässt sich erweisen, dass die ordnungsgemäßen Veränderungen auf politischem Gebiet, wie die Revolution der Cromwell-Ära und die glorreiche Revolution von 1688, aber auch Rotationen im Amt nichts anderes sind als kosmisch verankerte Gesetzmäßigkeiten. Auch eine „Opposition“ gehört in das System dieser „Ordnung der Veränderung“, und weil dem so ist, kann sie nur als eine loyale, dem System innewohnende Opposition verstanden werden.

Diese Art der Betrachtungsweise hat sich bis in das angloamerikanische Verfassungs- und Strafrecht erhalten, wo ein Grundsatz darin besteht, abweichende Minderheitsvoten den Gerichtsentscheiden beizufügen. Dies geschieht deshalb, weil in zukünftigen Fällen eine einst nur als Minderheitsvotum eingestufte Meinung sich als richtig erweisen könnte. Den möglichen Wandlungen und Veränderungen wird so auch juristisch Rechnung getragen.

Was sich auf politischem Gebiet bis hinein in das Verfassungsrecht beobachten lässt, das hatte auf religiösem Gebiet Vorläufer hervorgebracht. Denn noch bevor die Parteien der Whigs und Tories sich herausbildeten und um die Vorherrschaft stritten, entstanden in England Kirchenkörper, die etwas grundsätzlich Neues an die Stelle der bisherigen Form von Kirche setzten. Das Neue liegt in dem Umstand beschlossen, dass die Kirche Jesu Christi als eine „sichtbare Gemeinschaft der Heiligen" *(visible communion of saints)* und nur als eine solche definiert wird, wie es zum Beispiel der Begründer des modernen Baptismus, John Smyth (1554–1612), ausdrückte.[10]

Damit ist nicht nur die Idee des *corpus Christianum*, des einheitlichen christlichen Körpers, aufgegeben, sondern auch der Grundsatz in Frage gestellt, dass die Kirche einen Pfeiler darstellt, der die Unveränderlichkeit einer durch nationale oder territoriale Grenzen markierten Gesellschaft zu garantieren hilft. Man kann sich den Bruch mit der Tradition eigentlich nicht radikal genug vorstellen. Nicht nur fallen die geographischen Grenzen für die Definition und Organisation von Kirche weg, es wird damit auch das Prinzip eines „heiligen" Reiches, einer „christlichen" Nation oder eines „christlichen" Herrschers oder gar „allerchristlichsten" Kaisers überwunden. Mit dem Neuansatz entfällt auch das mit geographisch herrschaftlichen Gegebenheiten verbundene Prinzip, dass die Untertanen eines Landes, eines Territoriums oder auch neu entdeckter Länder durch rituell-sakramentale Vollzüge zu Christen werden.

Das hat vielfältige Auswirkungen gezeigt. Das Kirchspiel *(parish)* ist nicht mehr die untere Ebene einer national – wie zum Beispiel die *Church of England* – oder territorial – wie zum Beispiel die deutschen Landeskirchen – organisierten Kirche. Denn das Parochial- oder *parish system* setzt ja die Deckungsgleichheit der Kirchengemeinde mit den Gliedern

[10] Zitiert bei William H. Brackney, The Baptists, New York 1988, 37.

des Gemeinwesens voraus. Gerade daran hatte sich aber der Widerspruch neu entstehender religiöser Gruppen entzündet. Nicht alle Menschen eines Dorfes oder einer Stadt bzw. eines Kirchspiels ließen sich als „Heilige“ ansprechen. Die „Heiligkeit“ der Kirche war weder ethisch sichtbar, noch durch bischöfliche Strukturen oder das *Book of Common Prayer* oder Bekenntnisschriften manifest zu machen. Dazu bedurfte es anderer Mittel. George Fox (1624–1691), der Begründer der Quäker, konnte deshalb verächtlich die Kirchengebäude, in denen die Glieder eines Kirchspiels ihren Mittelpunkt sahen, als *steeple houses,* also als „Turmhäuser“, bezeichnen.[11] Er rief damit die spiritualistische Kritik an der „Mauerkirche“ in Erinnerung, wie man sie beispielsweise bei Sebastian Frank oder anderen Mystikern finden kann.

In England machte allein die Tatsache der Kritik an der Nationalkirche, abgesehen von allen anderen inhaltlichen Präzisierungen, deutlich, dass Veränderungen auf kirchlichem Gebiet so unaufhaltsam waren wie im politischen Bereich oder bei den Himmelskörpern. Da mit der Reformation ein neuer theologischer Maßstab, die Heilige Schrift, zugrunde gelegt wurde, konnte es nicht ausbleiben, dass die anfänglich unter Heinrich VIII. nur äußerst restriktiv eingeführten Neuerungen in der Kirche von England nach Erweiterungen verlangten. Die Kirche sollte von den katholischen Resten gereinigt *(to purify)* werden. Dies hatten sich die Puritaner zur Aufgabe gesetzt. Je nach dem Ausmaß der Bereitschaft, die Heilige Schrift zur Anwendung zu bringen, zerfiel die Kirche von England in verschiedene „Parteien“ oder es bildeten sich religiöse Gruppen, die jenseits der Kirche von England angesiedelt waren. Diese Gruppen bezeichnete man als Dissenters oder Nonkonformisten.

Schon diese Namen deuten darauf hin, dass eine staatlich-kirchliche Einheit, wie sie sich etwa in dem Anspruch der Königin Elisabeth I. zeigt, die einzige Oberherrin *(only supreme governor)* sowohl in geistlichen und kirchlichen als auch in zeitlichen Dingen zu sein (1559), ebenso unwiderruflich vorbei war wie die Einheit der Kirche selbst. Denn die Nonkon-

---

[11] Journal of George Fox, hg. von P. L. Parker, London 1906, 21.

formisten bildeten keine einheitliche Gruppierung. Verschiedene theologisch-kirchliche Strömungen verselbständigten sich vielmehr und führten neben der Kirche von England ein kirchliches Eigenleben. Von etabliert-kirchlicher und staatlicher Seite wurde mit verschiedensten Mitteln versucht, die Dissenters in enge Schranken zu verweisen oder sie gänzlich verschwinden zu lassen. Die Uniformitätsakte von 1559 und die von 1662 sprechen eine deutliche Sprache. Die Uniformität, das heißt die geistliche und weltliche Einheitlichkeit, sollte durch die Gesetze wiederhergestellt werden.

Aber die einmal aufgekeimten neuen Gedanken ließen sich auf Dauer nicht unterdrücken, zumal führende Köpfe wie der Dichter John Milton (1608–1674) oder der Kesselflicker John Bunyan (1628–1688), dessen im Gefängnis entstandener Schlüsselroman „Die Pilgerreise“ zum bekanntesten christlichen Erbauungsbuch wurde, sich zu den Dissenters hielten. Auch William Penn (1644–1718), der nachmalige Begründer der Kolonie Pennsylvania, hatte sich den Quäkern angeschlossen und gleichfalls im Gefängnis ein Erbauungsbuch geschrieben, dem er den Titel gab *No cross – no crown* (Kein Kreuz – keine Krone). Auffallend ist, dass der Titel durch einen sprachlichen Parallelismus einem Schlagwort des Königs Jakob I. nachgebildet ist, in dem die enge Verbindung von Bischofsamt und Krone zum Ausdruck kommt: *No bishop – no king* (Kein Bischof – kein König). Genau diese Verbindung aber wurde von den Nonkonformisten als für die Kirche und, wie man ergänzen muss, auch für den Staat als verhängnisvolle Fehlentwicklung eingestuft. Diese Machtkonfiguration wird bekämpft. Das Gleiche gilt für ein anderes Schlagwort, das Bischof William Laud zugeschrieben wird: *No bishop – no church* (Kein Bischof – keine Kirche). Das Kirche-Sein hängt danach zwingend am bischöflichen Amt. Kirche ist nur dort rechtmäßig vorhanden, wo es auch das Bischofsamt gibt. Penn aber sagt: Nicht der Bischof ist entscheidend, sondern das Kreuz. Die wahren Christen sind als Kreuzesnachfolger erkennbar; nur daran erkennt man die wahre Kirche, nicht aber an der irdischen Krone oder am Bischofsamt. Den wahren Nachfolgern des Gekreuzigten winkt aber dereinst die ewige Krone der Gerechtigkeit, die unvergleichlich wertvoller ist als die Krone des irdischen Königs, weil sie ihnen von ihrem himmlischen König überreicht werden wird.

Zwar ist von den neuen Religionsgemeinschaften keine Theorie der loyalen Opposition entwickelt worden. Doch Ansätze dazu kann man dennoch erkennen, die dann im Bereich der Politik voll gegriffen haben. Die neuen Gruppierungen entwickelten in der Regel ein Kirchenbild, das von der Einzelgemeinde, der *congregatio,* ausging und das man deshalb das kongregationalistische Verfassungsprinzip im Gegensatz zu einer monarchisch-papalen oder bischöflichen Verfassung bezeichnet. Die wahre Kirche ist in jeder Einzelgemeinde vorhanden. Zusammenschlüsse von Lokalgemeinden, die man Assoziationen oder Gesellschaften nannte, bilden sich erst später. Freilich ist damit nicht der Blick für die allgemeine Kirche, *die* Kirche Jesu Christi, verloren gegangen. Vielmehr wird diese „universale" oder „katholische" Kirche als „unsichtbare Kirche" qualifiziert, weil zu ihr alle Auserwählten aller Zeiten, der Vergangenheit, Gegenwart und Zukunft unter dem einen Haupt Jesu Christi gehören. Sie kann deshalb für menschliche Augen nicht sichtbar sein. Nur der Herr selbst kennt all die Seinen. Was jedoch jetzt manifest ist und werden soll, sind die auf der ganzen Erde verstreuten Heiligen, die ihren Glauben an das Evangelium bekennen, Gott durch Christus Gehorsam leisten und sich zu örtlichen, sichtbaren Gemeinden der Heiligen zusammenschließen.

Doch selbst in den reinen Gemeinden der Heiligen können Fehler auftreten. Alle Kirchen unterliegen diesem Urteil. Alle sind *ecclesiae mixtae,* doch sind einige Kirchen so sehr „degeneriert", dass sie nicht mehr als Kirche Jesu Christi angesehen werden können. Häufig wird die Kirche Roms diesem Urteil unterstellt. Es geschieht deshalb, weil man durch den Anspruch des Papstes, das irdische Haupt der Kirche zu sein, die Herrschaft Jesu Christi angetastet sah.[12] Aus dem gleichen Grunde musste man einen Herrscher als Oberhaupt der Kirche verwerfen.

Das neue Verfassungsprinzip des Kongregationalismus soll mithin dazu verhelfen, die Hoheitsrechte Jesu Christi in der

---

[12] Als Beispiel vgl. The Baptist Confession of Faith with Scripture Proofs 1689, Nachdruck London 1958, bes. das 26. Kapitel: „Of the Church", 45-48.

Kirche zu sichern. Die Kirche darf nicht zum Spielball von politischen Machtinteressen oder geistlichen Ansprüchen werden.

Das kongregationalistische Verfassungsprinzip wird zwar für die der Heiligen Schrift gemäße Ordnung gehalten, doch schließt dies keinen Absolutheitsanspruch ein. Auch in Kirchen anderer Kirchenordnungen finden sich die nur Gott erkennbaren und von ihm erwählten Reichsgenossen. Schon früh hat man deshalb von „Denominationen" gesprochen. Innerhalb der Universalkirche gibt es verschiedene „Benennungen"; keine aber kann für sich beanspruchen, *die* eine Kirche Jesu Christi zu sein.

Wie es auf dem politischen Feld zu Parteibildungen kommt, so lässt sich eben auch auf religiösem Gebiet eine innere Ausdifferenzierung beobachten. Dass die neuen Gruppierungen keine „loyale Opposition" bilden konnten, lag indes nicht an ihnen, sondern an der jeweiligen etablierten Kirche eines Landes oder Territoriums oder an dem Anspruch der römischen Kirche. Die nationalen Kirchen oder Landeskirchen konnten von ihrem Selbstverständnis her, *die* Kirche der Nation oder eines Landesteiles zu sein, keine anderen Kirchen neben sich dulden, und die römische Kirche vertrat einen universalen Absolutheitsanspruch. Da sich die neuen Gruppierungen aber als Benennungen, als Denominationen, innerhalb der Universalkirche verstanden, war in ihnen ein Bewusstsein dafür vorhanden, innerhalb des Systems „Kirche" oder, wie man lieber sagte, innerhalb des „Reiches Christi auf Erden" eine Funktion zu erfüllen. Diese Funktion wird man als Opposition beschreiben können, und sie lässt sich auch als „loyale Opposition" begreifen, weil es ja darum ging, dem Evangelium gegenüber loyal zu sein und von daher die Verfassung der Kirche nach den im Neuen Testament überlieferten Normen neu zu gestalten. Den Ort der neu entstandenen Kirchen kann man deshalb durchaus als eine loyale Opposition in der Universalkirche begreifen.

2.2 Dissenters und Einheit

Für etablierte Kirchen – dies trifft nicht nur auf die Kirche von England zu, sondern auch auf lutherische und reformierte Landeskirchen auf dem Kontinent und die römisch-katholische Kirche – konnte eine solche Opposition nur als neuerliche Spaltung der Kirche erscheinen. Zwar sprach man seit der Reformation und bis weit in den Pietismus, ja bis ins 19. Jahrhundert hinein auch evangelischerseits von „Religionsparteien", wenn man die unterschiedlichen Konfessionen meinte, aber diese Parteien existierten in den seltensten Fällen in einem geographisch umgrenzten Raum nebeneinander. Normalerweise ging man von der These aus, dass ein Land, wenn es in verschiedene Religionsparteien zerfällt, unregierbar wird. Der mittelalterliche Gedanke eines universalen, einheitlichen christlichen Körpers setzte sich in territorialer Verkleinerung fort und führte dazu, dass alle Abweichler schlimmstenfalls blutig verfolgt wurden oder bestenfalls das Recht zur Auswanderung *(ius emigrandi)* zugesprochen bekamen.

Die neuen Gruppierungen pochten indes auf ein Recht, neben etablierten Kirchen im gleichen Territorium leben zu dürfen. Damit wurde nicht nur die politische und religiöse Tradition in Frage gestellt, sondern auch die zukünftige Einheit der Kirche. Denn bei allen Unterschieden der Kirchen, die sich im Gefolge der Reformation herausgebildet hatten, lässt sich dennoch erkennen, dass eine Verpflichtung zur Einheit bestehen blieb, die nicht selten mit dem Konzilsgedanken Hand in Hand ging. Zwar galt nach Luther, dass Konzilien irren können, doch gleichzeitig konnte Luther auch an ein Konzil appellieren oder es wurden evangelischerseits Vorbereitungen für das Trienter Konzil unternommen. In England geschah die Einführung der Reformation unter dem Vorbehalt, dass sich dermaleinst die christlichen Kaiser und Könige der verschiedenen christlichen Länder auf die Einberufung eines Konzils verständigen könnten, auf dem dann die entscheidenden Fragen der Kirchenreform verhandelt werden sollten. Das Recht zur Einberufung eines Konzils lag also nicht bei der Kirche oder gar beim römischen Papst, sondern das *ius convocandi* war den christlichen Staatsoberhäuptern anvertraut.

Bei Luther ist dieses Recht aus der Tatsache abgeleitet, dass die Fürsten die „vornehmsten Glieder" der Kirche aufgrund des allgemeinen Priestertums durch die Taufe sind: „Darum, weil es die Not fordert und der Papst ein Ärgernis der Christenheit ist, soll dazu beitragen, wer es am ehesten als ein treues Glied des ganzen Körpers tun kann, dass ein recht freies Konzilium werde, das vermag niemand so gut wie das weltliche

Schwert, besonders weil sie nun auch Mitchristen sind, Mitpriester, Mitgeistliche, mitmächtig in allen Dingen, und es soll ihr Amt und Werk, das sie von Gott haben, über jedermann frei gehen lassen, wo es Not und Nutz ist zu gehen."[13] Man vermutet wohl nicht zu Unrecht, dass das Beispiel des ersten Reichskonzils von 325, das Kaiser Konstantin einberufen hatte, die Leitidee abgab.

Indes liegt genau hier einer der großen Dissenspunkte mit den neu aufgetretenen Gruppen. Keine andere Figur der Kirchengeschichte hat auf Angehörige nicht-etablierter Kirchen so abschreckend gewirkt wie Konstantin. Das trifft schon für die Täufer der Reformationszeit zu. Mit Konstantin sieht man geradezu den Verfall der Kirche verbunden, weil die Kirche den illegitimen Ansprüchen der weltlichen Macht nachgekommen war. Der weltlichen Gewalt wird jedoch in den neuen kirchlichen Gruppierungen jegliches Recht über die Gewissen oder Seelen der Untertanen bestritten. Einer der ersten englischen Baptisten, Thomas Helwys, klagte 1612 mit seiner Schrift *A Short Discription of the Mistery of Inquity* bei König Jakob I. das Recht aller Untertanen ein, die Form des Gottesdienstes selbst zu bestimmen. Handschriftlich hatte er in seiner Widmung an den König auf dem Titelblatt geschrieben „Höre, o König, und verachte nicht den Rat der Armen, und lass ihre Klagen vor dich kommen. Der König ist ein sterblicher Mensch und nicht Gott, deshalb hat er keine Gewalt über die unsterblichen Seelen seiner Untertanen, um (Kirchen)Gesetze und (Gottesdienst)Ordnungen für sie zu machen."[14]

Diese grundsätzliche Bestreitung der königlichen Kompetenz in religiösen Fragen würde natürlich, konsequent zu Ende gedacht, auch bedeuten, dass die gekrönten Staatsoberhäupter kein *ius convocandi* für ein zukünftiges kirchliches Konzil besitzen. Wer aber konnte dann noch ein allgemeines Konzil einberufen? Es bliebe nur noch der Papst übrig, aber den lehnten die neuen Gruppen genau so entschieden ab wie die aus der Reformation hervorgegangenen Kirchen. Somit drängt sich

[13] WA 6,413; vgl auch Karl Holl, Ges. Aufs. I 326 ff.
[14] Zitiert bei Edward B. Cole, The Baptist Heritage, Elgin, IL 1976, 26.

der Schluss auf, dass durch die neuen Bewegungen die Möglichkeit der Einberufung eines künftigen Konzils weiter eingeschränkt wurde und damit die Wiedergewinnung der Einheit der Kirche in noch größere Ferne rücken musste. Das Festhalten seitens der etablierten Kirchen an einer Symbiose von Religion und Macht in der Person der Herrscher verdeutlicht, wie sehr Einheit der Kirche als kirchlich-gesellschaftliche Uniformität betrachtet wurde, die mit den üblichen Machtmitteln zu erzwingen war.

Es bedarf eigentlich keines Hinweises, dass unter diesen Umständen Thomas Helwys mit seiner Eingabe an den König keinen Erfolg haben konnte, sondern dass er verschwand und wahrscheinlich 1616 hingerichtet wurde. Für Theologen der etablierten Kirche von England stand fest, dass von den Nonkonformisten der Leib der Christenheit in weitere und tiefere Spaltungen zerrissen wurde. Dies erachtete man offensichtlich als eine Anfechtung von so grundsätzlicher Natur, dass sich von daher das ganze Ausmaß der blutigen Verfolgungen und späteren gesellschaftlichen Diskriminierungen erklärt.

Es erweist sich bei dieser Betrachtungsweise auch, dass die Einheit der Kirche als ein wichtiger Maßstab in Geltung stand. Die Einheit war den einen so wichtig, dass sie diese mit allen Mitteln, die einem Staat zur Verfügung stehen, erhalten beziehungsweise durchsetzen wollten. Die anderen pochten auf Seelen- oder Gewissensfreiheit, sahen in der Einmischung staatlicher Gewalt in kirchliche Belange eine Vermischung dessen, was getrennt bleiben sollte und vergaßen dennoch darüber die allgemeine, „katholische" Kirche nicht. Diese war jedoch nur dem Herrn der Kirche bekannt, dem menschlichen Auge aber nicht einsehbar. Was jedoch angestrebt wurde, war eine Verwirklichung der Gemeinde Jesu Christi nach den Maßstäben, wie man sie im Neuen Testament vorzufinden glaubte.

2.3 Namen und Benennungen

Im 19. Jahrhundert erst tauchte für die am Ende des 16. und zu Beginn des 17. Jahrhunderts als „Dissenters", „Nonkonformisten", „Separatisten" oder „Independente" bezeichneten religiösen Gemeinschaften ein neues Wort auf: *Free*

Church – Freikirche.[15] Es ist bezeichnend, dass dieser Begriff zuerst in Schottland und nicht in England in Umlauf kommt und dass zeitgleich in der französischen Schweiz von der *église libre* gesprochen wird. Dahinter verbergen sich einerseits kirchenpolitische Positionen und andererseits eine unbefangene Aneignung des Wortes „Kirche" und damit ein bestimmtes Selbstverständnis, was offenbar in einem reformierten Umfeld möglich war.

Die kirchenpolitischen Positionen haben damit zu tun, dass in Schottland ein reformiert-presbyterianischer Typ der Reformation Einzug gehalten hatte. Dies ist Voraussetzung dafür, dass Thomas Chalmers (1780–1847) auf der Generalsynode der schottischen Kirk 1834 das altreformierte Vetorecht einer Gemeinde gegen einen von einem Kirchenpatron vorgeschlagenen Pfarrer energisch befürwortete. Die durch das Patronatsrecht hervorgerufenen Spannungen in der Kirche von Schottland hatten bereits das ganze 18. Jahrhundert geschwelt und zu kleineren Abspaltungen geführt. Viele Kirchenpatrone neigten aufgrund ihrer Herkunft und ihrer sozialen Stellung zur *Episcopalian Church,* das heißt zur Anglikanischen Kirche in Schottland, und ließen oft das Augenmaß für die Belange der presbyterianischen Gemeinden vermissen. Im 19. Jahrhundert kamen Übergriffe der Gerichte hinzu. Pfarrer wurden, obwohl von der überwiegenden Mehrheit der männlichen Familienoberhäupter abgelehnt, dennoch auf Betreiben eines Patrons per Gerichtsbeschluss in ihr Amt eingesetzt. Als die staatlichen Behörden sich fast zehn Jahre geweigert hatten, dem Beschluss der Generalsynode auf Beachtung des Vetorechts gegenüber einem Kirchenpatron stattzugeben, kam es 1843 zum Bruch, *disruption.* Chalmers und mit ihm 200 Geistliche verließen die etablierte Kirche, weil deren Generalsynode unter dem Vorsitz von Kommissaren stattfinde, die in den letzten Jahren in die Freiheit der Gemeinden eingegriffen hätten.

Man gründete die *Free Church,* der sich bald 470 schottische Pastoren anschlossen. Über der Frage nach der Freiheit der Kirche kam es zur Spaltung. Die Freiheit sahen Chalmers und seine Anhänger durch Eingriffe staatlicher und gerichtli-

---

[15] G. H. Williams, wie Anm. 9, 77.

cher Behörden und durch das überkommene Patronatsrecht bedroht. Die Freiheit zu sichern bedeutete für diese schottischen Presbyterianer mehr als die Einheit der Kirche. Es ging bei dem Vorgang weniger um eine Lehr- als um eine Verfassungsfrage.

Zugleich scheint es für die abgespaltenen Presbyterianer kein Problem gewesen zu sein, ihre neue Gruppierung als „Church", als „Kirche" zu bezeichnen. Hier ist offenbar ein reformiertes Umfeld ausschlaggebend, wie ein Blick in die Schweiz bestätigt. Denn etwa zur gleichen Zeit wie Chalmers in Schottland kämpfte Alexandre Vinet (1779–1847) für die Freiheit der Kirche, was zur Entstehung der Waadtländischen *Eglise libre* im Jahre 1847 führte. Auch hier greift man unbefangen das Wort *église* auf.

Das war in Ländern mit anderen etablierten Konfessionskirchen in dieser Weise nicht der Fall. Entweder wachten die etablierten Kirchen über dem Sprachgebrauch, oder die neuen religiösen Gruppen wollten gerade durch den Nicht-Gebrauch des Wortes Kirche andeuten, dass sie sich *von* der Kirche abgrenzten. So war in England das Wort „Church" für die *ecclesia anglicana* als Ganzes und für ihre örtlichen Gemeinden und Kirchengebäude gewissermaßen besetzt. Die neuen Gruppen wagten daher nicht, auf dieses Wort zurückzugreifen. Sie schlossen sich zu Assoziationen, zu Gesellschaften oder zu Konferenzen zusammen und feierten ihre Gottesdienste in Häusern, Räumen oder *chapels*. In Frankreich ist *église* für die – vormals – etablierte römisch-katholische Kirche vorbehalten. Die anderen Religionsgemeinschaften versammeln sich in einem *temple*. Ähnliches gilt für Deutschland: Neue Gruppierungen, die im 19. Jahrhundert auftraten, wollten gerade nicht Kirche, sondern „Gemeinde" sein, man kam in „Kapellen", nicht in Kirchen zusammen.

Diese sprachlichen Beobachtungen schärfen den Blick dafür, dass auch in den Begriffen Dissenters, Nonkonformisten, Separatisten und Independente ein Werturteil versteckt ist. Es wird jeweils von der etablierten Kirche aus gedacht; von dort her gesehen sind die Separatisten diejenigen, die die Einheit der Kirche nicht gewahrt haben. Die Dissenters sind solche, die eine abweichende Meinung vertreten und mit der Kirche nicht konform gehen; die Independenten gelten als die, die sich von der Kirche unabhängig gemacht haben. Vorausgesetzt ist in jedem Fall eine Kirche, die den Maßstab für Konformität abgibt, ja selbst jener Maßstab ist.

In der Entwicklung nonkonformistischer Gemeinden lässt sich eine weitere, für die Namensgebung wichtige Beobachtung machen. Besondere, meist äußerliche Charakteristika werden als so auffallend empfunden, dass von ihnen her der Name abgeleitet wird. So galt die „Erwachsenentaufe" als das besondere Kennzeichen der Baptisten. Ihr Name wird vom griechischen baptizein = taufen hergeleitet. Die „Quäker" sah man als vom Heiligen Geist „geschüttelt" (*to quake* = beben). Die Methodisten gingen in ihren Erweckungsversammlungen und Seelsorgegruppen angeblich nach besonderen „Methoden" vor. Die Heiligungsgruppen und die Pfingstbewegung legten Wert auf die Heiligung beziehungsweise auf das Erlebnis der Ausgießung des Geistes wie zu Pfingsten. In einigen Fällen sind die von außen auferlegten Spottnamen bleibende Bezeichnungen für Konfessionsfamilien geworden, so zum Beispiel für die Methodisten und Baptisten, und haben inzwischen den einst beabsichtigten negativen Beigeschmack verloren. In anderen Fällen haben nonkonformistische Gruppen sich eigene Namen zugelegt, die zu erkennen geben, dass man gerade nicht Kirche im etabliert-institutionellen Sinne sein will. Jeder Anklang an Kirche wird bewusst vermieden. So ist die Selbstbezeichnung der Quäker „Religiöse Gesellschaft der Freunde", und die Salutisten haben aus dem Gedanken der kämpfenden Kirche, also der *ecclesia militans* oder der *militia Christi*, ihrer Gemeinschaft den Namen Heilsarmee beigelegt und die gesamte innere und äußere Struktur nach militärischem Muster aufgebaut.

Relativ wertneutral ist die Bezeichnung einer religiösen Gruppe nach dem Begründer oder nach einem Ortsnamen. So werden die Mennisten beziehungsweise Mennoniten nach Menno Simons (1496–1561) oder die Brownisten nach Robert Browne (ca. 1550–ca. 1633), dem Begründer des Kongregationalismus genannt. Als „Herrnhuter" bezeichnet man oft die Anhänger und Nachfahren Zinzendorfs, weil der kleine Ort Herrnhut in der Oberlausitz der Ausgangspunkt für die erneuerte Bruder-Unität war. Die einzigen in Deutschland vertretenen Freikirchen, die auch ihre Namen ohne äußeren Druck oder Abgrenzungsbedürfnisse wählten, sind die Kirche des Nazareners und die Gemeinschaft der Siebenten-Tags-Adventisten. Sie konnten sich ihre Namen im freiheitlichen Klima Amerikas in der zweiten Hälfte des 19. Jahrhunderts ungehindert beilegen. Es ist zu vermuten, dass der Name in ganz besonderem Maße Spiegelbild des Selbstverständnisses dieser Kirchen ist.

3. Allgemeine Kennzeichen der Freikirchen

Die allgemeinen Erwägungen und bisherigen Darlegungen lassen jetzt die Frage zu, ob es so etwas gibt, was die verschiedenen Freikirchen miteinander verbindet. Sind theologische und andere Faktoren ausfindig zu machen, die als spezifisch freikirchliche Antworten auf bestimmte vergangene oder noch gegenwärtige Herausforderungen gelten können und die das Freikirchentum zu dem machen, was es ist oder sein will? Oder darf die Frage angesichts der Pluralität von Freikirchen so gar nicht gestellt werden, um der Gefahr zu entgehen, dass lediglich zu allgemeine und damit nichts sagende Feststellungen getroffen werden? Kommt man zu „Leeraussagen", die über Gebühr und unsachgemäß vereinheitlichen? Die Gefahr ist jedenfalls nicht von der Hand zu weisen. Gleichwohl wird man davon auszugehen haben, dass es einige für Freikirchen kennzeichnende Gemeinsamkeiten geben muss. Wie anders ließe es sich sonst erklären, dass sich 1892 einige Freikirchen in England zu einem Rat und 1926 in Deutschland zur Vereinigung Evangelischer Freikirchen (VEF) zusammengeschlossen haben?

Die nachfolgenden Überlegungen sind als Versuch anzusehen, einige gemeinsame Charakteristika aller Freikirchen zu erheben. Dabei gilt es zu beachten, dass es sich um „idealtypische" Merkmale handelt und dass die Reihenfolge der einzelnen Punkte nicht einer Wertskala gleicht. Vielmehr sind es Gesichtspunkte, die erst durch ihre Verschränkung und damit auch durch ihre gegenseitigen Abstützungs- und Verstärkungsmechanismen ein Gesamtbild entstehen lassen können. Sie wollen also miteinander bedacht sein, was nicht ausschließt, dass Akzente von einzelnen Freikirchen sehr unterschiedlich gesetzt werden können.

In seinem lesenswerten Buch „Friedenskirche in der Ökumene" hat Fernando Enns die nachfolgenden Kennzeichen auf ihre Tragfähigkeit untersucht und kam zu dem Ergebnis, dass sich aus ihnen keine konstitutiven Kennzeichen ableiten lassen. Die Merkmale seien eine „künstlich wirkende Zusammenfassung" einer „Pluralität von Denominationen", so dass der Begriff „Freikirche" schillernd bleiben müsse.[16] Enns hat ferner kritisiert, dass sich „historische und theologische Argumente fortlaufend ineinander" mischen, was methodisch problematisch sei. Letzterem ist sicher zuzustimmen. Daher kann dieser Hinweis helfen, die einzelnen Elemente zuzuordnen. Es ist natürlich auch nicht von der Hand zu weisen, dass der Versuch einer Aufzählung von Differenzierungskriterien problematisch ist. Enns hat sicher Recht mit der Bemerkung, dass „die Kontextabhängigkeit sowohl in der Entstehungsgeschichte wie auch in der weiteren Entwicklung gerade bei den Freikirchen eine Pluralität hervorbrachte, die größer kaum zu denken ist".[17] Dennoch hält auch Enns an dem Begriff „Freikirche" fest und führt eine Differenzierung zwischen „harten" und „weichen" Differenzierungsmerkmalen ein. Das ist hilfreich, bedeutet aber auch, dass es Unterschiede gibt. Wenn er weiterhin anführt, dass die Trennung von Staat und Kirche „der markanteste Differenzierungspunkt" sei, so wird stets ein Gegenüber vorausgesetzt.

Weiterhin gilt, was Enns auch zu Recht betont, dass in der Ekklesiologie Grundentscheide fallen. Man könnte vielleicht sagen, dass weniger die Lehre von der Kirche umstritten ist als vielmehr die Gestaltung von Kirche oder die historisch-kontextuelle Verwirklichung von Kirche. Es liegt in der Natur dieses Gestaltungsprozesses, dass der Trennungsgedanke auftaucht und dass dies bei allen Denominationen der Fall ist, die hier mit dem Begriff „Freikirche" zusammengefasst sind. Im deutschen Kontext stehen den Freikirchen zwei „Kirchentypen" gegenüber, die sich durch Konkordate und Staats-Kirchen-Verträge eine große Zahl von Privilegien abgesichert

---

[16] Fernando Enns, Friedenskirche in der Ökumene. Mennonitische Wurzeln einer Ethik der Gewaltfreiheit, Göttingen (Vandenhoeck & Ruprecht) 2003, 108.
[17] Ebd., 104.

haben, die sich einer vor-demokratischen Epoche verdanken und die in die Weimarer Republik und in die Bundesrepublik „hinübergerettet“ wurden. Nur auf diesem Hintergrund kann eine, wie erneut zu betonen ist, „idealtypische“ Klassifizierung vorgenommen werden, ohne dass die Differenzmerkmale den Charakter von „*notae ecclesiae*“ annehmen dürfen. In einem anderen Kontext, wie beispielsweise in Nordamerika, sagt der Begriff „Freikirche“ relativ wenig, weil hier alle Kirchen dem ihnen zuträglichen, positiven Trennungsmodell folgen. Daher haben Theologen aus Kirchen, die in Deutschland als Freikirchen gelten, schon 1955 den Vorschlag gemacht, in Analogie zur „Gläubigentaufe“ (*believers' baptism*) den Begriff „Gläubigenkirche“ (*believers' church*) einzuführen. Aber dieser Sprachgebrauch hat sich nicht durchsetzen können.

3.1 Freikirchen als Protestbewegungen

Man kann Freikirchen, wie ihre Entstehung nahe legt, als Protestbewegungen verstehen. Sie wehren sich gegen ein Staats- oder Landeskirchentum und gegen eine Volkskirche. Auch wenn, wie im Falle der Kirche des Nazareners, die Entstehungszeit kein solches Gegenüber kennt, würde man gleichwohl die drei genannten Kirchenarten ablehnen. Dieses Beispiel kann zweierlei verdeutlichen. Die Freikirchen haben sich einerseits von bestimmten geschichtlichen Ausprägungen der Kirche polemisch-kritisch abgesetzt, sie brauchen aber andererseits dieses Gegenüber nicht, um Freikirche zu sein. Es müsste demnach auch möglich sein, ohne die negativ eingestufte, dunkle Folie einer Staats- oder Volkskirche dem Phänomen Freikirche beizukommen. Dies lässt sich wohl auch zeigen, wenn man eine Einschränkung beachtet. Das Hervortreten neuer Freikirchen und das heutige Funktionieren von Freikirchen ist nur deshalb möglich, weil es einstmals Vorkämpfer für diese Art des Kircheseins gegeben hat, die, ohne dass sie überhaupt das Wort Freikirche gebraucht haben, sich gegen eine damals herrschende und einen Alleinvertretungsanspruch vertretende „vergesellschaftete“ Form der Kirche wandten. In den Anfängen war das Gegenüber einer Staatskirche für die Herausbildung der Freikirchen gleichsam konstitutiv. Inzwischen sind die Rahmenbedingungen andere geworden, so dass eine polemische Abgrenzung zu einer Eigendefinition nicht ausreichen kann.[18] Auf die Dauer lässt sich aus einer bloßen Antithese heraus nicht leben. Es kommt hinzu, dass weniger gewollt als vielmehr durch gesellschaftliche Prozesse bedingt, das volkskirchliche Erbe immer mehr wegschmilzt und die „fremde Heimat Kirche"[19] entstanden ist.

3.2 Erfahrungsreligion

Was die Gründer der Freikirchen mit ihren heutigen Nachfahren verbindet, worin also alle Vertreter der Freikirchen übereinstimmen, ist die Überzeugung, dass kein Mensch für einen anderen Menschen stellvertretend glauben kann. Das Christentum wird zuerst und allermeist als eine Erfahrungsreligion erlebt. Der christliche Glaube ist weniger eine Sache des Kopfes als eine Herzensangelegenheit. Dies ist nicht so misszuverstehen, dass Kopf und Herz auseinander gerissen werden; vielmehr soll damit zum Ausdruck gebracht werden, dass nicht eine bloß geistig-intellektuelle Aneignung von Glaubensinhalten, nicht das bloße Rezitieren von festen Bekenntnissen, nicht die Zustimmung zu bestimmten Dogmen oder theologischen Sätzen und auch nicht das Aufsehen zu einer Autorität, hieße sie nun Priester, Bischof, Papst, Pfarrer oder Bekenntnisschrift, sondern eine Erfahrung beziehungsweise eine Kette von Erfahrungen einen Menschen zum Christen werden und bleiben lassen. Jeder einzelne Mensch soll mit seinem Herzen glauben und mit seinem Munde bekennen. Dogmen, Bekenntnisse, die wissenschaftliche Theologie und Amtsinhaber werden damit nicht unwichtig, aber sie können nur Hilfen sein, um einen persönlichen Glauben zu wecken und den persönlichen Glauben zu pflegen und zu verantworten.

---

[18] In den USA haben aufgrund der Mitgliederzahlen manche Freikirchen – zum Beispiel Methodisten und Südbaptisten – gleichsam „volkskirchlichen" Charakter angenommen.

[19] So lautet der etwas eigenartig klingende Titel der dritten EKD-Erhebung über Kirchenmitgliedschaft, hg. von Klaus Engelhardt u. a., Gütersloher Verlagshaus 1997. Eine „fremde Heimat" kann es eigentlich nicht geben. Entweder man ist in der Fremde und sehnt sich nach der Heimat oder man ist in der Heimat, dann ist man nicht in der Fremde. Hier soll wohl das abgestuft-distanzierte Verhältnis vieler Mitglieder zu ihrer Kirche bildhaft, aber auch euphemistisch und damit die Wirklichkeit abmildernd zum Ausdruck kommen.

Glaubenserfahrungen können unterschiedlich beschrieben werden. Hier liegen deutliche Betonungsunterschiede zwischen den einzelnen Freikirchen. Von der Freude der Buße und Bekehrung und einem persönlichen Gebetsleben sprechen zwar alle gleichermaßen, doch wird die Heiligung zum Beispiel im Methodismus und in den Pfingstkirchen betont, während die stille Andacht ein Kennzeichen der Quäker ist. Die Erfahrung der eigenen Taufe kann natürlich nur bei Vollzug der Gläubigentaufe, wie sie in den „Täufergemeinden" üblich ist, gemacht werden. Um das Erfülltwerden mit dem Heiligen Geist geht es besonders in den Pfingstgemeinden. Diese unterschiedlichen spirituellen Erfahrungen, die hier nur andeutungsweise und idealtypisch einzelnen Freikirchen zugeordnet worden sind, überkreuzen sich in Wirklichkeit natürlich und sind weder auf das Herz, die Seele, das Gemüt oder sonst einen Teilbereich des Menschen begrenzt. Derartige sprachliche Ausdrucksformen, die manchmal gebraucht werden, wollen vielmehr die Tiefe des Ergriffenseins andeuten und damit unterstreichen, dass der Glaube den ganzen Menschen umfasst.

Man darf die Aussage, dass Glaube als persönliche Erfahrung angesprochen wird, auch nicht dahin missverstehen, als sei der Glaube privatistisch verstanden oder privatisiert. Es geht zwar immer um das unverwechselbare persönliche Ich jedes Einzelnen. Weil aber der Mensch in seiner Ganzheit durch Wort und Geist angesprochen ist, sind seine sozialen Bindungen nicht minder mit betroffen. Der Heilige Geist wird deshalb als *public spirit of God*, als öffentlicher Geist Gottes, und nicht als *private spirit*, als privater Geist, bezeichnet: „Jener ist ein privater Geist, der nicht von Gott ist, obgleich er sich in großen Volksmengen findet. Gottes Geist ist nicht privat; Gottes Geist ist öffentlich, obwohl er manchmal sich nur in einer Person findet."[20] Die Erfahrungen des Christ-

[20] So in einer anonymen Schrift, die den Titel trägt: A most humble supplication of many of the king's majesty's loyal subjects, ready to testifv all civil obedience, by the oath of allegiance, or otherwise, and that of conscience, who are persecuted (only for differing in religion), contrary to divine and human testimonies. Printed 1620, Nachdruck in: Tracts on Liberty of Conscience and Persecution 1614–1661, hg. von Edward Bean Underhill, London 1846, 200.

werdens und des Christbleibens spielen sich nie in einem luftleeren Raum ab, sondern werden stets im Rahmen einer Gemeinschaft gemacht. Dass man Christentum ohne Gemeinschaft nicht konstatieren kann, ist ein oft zitierter Ausspruch des Grafen Zinzendorf, dem die Freikirchen nachzukommen versuchen. Das Christsein wird als persönliche Bindung an Christus erlebt, ist aber niemals privat.

3.3 Die Gestalt der Kirche: Ekklesiologie

Das ganz besondere Interesse der Freikirchen richtet sich auf die Gestalt von Kirche. Die Ekklesiologie ist ein besonderes Proprium und hat enge Beziehungen zum Vorhergehenden, denn die Kirche oder, wie man in den Freikirchen meist sagt, die Gemeinde ist der Ort, an dem der persönliche Glaube erweckt, gestärkt, gefestigt und gelebt wird. Damit ist ein Korrektiv gegenüber der Gefahr eines wild wachsenden Individualismus gesetzt. Das Glaubensverständnis im Sinne der persönlichen Erfahrungen wurzelt im Gemeindeverständnis und das Gemeindeverständnis setzt dieses bestimmte Glaubensverständnis frei. Beides bedingt sich gegenseitig, so dass individualistischer Willkür enge Grenzen gezogen sind. Diese Grenzen subjektiver Willkür werden noch dadurch verstärkt, dass die Freikirchen sich auf den reformatorischen Grundsatz „allein die Schrift" berufen. Die Heilige Schrift soll alleiniger Maßstab des persönlichen Glaubens und des Gemeindeverständnisses sein. Wenn es dennoch zu unterschiedlichen Bildungen von Freikirchen gekommen ist, so zeigt sich hier, dass der neutestamentliche Kanon eben nicht die „Einheit" der Kirchen begründet,[21] weil bereits im Neuen Testament verschiedene Konzeptionen von Kirche sichtbar werden und jede Freikirche mit einem gewissen Recht Textstellen zur Rechtfertigung ihrer eigenen Praxis beibringen kann. Die von den Reformatoren behauptete und von freikirchlichen Theologen und Bekenntnissen festgehaltene Grundregel, dass die Heilige Schrift sich

[21] Vgl. den klassisch zu nennenden Vortrag von Ernst Käsemann „Begründet der neutestamentliche Kanon die Einheit der Kirche?" in: Exegetische Versuche und Besinnungen Bd. I, 1964, 214-223.

selbst auslegt, verhindert, dass es in der Kirche eine Instanz geben kann, die „das letzte Wort über das Wort Gottes als Wort Gottes" zu sagen beansprucht.[22]

Dies würde einer Überordnung der Kirche in Gestalt ihres Lehramtes über das Wort Gottes gleichkommen. Schließt man dies aus theologischen Gründen aus und bleibt beim Maßstab der Heiligen Schrift als der sich selbst auslegenden und normsetzenden Norm (*norma normans*), dann setzt man sich der Möglichkeit aus, dass Kirche sich nicht in *einer* Gestalt, sondern auf vielerlei Weise verwirklicht. Freikirchen ziehen eine Mehrstimmigkeit von Kirchen der Uniformität von Kirche vor. Die ökumenische Frage muss heute lauten, wie die Kirchen, ohne in Eintönigkeit zu verfallen, zu einer harmonischen Polyphonie kommen und möglicherweise Disharmonien überwinden können. Das muss aber nicht auf einheitliche Strukturen hinauslaufen, ja sollte es sogar nicht, weil man sonst der Lebendigkeit von Kirchen einen Riegel vorschiebt.

Freikirchen wehren sich gegen eine sakramentale Vereinnahmung des Menschen, wie es sich in den christlichen Ländern insbesondere in der unterschiedslosen, man ist fast versucht zu sagen flächendeckenden Durchführung der Säuglingstaufe zeigt.[23] Dagegen hatten schon die Täufer der Reformationszeit heftig protestiert. Daraus darf man nicht den Schluss ziehen, alle Freikirchen würden statt der Säuglingstaufe die Gläubigentaufe praktizieren, wie häufig, aber fälschlich angenommen wird. Was aber für alle Freikirchen gleichermaßen zutrifft, ist die Unabdingbarkeit des persönlichen Glaubensbekenntnisses für die Gliedschaft in der Kirche. Kirchenzugehörigkeit wird nicht per Geburt zugeschrieben, sondern will und muss aktiv erworben sein. Das „Volk Gottes", das sich in der Kirche sammelt, ist vom „Volk" zu unterscheiden. Christengemeinde und Bürgergemeinde sind nicht identisch, sondern fallen auseinander, weil zwar Christen stets auch Bürger sind, umgekehrt aber Bürger nicht per se Christen.

---

[22] So hat es der Präfekt der Kongregation für die Glaubenslehre, Kardinal Joseph Ratzinger, Zur Lage des Glaubens, München 1986, 75 formuliert.

[23] Vgl. die Lima-Erklärung der Kommission für Glauben und Kirchenverfassung des Ökumenischen Rats der Kirchen zu Taufe, Eucharistie und Amt, wo im Taufteil vor einer unterschiedslosen Säuglingstaufe gewarnt wird (Nr. 16 und im Kommentar zu Nr. 21 b).

3.3.1 „Freiwilligkeitskirche"

Es zeigt sich an dieser Stelle deutlich die polemische Abgrenzung gegen eine „Volkskirche", die, ganz gleich von welcher konfessionellen Richtung, das Ganze eines Volkes oder einer geographischen Einheit zu umfassen sucht. Voraussetzung ist dabei, dass die Kirche eine Nachwuchskirche ist und dass die Zugehörigkeit zur Kirche eine fraglose Bedingung für das Leben in einer christlich geprägten Gesellschaft darstellt. Demgegenüber hat man die Freikirchen als „Freiwilligkeitskirchen" zu kennzeichnen gesucht. Der katholische Fundamentaltheologe Wilhelm Bartz führte dazu aus: „Daran ändert sich im Grundsätzlichen dadurch nichts, dass sie [= die Freikirchen] heute faktisch weitgehend Nachwuchskirchen geworden sind. Die Freikirche will Gestalt in einer Gemeinschaft von Menschen annehmen, die sich, von der Gnade Gottes getroffen, in freier Selbstentschließung vorbehaltlos zu Christus und seinem Evangelium bekennen. Der freikirchliche Gläubige ist ganz Glied seiner Kirche, für die er sich frei entschieden hat, an deren Leben er nicht nur äußerlich teilnimmt, für die er persönliche Opfer bringt, nicht zuletzt auch finanzielle, für die er sich verantwortlich weiß."[24]

An dieser sensiblen Kennzeichnung ist sicher richtig, dass die Kinder von Gliedern einer Freikirche nicht sozusagen automatisch auch ihre Gliedschaft anstreben oder erwerben. Ein bestimmter Prozentsatz des Nachwuchses entscheidet sich aus unterschiedlichen Gründen gegen die Kirche ihrer Eltern oder eines Elternteiles. Dies ist vom Ansatz, dass kein Mensch stellvertretend für einen anderen glauben kann, nur konsequent. Der Glaube ist nicht jedermanns Ding, und deshalb ist eine Entscheidung für eine andere Kirche oder gar gegen den Glauben vom freikirchlichen Verständnis aus zu respektieren. Eine klare Entscheidung dafür oder dagegen wird einer indifferenten Haltung oder einer nominellen Zugehörigkeit vorgezogen.

Der Ausdruck „Freiwilligkeitskirche" ist jedoch auf Kritik gestoßen, weil er zu sehr den Gedanken nahe legen würde, es verhielte sich mit einer Freikirche wie mit der Gründung eines Vereins oder dem Aufbau einer Firma. Die „freie Selbstent-

---

[24] Wilhelm Bartz, wie Anm. 1, 13 f.

schließung“ oder die „freie Entscheidung“ zur Mitgliedschaft in einer Freikirche würde danach zu sehr als ein einseitiger Akt des Menschen aussehen, so dass dann die Kirche durch menschliche Entscheidungen zur Disposition stünde. Es darf aber nicht vergessen werden, dass der Entschluss zur Gliedschaft in einer Freikirche zwar eine personale Entscheidung ist, dass sie aber nicht voraussetzungslos, sondern in einer Glaubensgemeinschaft unter dem Wirken des Heiligen Geistes getroffen wird. Sie ist, wie die Glaubensentscheidung auch, Gabe des Geistes und zugleich menschliche Antwort auf diese Gabe. „Die freiwillige Entscheidung, die für die Gliedschaft in der Gemeinde Jesu Christi konstitutiv ist, kann und darf nur im Zusammenhang mit der Freiheit gesehen werden, die der heilige Geist wirkt, wenn der Mensch vom Anruf getroffen wird und im Glauben Antwort gibt.“ Die Freikirchen gehen deshalb von der Überzeugung aus, „dass Glaube an Jesus Christus und Gliedschaft in seiner Gemeinde unlösbar miteinander verbunden sind und in Wechselwirkung zueinander stehen“.[25]

3.3.2 *Freikirche – keine Elite*

Die frühen Freikirchler haben die Willensfreiheit des Menschen nach dem Sündenfall abgelehnt. Der natürliche Mensch ist von sich aus weder in der Lage, sich zu bekehren, noch sich dafür zuzubereiten. Dies wird festgehalten, damit umso betonter von der Alleinwirksamkeit Gottes oder des Heiligen Geistes geredet werden kann.[26] Wenn außerdem herausgestellt wird, dass der menschliche Wille erst im Zustand der Herrlichkeit frei ist, stets das Gute zu tun, dann soll dadurch eingestanden werden, dass auch die Heiligen „das wollen, was böse ist“.[27]

---

[25] Rudolf Thaut, „Der theologische Beitrag der Freikirchen“, in: Hans-Beat Motel (Hg.), Glieder an einem Leib. Die Freikirchen in Selbstdarstellungen, Konstanz 1975, 27 f.

[26] „But to do good, or to receive God’s word or Spirit, we have no power of ourselves. God worketh the will and the deed hereunto”, in: Persecution for Religion Judg’d and Condemn’d: In a Discourse, between an Antichristian and a Christian, 1615, Nachdruck bei Underhill, wie Anm. 20, 172.

[27] Baptist Confession von 1689, Kap. 9, Abs. 3-5.

Die Kirche als „Gemeinschaft der Heiligen" muss demnach immer damit rechnen, dass auch Unkraut unter dem Weizen heranwächst. Die Freikirchen verstehen sich nicht als sündlose Kirchen. Aber sie wollen im Wissen um alle Vorläufigkeit ihrer Bemühungen diejenigen zusammenführen, die von Christus im Heiligen Geist angesprochen sind und darauf im Glauben geantwortet haben.

Das Bewusstsein der fortbestehenden eigenen Sündhaftigkeit sollte in den Freikirchen davor bewahren, ein andere Menschen abstoßendes, geistliches Elitebewusstsein herauszubilden. Man will ja gerade keine Elite, sondern in aller Demut das Volk Gottes sein. Das Missverständnis kann sich eigentlich nur unter der Voraussetzung einschleichen, dass man von dem Konzept einer christlichen Gesellschaft oder einer christlichen Nation ausgeht, in der die Einheit von Bürger- und Christengemeinde gewahrt ist und in der infolgedessen alle auffallen, die sich absondern. In Deutschland dürfte der Vorwurf des Elitären gegenüber den Freikirchen noch durch die Wirksamkeit des Pietismus begünstigt worden sein. Dem Pietismus ging es vor allem um Erweckung oder Bekehrung und um die Sammlung der Erweckten. Letzteres vollzog sich in dem „Kirchlein *in* der Kirche" *(ecclesiola in ecclesia)*. Der Pietismus bleibt bei der Einheit der christlichen Gesellschaft und führt diejenigen, die „mit Ernst Christen sein wollen" – wie man im Anschluss an Luthers Vorrede zur Deutschen Messe formulierte – in eine Art Kerngemeinde zusammen. Auch die seit 100 Jahren bestehende Gemeinschaftsbewegung, die meinte, am Pietismus und an der Erweckungsbewegung anzuknüpfen, hat stets ihren Ort innerhalb der bestehenden Volkskirche gesehen und hat den Weg in die Freikirche gescheut. Bezeichnend ist die Formel, auf die der Bonner Professor für Praktische Theologie, Theodor Christlieb, das Verhältnis der Gemeinschaftsbewegung zu den Landeskirchen brachte: „Wir stehen in der Kirche, wenn möglich mit der Kirche, aber nicht unter der Kirche."[28] In diesem Satz drückt sich die relative Selbständigkeit der Gemeinschaftsbewegung aus. Man will

[28] Zitiert in: Dieter Lange, Eine Bewegung bricht sich Bahn, Gießen (Brunnen) 1979, 78.

zwar in der Kirche bleiben, reserviert sich aber in Zweifelsfällen das Recht, nicht mit der „gewöhnlichen" Kirche auf einer Stufe zu stehen, sondern eine bessere Erkenntnis zu haben und umzusetzen. Unverkennbar drückt sich darin ein elitärer Zug aus, weil man nicht „unter" der Kirche leben will, sondern „darüber" steht.

Der freikirchliche Ansatz ist davon sozusagen kategorial unterschieden. Es gibt nicht ein Konventionschristentum, auf das man alle Menschen ansprechen kann und von denen sich solche, die es „ernster" meinen, elitär abheben. Man kann lediglich feststellen, dass es Menschen gibt, die dem Ruf des Evangeliums Folge leisten wollen und so zu einer Gemeinschaft finden, während andere diesen Ruf ablehnen.

3.3.3 Bund (covenant)

In der Anfangsgeschichte des Freikirchentums hat man den Gedanken eines Bundes *(covenant)* zum Verständnis der Ekklesiologie in den Mittelpunkt gerückt. Damit wurde verdeutlicht, dass man sich von Gott zum Bundesgenossen erwählt wusste. Dies geschieht im Neuen Bund durch das Werk Jesu Christi und wird im Heiligen Geist vermittelt. Dieser vertikalen Betrachtungsweise steht zugleich die horizontale zur Seite. Die Glaubenden sind nicht nur zu Bundesgenossen Gottes, sondern auch zu Bundesgenossen untereinander berufen. Sie können deshalb einen Bundesvertrag eingehen:

„Wir, deren Namen unten verzeichnet sind, die wir das Verlangen haben, als eine Gemeinde *(church)* Jesu Christi konstituiert zu sein [...], stellen uns im Namen Jesu freiwillig und ungezwungen *(voluntarily and freely)* dem Herrn und untereinander zur Verfügung."[29] Diese vertikale und horizontale Bundestheologie macht abschließend deutlich, wie wenig eine Freikirche einerseits dem Zusammenschluss Gleichgesinnter zu einem Verein ähnelt und wie stark andererseits das Gewicht auf das freiwillige Einvernehmen der Glaubenden fällt. Das zeigt sich auch in der im Methodismus beheimateten „Feier zur Erneuerung des Bundes mit Gott", bei der es in der Litur-

---

[29] Zitiert bei W. H. Brackney, wie Anm. 10, 87.

gie heißt: „Die eine Seite des Bundes ist Gottes Verheißung, dass er in uns und durch uns all das erfüllen will, was er in Jesus Christus [...] zugesagt hat [...]. Die andere Seite des Bundes ist unsere Verpflichtung, nicht mehr für uns selbst, sondern für ihn zu leben [...]."

3.3.4 Die Strukturfrage

Die Freiheit der Kirche sahen die Väter und Mütter des Freikirchentums in den Staats- und Landeskirchen Europas bedroht. Zwar sind die Entwicklungen in England, Schottland und auf dem Kontinent in den evangelischen und katholischen Gebieten höchst unterschiedlich verlaufen, doch sind die strukturellen Ergebnisse durchaus miteinander vergleichbar: „In Deutschland entstand ein Staatskirchentum mit weitgehender landesherrlicher Bestimmung und einer Kirche, die im 18. Jahrhundert zur ‚Staatsanstalt' wurde. Eine ähnliche Staatsherrschaft wurde im 17. Jahrhundert in Schweden und Dänemark (1666) erreicht. In England entstand eine auf nahe Verbindung zum Staat beruhende Verfassung (Establishment), die die Kirche selbständig ließ, aber rechtlich mit dem Staat eng verband."[30]

Bis in die jüngste Zeit lassen sich Eigentümlichkeiten verfolgen, die Ergebnisse dieser strukturellen Voraussetzungen sind. So stieß eine kirchlicherseits in den Jahren 1904–1927 erarbeitete Revision des anglikanischen *Book of Common Prayer* auf Ablehnung des Unterhauses. Das schwedische Parlament verabschiedete ein Gesetz, wonach jeder in Schweden geborene Säugling auch ohne Taufe Mitglied der Lutherischen Kirche von Schweden ist, wenn die Eltern nicht ausdrücklich die Mitgliedschaft verweigern. Derartige Beispiele, die sich unschwer vermehren ließen, stellen nur nebensächliche Kuriosa dar, aber sie lassen das ganze Ausmaß der Abhängigkeit erkennen, in das sich Kirchen über Jahrhunderte begeben hatten, und können verdeutlichen, warum die Freikirchen stets

[30] U. Scheuner, Art. „Staatskirche", in: RGG (3. Aufl.), Bd. VI, Sp. 315; vgl. auch den guten, differenzierenden Überblick im Artikel „Kirchenverfassung VI", ebd. Bd. III, Sp. 1570–1584 von S. Grundmann.

eine strikte Scheidung des geistlichen und weltlichen Regiments im Interesse der Freiheit und Unabhängigkeit der Kirche gefordert haben.

3.3.4.1 Die weltliche und geistliche Gewalt

Die Freikirchen gehen dabei davon aus, dass weltliche und geistliche Gewalt streng zu unterscheiden sind. Eine Ehe von Thron und Altar, eine Einmischung fremder Kräfte in die Kirche, eine Leitung der Kirche durch Staatsbeamte, ja auch Staats-Kirchenverträge oder gar Konkordate werden strikt abgelehnt.

Die weltliche Gewalt bzw. der Staat hat die notfalls mit den Machtmitteln von Polizei und Soldaten erzwingbaren Befugnisse, über die Einhaltung der Gesetze und die äußeren Rahmenbedingungen eines Staatswesens zu wachen. Im Gegensatz zu der unter den Täufern des 16. Jahrhunderts weit verbreiteten Anschauung, dass Christen keine obrigkeitlichen Ämter einnehmen dürfen, rechnen die Freikirchler des 17. Jahrhunderts mit dieser Möglichkeit.[31] Die weltliche Obrigkeit ist von Gott eingesetzt. Im Englischen wird die Einsetzung des Öfteren mit dem Begriff ordinieren (= *to ordain)* beschrieben, um die von Gott her erfolgende Herrschaftsausübung der weltlichen Obrigkeit zu verdeutlichen. Sie hat alle ihre Befugnisse von dem Herrn aller Herren und regiert *unter* ihm und *über* das Volk als Ganzes zur Ehre Gottes und dem öffentlichen Wohl *(public good)* zu gute. Die „Obrigkeit" hat ein Anrecht darauf, dass sich das Volk ihren Anordnungen unterwirft, sofern diese recht- und gesetzmäßig *(lawful)* sind. Diese Einschränkung zeigt, dass es Ausnahmen geben kann. Das Recht ist der weltlichen Gewalt übergeordnet. Damit ist einem kritiklosen Untertanengehorsam und einer ebenso kritiklosen Verherrlichung der Obrigkeit oder der Fürstenherrschaft gewehrt. Der Christ ist zu kritischem Umgang mit dem *civil magistrate* aufgerufen, was in einigen Freikirchen bis zum Gedanken eines aktiven Widerstandsrechts ausgebaut wurde.

---

[31] Zum Beispiel Leonard Busher, Religions Peace Or a Plea for Liberty of Conscience, London 1646, 40 und Baptist Confession von 1689, Kapitel 24.

Diese alle Freikirchen verbindende Unterscheidung der geistlichen und weltlichen Gewalt und ihrer unterschiedlichen Befugnisse beinhaltet auch, dass das ethische Problem des politischen Verhaltens sowohl des Christen als auch der „Obrigkeit“ und das theologisch-ekklesiologische Problem nach dem „Wie“ der Kirche bzw. nach ihrer Gestalt einer strukturellen Beantwortung zugeführt werden. Die Kirche muss sich so verwirklichen, dass ihre Freiheit nicht durch illegitime Eingriffe von außen gefährdet wird. Normalerweise wird dieser aus theologisch-ekklesiologischen Prämissen her erfolgende Grundsatz mit dem Schlagwort der Überwindung des „Konstantinischen Zeitalters“ oder der Trennung von Staat und Kirche bezeichnet.

Schlagworte haben oft die Tendenz, komplizierte Sachverhalte ungebührlich zu vereinfachen. So ist es zum Beispiel nicht vertretbar, die seit Konstantin abgelaufene Geschichte der Kirche unter dem Begriff „Konstantinisches Zeitalter“ zu subsumieren, zumal unter Konstantin selbst die Kirche noch keine privilegierte Stellung erhielt, sondern aus einer verfolgten zu *einer* Religion unter verschiedenen geduldeten Religionen aufstieg. Die Ausschaltung der anderen Religionen geschah erst unter Theodosius.[32]

3.3.4.2 Trennung von Staat und Kirche

Was nun die „Trennung von Staat und Kirche“ angeht, so ist dies eigentlich kein besonderes Proprium der Freikirchen. Denn eine formal-juristische Trennung kann aus ganz unterschiedlichen, ja entgegengesetzten Motiven heraus erfolgen. Im Verlauf der Französischen Revolution zum Beispiel wurde mit Hilfe der Trennung des Staates von der Kirche der Versuch einer radikalen „Dechristianisation“ unternommen. Der christliche Kalender wurde durch den republikanischen ersetzt. Im Jahre 2 dieser neuen Zeitrechnung (= 1794) „erfolgte der grundstürzende Beschluss ‚Die französische Republik be-

---

[32] Gerhard Ruhbach (Hg.), Die Kirche angesichts der konstantinischen Wende, Wege der Forschung 306, Darmstadt 1976.

zahlt fernerhin weder die Kosten noch die Gehälter irgendeines Religionsdienstes'. Das war *die Trennung von Kirche und Staat.*"[33] Es lässt sich unschwer erkennen, dass diese Art der Trennung des Staates von der Kirche von anderen Absichten gespeist wird als das, was die Freikirchen wollten und wollen. Hier geht es um eine *gegen* die Kirche, *gegen* das Christentum und *gegen* den christlichen Glauben gerichtete Aktion. Das Entziehen der Gehälter soll dazu dienen, das Christentum so schnell wie möglich absterben zu lassen.

Ähnliche Modelle der Trennung von Staat und Kirche haben die modernen totalitären Regime hervorgebracht. Nach der Russischen Revolution wurde die orthodoxe Kirche ihrer privilegierten Stellung beraubt und schweren Verfolgungen ausgesetzt. Was die nationalsozialistischen Machthaber mit der Kirche eigentlich im Sinn hatten, kommt besonders anschaulich an ihrem sogenannten „Modell Warthegau" ans Tageslicht. Die Kirche sollte aus der Öffentlichkeit verschwinden und höchstens noch als eingetragener Verein am Rande geduldet werden. In beiden Fällen erhebt eine quasi-Staatsreligion, als die moderne totalitäre Ideologien interpretiert werden können, den Anspruch, auf die letzten Sinnfragen der Menschen eine Antwort zu besitzen. Deshalb wird das Christentum als Konkurrentin der Staatsideologie empfunden und soll möglichst bald verschwinden. Die Trennung von Staat und Kirche wird durchgeführt, um einer neuen „Staatsreligion" den Weg frei zu machen. So wird der Staat „total" und „autoritär". Er umgibt sich mit dem neuen Heiligenschein säkularer Sakralität.

Freilich wird man im Auge behalten müssen, dass das säkulare Modell der Trennung von Staat und Kirche an das „christliche" Modell der gegenseitigen Verschränktheit beziehungsweise der totalen Abhängigkeit der Kirche vom Staat in zweifacher Weise anknüpft. Einmal setzen totalitäre Ideologien einfach sich selbst an die Stelle der Kirche. Sie verändern also

---

[33] Heinrich Hermelink, Das Christentum in der Menschheitsgeschichte von der Französischen Revolution bis zur Gegenwart, Bd. 1 Revolution und Restauration, Tübingen und Stuttgart 1951, 79.

gleichsam nur das Vorzeichen vor der Klammer; das Strukturmodell aber wird unverändert übernommen. Zum anderen aber ist die Wucht und Unnachgiebigkeit, mit der dies geschieht, nur als Reaktion gegen eine als falsch empfundene Verchristlichung des Staates zu interpretieren. Der Druck, der von den Repräsentanten der Kirche und der „christlichen Staaten“ aufgrund angemaßter Machtbefugnisse ausgegangen war, erzeugte einen Gegendruck, der sich in einem massiven Antiklerikalismus und Antimonarchismus äußerte. Außerdem war die mit der engen Verquickung von Kirche und Staat notwendigerweise einhergehende einseitige Bindung der Kirchen an die führenden und gebildeten sozialen Schichten und Klassen wenig dazu angetan, den sozialen Umwälzungen in den Gesellschaften des 19. und 20. Jahrhunderts angemessen zu begegnen.

Beachtet man diese Einschränkungen, dann kann man davon ausgehen, dass die Freikirchen aus ihrem Verständnis der Kirche und aus ihrem Verständnis des Staates beziehungsweise der staatlichen Befugnisse dem Strukturmodell einer Trennung von Staat und Kirche zustimmen. Sie tun dies freilich, um der Freiheit der Kirche zu dienen und nicht, um dem Christentum zum schnelleren Absterben zu verhelfen. Sie tun es außerdem, um die Freiheit des Staates vor jeder angemaßten Klerikalisierung zu schützen. Die Freiheit der Kirche vor staatlichen Eingriffen und die Freiheit des Staates vor kirchlichen Eingriffen gehen Hand in Hand.

Diesem äußeren Strukturmodell des Verhältnisses von Staat und Kirche, das sich aus den unterschiedlichen Aufgaben beider ableitet, steht kein einheitliches inneres Strukturmodell für die Kirche zur Seite. Freikirchen haben deshalb eine Vielzahl von Verfassungen aufzuweisen. Um der Freiheit der Kirchen willen kann es weder nach außen noch nach innen eine Uniformität geben. Die freikirchlichen Verfassungen reichen von einer weltweiten, bischöflich-verfassten Kirche wie der *United Methodist Church* und der streng nach militärischen Rängen hierarchisch gegliederten Heilsarmee über solche Freikirchen, die kongregationalistisch verfasst sind und durch einen „Bund“ zusammengehalten werden bis zu einem mehr individualistischen Verständnis, was sich am eindrücklichsten bei den Quäkern zeigt.

3.4 Religions- und Gewissensfreiheit

Die strenge Unterscheidung von kirchlicher und staatlicher Kompetenz hat nicht nur den Sinn, die Kirchen in ihrer Eigenart vor Eingriffen von außen zu schützen, sondern auch dem Staat oder der weltlichen Gewalt zu dienen. Es werden nämlich dem Staat als dem Gegenüber der Kirche notwendige Grenzen aufgezeigt. Dadurch sollen die eigentlichen Aufgaben des Staates oder der Regierung umso deutlicher hervortreten. Nirgends wird dies von freikirchlicher Seite betonter zum Ausdruck gebracht, als auf dem Gebiet der Religions- und Gewissensfreiheit. Hier liegt ein besonderes Kennzeichen aller Freikirchen.

Indes ist im kontinental-europäischen Kontext der Beitrag der Freikirchen zur Herausbildung der Religions- und Gewissensfreiheit als eines unveräußerlichen Menschenrechtes nie recht gewürdigt worden. Sehr häufig ist Religionsfreiheit mit Toleranz und deshalb mit Unverbindlichkeit und Relativierung der Wahrheitsfrage verwechselt worden. Man wird auch davon auszugehen haben, dass die Forderung nach Religions- und Gewissensfreiheit in einer geschlossenen Gesellschaft, in der etablierte Kirchen gerade zur Geschlossenheit beitrugen, als offener Affront gegen das politische und kirchliche Establishment wirken musste. Etablierte Kirchen haben deshalb lange Zeit gebraucht, um sich die Religions- und Gewissensfreiheit zu Eigen zu machen. So hat zum Beispiel die römisch-katholische Kirche erst auf dem Zweiten Vatikanischen Konzil in der Erklärung zur Religionsfreiheit (1965) sich vorbehaltlos hinter Positionen gestellt, die von Vertretern der Täufer bereits im 16. Jahrhundert geäußert wurden und die Freikirchen immer vertreten und, wo möglich, auch politisch durchgesetzt haben.[34] Die Umsetzung der Einsichten des Konzils in den deutschen Kontext geschieht freilich sehr zurückhaltend. Eine

---

[34] Vgl. Gerhard Höver, „‚Das Recht der Person und der Gemeinschaften auf gesellschaftliche und bürgerliche Freiheit in religiösen Dingen'. Zur Grundlegung und Konkretisierung der Religionsfreiheit im Verständnis der katholischen Kirche", in: Hartmut Kreß (Hg.), Religionsfreiheit als Leitbild. Staatskirchenrecht in Deutschland und Europa im Prozess der Reform, Münster (LIT-Verlag) 2004, 59-77.

ähnliche Zurückhaltung kann man in den evangelischen Landeskirchen beobachten, wie z. B. die Reaktionen auf das Kruzifix-Urteil des Bundesverfassungsgericht belegen.[35]

Weil es sich auf dem Feld der Glaubens- und Gewissensfreiheit um einen mit vielen Missverständnissen belasteten Bereich handelt und weil der Beitrag der Freikirchen hier besonders hervorleuchtet, sei genauer auf den Umkreis der Fragen eingegangen.

3.4.1 Luther und die Gewissensfreiheit

Es ist oft behauptet worden, dass die moderne Frage der Gewissensfreiheit mit Luther beginnt. Bereits das Wort „Gewissensfreiheit" ist ein zu jener Zeit „neuer Ausdruck", der zuerst in Luthers reformatorischen Hauptschriften von 1520 auftaucht.[36] Geradezu welthistorische Bedeutung erlangte die Berufung Luthers auf sein Gewissen in Worms vor dem Reichstag am 17. und 18. April 1521. Seine berühmten Worte am zweiten Tag lauten: „Weil denn Eure Majestät und Eure Herrlichkeiten eine schlichte Antwort von mir heischen [das heißt ob er widerrufen wolle oder nicht], so will ich eine solche ohne alle Hörner [= Hinterhalt] und Zähne [= Spitzen] geben. Wenn ich nicht durch Zeugnisse der Schrift oder klare Vernunftgründe überwunden werde – denn ich glaube weder dem Papst noch den Konzilien allein, sintemal es am Tage ist, dass sie öfter geirrt und sich selbst widersprochen haben – so bin ich durch die Stellen der Heiligen Schrift, die ich angeführt habe, überwunden in meinem Gewissen und gefangen in dem Worte Gottes. Daher kann ich und will ich nichts widerrufen, weil wider das Gewissen etwas zu tun weder sicher noch heilsam ist."[37]

---

[35] Vgl. Erich Geldbach, „Von Elefanten und Ameisen. Das Kruzifix-Urteil aus der Perspektive einer Minderheit oder: Warum das Urteil nicht in Frage gestellt werden darf", in: ZThG 1, 1996, 7-17. Vgl. den Schluss dieses Kapitels.

[36] Joseph Lecler, Geschichte der Religionsfreiheit im Zeitalter der Reformation, Bd. l, Stuttgart 1965, 233.

[37] Zitiert bei Walther von Loewenich, Martin Luther. Der Mann und das Werk, München 1982, 185.

Diese Szene hätte eigentlich gar nicht stattfinden dürfen. Denn ein kleiner, bereits von der Kirche gebannter Mönch tritt vor dem Kaiser und den obersten Repräsentanten der weltlichen Macht und der Kirche auf und wagt, von der erwarteten Antwort abzuweichen und sich auf sein Gewissen zu berufen. Es ist nicht das autonome, sondern das an die Heilige Schrift gebundene Gewissen, das hier spricht. Die Bindung an Gottes Wort befreit von Satzungen und Werken der Menschen und ermächtigt, gegen alle Autoritäten aufzutreten. Die Luther geschenkte Erkenntnis der Rechtfertigung des Sünders und seine Erfahrung des gnädigen Gottes ließen in ihm die innere Freiheit wachsen und sie aller Tradition zum Trotz zur Geltung bringen.

Zwei Jahre später schreibt Luther in seiner Schrift „Von weltlicher Obrigkeit, wie weit man ihr Gehorsam schuldig sei“: „Weil es denn einem jeglichen auf seinem Gewissen liegt, wie er glaubt oder nicht glaubt, und damit der weltlichen Gewalt kein Abbruch geschieht, soll sie auch zufrieden sein und ihres Dings warten und lassen glauben so oder so, wie man kann und will, und niemand mit Gewalt dringen. Denn es ist ein frei Werk um den Glauben, dazu man niemand kann zwingen. Ja, es ist ein göttlich Werk im Geist, geschweige denn, dass es äußerliche Gewalt sollt erzwingen und schaffen.“[38]

Diese Sätze, so allgemein sie auch im Sinne einer Proklamation der Gewissensfreiheit klingen mögen, sind gegen eine katholische Obrigkeit geschrieben, die es wagte, ihre Untertanen zum päpstlichen Glauben anzuhalten und ihnen das Lesen des Neuen Testaments in der Übersetzung Luthers zu verbieten. Solchen Eingriffen der Obrigkeit sollen sich die Christen nicht fügen, ja Luther spricht den Ungehorsamen ein gutes Gewissen zu „Wenn nun dein Fürst oder weltlicher Herr dir gebeut, mit dem Papst zu halten, so oder so zu glauben, oder gebeut dir, Bücher von dir zu tun, sollst du also sagen ‚Es gebührt Lucifer nicht, neben Gott zu sitzen. Lieber Herr, ich bin euch schuldig zu gehorchen mit Leib und Gut, gebietet mir nach eurer Gewalt Maß auf Erden, so will ich folgen.

[38] WA 11, 264, hier zitiert nach der Münchner Ausgabe 5, 27.

Heißt ihr aber mich glauben und Bücher von mir tun, so will ich nicht gehorchen. Denn da seid ihr ein Tyrann und greift zu hoch, gebietet, da ihr weder Recht noch Macht habt usw.‘ Nimmt er dir darüber dein Gut und straft solchen Ungehorsam: selig bist du und danke Gott, dass du würdig bist, um göttlichen Worts willen zu leiden, lass ihn nur toben, den Narren, er wird seinen Richter wohl finden.“[39]

Auf dem Reichstag zu Speyer 1529 wurde das sogenannte Wiedertäufermandat auch mit den Stimmen der evangelischen Fürsten verabschiedet, das die Todesstrafe für Ketzerei ohne ein geistliches Inquisitionsverfahren für obligatorisch erklärte. Zwar war die Anwendung dieses Reichsgesetzes in den einzelnen Territorien und Städten unterschiedlich, doch erarbeitete Philipp Melanchthon 1531 auf der Grundlage des Mandats von Speyer für seinen Kurfürsten ein Gutachten, dem Luther ausdrücklich zustimmte. Darin wird von dem sonst so friedfertigen und versöhnungsbereiten Humanisten Melanchthon die Todesstrafe auch für solche Täufer befürwortet, deren Lehren nicht aufrührerisch sind. Ausreichend ist allein die Tatsache, dass die Täufer die öffentliche Predigt und das Predigtamt verwerfen; das wird als eine unduldbare Gotteslästerung betrachtet. Abweichend von dem in Speyer beschlossenen Reichsgesetz wird die Todesstrafe nicht für Ketzerei, sondern für Gotteslästerung ausgesprochen.[40]

Bereits ein Jahr zuvor hatte Luther in seiner Auslegung des Psalms 82 die Todesstrafe für öffentliche Lästerer gefordert.[41] Hans-Jürgen Goertz hat das Ergebnis dieses einschneidenden Gesinnungswandels in die Worte gefasst: „Die Wittenberger Theologie büßt nach und nach ihre innere Unabhängigkeit ein und wird zur Rechtfertigungsideologie ihres weltlichen Schutzherren.“[42]

---

[39] WA 11, 267 bzw. M. A. 5, 30.

[40] Vgl. auch Erich Geldbach, „Der etwas andere Melanchthon. Unzeitgemäße Anmerkungen zum Melanchthon-Jahr“, in: ZThG 3, 1998, 102-111.

[41] WA 30, 1, 208 f.

[42] Hans Jürgen Goertz, Die Täufer. Geschichte und Deutung, München (Beck) 1980, 137.

Die Reformatoren griffen auf eine lange Tradition zurück, wonach Ketzer, Häretiker, Schismatiker und Angehörige anderer Religionen und Ungläubige mittels des Schwertes zu bekämpfen sind. Wenn schon ein Geldfälscher, der doch nur das zeitliche Leben durch Fälscherei vergiftet, mit dem Tode bestraft wird, wie viel mehr müssten dann Ketzer nicht nur exkommuniziert, sondern mit dem Tode bestraft werden, weil sie den Glauben verderben, durch den die Seele ihr unsterbliches Leben empfängt, so hatte der große Lehrer Thomas von Aquin (1225–1274) geschrieben.[43] Vermutlich tritt noch bis in die Reformationszeit der zuerst von dem „honigfließenden Doktor" Bernhard von Clairvaux (1090–1153) entwickelte Kreuzzugsgedanke hinzu. Der christliche Expansionswille, der in der Reformationszeit durch die Eroberung der Neuen Welt ein grausames Beispiel für die Kombination von Mission und Kreuzzugsideologie bietet, wird von dem spanischen Kaiser Karl V., der seine Religionspolitik in Gebetswachen vor der Schwarzen Madonna auf dem Montserrat vorbereitete, auf die protestantischen Länder im Sinne der Ketzerbekämpfung übertragen.

In dieser politisch-militärisch aufgeheizten Atmosphäre konnte die von Luther ursprünglich vertretene Freiheit des Gewissens nicht gedeihen. Es musste sich eigentlich zwangsläufig eine auch dem Abwehr- und Behauptungskampf verpflichtete geschlossene Gesellschaft entwickeln, die sich an der Obrigkeit zu orientieren hatte. Wo ein Herr ist, da sei auch eine Religion (*ubi unus dominus, ibi una sit religio*), so heißt es schließlich im Augsburger Religionsfrieden von 1555.

3.4.2 Leupold Scharnschlager als Verfechter der Gewissensfreiheit

Die Widersprüchlichkeit, als die Luthers Position erscheinen musste, ist mit großer Eindringlichkeit von einem der Anhänger des Täufertums, gegen den sich das Wittenberger Gutachten richtete, aufgedeckt worden. Der 1530 aus Tirol vertriebene und bis 1534 als Seifensieder in Straßburg tätige Leupold Scharnschlager war es, der sich in einer Eingabe an den

[43] J. Lecler, wie Anm. 36, 160.

Rat der Stadt Straßburg vom Juni 1534 in sehr geschickter Weise auf eben jene Freiheit berief, die von den Reformatoren gegenüber der römisch-katholischen Kirche und der katholischen Obrigkeit für sich beansprucht wurde. Wenn es stimmt, dass die Einführung der Reformation wegen der überall eingerissenen Missstände in Kirche und Gesellschaft unumgänglich war und in der Folge zum Aufbau neuer Kirchen führte, dann müssen sich diese Kirchen an ihrer eigenen Vorgehensweise messen und, falls sich bei ihnen auch Missstände zeigen, kritische Fragen gefallen lassen.

Scharnschlager beruft sich ausdrücklich auf Luthers Schrift „Von weltlicher Obrigkeit" von 1523 und auf die Vorrede zur Deutschen Messe aus dem Jahre 1526 sowie auf Zwinglis „Auslegen und Grunde der Schlussreden" von 1523. Er stellt fest, dass sowohl das Luthertum als auch das Zwinglitum Schwankungen im Glauben zeigen. Er würde sich freuen, „wenn Luther und die Seinigen noch heutzutage solches täten und tun könnten, was sie selbst gepredigt und zu tun gelehrt haben".[44] Er will also mit den anfänglich vertretenen Positionen der Reformatoren gern übereinstimmen.

Mit dieser Rückendeckung bei den Reformatoren selbst dringt Scharnschlager in die Gewissen der Ratsmitglieder der Stadt Straßburg ein: „Und wenn man Euch nötigen will zu einem Glauben, den Ihr und jeder von Euch in seinem Gewissen nicht gutheißt, dann könnt Ihr ihn niemals ruhigen Gewissens annehmen und wünscht Euch stets, hierin frei zu sein. Darum bitte ich treulich, bedenkt und beherzigt, dass es mit mir und meinesgleichen auch so steht und stehen muss, dass aber ich und meinesgleichen nicht die Absicht haben, uns und unseren Glauben mit Gewalt oder Gegenwehr zu erhalten, sondern mit Geduld und Leiden bis in den leiblichen Tod, aus Gottes Kraft, um die wir bitten."

Der Glaube ist nach diesen Worten nicht erzwingbar, sondern setzt eine Gewissensentscheidung voraus. Diese Entscheidung bindet das Gewissen. Es wird daher keine allge-

[44] Es wird nach der modernen Fassung des Textes zitiert, wie er sich bei Heinold Fast (Hg.), Der linke Flügel der Reformation (Klassiker des Protestantismus, Bd. IV), Bremen (Schünemann) 1962, findet. Der Text ist abgedruckt 119-130.

meine Relativierung der Wahrheit gelehrt, wohl aber eine allgemeine Gewaltlosigkeit; in Glaubensdingen darf man weder nach innen noch nach außen zum Schwert greifen. An die Stelle des Schwertes tritt nach innen die Gemeindezucht, die bis zum Bann, das heißt zum Ausschluss aus der Gemeinde gehen kann, und nach außen das Erdulden von Verfolgungen bis hin zum Martyrium.

Scharnschlager gibt dem Rat der Stadt eine konkrete Anwendung dieser Thesen. Wenn der Rat die Täufer unter Druck setzt, ihrem Glauben abzuschwören und statt dessen dem Glauben des Rates zuzufallen, dann hieße dies nichts anderes, als dass der katholische Kaiser auch dem evangelischen Straßburger Rat befehlen könnte, seinerseits vom evangelischen Glauben abzufallen und sich wieder dem katholischen Glauben zuzuwenden. Würde der Rat dem Kaiser dieses Recht einräumen, dann könnte er auch die Täufer zwingen. Wenn der Rat aber vor Gott meint, dass er dem Kaiser in dieser Frage nicht gehorchen solle, dann muss er sich an dieser Handlungsweise selber messen lassen und seinerseits den Täufern ein Lebensrecht zugestehen:

„Ich habe nicht den geringsten Zweifel, dass Ihr wisst, dass der Glaube und das Gewissen des Glaubens ohne Tyrannei, frei und ungezwungen sein sollen (wohlgemerkt, meine Herren, ich rede nicht von der Freiheit des Fleisches und der Bosheit, sondern von der des Geistes und des Glaubens an Jesus Christus). Wenn aber der Glaube nicht frei sein sollte, hättet Ihr dann mit der Abschaffung der Klöster, Bilder und Messen nicht wider den Kaiser und wider den Papst gehandelt und wärt Ihr dann nicht unverzüglich verpflichtet, sie wieder einzuführen? Dagegen sagt Ihr, wir hätten nicht den rechten Glauben, sondern Ihr hättet den rechten; darum würden wir mit Recht von unserem zu Eurem Glauben überlaufen. Ich antworte: Dergleichen sagt der Kaiser und der Papst auch zu Euch, Ihr hättet nicht den rechten Glauben, sondern sie hätten den rechten. Und doch wollt Ihr nicht überlaufen von Eurem zu ihrem Glauben. Wohlan, warum sollten dann wir Euch weichen?“

Es spricht nichts dagegen, dass mehrere Glaubensweisen nebeneinander existieren, ja es ist geradezu ein Testfall für die Glaubwürdigkeit eines Glaubens, dass er das, was er für sich reklamiert, auch anderen zugesteht. Unter Hinweis auf die

„Goldene Regel“ Matth. 7,12 formuliert Scharnschlager, worauf es bei der Religionsfreiheit ankommt: „Was wäre es, was ich nur mir selbst mit Recht zuteil werden lassen wollte, und ich wollte es nicht anderen zuteil werden lassen? (Vnd jch wolt es nit eruolgenn lassen). Ich meine die Freiheit im Glauben“. Aus dem Recht des einen auf Religionsfreiheit folgt mit Notwendigkeit das Recht aller anderen auf das gleiche Recht. Aus dem Recht auf Glaubensfreiheit folgt die ethische Anweisung einer Gleichbehandlung aller. Scharnschlager hatte deshalb auch richtig erkannt, dass in Fragen des Rechts auf Glaubensfreiheit nicht Mehrheiten oder Minderheiten von Bedeutung sind:

„Wenn Ihr uns aber verdächtigt, als wollten ich und meinesgleichen, wenn unserer viele würden, Euch dann zum Tor hinaustreiben [...], wie uns jetzt durch Euch geschehen soll [...]: Wenn Ihr es also für Unrecht haltet, wenn wir es täten (wovor uns Gott behüte), so dürft Ihr es selbst auch nicht tun [...]. Wenn ich und meinesgleichen auch hunderttausend bei Euch wären, wäre es für uns besser vor Gott, dass wir alle von Euch wegzögen oder uns austreiben ließen, als dass wir Euch mit Gewalt austreiben und solch schweres Ärgernis wider Gottes Liebe (aber unter dem Vorwand derselben) geben würden.“

Hier ist in geradezu klassischer Formulierung der Grundsatz der Glaubens- und Gewissensfreiheit als einer aus dem Evangelium folgenden Rahmenbedingung für christliches Verhalten und gesellschaftliches Zusammenleben festgehalten. Der Glaube ist weder durch Schwert noch durch Mehrheiten erzwingbar; er ist vielmehr gegenüber Mehrheiten und Minderheiten gleichermaßen zu schützen.

Theologisch begründet wird diese Position mit der geistlichen und weltlichen Gewaltenteilung. Aus der Vermischung beider Reiche erwächst Herrschsucht, Verfolgung und Intoleranz: „Die weltliche Gewalt tötet mit leiblichem Schwert; die christliche tötet niemanden mit leiblichem Schwert. Die weltliche Gewalt ist verpflichtet, die Christen und Frommen zu schützen vor den Bösen (Röm. 13,4), aber nicht im Glauben und in geistlichen Sachen zu beherrschen und deshalb zu verfolgen und zu vertreiben.“ Man vergreift sich hart und es kann nur Unrat herauskommen, „wenn man beide Gewalten, beide Schwerter, beide Herrschaften untereinander vermischt und mit dem weltlichen Schwert und Gewalt auch das geistliche oder mit dem geistlichen Schwert und Gewalt auch das weltliche errichten und regieren will".

Die Einsichten der Täufer wurden im Miteinander und Gegenüber zu Luther so ausführlich dargelegt, weil sich viele der vorgetragenen Gedanken im Laufe der nachfolgenden Geschichte des Freikirchentums ständig wiederholen. Die Glaubens- und Gewissensfreiheit wird in den Freikirchen so hoch angesetzt, dass sie als „Geburtsrecht für alle friedlichen Menschen" und nächst der Manifestation der göttlichen Liebe und Güte als der „vortrefflichste und erstrebenswerteste Segenserweis" in dieser Welt betrachtet wird. So schreibt L. Busher:

„Und obgleich es zu allen Zeiten Kämpfe gab, um dieses Geburtsrecht für alle friedlichen Menschen durchzusetzen, sind wir gleichwohl durch die Macht und Verschlagenheit der Päpste, Bischöfe und Pfarrer, die ihren eigenen Vorteil und ihre widerrechtlich an sich gerissenen und missbräuchlich verwendeten Funktionen dem Wohl und dem Wohlergehen des Volkes vorgezogen haben, dieser Sendung beraubt worden, die nächst der Manifestation der Liebe und Güte Gottes gegen uns der vortrefflichste und erstrebenswerteste Segenserweis in dieser Welt ist."[45]

3.4.3 Wohlfahrt des Volkes

Die Glaubens- und Gewissensfreiheit, die von freikirchlicher Seite seit dem Jahrhundert der Reformation bis zur Gegenwart stets und immer auch unter großer Leidensbereitschaft eingefordert und gelebt wurden, zeigen deutlich die Grenzen der weltlichen Gewalt auf. Gegen alle religiösen Vorwände und gegen Amtsanmaßungen wird die weltliche Herrschaft auf ihre – modern gesprochen – säkularen Aufgaben verwiesen und damit der Kreis ihrer Aufgaben deutlich begrenzt. So nur kann die Freiheit der Kirche gesichert und die Gefahr ihrer Instrumentalisierung zur Rechtfertigung weltlicher Herrschaft gebannt werden, und so nur wird eine Sakralisierung des Staates verhindert.

[45] L. Busher, wie Anm. 31, 11.

Damit hat die Religionsfreiheit einen neuen politischen Maßstab entwickeln helfen. Weil nämlich weder Papst noch Bischof, noch gar der König den Glauben befehlen können, wird durch den von Gott geschenkten Glauben nicht nur eine Annäherung der Stände erreicht, sondern das „Wohl des Volkes" befördert. Könige und ihre Untertanen haben keinen unterschiedlichen Zugang zum Glauben. Die Untertanen, wenn sie glauben, sind Untertanen des Königs, aber freie Menschen in Christus. Die Könige, wenn sie glauben, sind Diener Christi, gleichwie die Untertanen auch die Diener des Königs sind.[46] Von hier aus ist es nur ein kleiner Schritt zu der Proklamation der Gleichheit aller, wie es die Quäker oder noch radikaler die Leveller vornahmen. Bei denen, die den Abstand zwischen dem König und den Untertanen gewahrt sehen wollten, fällt jedoch ein umso größeres Gewicht der Verantwortung auf die gekrönten Häupter. Sie müssen dermaleinst am großen Gerichtstag in besonderem Maße Rechenschaft für ihr Verhalten ablegen. Von ihnen wird mehr gefordert als von den gewöhnlichen Untertanen. Daher sollten sie sich zurückhalten, in Religionsangelegenheiten schon hier zu Gericht zu sitzen. Es würde nur bedeuten, das eschatologische Gericht, das allein Sache Christi ist, frevelhaft vorwegzunehmen.

3.4.3.1 No bishop – no king

Selbst unter diesen Voraussetzungen ist für Freikirchler die „Wohlfahrt des Volkes" ein neuer politischer Maßstab geworden. Durch Predigt und Unterweisung soll dem Volk gedient werden, nicht aber mit Zwang und Schwert. „Glaube kommt aus dem Hören und nicht durch das Schwert des Königs. Und Christus sagt: Lehret alle Völker und nicht, zwingt alle Völker."[47] Es ist deutlich erkennbar, dass der Forderung nach Gewissens- und Glaubensfreiheit eine starke Tendenz zur Demokratisierung der Gesellschaft innewohnt.

---

[46] Ebd., 18.

[47] „*Faith cometh by hearing [...] and not by the king's sword. And Christ saith, Teach all nations, and not, force all nations*", ebd., 55.

Dies wird bereits 1604 in einer katholischen Bittschrift an den von 1603 bis 1625 regierenden englischen König Jakob I. bestätigt. In der Eingabe wurde um Genehmigung des privaten Kultes für Katholiken nachgesucht und als Argument unter anderem ins Feld geführt, dass Katholiken treue Royalisten seien, während im Gegensatz dazu die demokratischen Tendenzen des Puritanismus als ebenso gefährlich für die Kirche wie für das Königtum herausgestellt wurden.[48]

Die Bittschrift erschien genau zu dem Zeitpunkt, als auf Geheiß des Königs Vertreter der bischöflichen und der puritanisch-presbyterianischen Richtung der Kirche von England in Hampton Court zusammenkamen. Auch der König merkte, dass es schlecht um seine Oberhoheit bestellt sein würde, müssten die Bischöfe dem presbyterianischen System weichen. Das göttliche Recht (*divine right*) des Königs und die apostolische Sukzession der Bischöfe gehörten deshalb so eng zusammen, dass Altar und Krone einander stützen sollten: *No bishop – no king*. König Karl I., der von 1625 bis zu seiner Enthauptung 1649 regierte, brüskierte die puritanische Opposition noch mehr als sein Vater, weil er zehn Jahre (1630–1640) ohne Einberufung des Parlaments regierte und zusätzlich 1633 den Theologen William Laud (1573–1645) zum Erzbischof von Canterbury berief, der mit eiserner Gewalt die äußere Uniformität der anglikanischen Kirche und ihres Kultes erzwang. Dem königlichen Ausspruch *no bishop – no king* stellt er den bischöflichen Anspruch zur Seite: *No bishop – no church*.[49] Kirche muss daher unabdingbar bischöflich verfasst sein.

Geistliche, die sich seinen Anordnungen nicht fügten, wurden unerbittlich aus dem Amt entfernt. Eine genaue Presse- und Predigtzensur gehörte zu den Mitteln der Überwachung seitens des Erzbischofs. Vier Jahre vor seinem König wurde Laud im Bürgerkrieg hingerichtet. Die Hinrichtung sowohl des Königs als auch des Bischofs symbolisierte das Ende einer Ordnung, die auf diesen zwei Pfeilern ruhte, wobei der Erzbi-

---

[48] J. Lecler, Geschichte der Religionsfreiheit, Bd. II, 540.

[49] William Laud, The History of the troubles and tryal of W. Laud. Wrote by himself during his imprisonment in the Tower, London 1697, 374.

schof und der gesamte Episkopat ihre Macht vollständig von der Krone ableiteten.[50]

Es ist hier nicht der Ort, die geschichtlichen Vorgänge in der Entwicklung Englands genau nachzuzeichnen. Wichtig ist lediglich der Hinweis, dass auch die Presbyterianer eine Ordnung errichten wollten, die ausschließlich sie selbst zum Zuge kommen lassen sollte. Die presbyteriale Verfassung, die ihren Verfechtern als göttliches Recht galt, erwies sich als genauso unduldsam wie die Episkopalverfassung, an deren Stelle sie treten sollte. Die gegen König und Episkopat vereinten Kräfte fielen deshalb schon bald nach ihrem Sieg auseinander und befehdeten sich gegenseitig. Der Presbyterianismus wurde in England als schottischer Fremdkörper empfunden, der mit den Mitteln äußerer Gewalt eine Theokratie errichten wollte. Dagegen lehnten sich die Independenten auf. Der Dichter John Milton zum Beispiel konnte in den „neuen Presbytern" lediglich die „alten Priester" in vergrößerter Form wieder erkennen.[51]

3.4.3.2 Milton und Cromwell

Milton diente seit 1645 eine Zeit lang als Staatssekretär dem Manne, der zur beherrschenden Figur in England wurde und der die Kräfte des Independentismus band: Oliver Cromwell (1599–1658). Milton hatte das Recht zur Enthauptung des Königs auf die Volkssouveränität und das Wohl des Volkes gegründet. Der König ist nichts anderes als ein Beauftragter der Nation. Handelt er dem öffentlichen Wohl (*public good* oder *welfare of the people*) zuwider oder gebärdet er sich als Tyrann über die Gewissen, ist der Königsmord der letzte Ausweg. Der neue politische Maßstab erhielt durch Cromwell und seinen Anhang eine neue theoretische und praktische Ausrichtung, vor der alle gekrönten Häupter Europas nach der Enthauptung des englischen Königs wie nach einer Schockwelle erbebten.

---

[50] Ebd., 155, „But all the power, I or any other Bishop hath to exercise any the least power, either of order or jurisdiction, within this Realm of England, is derived wholly from the crown."

[51] „*New presbyter is but Old Priest writ Large*", The Poetical Works of John Milton, Oxford University Press 1958, 439.

Cromwell hatte sich der ungehinderten Religionsausübung verschrieben. Gleichwohl ist das Christentum für ihn die öffentliche Religion Englands. Freilich können innerhalb des Christentums verschiedene Gestaltungen des Glaubens hervortreten. Er betrachtete sie im Anschluss an Jesaja 41, 19 wie die verschiedenen Bäume, die in der Wüste gepflanzt werden. Alle sollen sich frei entfalten können. Die Bewährung des Christen besteht darin, dass er den Geist Christi in der Mannigfaltigkeit seiner Gestaltungsmöglichkeiten und Formen zu erkennen vermag. Aus dieser rechten Frömmigkeit sollte dann auch die bürgerliche Freiheit erwachsen. Diese Meinung vertrat Cromwell in seiner Eröffnungsrede vor dem „kurzen Parlament" 1653.

Einigen Independenten freilich ging Cromwell in der Respektierung der Religionsfreiheit nicht weit genug. Denn auch er hatte den Gedanken an die Einheit der Kirche nicht aufgegeben und suchte als Lord Protector ihr zu dienen. Deshalb wurde 1654 ein Ausschuss des Parlaments eingesetzt, der herausfinden sollte, ob es so etwas wie Fundamentalartikel des Christentums gebe, die allen Gruppierungen gemeinsam seien und auf deren Grundlage man dann auch außenpolitisch Koalitionen mit anderen protestantischen Mächten Europas eingehen könne. Im Auftrag Cromwells sondierte John Durie (1596–1680) zwischen 1654 und 1657 derartige Möglichkeiten.[52]

3.4.4 Konsequenter Independent: Thomas Goodwin

Die Erarbeitung der Fundamentalartikel jedoch sei bereits ein Verstoß gegen die Religionsfreiheit, argumentierte der independentische Theologe Thomas Goodwin (1594–1665), der eine Reihe von Büchern zum Thema veröffentlichte und den weitreichenden Gedanken vortrug, dass die Annahme widersinnig wäre, unter einer heidnischen Obrigkeit, die die Gewissen nicht bedrängt, besser leben zu können als unter einer christlichen. Hier wird die letzte Konsequenz des independen-

[52] Darüber hat Martin Schmidt geschrieben in: Ruth Rouse und Stephen C. Neill (Hgg.), Geschichte der ökumenischen Bewegung, Bd. I, Göttingen (Vandenhoeck & Ruprecht) 1963², 137 ff.

tischen Ansatzes in der Begrenzung der staatlichen Zuständigkeit gezogen. Der weltlichen Gewalt obliegen gewisse Pflichten, die sich jedoch auf rein weltliche Dinge beziehen, wie es beispielsweise das Naturgesetz gebietet. Daher kann die „Obrigkeit“ christlich oder heidnisch sein, sie darf indes in das Leben der verschiedenen Kirchen nicht eingreifen.[53]

3.4.5 Baptistischer Independent: Leonard Busher

Goodwins Thesen sind freilich nur ein späteres Echo auf Theorien, die bereits bei John Smyth und Thomas Helwys (1612) und zwei Jahre später bei Leonard Busher Gestalt angenommen haben. Alle stimmen überein, die Befugnisse der Könige oder Fürsten in Religions- oder Gewissensangelegenheiten zu leugnen. Busher zum Beispiel argumentiert so, dass Christus die Christen sogar von den Gesetzen und Geboten des Alten Testaments freigesetzt hat, um wie viel mehr sind sie von den Kirchengesetzen und Verordnungen des römischen und bischöflichen Antichrist befreit. Christus hat aber die Seinen nicht vom *moral and judicial law of God* befreit, also von dem, was Goodwin das Naturgesetz nannte. Diese zweite Tafel des Gesetzes ist die „Obrigkeit“ verpflichtet, mit allen Mitteln in die Wirklichkeit umzusetzen.[54] Tut sie dies unter Beachtung der Gewissensfreiheit – Busher spricht sogar in einer Steigerung von *free liberty of conscience*[55] –, dann entsteht eine neue Gesellschaft nach Maßgabe des Wohles aller.

„Denn wenn die heiligen Gesetze des Wortes Gottes praktiziert und nach dem Willen Christi ausgeführt würden, würden weder König, Fürst noch Volk wegen Unterschieden der Religion umgebracht. Dann werden Verrat oder Rebellion sowie Verbrennen, Verbannen, Hängen oder Einkerkern wegen Unterschieden der Religion aufhören. Dann werden Männer, Frauen und Jugendliche nicht wegen Diebstahls gehängt. Dann werden die Armen, Lahmen, Kranken und Schwachen nicht an den Pranger gestellt und ausgepeitscht, noch werden

[53] Th. Goodwin, Hagiomastix or the Scourge of the Saints displayed in his Colours of ignorance and blood, London 1646, 118 und 61.
[54] L. Busher, wie Anm. 31, 67.
[55] Ebd., 66.

die Armen, Fremden, Vaterlosen und Witwen von Ort zu Ort vertrieben, um zu betteln, noch werden die lahmen, kranken und schwachen Personen solchen Jammer leiden und von ihrer Verwandtschaft verlassen werden, wie es jetzt der Fall ist. Dann werden nicht Mord, Hurerei und Ehebruch um Geld gekauft. Dann werden die Großen nicht die Kleinen betrügen und Unrecht an ihnen verüben, noch werden die Reichen durch Wucher und geringen Lohn die Armen unterdrücken. Dann werden nicht Menschen die Kinder anderer anstelle ihrer eigenen erziehen müssen, noch wird ein ehrlicher Mann gezwungen sein, mit einer Hure anstatt mit einer ehrlichen Frau zusammen zu leben, oder eine ehrliche Frau gezwungen sein, mit einem Zuhälter anstatt mit einem christlichen Ehemann zusammen zu wohnen. Dann wird weder Fürst noch Volk enterbt, weil man nicht der Kirche zugehört, noch werden sie für gesetzlos gehalten, obgleich sie exkommuniziert sind, noch wird jemand wagen, einen solchen zu töten, wie es jetzt sein mag, und vom Gesetz nicht verfolgt werden, noch wird irgendjemand fürchten müssen, seinen Mund gestopft zu bekommen, weil er die Wahrheit predigt. Dann braucht niemand um der Verfolgung willen aus seinem Heimat- und Vaterland zu fliehen. Dann werden alle in Frieden unter ihrem eigenen Weinstock leben, Gott loben und preisen und den König ehren und ihm gehorchen."[56]

Die soziale Utopie, die Busher zeichnet, ist ein sozusagen umgekehrtes Spiegelbild der damaligen Gesellschaft. Es wird zugleich verständlich, warum es von diesen Voraussetzungen zu der Theorie der Volkssouveränität nur ein kleiner Schritt war. Die Gewissensfreiheit als Maßstab führte zu gewichtigen gesellschaftlichen Umwälzungen.

3.4.6 Der Katholizismus und die Independenten

Der eigentliche Testfall für die Glaubwürdigkeit der Forderung nach Religions- und Gewissensfreiheit ist die Frage, wie man es mit den Katholiken halten würde. Für Anglikaner, Presbyterianer und Nonkonformisten war es gleichermaßen

[56] Ebd., 69 f.

ausgemacht, dass die Papisten die ärgsten Verfolger Andersdenkender, ja die Erfinder der Verfolgung waren.[57] Wo der Katholizismus herrscht, regiert der Zwang, und wo er nicht herrscht, trachtet er nach Umsturz, um zu herrschen. Der Papst wird deshalb durchgehend als Antichrist, als Mensch der Sünde, als das Geheimnis des Boshaftigkeit (2. Thess. 2, 7), als Tier der Apokalypse (Kap. 13) und als Verkörperung allen Unrechts und Frevels beschrieben. Dies wirkte sich bis in die Werke des Philosophen John Locke aus, der von völlig anderen Voraussetzungen ausgehend in seinem *Letter concerning Toleration* die Katholiken von der Toleranz ausnehmen wollte, weil sie Feinde der Toleranz sind. Sollten sie erst einmal die Oberhand gewinnen, sei es um die Toleranz geschehen.

Nicht alle Freikirchler, aber gewiss doch viele und vor allem ihre literarisch hervorgetretenen Verfechter sehen die Gewissensfreiheit indes durch keine Macht begrenzt. Würde man die Papisten verfolgen, sagt etwa Busher, gäbe man ihnen nur den Vorwand, Gleiches zu tun. „Auch können die Papisten nicht überzeugt werden, dass Verfolgung eine Sünde ist, so lange sie, sowie auch andere Christen, von den Protestanten verfolgt werden, sieht man doch die Papisten ihre Verfolgung auf die gleiche Grundlage stützen wie die Protestanten."[58]

In einer Unterhaltung zwischen einem „Antichristen", einem „Christen" und einem „indifferenten Menschen" wird in einer zuerst 1605 erschienenen Schrift von dem indifferenten Menschen gesagt, dass nur die Papisten gefährlich seien, weil sie lehren, dass die vom Papst exkommunizierten Könige oder Fürsten von ihren Untertanen abgesetzt oder ermordet werden können. Dieser verfluchten Lehre kann keinesfalls zugestimmt werden, sagt der Christ, hinter dem sich ein anabaptistischer Autor versteckt.[59] Aber was tun denn die anglikanischen Bischöfe anders, wenn sie lehren, der König dürfe seine Untertanen für das gleiche Vergehen, nämlich in Religionsangelegenheiten anders zu denken, umbringen? Die Fürsten müssen allen ihren Untertanen Gerechtigkeit und Gleich-

---

[57] Underhill, wie Anm. 20, 223.
[58] L. Busher, wie Anm. 31, 38.
[59] Vgl. die dem Gespräch vorangestellte Epistel, aus der dies hervorgeht. Wie Anm. 26, abgedruckt bei Underhill, wie Anm. 20.

heit (*justice and equity*) zuteil werden lassen oder die Handlungen der Königin Maria sind im Nachhinein gerechtfertigt.[60]

Es ist ein bemerkenswerter Vorgang, dass die am meisten verfolgten Gruppen, nämlich die Täufer, sich gerade für die Angehörigen der am grausamsten verfolgenden Kirche einsetzten. Den Hauptgrund für alle verräterischen Handlungen der englischen Katholiken vermutet der anonyme baptistische Schreiber in den Zwangsmaßnahmen, die man gegen ihre Gewissen zur Anwendung brachte, indem man sie nötigte, am öffentlichen Gottesdienst gemäß den Gesetzen Englands teilzunehmen. Würde man dies aufgeben, besteht für ihn kein Zweifel, dass sich dann die Katholiken friedlicher geben würden.[61] Der Zwang gebiert nur Heuchelei, weshalb so viele Katholiken Heuchler seien.[62]

Samuel Richardson, ein baptistischer Mitarbeiter Cromwells, hat deshalb in einem 1647 erschienenen Buch die Auffassung vertreten, dass eine christliche Obrigkeit gegenüber einer falschen Religion zwei Dinge schuldig ist: l. Sie darf einer falschen Religion die Erlaubnis (*permission*) um des öffentlichen Friedens willen nicht verweigern und 2. sie muss solche Untertanen, obgleich sie einem falschen Gottesdienst (*false worship*) anhängen, beschützen, dass sie an Leib und Gut keinen Schaden erleiden.[63] Einen Irrglauben kann keine Macht der Welt unterdrücken. Er kann nur durch den Heiligen Geist reformiert werden. Dieser aber ist in keines Menschen Verfügung gestellt. Der Geist wirkt zu seiner Zeit, und man kann nur auf ihn warten. Ihm durch weltliche Machtmittel vorgreifen, hieße eine sündhafte, törichte, fleischliche, grausame und betrügerische Reformation (*sinfull, foolish, carnal, cruel and deceitful reformation*) herbeizuführen.[64] Immer wieder wird von den Verteidigern der Religionsfreiheit das Gleichnis vom Un-

---

[60] Ebd., 115 f. Diese Königin wird oft als „bloody Mary" bezeichnet, weil während ihrer Regentschaft Protestanten hingerichtet wurden.
[61] Ebd., 114.
[62] Ebd., 139.
[63] Samuel Richardson, The Necessity of Toleration in Matters of Religion, London 1647, Nachdruck bei Underhill wie Anm. 20, 217 f.
[64] Ebd., 274.

kraut unter dem Weizen angeführt und daraus der Schluss gezogen, dass die weltliche Gewalt nicht das – vermeintliche – Unkraut vor der eschatologischen Zeit ausraufen darf.

3.4.7 Theorie und Praxis

Man kann angesichts der tatsächlich existierenden Machtverhältnisse auf den gewiss nahe liegenden Gedanken verfallen, dass die Forderung der Nonkonformisten in der Natur der von ihnen vertretenen Sache liegen muss. Es leuchtet ein, dass die um der Religion willen Verfolgten oder Diskriminierten Rechte einklagen, um ihr Los zu erleichtern. Was aber geschieht, wenn die Verfolgten durch politische Entwicklungen in eine Position gelangen, die ihnen ihrerseits die Möglichkeit gibt, Macht auszuüben? Schlagen sie dann zurück und üben Rache? In der Polemik wurde immer wieder auf die Exzesse des Täuferreichs in Münster (1534/35) verwiesen oder auf den Schlachtruf Thomas Müntzers (… 1525), die Gottlosen auszurotten, damit das Reich Gottes auf Erden herbeigezwungen werden könne. Auch in England ist der Hinweis auf Münster das große Warnsignal vor den Anabaptisten. Dass man von Seiten der Independenten in der Theorie das Recht auf ungehinderte Religionsausübung selbst für Katholiken einklagte, musste ja noch nicht bedeuten, dass es in der Praxis auch so zugehen würde. Wenn der Täufer Scharnschlager theoretisch die Mehrheits- und Minderheitsverhältnisse umkehrte, könnte er in einer realpolitischen Mehrheitsposition wirklich der Versuchung widerstehen, Gewalt gegen Andersgläubige anzuwenden?

3.4.7.1 Die Cromwell-Ära

Die Cromwell'sche Revolution ist ein Beweis dafür, dass die Independenten eine Einhaltung der von ihnen eingeklagten Gewissensfreiheit zugelassen haben. Keiner sollte zum öffentlichen Gottesdienst „durch Strafen oder anderswie gezwungen werden“, hieß es im § 36 der Verfassung, und im nachfolgenden Paragraphen wird für Abweichler festgelegt, dass sie nicht behindert, sondern in ihrem Glauben beschützt werden sollen. „Obwohl er diejenigen, die sich gegen das Parlament verschworen, hart niederschlug, konnte jede noch so verachtete

Sekte oder Kirche oder jeder Prophet den Protektor – Lord Protector war Cromwells Titel, nachdem er die ihm angetragene Königskrone ausgeschlagen hatte – zur Verteidigung der Gewissensrechte als Engländer anrufen."[65]

Man könnte freilich noch darauf verweisen, dass es immerhin eines Bürgerkrieges und eines Königsmordes bedurfte, um Cromwells Regime aufzurichten und zu festigen. Indes ist zu fragen, wie sich sonst unter den gesellschaftlichen Bedingungen mit einem etablierten Machtgefüge der Gedanke der Gewissensfreiheit hätte durchsetzten können? Für den puritanisch-anglikanischen Erbauungsschriftsteller Richard Baxter (1615–1691) zum Beispiel erschien nach der Restauration der Stuarts die Zeit des Protektorats Cromwells als ein Zeitalter, das mehr Freiheit zur Verkündigung des Evangeliums mit sich brachte als je zuvor in England und das auch mit dem, was der Westfälische Friede für die Kirchen des Kontinents bereitete, unvergleichlich besser war.[66]

Cromwell ist jedoch nicht das einzige historische Beispiel, auf das man verweisen kann, wenn es um die Frage geht, ob die Nonkonformisten ihren eigenen Forderungen auch nachkommen würden.

3.4.7.2 Die Neue Welt unter alten Bedingungen

Zwei weitere Beispiele lassen sich in der Neuen Welt aufzeigen. Freilich sollte man nicht gleich das Argument ins Feld führen, dass wegen der Traditionslosigkeit der neuen Gebiete ein Experimentieren mit noch selten erprobten Ideen sich nahe legen würde. Denn die ersten weißen Siedler exportierten durchaus das gewohnte europäische Modell in die Neue Welt. Abgesehen von katholisch geprägten Kolonien, wohin eigentlich kein Protestant Einlass haben sollte, lassen sich in

---

[65] Franklin H. Littell, Atlas zur Geschichte des Christentums, Wuppertal (Brockhaus) 1983, 89.

[66] Zum Westfälischen Frieden vgl. Andrea Strübind, „Religionsfrieden ohne Religionsfreiheit. Die Wirkungsgeschichte des Westfälischen Friedens im Blick auf religiöse Minderheiten", in: Lena Lybaek, Konrad Raiser, Stefanie Schardien (Hgg.), Gemeinschaft der Kirchen und gesellschaftliche Verantwortung. FS Erich Geldbach, Münster (LIT) 2004, 504-526.

der Frühgeschichte drei Formen eines englisch-geprägten Protestantismus in Nordamerika erkennen.[67] Im Süden, mit der Kolonie Virginia 1607 beginnend, herrschte der Anglikanismus als Staatskirche. Das Gebiet war dem Bischof von London unterstellt. Im Norden gelangten zwei Formen des Puritanismus zur Vorherrschaft. Einmal handelte es sich um die „Pilgerväter", die 1620 die Plymouth Plantation anlegten und die separatistisch gesonnen waren. Sie lehnten die englische Kirche unter König Jakob I. als „Hure" der Apokalypse ab. Weniger radikal waren die Puritaner, die ab 1629/30 die Bay Colony in und um Boston gründeten. Für sie war die Kirche von England zwar die liebevolle Mutter, die ihre Kinder geistlich genährt hatte, doch hatte sie durch die bischöfliche Verfassung einen solchen Makel, dass man lieber auswanderte. Beide puritanischen Kolonien schlossen sich Ende des 17. Jahrhunderts zusammen.

Was jedoch den Norden und den Süden miteinander verband, waren zwei Tatbestände. Einmal wurde die Religion als für die öffentliche Ordnung unverzichtbar angesehen und durch öffentliche Gelder getragen. Zum anderen darf sich die Religion nur auf einerlei Weise äußern. Andersdenkende wurden nicht zugelassen. Die Pilgerväter waren alles andere als Freiheitshelden. Wenn sie von Freiheit sprachen, meinten sie lediglich die Freiheit zu ihrer eigenen Entfaltung, nicht aber zugleich die freie Religionsausübung anderer.[68] Mit den in Europa üblichen Mitteln des Zwangs, der Verfolgung, der gesellschaftlichen Ächtung und Todesstrafe reagierte das puritanische Establishment im Norden ebenso gegen Dissenters wie das anglikanische im Süden.

---

[67] Vgl. Erich Geldbach, „Prolegomena zur nordamerikanischen Kirchengeschichte. Besonderheiten ihrer Entwicklung", in: ZRGG 38, 1986, 231-248.

[68] Franklin H. Littell, From State Church to Pluralism. A Protestant Interpretation of Religion in American Historv, New York 1971, 7. Zur Gesamtproblematik vgl. auch William B. Hutchison, Religious Pluralism in America. The Contentious History of a Founding Ideal, New Haven 2003.

3.4.7.3 Die neue Welt – neue Beispiele

3.4.7.3.1 Roger Williams

Als 1631 Roger Williams (ca. 1603–1683) in Boston landete, wurde er von dem Gouverneur Winthrop als „gottesfürchtiger Pfarrer“ begrüßt. Schon 1635 musste er aus der Kolonie fliehen und überlebte nur dank der Hilfe befreundeter Indianer. Er hatte sich unbeliebt gemacht, weil er die Meinung vertrat, dass die puritanische Obrigkeit keine Entheiligung des Sabbats, wie es die puritanische Sonntagsfrömmigkeit vorsah, bestrafen dürfe und dass die Regierung keine Befugnisse besitze, da sie über kein Land verfüge. König Karl hätte den Puritanern das Land gar nicht zur Verfügung stellen können, da es rechtmäßig noch immer den Indianern gehöre. Diese Thesen waren natürlich so subversiv, dass die Grenzen des für das puritanische Establishment Ertragbaren erreicht waren.

Roger Williams gründete daraufhin „Providence“, nachdem er dank der „Vorsehung“ Gottes die Zeit des Elends überstanden hatte. Allen Menschen versprach er in dieser neuen Plantation, die er den Indianern abgekauft hatte, volle Religionsfreiheit. Providence wurde zu einem Sammelplatz der Dissenters; 1639 wurde die erste baptistische Gemeinde Nordamerikas dort gegründet. 1647 wurde Providence mit der von dem Arzt und baptistischen Pastor John Clarke (1609–1676) gegründeten Kolonie Newport zur neuen Kolonie Rhode Island zusammengelegt, die durch *Democracy, or Popular Government* (= Demokratie oder Regierung durch das Volk) verwaltet werden sollte. Nach langwierigen Verhandlungen sowohl durch Williams als auch durch Clarke in England wurde 1663 der Kolonie eine Verfassung (*royal charter*) gewährt. Darin wird festgelegt, dass die Gründer ein „lebendiges Experiment“ auf dem Herzen haben. Es steht einem Staatswesen gut an und kann bestens so aufrechterhalten werden, so wird gesagt, wenn „volle Freiheit in religiösen Angelegenheiten“ (= *full liberty in religious concernments*) herrscht. Keine Person in der Kolonie „soll in irgendeiner Weise belästigt, bestraft, beunruhigt oder in Frage gestellt werden wegen irgendwelcher Meinungsverschiedenheiten in religiösen Dingen“. Im Gegenteil sollen alle die volle Gewissensfreiheit „haben und genießen“.[69]

1644, also vier Jahre vor dem Ende des Dreißigjährigen Krieges und mitten im englischen Bürgerkrieg, veröffentlichte Roger Williams in London seine Schrift „Die blutige Lehre der Verfolgung aus Gewissensgründen" (*The Bloody Tenet of Persecution for Cause of Conscience*). Sie zog aus den Vorgängen in Europa die Lehre, dass „das Blut so vieler hunderttausend Seelen der Protestanten und Katholiken, das in den Kriegen der gegenwärtigen Zeit und früherer Zeiten wegen ihrer jeweiligen Gewissen vergossen wurde, vom Friedefürsten Jesus Christus nicht verlangt und angenommen wird", und war mit Blick auf Entwicklungen in Neu England geschrieben.[70]

Seit dem Kommen Jesu Christi, so argumentiert Williams, ist es Wille und Befehl Gottes, dass die heidnischsten – er gebraucht den Superlativ –, jüdischen, türkischen oder antichristlichen Gewissen in allen Nationen und Ländern erlaubt sind. Gegen diese darf man nur mit jenem Schwert kämpfen, das in Fragen der Seele überwinden kann, nämlich das Schwert des Geistes Gottes, das Wort Gottes. Das jüdische Exempel, das von Verteidigern eines Establishments immer wieder angeführt wurde, lässt er nicht gelten. Der „Typus" einer nationalen Staatskirche wie bei den Königen des Alten Testaments ist überholt; im Reich Christi regiert ausschließlich das geistliche Schwert.[71]

Die hier schon greifbare Gewaltenteilung wird vollends deutlich, wenn man sich einige Bilder vor Augen hält, die Williams gebraucht. „Die Kirche oder Gesellschaft von Kirchgängern (ob wahr oder falsch) ist vergleichbar mit einem Verband oder einer Ärztekammer in einer Stadt oder mit einer Korporation, Gesellschaft oder Kompanie von Ost-Indien oder Tür-

---

[69] Zitiert in: Edwin S. Gaustad, A Religious History of America, New York 1974, 66 f.

[70] John Cotton, Anführer der Puritaner in Boston, antwortete 1647 mit der Schrift „Die blutige Lehre gewaschen und weiß gemacht im Blut des Lammes" (*The Bloody Tenet washed and made white in the Blood of the Lamb*), woraufhin Roger Williams noch einmal zur Feder griff und die Entgegnung schrieb „Die blutige Lehre noch blutiger durch Cottons Versuch sie im Blut des Lammes weiß zu waschen" (*The Bloody Tenet yet more Bloody by the Cottons Endeavour to wash it white in the Blood of the Lamb*), 1652.

[71] *The Bloody Tenet*, 104 f.

kei-Kaufleuten oder irgendeiner anderen Gesellschaft oder Kompanie in London. Besagte Kompanien mögen ihre eigene Gerichtsbarkeit haben, ihre Bücher führen und Disputationen abhalten; und in den Angelegenheiten ihrer Gesellschaft können sie voneinander abweichen (= *dissent*), sich teilen, in Schismen und Gruppen auseinander fallen, einander vor dem Gesetz verklagen, ja völlig auseinander brechen und sich in Teile oder in nichts auflösen, und dennoch ist der Friede der Stadt nicht im geringsten beeinträchtigt oder gestört; weil das Wesen oder Sein der Stadt und damit ihr Wohlsein und Friede wesenhaft von den besonderen Gesellschaften unterschieden ist, und die Stadtgerichte, Stadtgesetze und die in der Stadt geltenden Strafen von denen (der Gesellschaften) unterschieden sind. Die Stadt hat vor ihnen bestanden, und sie bleibt absolut und unversehrt, selbst wenn eine Korporation oder Gesellschaft zerfällt."[72]

Die Kirche ist aufgrund dieser Anschauung von ihrem Ursprung, ihrer Verfassung, ihrem inneren Leben einschließlich der Auseinandersetzung völlig vom zivilen Bereich verschieden. Die Kirche kann in interne Schwierigkeiten geraten, ohne dass dadurch das äußere Staatsgefüge oder gar der Friede in Mitleidenschaft gezogen ist. Folglich darf weder der Papst über beide Schwerter verfügen noch die protestantischen Fürsten oder Könige oberste Leiter (*supreme governor*) der Kirche ihrer Länder sein.[73]

Auf diesem Hintergrund werden die Bilder aus der Schifffahrt verständlich, die Williams zur Unterstreichung seiner Position heranzieht, und was bei einem Engländer, der wiederholt den Atlantik überquerte, auch nahe liegend ist.[74]

Einmal führt Williams aus, dass ein heidnischer und sogar ein antichristlicher Kapitän genauso geschickt und mit gleicher Geschwindigkeit und Sicherheit ein Schiff zum gewünschten Zielhafen steuern kann wie ein christlicher Kapitän. Gleichwohl hat kein Kapitän Gewalt über die Gewissen der Passagiere oder Besatzung, obgleich er dafür verantwort-

[72] Ebd., 25.
[73] Ebd., 101.
[74] Vgl. Erich Geldbach, „Gewissensfreiheit und freikirchliche Tradition", in: JEB XXV, 1982, 81-100.

lich ist, dass die einen ihre Arbeit verrichten und die anderen sich gesittet betragen. Ein christlicher Kapitän handelt wie jeder andere auf der Grundlage seines Wissens und seiner Erfahrung. Der „Faden der Navigation, der von einem gläubigen und ungläubigen Kapitän gleichermaßen gesponnen wird", erhält durch den christlichen Kapitän noch einen goldenen Schein, weil dieser Gott fürchtet, die Menschen liebt und einen himmlischen Wandel führt. Dies gibt ihm aber keine Macht über die Gewissen der ihm anvertrauten Passagiere und Matrosen. Er kann nur mit dem zweischneidigen Schwert des Geistes, des Wortes Gottes, und durch seinen heiligen Wandel die Seelen überwinden.

Das zweite Bild bezieht sich auf die Passagiere. Es können Papisten, Protestanten, Juden und Türken an Bord eines Schiffes sein, doch darf keiner von ihnen gezwungen werden, am Schiffsgottesdienst teilzunehmen oder von seiner eigenen Weise des Gottesdienstes weggenötigt zu werden. Ungeachtet dieser Gewissensfreiheit, so fügt Williams an das erste Bild anknüpfend fort, hat der Kapitän die Aufgabe, den Kurs des Schiffes festzulegen und darüber zu wachen, dass keine Meuterei ausbricht, sondern dass Gerechtigkeit, Friede und Besonnenheit unter Seeleuten und Passagieren obwalten.[75]

Gewissensfreiheit führt also gerade nicht, wie seine Gegner ihm unterstellen, in politische Schwärmerei oder Unordnung, was hier durch Meuterei bezeichnet wird, sondern sie erst ermöglicht Ordnung und Frieden. Der Kapitän ist mit dem Gouverneur eines Gemeinwesens (Commonwealth) vergleichbar. Er hat für den geordneten, äußeren Rahmen des Zusammenlebens zu sorgen, sonst wäre die Welt wie ein Ozean und die Menschen wie Fische, wobei die größeren die kleineren verschlingen würden. Der christliche Glaube kann den Gouverneur zu einer gewissenhaften Erledigung seiner Aufgaben anhalten, gibt ihm aber keine Gewalt über die Gewissen der Mannschaft oder der Passagiere. Deshalb kann die „Obrigkeit" christlich oder nichtchristlich sein.

Auf dieser Grundlage haben Roger Williams und John Clarke alle Menschen in die Kolonie aufgenommen. Williams ist bei seinen Aufenthalten in England für die Rechte der Ka-

[75] R. Williams, wie Anm. 71, 231.

tholiken eingetreten und hat seit 1656 den Quäkern, die in großer Zahl ankamen, eine neue Heimat gegeben. Demgegenüber wurden in Boston zwischen 1659 und 1661 vier Quäker, darunter eine Frau, aus religiösen Gründen öffentlich erhängt. Bereits 1658 kamen auch Juden in die Kolonie, und es entspricht der von Williams geschaffenen Grundlage, dass die erste Synagoge auf nordamerikanischem Boden 1763 in Newport errichtet wurde.[76] Rhode Island war das erste Territorium, wo in der Moderne vollständige Gewissens- und Religionsfreiheit verwirklicht wurde. Die religiösen Voraussetzungen hatten politische Konsequenzen, die in der Folgezeit die gesamte Geschichte der Neuen Welt beeinflussen sollten.

3.4.7.3.2 William Penn

Bevor darauf jedoch näher eingegangen wird, soll noch kurz ein weiterer Musterfall für Gewissensfreiheit am Beispiel William Penns (1644–1718) aufgezeigt werden.

Während der Regentschaft Karls II. wurden 1500 Quäker wegen religiöser Vergehen in englische Gefängnisse geworfen, wo mehr als 400 von ihnen starben. Auch William Penn hatte im Gefängnis gesessen und 1670 in einer kleinen Schrift leidenschaftlich die Gewissensfreiheit verteidigt. Als der König eine Schuld gegenüber der Familie Penn durch ein riesiges Waldgebiet in der Neuen Welt ablöste und William Penn 1681 diese Wälder erbte (Penn's Woods = Pennsylvania), ergab sich für ihn die Möglichkeit, ein „heiliges Experiment", wie er es nannte, in die Praxis umzusetzen. Wie Roger Williams vor ihm ließ sich auch Penn gegenüber den Indianern von seinem christlichen Gewissen leiten. In einem berühmt gewordenen Vertrag regelte er die Grenzfragen mit ihnen.

Sein heiliges Experiment war auf der verfassungsmäßig verankerten Gewissensfreiheit aufgebaut. Es zog sowohl die Quäker in großer Zahl als auch die unterschiedlichsten religiösen Gestalten und Gruppen, die sich in Europa der Verfolgung ausgesetzt sahen, an. Bereits der erste Artikel der Charta besagt, dass alle anderen bürgerlichen Freiheiten das Glück des

---

[76] E. S. Gaustad, wie Anm. 69, 68.

Volkes nicht fördern, wenn die Gewissensfreiheit beschnitten wird. Man sieht, dass auch hier das Wohl des Volkes als politischer Maßstab die Leitlinie abgibt.

Die Uniformitätsakte war 1662 erlassen worden, die Konventikelakte 1664 und 1670; mit diesen Gesetzen versuchte man in England, die Alleinherrschaft der bischöflich verfassten anglikanischen Kirche und ihre Gottesdienste zu sichern. Vor diesem Hintergrund muss man vernehmen, wie der Quäker Penn die Freiheit des Gewissens in der Schrift *The Great Case of Liberty of Conscience* verteidigt.

Penn geht davon aus, dass die Verfolgung nur zwei Ziele haben kann. Das eine Ziel besteht darin, den Hunger eines Pfaffentums zu stillen, dessen Reihen sich lichten und dessen Hunger in Wirklichkeit unstillbar ist, dessen beste Argumente aber aus nichts anderem als aus Geld- und Gefängnisstrafen bestehen. Das zweite Ziel heißt, durch Verfolgungen Gott einen Dienst zu erweisen. Doch ist Verfolgung eine so verabscheuungswürdige Sache, dass sie sich als eine erklärte Feindin Gottes, der Religion und des Wohls der menschlichen Gesellschaft (*the good of human society*) erweist. Der Verfolgung steht die Freiheit gegenüber.

Penn betrachtet die Freiheit des Gewissens auch als ein Naturrecht, das allen Menschen einschließlich den Indianern und schwarzen Sklaven zukommt und das deshalb auch eine Grundbedingung jeder Religion ist. Denn gäbe es die Gewissensfreiheit nicht, wäre jede freie Wahl ausgeschlossen und Religion wäre nur das Ergebnis eines Zwangs von dritter Seite.

Aber die Gewissensfreiheit ist nicht nur naturrechtlich mit dem Menschsein und dem „inneren Licht“, das die Quäker in jedem Menschen betonen, vorgegeben. Sie wird noch christlich-theologisch vertieft, denn sie ist nicht einfach als unbestimmte „Freiheit des Geistes“, dieses oder jenes zu glauben, definiert, sondern als die Ausübung des Gottesdienstes in einer öffentlich-sichtbaren Weise. Weil der Gottesdienst unbedingt gefordert ist und weil man ihn weder aus Menschenfurcht noch aus Gefälligkeit gegenüber sterblichen Menschen vernachlässigen darf, ohne bewusst in Sünde einzuwilligen, ist die öffentliche Gewissensfreiheit auch kein Ersinnen, die Gesetze des Landes zu brechen oder eine Regierung zu zersetzen.

Wieder stößt man hier auf eine strenge Trennung der geistlichen und weltlichen Gewalten. Die Regierung hat direkt und indirekt nur mit äußeren, weltlichen, säkularen Angelegenheiten zu tun, nicht aber mit dem zukünftigen Leben. Jede Strafe, Unterdrückung oder Verfolgung seitens des Staates, wenn sie die Angelegenheiten des Glaubens und die Überzeugung des Gewissens berühren, sind Zwangsmaßnahmen, die dem Allmächtigen die nur ihm gebührende Achtung entziehen. Sie sind aber auch gegen die christliche Religion, gegen die Autorität der Schrift, gegen die Natur, gegen die Prinzipien der Vernunft (*common reason*), gegen das Wohl der Regierung und gegen die Ansichten bedeutender Menschen gerichtet.

Dass Gewissenszwang direkt in die Hoheitsrechte Gottes eingreift, entfaltet Penn in fünf Punkten:

1. Gott als Schöpfer hat den Menschen mit der Erschaffung zugleich die Gaben des Verstehens, des Verstandes, des Urteilens und des Glaubens geschenkt. Deshalb gebührt ihm allein der Gottesdienst. Er ist Gegenstand und Anfänger des Glaubens. Wer jedoch meint, anderen Menschen in ihrem Glauben oder Gottesdienst Einschränkungen auferlegen zu müssen, greift in das nur Gott gebührende Recht auf Herrschaft über die Gewissen ein.

2. Solche obrigkeitlichen Beschlüsse führen einen Anspruch auf jene Unfehlbarkeit (*infallibility*) mit sich, die von den Protestanten bisher nur Gott allein zuerkannt wurde, um sie den Papisten abzusprechen. Wann und wo, fragt Penn ein wenig sarkastisch, ist die protestantische Obrigkeit mit dieser göttlichen Vortrefflichkeit belehnt worden, und seit wann sind Strafen, Unterdrückung und Verfolgung Früchte des Heiligen Geistes?

3. Die Verweigerung der Gewissensfreiheit inthronisiert den Menschen als König über die Gewissen; dieser Anspruch kommt aber allein Gott zu, dessen Gedanken nicht Menschengedanken und dessen Reich nicht das Reich des Kaisers ist. Wenn die Menschen in den Dingen sowohl dieser als auch der jenseitigen Welt anderen Menschen untertan sind, hätte der Kaiser die Macht über beide Bereiche.

4. Gewissenszwang macht die Gnade Gottes und das unsichtbare Wirken des Heiligen Geistes zunichte und macht die Zugehörigkeit zur anglikanischen Kirche von äußerer Gewalt und körperlicher Züchtigung abhängig. Der Glaube wird so allen Veränderungen und den Mächten, die sie hervorrufen, unterworfen.

5. Hätten Menschen Macht über die Gewissen, würden sie sich auch die richterliche Gewalt am jüngsten Tage anmaßen. Weil Gott aber alle Menschen durch Jesus Christus richten wird, darf niemand seinen Mitgeschöpfen in Glaubensdingen Rechenschaft schuldig sein. Daraus folgt, dass in Gewissensfragen keinem Menschen etwas aufgezwungen werden und dass niemand Einschränkungen unterliegen darf oder gar dass Verfolgungen entfesselt werden.[77]

Von der schöpfungsmäßigen Verankerung, über die naturrechtliche Begründung sowie biblisch-theologische Ausführungen und den Appell an die Vernunft, bis hin zur eschatologischen Ausrichtung reicht die Skala der Argumente für die Gewissensfreiheit.

Penn war davon ausgegangen, dass die Obrigkeit zwar die Bösen strafen und die Guten beschützen soll (Röm. 13,3 f.) und dass insofern die Regierungsgewalt ein Teil der Religion selbst ist. Doch hatte er daraus kein Gottesgnadentum für die Regierenden abgeleitet, sondern die verantwortliche Teilnahme aller an der Aufrechterhaltung der Gesetze. Auch darin gleichen sich Roger Williams und William Penn, dass beide die Demokratie als die der Gewissensfreiheit entsprechende Regierungsform betrachteten. Dass dieses Konzept hohe Anforderungen an die Bewohner eines Landes stellen würde, war Penn zumindest zu Beginn seines heiligen Experiments nicht ganz klar. Er hat im Laufe der Jahre die Erfahrung machen müssen, dass viele Siedler in seiner Kolonie die Freiheit mit Zügellosigkeit und mangelndem Verantwortungsbewusstsein verwechselten. Daher betonte Penn, dass sich nur im gerechten Gehorsam gegenüber den Gesetzen die wahre Freiheit zeigt, denn, so fasste er seine Erfahrungen in einem höchst bemerkenswerten Satz zusammen, „Freiheit ohne Gehorsam ist Wirrwarr, und Gehorsam ohne Freiheit ist Sklaverei“ (*freedom without obedience is confusion and obedience without liberty is slavery*). Um nicht in die Extreme von Verwirrung und Sklaverei zu verfallen, müssen die Regierungsgeschäfte in den Händen guter Menschen liegen. Penn hatte keinen Zweifel

[77] Textauszug bei E. S. Gaustad, Religious Issues in American History, New York 1968, 19 ff.

daran, dass die von Menschen gebildeten Regierungen entweder dem Allgemeinwohl dienen oder zugrunde gerichtet werden. Daraus folgte sein Grundsatz, dass gute Menschen keine schlechte Regierung hervorbringen können. Weil dieser Satz aber auch umkehrbar ist und offenbar öfter der Wirklichkeit entsprach als es der eher optimistischen Sicht Penns lieb war, starb er als gebrochener Mann.[78]

Doch sein heiliges Experiment war nicht gescheitert. Eine Fülle von christlichen Kirchen, Gemeinschaften und exzentrischen Einzelpersönlichkeiten fanden in der Quäker-Kolonie die Gewissensfreiheit, die Voraussetzung für die Entfaltung eines regen religiösen Lebens war. Penn hatte die Hauptstadt der Kolonie nach dem Schachbrettmuster entworfen; sie sollte „durchsichtig" sein. Nicht zuletzt kam im Namen der Hauptstadt, „Philadelphia", sein geradezu endzeitliches Programm zum Ausdruck. In Anlehnung an Offenbarung 3,7 ff. sollte in dieser Stadt die geschwisterliche Liebe alle unterschiedlichen Religionsparteien umgreifen. Außerdem ist nach dem Text der Offenbarung der Gemeinde in Philadelphia eine „offene Tür" geschenkt, die niemand zuschließen kann. Durch diese Tür strömten die um ihres Gewissens und ihrer Religion Verfolgten Europas. Wenn im neutestamentlichen Text schließlich auch davon gesprochen wird, dass Philadelphia sich so verhalten soll, dass niemand der Gemeinde die Krone wegnehmen kann, dann schließt sich hier der Kreis: Penn erblickte eine Anspielung auf sein Erbauungsbuch. So stehen Kreuz und Krone über dem Leben dieses Quäkers, dessen heiliges Experiment richtungsweisend für die moderne Welt wurde. Zwei Generationen nach seinem Tod – im Dezember 1791 – wurde die *Bill of Rights* Teil der amerikanischen Bundesverfassung, die wesentliche Aspekte seiner Gedanken und der von Williams und Clarke zum Grundgesetz erhob.

3.4.7.4 Die Neue Welt unter neuen Bedingungen

Der erste Artikel der *Bill of Rights*, das heißt der erste Zusatz – *first amendment* – zur amerikanischen Verfassung, ist an den Kongress gerichtet. Dieser darf kein Gesetz verabschieden,

[78] Ebd., 94.

das die Etablierung einer Religion vorsieht (sog. *establishment clause*) oder die freie Religionsausübung behindert (sog. *free exercise clause*). Dies bedeutet nichts geringeres, als dass weder Einsetzung noch Überwachung der Kirchen oder Religionsgemeinschaften zu den hoheitlichen Aufgaben des Staates gehören. Auch bedarf der Staat seinerseits keiner religiösen Überhöhung, um seine ihm obliegenden Aufgaben zu erfüllen. Beide Bereiche sind so getrennt, wie es die Dissenters in England verlangt, aber nicht erreicht hatten und wie es die Dissenters in den Kolonien Rhode Island und Pennsylvania seit Mitte und Ende des 17. Jahrhunderts vorexerziert hatten. Das nonkonformistische Modell hatte obsiegt, nachdem die amerikanischen Kolonien sich vom Mutterland England befreit und eine eigene Republik ins Leben gerufen hatten. Die neue Republik hatte kirchlich und politisch das Aussehen, das die Freikirchler sich von einem Gemeinwesen wünschten. Es glich weder dem Gottesreich Thomas Müntzers oder dem Täuferreich in Münster noch der französischen Republik.

Freilich war dies alles nicht selbstverständlich gewesen. Viele Politiker in den Kolonien hatten sich eine etablierte Kirche gewünscht, unter ihnen auch George Washington. Selbst nach Verabschiedung der *Bill of Rights* fiel nicht überall das etablierte Kirchentum weg. In New England hielt sich das puritanische Establishment noch weit ins 19. Jahrhundert, und John Adams aus Massachusetts, von 1825 bis 1829 Präsident der Vereinigten Staaten, interpretierte den Verfassungszusatz so, dass der Kongress kein Bundesgesetz erlassen dürfe, dass aber die einzelnen Staaten ihre religiösen Angelegenheiten selber regeln könnten. Den Nonkonformisten rief er zu, dass eher eine Änderung des Sonnensystems eintreten würde, als dass das Establishment, das *Standing Order*, wegfallen würde. Gleichwohl wurde es 1833 in Massachusetts abgeschafft.[79]

Die Kontroverse um die Religionsfreiheit, die zu dem 1. Artikel der *Bill of Rights* führte, wurde zuerst in der Kolonie Virginia ausgefochten. Hier hatte in dem Streit um die Verfassung ein anglikanischer Geistlicher, George Mason, die Vorlage für den Artikel geliefert, der die Religion betraf. In der Sprache

[79] A. P. Stokes und Leo Pfeffer, Church and State in the United States, New York 1964, 44.

der Aufklärung wird gesagt, dass die Religion nicht von Macht oder Gewalt, sondern einzig von Vernunft und Überzeugung getragen ist und dass deshalb alle Menschen die vollste Toleranz (*the fullest toleration*) gemäß dem Diktat ihrer Gewissen (*according to the dictates of consciences*) genießen sollten.

Für die in Virginia ansässigen Nonkonformisten, unter denen besonders der rührige baptistische Laienprediger John Leland (1754–1841) hervorstach, war diese Vorlage ein Alarmsignal. Sie wollten keine Toleranz verfassungsmäßig festgeschrieben haben, weil es ihnen um keinen Gunsterweis, sondern um einen Rechtsanspruch ging. Deshalb sei ihnen, wie Leland an George Washington schrieb, die Religionsfreiheit wichtiger als Eigentum oder Leben.[80] Die Dissenters hatten in dem jungen Advokaten James Madison, der von 1809 bis 1817 Präsident der Vereinigten Staaten war, ihren Sprecher gefunden.

Madison hatte nach der Lektüre vieler Bücher die Überzeugung gewonnen, dass eine etablierte Kirche stets große Unwissenheit und Korruption hervorbringe. Für ihn war der Textentwurf des anglikanischen Theologen Mason wegen des Wortes Toleranz nicht akzeptabel. Denn Toleranz setzte seiner Meinung nach ein System mit einer etablierten Kirche voraus; erst so kann überhaupt Toleranz „gewährt" werden. Aber in Gewissensangelegenheiten geht es nicht um ein „Gewähren", sondern um ein Recht. Daher muss die Religion gänzlich aus dem Zuständigkeitsbereich des Staates und einer mit ihm fest verbundenen Religionsgemeinschaft gelöst werden. Madison stimmte mit dem anglikanischen Theologen darin überein, dass Religion „gänzlich unter der Leitung von Vernunft und Überzeugung und nicht von Gewalt oder Nötigung" steht. Daraus wird aber nicht die „vollste Toleranz" für alle Menschen abgeleitet, sondern „die gleiche Berechtigung aller Menschen, die volle und freie Ausübung der Religion gemäß dem Diktat ihrer Gewissen" zu praktizieren.[81]

---

[80] Charles F. James, Documentary History of the Struggle for Religious Liberty in Virginia, Lynchburg 1900, 171 f.

[81] Vgl. Elwyn A. Smith, Religious Liberty in the United States. The Development of Church-State Thought Since the Revolutionarv Era, Philadelphia 1972, 36 f. und 247 ff.

Keiner soll ein Winkeldasein führen müssen. Die öffentliche Religionsausübung muss jedem garantiert werden, weil das Gewissen keiner öffentlichen Kontrolle unterliegen darf. Deshalb kann auch die Erfüllung der Pflicht gegenüber dem Schöpfer – wie man gut aufklärerisch redete und damit den Gottesdienst meinte – weder angeordnet noch einem Nonkonformisten gnädiglich von oben „gewährt“ werden. Die religiöse Pflichterfüllung liegt sowohl zeitlich als auch sachlich vor den Ansprüchen der bürgerlichen Gesellschaft, ihres Staates und ihrer Regierung.

Auf dem Gebiet der Religion bzw. der Gewissensentscheidungen kann man auch nicht, wie in den übrigen gesellschaftlichen Fragen, Mehrheitsbeschlüsse herbeiführen, weil es gerade darum gehen muss, die Rechte von Minderheiten zu wahren und zu sichern. Um die Gewissen aller, auch der Minderheiten, zu schützen, darf nicht eine Religionsgemeinschaft unter Ausschluss aller anderen sich zur allein bevorrechteten etablieren. Die Stoßrichtung dieser Art der Religionsfreiheit ist von hier aus klar erkennbar. Die Freiheit zur öffentlichen Religionsausübung für alle Bürger eines Staates dient dem ungestörten und vorurteilslosen Gedeihen aller Gewissensentscheidungen.

3.4.7.5 Vergleich Neue und Alte Welt: Toleranz und Religionsfreiheit

3.4.7.5.1. Die Toleranzakte

Die Furcht der Freikirchler vor Toleranz erscheint im Lichte der Verfassungsdiskussion in Virginia und der neuen Republik erklärlich. Der Unterschied zwischen Toleranz und Religions- bzw. Gewissensfreiheit lässt sich an der 1689 in England erlassenen Toleranzakte verdeutlichen. Es werden den Nonkonformisten in der Toleranzakte zwar Zugeständnisse gemacht – so etwa durften sie eigene Kapellen bauen und Pastoren anstellen –, zugleich aber werden ihnen einige Grundrechte vorenthalten. Bis weit ins 19. Jahrhundert etwa durften sie nicht die Universitäten Oxford und Cambridge beziehen und waren infolgedessen von gewissen akademischen Berufen ausgeschlossen. Dies hatte zwar die unbeabsichtigte Nebenwirkung, dass die Freikirchler eigene Bildungseinrichtungen, sogenannte

Akademien oder Colleges, schufen, die im Laufe der Zeit ein den Universitäten vergleichbares Niveau erreichten und die These widerlegen können, dass die Nonkonformisten *eo ipso* bildungsfeindlich sind, doch war das ganze Gesetz von 1689 dazu erlassen, die anglikanische Kirche zu stärken. Toleranz wurde zugestanden, aber keine Freiheit erreicht. Die Toleranzakte kommt dem Versuch gleich, die Nonkonformisten tolerant an den Rand der Gesellschaft zu drängen. Die Toleranzakte gleicht eher den Erkenntnissen Lockes als den religiösen und den davon abgeleiteten staatsphilosophischen Konsequenzen der Freikirchler.

3.4.7.5.2 Das Toleranzpatent

Etwa zur gleichen Zeit, als in der Neuen Welt die Religionsfreiheit verfassungsmäßig verankert wurde, nämlich 1781, also rund 100 Jahre nach der Toleranzakte in England, erließ der österreichische Kaiser Josef II. das „Toleranzpatent". Auch hier lässt sich der weite Abstand zwischen Toleranz und Religionsfreiheit demonstrieren. Der von Gottes Gnaden erwählte römische Kaiser Josef II. entbietet in dem Schriftstück allen seinen Untertanen seine k.k. landesfürstliche Gnade und gibt „gnädigst zu vernehmen": „Uiberzeugt eines Theils von der Schädlichkeit alles Gewissenzwanges, und anderer Seits von dem grossen Nutzen, der für die Religion, und dem Staat, aus einer wahren christlichen Tolleranz entspringet, haben Wir Uns bewogen gefunden den augspurgischen, und helvetischen Religions-Verwandten [gemeint sind die Anhänger des Augsburgischen Bekenntnisses = Lutheraner und die Reformierten], dann denen nicht unirten Griechen [gemeint sind die nicht mit Rom unierten Orthodoxen] ein ihrer Religion gemäßes Privat-Exercitium allenthalben zu gestatten [...]. Der katholischen Religion allein soll der Vorzug des öffentlichen Religions-Exercitii verbleiben [...]."

Allein die Art und Weise der Verfügung bestätigt, dass eine Machtinstanz vorausgesetzt werden muss, die Toleranz „gnädigst" gewähren kann. Sie wird mittels eines „Patents" verfügt, so wie ein Offizier durch ein „Offizierspatent" gnädig ernannt wird. Aber auch ein Blick auf den Inhalt zeigt den Unterschied zwischen Toleranz und Religionsfreiheit deutlich und bestätigt die Meinung des Amerikaners Madison. Es bleibt eine privilegierte, öffentliche Religion bestehen, wie in diesem Falle die römisch-katholische Kirche. Neben dieser öffentlichen Religion können andere, ausgewählte Glaubensrichtungen nur in eingeschränktem Maß toleriert werden. Wenn der Kaiser neben Lutheranern und Reformierten die Orthodoxen in die Toleranzverfügung einbezieht, setzt er sich sogar über geltendes Reichsrecht hinweg. Denn seit dem Westfälischen Frieden 1648 wurden nur die Katholiken und die „Augsburgische Konfession" sowie „die Stände, die der Augsburgischen Konfession verwandt" sind, reichsrechtlich anerkannt. Alle anderen Religionen waren von diesem Frieden „gänzlich ausgeschlossen". Ausdrücklich wurde im Westfälischen Frieden den römischen Katholiken und den Augsburgischen Religionsverwandten eine *devotio domestica* im jeweils anders konfessionell-geprägten Territorium zugebilligt.[82] An diese Bestimmung konnte Josef II. anknüpfen und den Evangelischen ein Privatexerzitium gewähren, das er auch auf die Orthodoxen ausdehnte.

Gewiss ist die „wahre christliche Tolleranz" des Kaisers für diejenigen, die bis dahin verfolgt wurden, ein Fortschritt. Insofern hat Josef II. Recht, wenn er von der Schädlichkeit des Gewissenszwanges und dem Nutzen der Toleranz für die Religion spricht. Aber ein Patent, mit dem die Toleranz gewährt wurde, konnte jederzeit wieder rückgängig gemacht werden. Das liegt in der Natur des „Gewährens". Zu sehr ist damit die Toleranz ein Spielball in der Hand der Mächtigen. Das ausdrücklich als „ewig" und „unwiderruflich" (*perpétuel et irrevocable*) bezeichnete Edikt von Nantes (1598) wurde im Verlauf des 17. Jahrhunderts Zug um Zug seines Inhalts entleert und schließlich 1685 widerrufen. Dadurch wurde eine Auswanderungswelle ausgelöst, die Frankreich einen Großteil seiner Elite kostete.

Die Vertreibung der Hugenotten aus Frankreich scheint Josef II. vor Augen gestanden zu haben, als er von dem Nutzen sprach, den nicht nur die Religion, sondern auch der Staat aus der Toleranz gewinnt. Es gab Berechnungen, die den

[82] Heinrich J. Scholler, Die Freiheit des Gewissens (Schriften zum öffentlichen Recht, Bd. 2), Berlin 1958, 51 ff.

großen Schaden, der Frankreich durch die Auswanderung der Hugenotten getroffen hatte, genau an den Tag brachte. Daher schrieb Josef II. an seine Mutter Maria Theresia, dass man ohne die Methode der Toleranz „nicht mehr Seelen retten, hingegen weit mehr nützliche und notwendige Körper verlieren" werde. Nur damit die Seelen nach dem Tod nicht verdammt werden, dürfe es nicht angehen, „vortreffliche Arbeiter und gute Untertanen während der Zeit ihres Lebens" zu vertreiben und sich dadurch „aller Vorteile" zu berauben, „die man von ihnen zu ziehen vermöchte".[83]

Diese wirtschaftlichen Überlegungen waren ausschlaggebend für den Erlass des Toleranzpatents; es bestätigt sich aus diesem Gesichtswinkel erneut, dass Toleranz und Religionsfreiheit von völlig konträren Motiven geleitet werden. Aber schon die Gewährung der Toleranz war zusammen mit anderen Faktoren für den damaligen Papst Pius VI. Anlass, 1782 die beschwerliche Reise von Rom nach Wien zu unternehmen, um den treuen Sohn der römischen Kirche von den Unsinnigkeiten des Toleranzerlasses abzubringen. Offenbar aber waren die wirtschaftlichen Interessen für Josef II. überzeugender als die Appelle des herbeigeeilten Papstes.

Man kann an der Reise des Papstes erkennen, dass die Furcht von Theologen und Philosophen vor der „intoleranten" Kirche Roms nicht unbegründet war. Umso heller leuchten indes die theoretische Forderung und praktische Verwirklichung der Religions- und Gewissensfreiheit von Seiten der Freikirchen. Die Vereinigten Staaten wurden das Land des Freikirchentums. Wenn man die Strukturfrage des Verhältnisses von Staat und Kirche, die von Freikirchen neu gestellt wurde, zugrunde legt, müssten in den USA alle Kirchen als „Freikirchen" gelten. Aber selbst solche Kirchen, die diese Bezeichnung als Selbstkennzeichnung ablehnen, gestehen ein, dass dieses Modell des Verhältnisses von Staat und Kirche überaus positive Auswirkungen auf das kirchliche Leben gehabt hat und noch heute hat. Das Luthertum beispielsweise ist

---

[83] Vgl. zum Ganzen Oskar Sakrausky, „Toleranz gestern und heute in Österreich", in: Gewissen und Freiheit Nr. 16, 1981, 58-66, dort S. 62 die erste Seite des Toleranzpatents in Fotokopie.

[84] Funk-Kolleg Religion, Bd. l, Gütersloh 1985, 364 f.

nicht etwa in seinen Stammlanden Deutschland und Skandinavien am vitalsten, sondern in den USA. Ähnliches gilt für den römischen Katholizismus, der es wegen verschiedener Verlautbarungen der Päpste im 19. Jahrhundert schwer hatte, sein Image als „unamerikanisch" abzuschütteln. Gerade die auf dem Zweiten Vatikanischen Konzil verabschiedete Deklaration über die Religionsfreiheit wurde entscheidend von einem amerikanischen Jesuiten, John Curtney Murray, mit geprägt. Wie dramatisch die Veränderungen waren, lässt sich daran ablesen, dass der Leiter des Heiligen Offiziums – Vorläufer der Kongregation für die Glaubenslehre –, Kardinal Ottaviani, dem Jesuiten in Fragen der Religionsfreiheit und des Verhältnisses von Staat und Kirche Rede- und Schreibverbot auferlegt hatte. Ein amerikanischer Konzilsvater nahm ihn indes als „Berater" mit auf das Konzil, wo er die Deklaration über die Religionsfreiheit mitbestimmte.

3.4.7.5.3 Zwei Interpretationen: Hauschild und Wölber

Wegen der grundsätzlichen Bedeutung des Problembereichs sei noch auf zwei deutsche Interpretationen hingewiesen. Als erstes Beispiel kann das „Funk-Kolleg Religion" herangezogen werden. Dort hat Wolf-Dieter Hauschild folgende Beschreibung des Verhältnisses von Staat und Kirche für die europäische Neuzeit gegeben:

„Die neuzeitliche Entwicklung ist durch zwei gegenläufige Tendenzen gekennzeichnet: Einerseits verschärft sich das Staatskirchentum durch den fürstlichen Absolutismus im 17. Jahrhundert. Andererseits fordert die Idee von Toleranz und Religionsfreiheit die Trennung von Staat und Kirche. Hinter beiden Positionen steht ein aufgeklärter Säkularismus, der die religiöse Dimension nicht mehr als konstitutives Element des politischen Lebens versteht. Für die Theoretiker gilt Religion als Privatsache des frommen Individuums; auch für die Praktiker des Staatskirchentums sind religiöse Inhalte gleichgültig, aber nur insofern, als sie nicht die öffentliche Ordnung tangieren." Die Kirche wird als „geistliche Polizei zur Überwachung der Moral und als volkspädagogische Verstärkung der Erziehung aller Untertanen" gekennzeichnet. Demgegenüber habe man in Amerika „der religiösen Pluralität durch die Gewährung von Toleranz Rechnung" getragen.[84]

Die Charakterisierung der europäischen Verhältnisse ist sicher richtig. Nur muss man, um der feinen, aber hoch bedeutsamen Differenzierung willen festhalten, dass es eben nicht diese europäische Form der Toleranz war, die sich in Amerika durchgesetzt hatte. Religion gilt dort gerade nicht als Privatsache eines frommen Individuums, sondern ist in der Pluralität ihrer Ausdrucksformen eine Angelegenheit für die Öffentlichkeit. Sie ist auch nicht durch einen aufgeklärten Säkularismus bestimmt, sondern von freikirchlichen, also genuin christlichen Positionen her entfaltet. Deshalb muss man auch festhalten, dass diese Pluralität in ihrer Öffentlichkeitsfunktion zur Herausbildung demokratischer Verhaltensnormen beigetragen und nicht einem Untertanengehorsam Vorschub geleistet hat.

Die von Hauschild zusammengefasste Entwicklung begünstigte zweifellos die Gefahr, eine doppelte Moralvorstellung zu entwickeln. Was die Kirche öffentlich tat und sagte, konnte himmelweit von dem unterschieden sein, was der Einzelne privat dachte oder von der öffentlichen Kirche, der er zugehörte, hielt. Es ist auch zu bedenken, dass die Religionsfreiheit kein abstraktes Recht ist, das mit einer *déclaration des droits de l'homme*, wie in der Französischen Revolution, allen Menschen weltweit zugesprochen wird. Scholler hat mit Recht daran erinnert, „dass die amerikanischen Formulierungen niemals abstrakt gefasst sind und sich niemals darauf beschränken, in einem lapidaren Satz allen Menschen Gewissensfreiheit zu gewähren. Sie enthalten vielmehr ausnahmslos Verfassungsnormen, die einen deskriptiven Tatbestand umschreiben, dessen Freiheit vor staatlicher Intervention gesichert sein soll."[85]

Aus diesem Grunde umschreibt man die Trennung von Staat und Kirche mit der Metapher von der *wall of separation*, der „Trennmauer", die zuerst von Roger Williams geprägt und später von Thomas Jefferson häufig gebraucht wurde. Indes ist wegen des Öffentlichkeitscharakters der Religionsgemeinschaften diese Trennmauer immer mehr durchlöchert bzw. abgebaut worden. Eine „abstrakte" Trennung gibt es deshalb nicht. Dagegen wird streng auf die „Freiheit von staatlicher Intervention" geachtet.

---

[85] H. J. Scholler, wie Anm. 82, 40.

Diese Verfassungsnorm, die von den Freikirchen vertreten wurde, hat dazu geführt, dass keine andere hoch entwickelte, industrialisierte Wissens- und Informationsgesellschaft der Welt so religiös ist wie die Vereinigten Staaten. Die bunte Vielfalt religiöser Ausdrucksformen ist Ergebnis eines Verfassungsprinzips, das Thomas Jefferson 1781 in die Worte fasste: „Meinungsunterschiede sind der Religion zuträglich" (*differences of opinion is advantageous to religion*).[86] Dieses Ergebnis steht in scharfem Gegensatz zu der europäischen Entwicklung.

Die Religion erscheint deshalb in den Vereinigten Staaten auch viel selbstverständlicher als etwa heute in Deutschland als Teil der Öffentlichkeit. Bei der Einführung eines Präsidenten oder bei der Eröffnung des Kongresses zum Beispiel werden von Vertretern unterschiedlicher kirchlicher und jüdischer Traditionen Gebete gesprochen. Die Gefahr, dass eine Kulturreligion entsteht, ist insbesondere im Süden der Vereinigten Staaten durch die Vorherrschaft eines seit 1979 unter der Herrschaft eines strengen Fundamentalismus stehenden Baptismus deutlich und hat unter den Präsidenten Ronald Reagan und George W. Bush sichtbare Konturen angenommen. Auch ist die Gefahr, dass eine politisch-religiös vermischte Zivilreligion (*civil religion*) die Oberhand gewinnt, nicht von der Hand zu weisen.[87] Aufmerksame Beobachter wie Franklin H. Littell, Martin E. Marty, James E. Wood, Derek H. Davis oder Richard Pierard haben von gänzlich unterschiedlichen Ansätzen auf Gefahren aufmerksam gemacht, die der Religion ganz allgemein drohen, wenn sie ihrer Aufgabe, ein verzehrendes Feuer zu sein, nicht nachkommt und statt dessen bestehende

---

[86] The Complete Jefferson, hg. von Saul K. Padover, New York 1943, 675.

[87] Die *Southern Baptist Convention* hat unter der Herrschaft fundamentalistischer Agitatoren sowohl einen Kulturbaptismus als auch eine rechtslastige Zivilreligion gefördert. Vgl. Erich Geldbach, „‚Amerikas letzte und einzige Hoffnung'. Die Southern Baptist Convention – Geschichte und Gegenwart", in: ZThG 7, 2002, 34-63.

Machtverhältnisse absegnet.[88] Man wird deshalb das amerikanische Experiment wegen seiner unzweifelhaften „Erfolge" weder verherrlichen noch es wegen der für einen europäischen Beobachter erdrückenden Vielfalt konkurrierender Kirchen verdammen dürfen. Vielmehr fordert das freikirchliche Verfassungsmodell zu einer schmalen Gratwanderung heraus. Die Religionsfreiheit ist kein selbstverständliches Gut, sondern will immer neu errungen und verteidigt sein und ruft notwendigerweise die Selbstreinigungskräfte der Religionsgemeinschaften auf den Plan. Präsident Clinton sah die Notwendigkeit, die Religionsfreiheit gesetzlich neu zu verankern. Sein Nachfolger George W. Bush hat den Versuch gemacht, Sozialprogramme religiöser Organisationen mit Bundesmitteln zu unterstützen (*faith-based initiatives*). Kritiker sehen darin eine eindeutige Verschiebung der Grenzen zwischen Staat und Religionen und die Gefahr, dass religiöse Organisationen von Bundesmitteln abhängig werden und so ihre Unabhängigkeit verlieren.

Es soll noch eine zweite Interpretation angeführt werden. Der frühere Hamburger Bischof Hans-Otto Wölber hat 1987 in einem Aufsatz[89] die Toleranz als „kostbare Tugend" bezeichnet und sogleich hinzugefügt, dass in diesem Licht der Glaube nicht gedeiht. „Je mehr sich Toleranz im Bewusstsein der Leute ausbreitete, umso belangloser wurde der Glaube. Religiöse Gleichgültigkeit nahm zu. Auch wurden Glaube und Frömmigkeit aus der Öffentlichkeit in die Anonymität ge-

---

[88] Vgl. z. B. Franklin H. Littell, Von der Freiheit der Kirche, Bad Nauheim 1957, Kapitel 4, 82 ff.; ders., „Religious Freedom in Contemporary America", in: Journal of Church and State, 1989, 219-230. James E. Wood leitete das J. N. Dawson Institute of Church-State Studies der Baylor University in Waco, Texas. Er begründete die einschlägige Zeitschrift „Journal of Church and State", in der fortlaufend über die Situation in den Ländern der Welt, insbes. auch der USA, berichtet wird. Hinzuweisen ist auch auf das von ihm herausgegebene Buch Ecumenical Perspectives on Church and State. Protestant, Catholic, and Jewish, Waco 1988. Das Institut wird seit James Woods Pensionierung von Derek Davis geleitet, der auch die Zeitschrift herausgibt. Richard Pierard hat sich verschiedentlich zu der Problematik geäußert, am ausführlichsten in seinem Buch Civil Religion and the Presidency (zus mit R. D. Linder), Grand Rapids 1988.

[89] Luther 58, 1987, 1 ff.

drängt. Sie wurden Privatsache. Man verwies sie in die Intimsphäre."

Wenn Toleranz derartige Auswirkungen hat, kann man sie dann noch als kostbares Gut preisen? Ist die Vertreibung der Religion aus dem öffentlichen Leben nicht eher ursächlich mit dem Leitbild der Toleranz selbst verknüpft, weil deren trügerischer Schein seit Gotthold Ephraim Lessings Ringparabel aus dem dramatischen Gedicht „Nathan der Weise" im Bürgertum ihr kirchen- und glaubenskritisches, trübes Licht verbreitete? Die Wirkungsgeschichte der Ringparabel beruht nicht zuletzt darauf, dass Lessing missverstanden wurde. Man meinte nämlich, dass er die Gleich-Gültigkeit und Gleichberechtigung der drei Offenbarungsreligionen Judentum, Christentum und Islam beabsichtigt habe, dass aber alle drei nicht als wahre Erben gelten könnten. Das Missverständnis schlich sich ein, dass nur durch ein tolerantes Gewährenlassen aller Religionen eine Relativierung aller religiösen Absolutheitsansprüche zu erreichen sei. Lessing indes hatte den edlen Wettstreit der drei Religionen in der Öffentlichkeit im Auge, wie es in der Schlussmahnung des Richters zum Ausdruck kommt:

„Wohlan!
Es eifre jeder seiner unbestochenen
Von Vorurteilen freien Liebe nach!
Es strebe jeder von Euch um die Wette [...]"

Die Anhänger der drei Religionen werden aufgefordert, ohne Vorurteile und Prestigeansprüche dem Liebesgebot nachzueifern, Sanftmut, Verträglichkeit, Wohltun sowie Ergebenheit in Gott an den Tag zu legen, damit dermaleinst der letzte Richterspruch entscheidet, wer diese Tugenden wirklich geübt hat.

Der Grundgedanke ist gerade nicht die Propagierung einer Toleranz, die sich aus aufgeklärter Überlegenheit von allen religiösen Bindungen befreit und alle religiösen Ansprüche relativiert und sich gegenseitig aufheben lässt. So jedoch hat das Bürgertum die Ringparabel begierig ausgelegt, um sich nicht in den Wettstreit begeben zu müssen, der ein Engagement im Sinne von Matth. 25 verlangt hätte.

Die etablierten Kirchen in Europa hatten die Entwicklung zu einer „Entöffentlichung" der Religion im 19. Jahrhundert durchaus gespürt, doch zog man die falschen Konsequenzen. Auf evangelischer Seite versuchte man, mit Gesetzen und der

Polizei, auf katholischer Seite durch reaktionäre und restriktive Enzykliken sowie mittels des Antimodernisteneids den bereits eingetretenen Dammbruch möglichst ungeschehen zu machen, nur um ihn dadurch gerade noch zu vergrößern. Das Christentum sah immer reaktionärer aus. Denn es gilt in der Tat: Im Lichte der Toleranz gedeihen Glaube und Kirche nicht. Glaube und Kirchen gedeihen am besten, wenn der Referenzrahmen der Religions- und Gewissensfreiheit verwirklicht ist, der jedoch keinem Ruhekissen gleicht, sondern in jeder Generation neu aufgerichtet und gegen alle Anfeindungen verteidigt sein will.

3.4.7.5.4 Eine neue Interpretation: Hartmut Kreß

Im Jahre 2004 hat Hartmut Kreß den Versuch unternommen, die Toleranz als ethisches Äquivalent zur Religionsfreiheit neu zu bestimmen. Der Religions- und Gewissensfreiheit als Grundrechte trete auf Seiten der Ethik die Toleranz zur Seite. Ohne Toleranz, so argumentiert Kreß, „verlöre die verfassungsrechtlich garantierte Gewissens- und Religionsfreiheit ihre kulturelle Grundlage".[90] Allerdings muss Kreß weit ausholen, um zu diesem Ergebnis zu gelangen. Zuerst stellt er fest, dass Toleranz sehr vielschichtig interpretiert worden ist. Er unterscheidet vier Haltungen:

Eine „pejorative Toleranz", d. h. eine Duldung unter benachteiligenden Bedingungen der Geduldeten;

eine „formale Toleranz", d. h. das bloße Ertragen anderer Überzeugungen ohne inhaltliche Auseinandersetzung;

eine „indifferente Toleranz", d. h. eine Gleichgültigkeit gegenüber anderen Überzeugungen oder Personen;

eine „aktive oder dialogische Toleranz", d. h. eine Achtung und Anerkennung anderer.

Kreß gibt zu, dass theologiegeschichtlich mit dem Toleranzbegriff oft eine abschätzige Einstellung verbunden war. Dafür gibt er keine Belege, aber die bisherigen Ausführungen lassen an der Richtigkeit dieser Beurteilung keinen Zweifel aufkom-

[90] Hartmut Kreß (Hg.), Religionsfreiheit als Leitbild, wie Anm. 34, 35.

men. Der frühere Richter am Bundesverfassungsgericht, Ernst-Wolfgang Böckenförde, hatte während des Zweiten Vatikanischen Konzils sein Plädoyer für die Religionsfreiheit mit dem Satz unterstrichen, dass „die Frage der Toleranz und Religionsfreiheit der große Leidensweg der abendländischen Christenheit" gewesen sei, weshalb das Konzil sich positiv zur Religionsfreiheit äußern müsse.[91] Es hat dies unter wahrscheinlich bewusster Ausklammerung des Toleranzbegriffs getan. Umso überraschender ist es, dass Kreß einen Paradigmenwechsel feststellen zu können meint, weil in der Gegenwart Toleranz nicht mehr „nur als Duldung von Irrtum und Übel aufgefasst" werde, sondern weil heute „von vornherein die Gleichwertigkeit anderer Menschen betont" werde. Toleranz stehe daher für Respektierung anderer Überzeugungen auf gleicher Augenhöhe, Lernbereitschaft, Dialog und Chance einer wechselseitigen Bereicherung, „*enrichment*", wie er auf Englisch mit Bezug auf die UNO sagt.[92]

Angesichts der oben geschilderten negativen Tatbestände, denen man mühelos weitere hinzufügen könnte, ist es fraglich, ob man einen Begriff derart neu fassen und einfach einen „Paradigmenwechsel" dafür behaupten kann. Die Religionsfreiheit als Menschenrecht benötigt keine „Toleranz" als ethisches Äquivalent, weil sich aus dem Grundsatz der Religions- und Gewissensfreiheit unmittelbar alle positiven Haltungen ableiten lassen, die Kreß mühsam durch den in der Geistes- und Theologiegeschichte nicht unumstrittenen Begriff des Paradigmenwechsels[93] in den Toleranzbegriff hineinlegt. Eine sol-

---

[91] „Religionsfreiheit als Aufgabe der Christen", in: StdZ 176, 1965, 199-212; Zitat: 200. Sehr einleuchtend hat Walter Kasper die Sache auf den Punkt gebracht: Mit der Religionsfreiheit werde ein „Sein-Sollendes, das in der Würde der Person [die Konzilserklärung beginnt mit den Worten Dignitatis humanae] begründet ist", unterstrichen. Es gehe daher nicht mehr um Toleranz, „die ein Nicht-sein-Sollendes duldet", in: Wahrheit und Freiheit: Die Erklärung über die Religionsfreiheit des II. Vatikanischen Konzils, Abhandlungen der Heidelberger Akademie der Wissenschaften, Philos.-hist. Klasse, Jg. 1988, 19.

[92] Kreß, a.a.O., 37.

[93] Der amerikanische Wissenschaftshistoriker Thomas S. Kuhn (1922–1996) hatte 1962 in seinem bahnbrechenden Buch „The Structure of Scientific Revolutions" im Zusammenhang mit den Entwicklungsschüben in den Naturwissenschaften von Paradigmenwechseln gesprochen.

che positive Füllung eines im Grunde abgewirtschafteten Begriffs bringt nicht viel. Zudem ist zu beachten, dass in Deutschland die Religions- und Gewissensfreiheit zwar grundgesetzlich verankert ist, dass es aber gerade die beiden sog. Großkirchen sind, die durch immer neue Versuche einer Absicherung ihrer Monopolstellung dieses Grundrecht zumindest auf der institutionellen Ebene unterlaufen. Aufgrund dieser ambivalenten Haltung ist eher der Eindruck von „Duldung", oft sogar „repressiver Duldung" vorherrschend als das, was Kreß pragmatisch, historisch, menschenrechtlich, ethisch, theologisch und religionshistorisch in den Toleranzbegriff hineinlegt. Das Ethos der Toleranz, wie sie in Deutschland vorherrscht, kann nicht die „lebensweltliche Voraussetzung" für die „rechtlich abgesicherte Religions- und Gewissensfreiheit" bilden.[94] Weil das Verständnis für Letzteres in Deutschland nur ungenügend ausgebildet ist, lässt sich mit einem veralteten Toleranzbegriff kein Staat machen.

Die These, dass es in Deutschland an einer breiten Zustimmung zur Religionsfreiheit mangelt, kann man an der Reaktion auf das sog. Kruzifix-Urteil des Bundesverfassungsgerichts ablesen. Sowohl von Seiten der Politik als auch von dem Institut für Staatskirchenrecht der Diözesen Deutschlands sowie dem Kirchenrechtlichen Institut der EKD wurde eine Unterscheidung von negativer und positiver Religionsfreiheit getroffen und dann argumentiert, dass durch das Anbringen eines Wandkreuzes im Schulzimmer der Staat sich keineswegs mit der christlichen Religion identifiziere, weil das Kreuzesemblem nicht Ausdruck eines christlichen Staates sei, sondern ein allgemeines Kultursymbol. Die negative Religionsfreiheit der Beschwerde führenden Eltern, die auf Abnahme des Kruzifixes bestanden, besitze keinen Vorrang vor der positiven Religionsfreiheit derjenigen Eltern, die eine christliche Erziehung ihrer Kinder wünschten. Das „Toleranzgebot" als „objektive Inhaltsbestimmung des Art. 4 GG" verweise bei widerstreitenden Grundrechten auf einen Ausgleich „im Sinne einer praktischen Konkordanz". Abgesehen von der mit nichts zu recht-

[94] Kreß, a.a.O., 43.

fertigenden Einführung des Toleranzbegriffs, der im Art. 4 GG nirgendwo auftaucht, ist sowohl eine „praktische Konkordanz" als auch die Unterscheidung von positiver und negativer Religionsfreiheit unzulässig. Eine praktische Konkordanz kann es bei diametral entgegenstehenden Grundrechten nicht geben, und das Recht, sich zu keiner Religion zu bekennen, ist nicht etwa „negativ" zu bewerten, sondern ist ebenso ein „positiv" garantiertes Recht.

Das Ziel der kategorialen Unterscheidung von „positiver" und „negativer" Religionsfreiheit ist sehr deutlich von dem Interesse geleitet, Besitzstände zu wahren: Es soll mit ihr erreicht werden, dass die Mehrheit über die Minderheiten obsiegen kann und dass damit gerade der Sinn der Religionsfreiheit, nämlich der Minderheitenschutz, verloren geht. Die sog. positive Religionsfreiheit würde in das religiöse Diktat der Mehrheit umschlagen.

Das Bundesverfassungsgericht argumentierte, dass Schüler in einem Klassenzimmer mit Kruzifix während des Unterrichts keine Möglichkeiten hätten, dem religiösen Symbol auszuweichen. Weiter musste das BVG den Kirchen in Erinnerung rufen, was diese offenbar im Eifer der Argumentation vergessen hatten: „Das Kreuz ist Symbol einer bestimmten religiösen Überzeugung und nicht etwa nur Ausdruck der vom Christentum mitgeprägten abendländischen Kultur." Daher muss gelten: „Ein staatliches Bekenntnis zu diesen Glaubensinhalten, dem auch Dritte bei Kontakten mit dem Staat ausgesetzt werden, berührt die Religionsfreiheit." Den Kirchen wird ins Stammbuch geschrieben, dass es einer „Profanisierung des Kreuzes" gleich käme, wenn man es „als bloßen Ausdruck abendländischer Tradition oder als kultisches Zeichen ohne spezifischen Glaubensbezug ansehen wollte". Hier argumentiert das BVG theologisch und zieht die richtige juristische Konsequenz, während die kirchlichen Institute um der Privilegien ihrer Kirchen willen theologischen Unsinn in Bezug auf das Kreuz zu Papier brachten und daraus notgedrungen die falschen juristischen Konsequenzen zogen.

Bei dem Streit ging es daher einzig nur darum, ob der Staat seiner Neutralitätspflicht genügt, wenn er Kruzifixe anbringt. Das ist offensichtlich nicht der Fall, weil er Partei für eine Religion ergreift. Daher braucht man sich auch keine Gedanken zu machen, wie ein Ausgleich auf der Grundlage einer vermeintlichen Toleranz zwischen Bekenntnisfreiheiten von unterschiedlich eingestellten Bürgern aussehen könnte. Der Fall darf gar nicht auftreten, weil er nicht verfassungskonform ist. Die hohen Wellen, die der Fall indes auslöste, verdeutlichen, wie wenig es in Deutschland eine lebendige Tradition von Religionsfreiheit gibt.

3.5 Mission

Die breite Darlegung von Theorie und Wirkungsgeschichte des freikirchlichen Ansatzes der Religionsfreiheit wird sich als maßgeblich für die folgenden Merkmale des Freikirchentums erweisen. Das trifft besonders auch für die Auffassung von Mission zu. Weil die Freikirchen nicht von einer christlichen Gesellschaft ausgehen, sondern weil eine strenge Teilung des weltlichen und geistlichen „Regiments" die Grundlage ihres Weltverständnisses darstellt, ist die Missionierung der Gesellschaft, in der man lebt, eine dauernde Aufgabe. Man kann daher sagen, dass Mission und Religionsfreiheit wie zwei Seiten einer Münze sind.

Mit einigen Einschränkungen lässt sich davon ausgehen, dass die Reformatoren den Missionsbefehl, wie er in Matth. 28 überliefert ist, ernst genommen haben. Nachdem sich aber das evangelische Kirchentum in den kleinen Territorialstaaten erst einmal etabliert hatte, verschwand das Bewusstsein mehr und mehr, dass die Mission eine lokale und zugleich weltumspannende sowie eine stets bleibende Aufgabe der Kirche Jesu Christi ist. Der kirchliche Provinzialismus, der sich in den deutschen Territorien auszubreiten begann, ist ganz wesentlich dafür verantwortlich, dass sich die Ansicht breit machen konnte, eine Pflicht zur Mission bestehe nicht. Die meisten Theologen vergaßen über ihrer Territorialkirche die Welt. Mit immer neuen exegetischen, dogmatischen und geschichtlichen Kunstgriffen wurde eine Anti-Missionstheologie entwickelt, die sich der Missionspflicht mit so fragwürdigen Argumenten zu entledigen suchte, wie dem, dass der Missionsbefehl lediglich den Aposteln persönlich gegolten habe. Sie seien durch die ganze Welt gezogen, hätten überall das Evangelium verkündet und somit den Missionsbefehl erfüllt. Der Missionsbefehl selbst besitze also keinen für alle Zeit gültigen Charakter.

Die „Missionsfaulheit“ gipfelte in dem Argument, dass die Jesuiten, wenn sie in fernen Ländern Mission treiben, nicht ihre jesuitisch-katholischen Sonderlehren verbreiten würden, sondern den wahren evangelisch-lutherischen Glauben. Dass Mission allgemeine Christenpflicht sei, wussten nur einige wenige Außenseiter, wie etwa Justinian von Welz (1621–1668).[95] Für die Väter und Mütter der Freikirchen ist dieser Gedanke indes eine sie stets begleitende Herausforderung.

Dieser Tatbestand lässt sich schon im Jahrhundert der Reformation feststellen. So etwa berichtet die Hutterische Chronik, ein wenig idealisierend zwar, aber dennoch nicht unzutreffend: „Man richtete aus die christliche Sendung / die der Herr befiehlt und sagt / Wie mich mein Vater gesendet hat / also sende ich euch. Oder Ich habe euch erwählt und gesetzt / dass ihr hingehet und Frucht bringt. Darum schicket man jährlich aus in die Lande / da man Ursache hatte / Diener des Evangeliums und ihre Gehilfen. Die besuchten die, die ihr Leben bessern wollten / nach der Wahrheit eiferten und fragten / Dieselben führte man heraus bei Tag und Nacht / nach ihrem Begehren / ungeachtet der Schergen und Henker / und dass viele ihren Hals / Leib und Leben darum mussten lassen und feil tragen. Versammelten also des Herrn Volk / wie dem guten Hirten gebührt.“[96]

Das Bewusstsein, in die Welt gesandt zu sein, um das Volk des Herrn zu sammeln, hat in den Freikirchen immer neue missionarische und evangelistische Aktivitäten ausgelöst. Der „Begründer“ des Methodismus, John Wesley (1703–1791), konnte den stolzen Satz sagen, dass die Welt sein Kirchspiel sei. Er war unermüdlich mit dem Pferd unterwegs, um eine Predigt- und Seelsorgetätigkeit auszuüben, die ihn bis in die entlegensten Gebiete der britischen Inseln und auch in die Kolonie Georgia führte. Das Bild des reitenden Predigers (*itinerant preacher*) ist durch ihn geprägt worden und hat dem frühen Methodismus in Gestalt der ebenfalls das Land im Dienst der Mission durcheilenden Laienprediger sein unver-

[95] Vgl. Erich Geldbach, „Justinian von Welz und die Reformation des Einsiedlerideals“, in: Zeitschrift für Mission I, 1975, 142-154.
[96] Älteste Chronik der Hutterischen Brüder, hg. von A. J. F. Zieglschmid, Ithaca, NY 1943, 433 (moderne Schreibweise vom Vf.).

wechselbares Gepräge gegeben. Wesley selbst pflegte täglich mindestens viermal zu predigen, zum Teil vor großen Volksmengen. In seinem Gefolge trat George Whitfield (1714–1779) auf, der vor noch größeren Massen predigte und sich wiederholt in verschiedenen Kolonien Nordamerikas zu großen Predigtreisen aufhielt.

Eindrücklich sind auch die missionarischen Unternehmungen der Herrnhuter Brüdergemeine Zinzendorfs. Hier wurde ein neuer Typ des christlichen Missionars geprägt, nämlich der theologisch nicht ausgebildete, dafür aber umso stärker von der eigenen Frömmigkeit und der Rückendeckung der Gemeine geprägte, einfache Handwerkermissionar. In relativ kurzer Zeit findet man Missionare der Herrnhuter Gemeine in den abgelegensten Gebieten der Erde. In dem so genannten Zeugenlied Zinzendorfs, das zwar dichterisch holprig ist, kommt etwas von der geographischen Weite und Universalität eindrucksvoll zum Ausdruck, mit der diese kleine Kirche ihren Auftrag zu erfüllen suchte. Von Grönland bis zu den Südspitzen Afrikas, von den weiten Steppen Russlands bis zu den Westindischen Inseln und Nordamerika, von Holland, Dänemark und England bis ins Baltikum und nach Mittelamerika reicht der Einfluss dieser Kirche und ihrer Missionsarbeiter.

Einen besonderen Höhepunkt erreichte die freikirchliche Auffassung von Mission in dem baptistischen Flickschuster William Carey (1761–1834), der seinen Mitchristen aus allen Kirchen einzuschärfen suchte, dass Mission eine Pflicht jedes Christen ist und dass sie sich auf die ganze Welt bezieht.[97] Er selbst zog die Konsequenzen und ging als Missionar nach Indien. Zwar scheiterte sein Plan, eine Weltmissionskonferenz aller Kirchen, die in der Missionsarbeit stehen, für das Jahr 1810 am Kap der Guten Hoffnung einzuberufen[98], doch hat er mit einigen seiner Mitarbeiter ein College in Indien ge-

---

[97] Seine berühmt gewordene, zuerst 1792 erschienene Schrift ist 1991 von der englischen Baptist Missionary Society nachgedruckt worden: An Enquiry into the Obligations of Christians to Use Means for the Conversion of the Heathens.

[98] Genau 100 Jahre später markierte die Weltmissionskonferenz in Edinburgh unter der maßgeblichen Leitung von John R. Mott (1865–1955) den Beginn der modernen ökumenischen Bewegung (s. weiter unten im Text).

gründet, auf dem einheimische Missionare ausgebildet wurden. Dadurch sollte die Europazentriertheit der Mission aufhören. Tatsächlich ist dann auch dieses College aus der finanziellen Abhängigkeit von der englischen baptistischen Missionsgesellschaft gelöst worden.

Dem Begründer des kontinentalen Baptismus, Johann Gerhard Oncken (1800–1884), wird das Motto zugeschrieben „jeder Baptist ein Missionar". Zur Entstehungsgeschichte dieses Ausspruchs, der keineswegs konfessionalistisch missverstanden werden darf, berichtet Günter Balders: „Im Jahre 1862 weilte Oncken zum wiederholten Male in England. Einer seiner Gesprächspartner, Dr. Guthrie in Edinburgh, fragte ihn: ‚Wieviele Missionare haben Sie?' Oncken antwortete: ‚Siebentausend!' ‚Entschuldigung', antwortete der Doktor, ‚ich fragte nach der Zahl der Missionare'. ‚Ich weiß', war die Antwort, ‚aber uns gilt jedes Mitglied als Missionar'. Dr. Guthrie erhob sich von seinem Platz, ging im Raum hin und her und wiederholte den Satz: ‚Das ist die Sache! Das ist der Weg, die Welt zu evangelisieren'."[99]

Die Tatsache, dass man die ganze Welt evangelisieren wollte, deutet bereits an, dass auch die sogenannten christlichen Länder in die Missionsaufgabe einbezogen waren. Sie benötigten das Evangelium genauso wie die sogenannten heidnischen Länder. Würden alle Bewohner eines Landes gezwungen, Glieder einer Kirche zu sein, wäre das ganze Land die Kirche. Dann könnte man zum Beispiel von Großbritannien nicht sagen „Der Herr fügte täglich zur Gemeinde hinzu, die gerettet wurden" (Apg. 2,47), weil es niemanden gäbe, der „hinzugefügt" werden könnte.[100] Eine Unterscheidung von „innerer" und „äußerer" Mission ist der Aufgabe wesensfremd.[101] Deshalb entspricht es dem Selbstverständnis der Frei-

---

[99] Theurer Bruder Oncken. Das Leben Johann Gerhard Onckens in Bildern und Dokumenten, hg. von Günter Balders, Wuppertal 1978, 92.

[100] L. Busher, wie Anm. 31, 56.

[101] Bei der großen Summe der jährlichen Missionsbeiträge in den Freikirchen müsse man „all das in Abzug bringen, was auf Evangelisation in christlichen Landen verwandt wird, also nach unserm [= landeskirchlichen] Begriffe nicht eigentliche Missionsgelder sind", so formuliert Theodor Christlieb, Zur methodistischen Frage in Deutschland, Bonn 1882, 20, Anm. 1, den Gegenstand.

kirchen, dass sie alle Glieder als Missionare ansprechen können. Es ist damit kein besonderer Appell verbunden, sondern eine allen Christen zukommende Pflicht umschrieben. Zwar haben auch die Freikirchen aus rein organisatorischen Gründen Missionsgesellschaften für Außen- und Heimatmission aufgebaut, doch ist bei ihnen die Mission nicht als eine Aufgabe in diese Gesellschaften abgewandert oder hat erst von dort eine Berechtigung in der Kirche erhalten. Vielmehr ist die Kirche stets als „Missionskirche" definiert oder sie verrät einen wesentlichen Bestandteil ihrer Existenzberechtigung. Auch aus dieser Perspektive wird noch einmal deutlich, dass die Freikirchen eigentlich nicht von einem allgemeinen Konventionschristentum ausgehen können, sondern dass die Welt als Ganze missioniert sein will.

Dieser Grundsatz hat im 20. Jahrhundert durch den US-amerikanischen methodistischen Laien John R. Mott (1865–1955) beredten Ausdruck gefunden. Er prägte die Formel, dass die Welt noch in dieser Generation evangelisiert werden muss. Mott gehörte zu dem von dem Erweckungsprediger Dwight Moody (1837–1890) angeregten Kreis der Studenten, die sich auf einer Konferenz in Northfield (Massachusetts) zur Mission verpflichteten. Er wurde Anreger und Vorsitzender der Ersten Weltmissionskonferenz in Edinburgh 1910, war Hauptmitarbeiter der Studenten-Freiwilligenbewegung, die dann in den Christlichen Studentenweltbund mündete, leitete den nationalen Verband der Christlichen Vereine Junger Männer der USA und war auch Präsident der Weltallianz. Bei Gründung des Ökumenischen Rates der Kirchen 1948 in Amsterdam wurde Mott zum Ehrenpräsidenten ernannt.[102]

Im Dienste seines Mottos der „Evangelisierung der Welt in dieser Generation" durcheilte Mott auf heißen Sohlen alle Kontinente dieser Erde zu wiederholten Malen. Sein Hauptaugenmerk richtete er auf die studentische Jugend, die er ökumenisch zusammenführen wollte und für das Evangelium zu begeistern suchte. Dahinter verbirgt sich der strategische Gedanke, dass die studentische Jugend von heute die politischen, wirtschaftlichen, universitären und gesellschaftlichen

[102] C. Howard Hopkins, John R. Mott 1865, 1955. A Biography, Genf (WCC) und Grand Rapids (Eerdmans) 1979.

„Weichensteller“ und Führungskräfte von morgen sind: Je mehr Christen an den entscheidenden Stellen sitzen, umso besser ist es für die künftige Entwicklung einer Weltgesellschaft. Die außergewöhnlichen physischen Leistungen, die sich Mott im Dienste des Evangeliums abverlangte, kann man auch bei anderen Freikirchlern feststellen. Auf Wesley wurde oben schon hingewiesen. Aber auch der Begründer der Quäker, George Fox (1624–1691), war unermüdlich unterwegs. Das gleiche gilt für Oncken, der den europäischen Kontinent bereiste und überall Gemeinden zu gründen versuchte.

Die erkannte Missionspflicht erzeugt eine Unruhe und Rastlosigkeit, die vornehmlich von dem Ausmaß der zu bewältigenden Aufgabe bestimmt wird. In nicht wenigen Fällen wird das zu Leistende noch von einem endzeitlichen Erwartungsdruck zusätzlich verstärkt. John Motts Leitmotiv der „Evangelisation in *dieser* Generation“ könnte in diesem Sinn missverstanden werden. Er wollte aber Mission nicht im Sinne eines missionsstrategischen Herbeizwingens des Reiches Gottes verstanden wissen, sondern meinte, dass jede Generation neu vor die Aufgabe gestellt ist, in ihrer Zeit die Welt zu evangelisieren. Es genügt angesichts der modernen städtischen Gesellschaft nicht mehr, das Evangelium von Mund zu Mund weiterzusagen, sondern es müssen neue Formen gefunden werden, um die Massen anzusprechen. Die verschiedenen Techniken der Massenevangelisation wurden entwickelt. Stellvertretend kann für die Gegenwart der Baptist Billy Graham (* 7.11.1918) genannt werden. Auch bei ihm zeigt sich ein großes Maß an Reisetätigkeit auf allen Kontinenten.

Mit den Massenkommunikationsmitteln ist eine neue Variante der Massenevangelisation aufgetaucht. Am Beispiel Grahams wird zudem deutlich, dass die Evangelisationstätigkeit nicht immer einer gefährlichen Individualisierung entgehen kann. Zu sehr ist auf den Appell an den Einzelnen abgehoben und zu sehr wird auf eine Entscheidung gedrängt, die dann die Gefahr einer auf die Gefühle abgestellten Einzelentscheidung heraufbeschwört.

Gleichwohl sollte man anerkennen, dass die freikirchliche Missionstheologie und Missionspraxis im Verlauf des 19. und 20. Jahrhunderts erheblich dazu beigetragen hat, dass das Christentum sich zu einer weltweit verbreiteten Religion entwickelt hat, die dem Auftrag ihres Herrn zu entsprechen sucht, das Evangelium bis an die Grenzen der Welt zu bezeugen. Durch die freikirchliche Theorie und Praxis ist auch anderen Kirchen die Notwendigkeit der Missionsarbeit neu bewusst geworden, und Kirchen haben gelernt, dass sich Mission auf sechs Kontinenten abspielt und dass man diese Aufgabe nicht an privatrechtlich organisierte Missionsgesellschaften delegieren darf. Kirche ist ihrem Wesen nach missionarisch oder sie ist nicht Kirche. Wenn die europäischen Kirchen heute über eine Reevangelisierung Europas – so die römisch-katholische Kirche – oder über eine Missionierung des säkularisierten Kontinents nachdenken – so die Kirchen, die in der Konferenz Europäischer Kirchen zusammenarbeiten –, dann kann man auch das als ein Eingeständnis der mehrheitlich etablierten Kirchen Europas erkennen, dass die „christlichen" Länder der Mission bedürfen. Mission ist Ausdruck christlicher Sendung an die Welt; sie hat mit Triumphalismus so wenig zu tun wie mit einem christlichen Kolonialismus. Sendung meint vielmehr, dass die Kirche bereit ist, sich um des Dienstes an der Welt willen an die Welt zu veräußern. Dazu bedarf es immer neuer Anstöße. Keine Kirche kann heute von sich behaupten, der Missionspflicht Genüge zu tun. Alle bedürfen des geduldigen Lernens voneinander.

Angesichts der bestehenden kirchlichen Spaltungen ist es ein Gebot der Liebe, bei Mission und Evangelisation nicht vorschnell den Vorwurf des Proselytismus zu erheben. Das geschieht gern, vor allem dann, wenn sich Menschen in großer Zahl von einer Kirche ab- und einer anderen zuwenden, wie es beispielsweise in Lateinamerika der Fall ist. Dort haben die Pfingstkirchen so gewaltige Erfolge zu verzeichnen, dass einige Länder des Subkontinents auch nominell nicht mehr römisch-katholisch sind. Vielfach wissen sich die römisch-katholischen Ortsbischöfe nicht anders zu helfen, als dass sie die Pfingstler als *„sectas evangelicas"* diffamieren und ihnen unökumenischen Proselytismus vorwerfen. Auch in orthodoxen Ländern ist man mit dieser Verunglimpfung schnell bei der Hand, weil die Orthodoxen von „kanonischen Territorien" ausgehen, das heißt, alle Einwohner eines orthodoxen Landes als ihr kirchliches „Eigentum" betrachten. Unter Proselytismus versteht man aber in der ökumenischen Bewegung den Versuch, Glaubende aus anderen Kirchen mit unlauteren Mitteln abzuwerben. Dazu gehören z. B. psychologische oder andere Einschüchterungsversuche, ungebührliche Überredungskünste, das Herabsetzen der anderen Kirchen und die verklärende Darstellung der eigenen Kirche, das Anbieten materieller oder sozialer Vorteile gegenüber Menschen, die sich in Notsituationen befinden; kurz: die Suche nach schnellen Erfolgen für die eigene Kirche unter Ausblendung der Ehre Jesu Christi.

Dagegen ist die Einladung zu einer neuen kirchlichen Beheimatung kein Proselytismus. Die ACK hat 1980 in einem Brief an ihre Mitglieds- und Gastkirchen ausgeführt, dass alle Kirchen den Anspruch erheben, das wahre Erbe Jesu Christi darzustellen, weshalb der Respekt vor unterschiedlichen Glaubensüberzeugungen geboten ist. Ausdrücklich wird dann erklärt: „Deshalb akzeptieren wir die Möglichkeit des Übertritts von einer zu einer anderen Kirche, sofern er dem Gewissen und freien Entschluss des einzelnen entspricht. Derselbe Respekt sollte auch gelten, wenn es um evangelistische Bemühungen unter sogenannten Namenschristen geht, d. h. um Menschen, die nominell einer Kirche angehören und nach ihrem eigenen Bekenntnis keine innere Glaubensbeziehung zu Christus mehr haben."

Der methodistische Bischof Dr. Walter Klaiber hielt im Mai 1997 ein Grundsatzreferat[103], das zum Beschluss der Mitgliederversammlung der ACK 1998 führte, einen Konsultationsprozess über die gemeinsame Aufgabe der Mission und Evangelisation in Deutschland durchzuführen.[104] Die missionarischen Herausforderungen vor dem Hintergrund einer breiten Säkularisierung und Entkirchlichung mitsamt den kulturellen und gesellschaftlichen Veränderungen und dem kirchlichen Traditionsabbruch in den „neuen Bundesländern" betreffen alle Kirchen gleichermaßen. Die evangelistisch-missionarische Dimension wird daher von der ökumenischen Frage des Miteinanders von Kirchen unterschiedlicher Traditionen ange-

[103] Walter Klaiber, „Missionarische Ökumene – Ökumene in Mission", in: ÖR 3/1998, 291-306. Vgl. auch ders., „Biblisch-theologische Impulse für die Mission in der Gegenwart", in: FreikirchenForschung Nr. 10, 2000, 1-21.

[104] Aufbruch zu einer missionarischen Ökumene. Ein Verständigungsprozess über die gemeinsame Aufgabe der Mission und Evangelisation in Deutschland, hg. von EMW, ACK und missio, Hamburg 1999.

sichts der gemeinsamen Aufgabe flankiert. Bedeutsam ist daran, dass auch die „Großkirchen" inzwischen unbefangen von „Mission" und „Evangelisation" sprechen.[105] Darin kann man eine bedeutsame Entwicklung sehen. Denn das einstmals als besonderes Pfündlein der Freikirchen angesehene Thema, das nicht selten wegen der mit Evangelisationen verbundenen Übertritten zu erheblichen zwischenkirchlichen Spannungen beitrug, wird inzwischen als ökumenisch zu bewältigende Aufgabe erkannt.

3.6 Dialog und Konsens

Dass Bischöfe und Könige so wenig den Glauben befehlen können, wie sie über den Wind verfügen, hatten die Verfechter der Religionsfreiheit ihren Gegnern einzuschärfen versucht. Damit war natürlich auch die Konsequenz verbunden, dass sich in einem Land oder Territorium mehrere Religionsgemeinschaften auftun. Jede Glaubensgemeinschaft aber vertritt einen eigenen Wahrheitsanspruch. Relativiert die Pluralität von christlichen Gemeinschaften nicht die Glaubwürdigkeit jeder einzelnen Kirche und des Christentums insgesamt? Wie gehen die Kirchen miteinander um?

Aus ihren eigenen, bitteren Erfahrungen wussten die Verfechter der Glaubensfreiheit, dass eine verfolgende Kirche eine Blutspur hinterlässt. Zwar muss diese Blutspur nicht immer physischer Art sein, aber auch seelische Verletzungen durch Abdrängen Andersdenkender an den Rand der Gesellschaft können im übertragenen Sinne „blutig" sein. Die Folgerung aus diesen Erfahrungen kann nur lauten, dass die Glaubwürdigkeit des Christentums durch Verfolgungen und repressive Toleranz weit mehr unterhöhlt wird als durch die Existenz mehrerer Kirchen nebeneinander.

Doch haben sich Freikirchler nie mit einem bloßen Nebeneinander von Kirchen abgefunden. Zwar stimmt es, dass jede ihren Wahrheitsanspruch anmeldet, aber zugleich war man be-

---

[105] Die EKD-Synode 1999 in Leipzig stand unter dem Thema „Mission und Evangelisation". Vgl. auch Evangelisation und Mission. Ein Votum des Theologischen Ausschusses der Arnoldshainer Konferenz, Neukirchener Verlag 1999, und Martin Werth, Theologie der Evangelisation, Neukirchener Verlag 2004.

reit, diesen Anspruch auf dem öffentlichen Forum durch Debatten, Diskussionen, Streitgespräche, Flugschriften, Eingaben an staatliche Gewalten, kurz und modern gesagt durch den Dialog, auszutragen. Aus diesem Grund schrieb Cromwells Staatssekretär John Milton die erste christliche Verteidigung der Pressefreiheit unter dem Titel „Areopagitica" im Jahre 1644.

Dass nicht der Irrglaube, sondern die Wahrheit obsiegen wird, war den Freikirchlern eine solche Gewissheit, dass sie sich scharf gegen das Verbrennen von Büchern wandten. Vor allem sahen sich römisch-katholische Autoren in England der Gefahr ausgesetzt, dass ihre Schriften dem Feuer übergeben wurden, um nicht die römischen Irrtümer publik zu machen. Demgegenüber argumentierte zum Beispiel Busher, dass es viel besser sei, die Irrtümer vor Augen zu haben. So wie Klippen im Meer weitaus gefährlicher sind, wenn sie unter der Wasseroberfläche liegen, als wenn man sie schon von weitem ausmachen kann, so ist es auch weit besser, dass auf der Pilgerfahrt zum Himmel die Irrtümer und Irrlehren öffentlich zugänglich sind.[106] Nur so lässt sich überzeugend ein Dialog führen. Dieser ist nicht durch Meinungsunterdrückung zu erreichen, sondern nur, wenn zwischen den Partnern eines Gespräches ein gegenseitiger Informationsaustausch möglich ist. Es kann also keinen Hinderungsgrund geben, alle Irrtümer auch drucken zu lassen.

Daraus lässt sich erkennen, dass die Freikirchler von einem Wahrheitsanspruch ausgehen, der sehr hoch angesetzt ist, dass sie aber zugleich immer auch die Bereitschaft gezeigt haben, sich korrigieren zu lassen. Dass der Geist Gottes ein „öffentlicher" Geist ist, findet hier seine tiefste Begründung. Denn der Geist Gottes arbeitet so, dass er im offenen Gespräch wirkt und Meinungen auch zu korrigieren in der Lage ist. Dieses Zutrauen in die Macht des Heiligen Geistes kennzeichnet das Vertrauen der Freikirchler in das Gespräch bzw. den Dialog.

Im Wissen darum, dass der Geist Gottes sich auch der Minderheiten bedient, hatten die Freikirchler zu verhindern versucht, dass Mehrheiten andere Meinungen unterdrücken.

[106] Wie Anm. 31, 53.

Man lernte in den Gemeinden, in freiem Diskurs Meinungsverschiedenheiten auszutragen und einen Konsens zu erreichen. Nicht immer ist dies gelungen. Neue Spaltungen konnten sich ereignen, in einer freikirchlichen Tradition mehr, in anderer weniger, und man wird auch nicht verkennen dürfen, dass es oft nichtige Gründe waren, die zu Spaltungen führten. Aber die Suche nach Einmütigkeit im gemeinsamen Hören auf das Wort Gottes und im Hören aufeinander entpuppte sich als eine Weise des Umgehens miteinander, die zwar mühsam, aber dennoch vielversprechend war. So ist es z. B. den Methodisten gelungen, aus einer größeren Zahl unterschiedlicher methodistischer Denominationen eine *United Methodist Church* zu bilden. Diese Innenerfahrungen wurden auch nach außen übertragen, wenn es darum ging, die Meinungsverschiedenheiten zwischen Kirchen auszutragen.

Doch war ein solcher Prozess noch schwieriger zu lernen als die Konsensbildung in der eigenen Gemeinde. Lange Zeit herrschte zwischen den Kirchen, auch zwischen den Freikirchen, die Polemik. Man verfolgte zwar nicht mehr physisch, dafür aber wurden die literarischen Waffen scharf gekreuzt, um die Wahrheit ans Tageslicht zu bringen. Als George Fox sich 1672 in der Kolonie Rhode Island aufhielt, meinte Roger Williams die Gelegenheit ergreifen zu müssen, um die religiösen Überzeugungen der Quäker als falsch zu erweisen. Fox reiste zwar ab, bevor es zu einer direkten Konfrontation mit Williams kam, aber drei seiner Anhänger zogen in die Schlacht. Seltsame Zeugnisse dieses Rededuells sind zwei Schriften, deren Titel die spannungsgeladene Atmosphäre noch vermitteln können: „George Fox (= Fuchs) aus seinem Fuchsbau ausgegraben" (*George Fox Digged Out of his Burrowes*, 1676) und „Ein neu-englischer brennender Holzscheit ausgelöscht" (*A New England Firebrand* [= brennender Holzscheit, oder auch übertragen ein Hetzer oder Aufwiegler] *quenched*, 1678).

In der modernen ökumenischen Bewegung ist das Prinzip, durch eine freie Aussprache zu einem Konsens zu gelangen, fast so etwas wie ein Strukturelement geworden. Das will nicht weiter verwundern, wenn man bedenkt, dass die ökumenische Bewegung in den ersten Jahrzehnten des 20. Jahrhunderts ganz wesentliche Impulse aus den Freikirchen des angelsächsischen Raumes empfangen hatte. In besonderem Maße trifft dies auf den Baumeister der modernen ökumenischen Bewegung, den bereits erwähnten Methodisten John R Mott, zu. Die Suche nach einem Konsens wird im Freikirchentum aber auch schon deutlich, bevor die ökumenische Bewegung Gestalt angenommen hatte.

In einem kühnen Vorgriff auf das, was sich erst im 20. Jahrhundert entwickeln sollte, hatte nämlich der Reichsgraf von Zinzendorf bereits im 18. Jahrhundert praktische ökumenische Schritte unternommen. Als er auf einer seiner Missionsreisen in Pennsylvania ankam und dort die bunte Vielfalt der „Religionen" erlebte, gelang es ihm, die Vertreter der verschiedenen deutschsprachigen Gemeinden zu sogenannten Religionskonferenzen an einem Tisch zu versammeln. Man wollte miteinander reden, um Misstrauen und Argwohn abzubauen[107] und um Einigkeit in den „Hauptpunkten" zu erzielen. Jede „Haushaltung" konnte dann ihre besonderen Rechte beibehalten.[108]

Die Hauptpunkte werden mit Johannes 3,16-18 eingeleitet. Sie sind also von der Christologie her bestimmt und zielen auf die Erfahrbarkeit des Glaubens: „So bald er aber an Den glaubt der die Gottlosen gerecht macht, und glaubt daß Der auch vor [= für] seine Sünde gestorben ist, welches kein Mensch anders glauben kan als durch den Heiligen Geist, so bald wird der Mensch zu Gnaden angenommen, von der Sünde absolvirt, von ihrem Gesetz geschieden, und hat das Privilegium oder Recht, nicht mehr zu sündigen, sondern heilig zu werden." Einen begnadeten Sünder erkennt man daran, dass er alles, was er tut, in dem Namen des Herrn Jesu tut.[109]

Von daher wird der eigentliche Zweck der Religionskonferenzen deutlich: „Der eigentliche Zweck der Versammlung aller Evangelischen Religionen ist, daß eine arme Seele die gern wissen wolte wo der Weg hingienge / nicht mehr auf zwölferley Wege / sondern nur auf Einen gewiesen wird / sie frage von uns wen sie wolle; hat jemand darnach seinen Mann so lieb / der ihn zurechte gewiesen hat / daß er gerne just auf

[107] Büdingische Sammlung Einiger In die Kirchen-Historie Einschlagender Sonderlich neuerer Schrifften. Das XII. Stück, Büdingen 1743, 722.
[108] Ebd., 727.
[109] Ebd., 732 f.

seine Manier reisen will / und er hat sich sonst in keine Gesellschafft noch eingelassen, das steht bey ihm."[110]

Was die moderne ökumenische Bewegung in den Satz gefasst hat „Je näher wir bei Christus stehen, desto näher stehen wir einander", wird bei Zinzendorf noch mit dem Missionsauftrag verknüpft. Wenn eine arme Seele nach dem Weg der Rettung fragt, dann dürfen nicht vielerlei Antworten gegeben werden, sondern dann müssen alle Kirchen und alle Kinder Gottes mit nur einer Stimme auf Christus verweisen. Die Pilgerreise freilich, die dann einsetzt, wenn einer zu Gnaden angenommen wird, kann auf unterschiedliche Weise geschehen.

Die Möglichkeiten, einen Konsens im Wesentlichen, das heißt in der Christologie und Soteriologie, nicht nur zu finden, sondern auch gemeinsam zu leben, werden im damals noch „brüderlichen", heute im „geschwisterlichen Gespräch" der Abgeordneten aus den Religionsparteien unter Leitung des Heiligen Geistes gesucht. Das entspricht freikirchlicher „Kirchenpolitik" nach innen und nach außen. Von hier aus ließen sich dann neue Möglichkeiten der gemeinsamen Mission und Evangelisation entwickeln. Deutlich dürfte sein, wie sehr Religionsfreiheit, Mission / Evangelisation und Dialog eine Einheit bilden.

3.7 Restitution und Apostolizität

Franklin H. Littell hat die These vertreten, dass die Täufer der Reformationszeit einem christlichen Primitivismus huldigten, d. h. dass sie in der ersten Gemeinde (= primus = *primitive church*; daher der technische Ausdruck Primitivismus), das Idealbild sahen, zu dem die Kirche zurückkehren muss.[111] Die Urgemeinde der Christenheit hat so etwas wie Modellcharakter für die Kirche aller Zeiten. Damit sind die Probleme der Apostolizität und der Sukzession der Kirche gestellt. Die Kirche muss eine „apostolische" Kirche sein; der in ihr gelehrte und gelebte Glaube muss der „apostolische" Glaube sein. Stimmt es aber, dass die Freikirchen in ihren Anfängen eine

---

[110] Ebd., 740.
[111] Das Selbstverständnis der Täufer, Kassel (Oncken) 1966, 80 ff.

Protestbewegung waren, dann kann dies nur bedeuten, dass die Kirche, gegen die sie sich protestierend wendet, nicht als wahrhaft „apostolisch“ betrachtet wird. So haben es in einem grundsätzlichen Sinne die Täufer der Reformationszeit und auch die frühen Baptisten in der Tat gesehen. Für den Methodismus hat John Wesley eine eher pragmatische, denn eine grundsätzlich geschichtstheologische Antwort gegeben. Denn für ihn war und blieb die Kirche von England eine apostolische Kirche, die aber der „Erweckung“ bedurfte.

Für die Täufer der Reformationszeit und die späteren Baptisten gilt gleichermaßen, dass die Kirche einem „Fall“ unterworfen war. Kennzeichen des Falls ist vor allem die Vermischung von „Welt“ und „Kirche“ durch das politische Machtstreben der Bischöfe und Priester einerseits und das Eindringen der weltlichen Obrigkeit in die Kirche andererseits. Die wahre apostolische Kirche war von einer solchen Vermischung weit entfernt. Durch den Fall der äußeren, sichtbaren Kirche ist die apostolische Kirche zerstreut worden[112] und in die Wildnis geflohen.

Diese kurzen Hinweise können genügen, um das Geschichtsbild, das hier zugrunde liegt, zu rekonstruieren. Am Anfang bestand die apostolische Kirche mit apostolischem Glauben und, wie sofort hinzugefügt wird, mit der Disziplin, die diese Kirche kennzeichnete. Der Fall versetzte die Kirche in den Zustand einer zuchtlosen, dafür aber machtvollen Institution, die auch vor Verfolgungen Andersdenkender nicht zurückschreckte, um ihre Machtpositionen zu erhalten. Die von ihr Verfolgten entpuppen sich indes oft als die eigentlichen Träger der Kontinuität der Kirche. Dabei handelt es sich jedoch immer nur um einzelne Märtyrer, die Tod, Gefängnis und Verbannung ertragen müssen. Die wahre, apostolische Kirche insgesamt dagegen ist in der Wüste und an geheimen Orten verstreut. Dass die Kirche verfolgt, ist Zeichen ihres Abfalls von der apostolischen Kirche.

Wenn es aber jetzt darum geht, die Verfolgungen anzuprangern, dann wird mit diesem Akt der Anklage zugleich die apostolische Kirche wieder auf den Plan gerufen. Weil man

---

[112] Ebd., 118.

den guten Baum an seinen Früchten erkennt, Verfolgung Andersdenkender aber keine guten Früchte sein können, sind die verfolgende Kirche Roms und ihre Ableger, als die die reformatorischen Kirchen des Kontinents und die Kirche von England gelten, nicht die apostolische Kirche. Es wird aus diesem Geschichtsbild die Konsequenz abgeleitet, wieder zur *primitive church* zurückzukehren. In unmittelbarer Anknüpfung an die apostolische Kirche soll es in der Gegenwart zu einer Aufrichtung der wahren Kirche kommen. Das „Weib" der Apokalypse, das in die Wüste geflohen war, bereitet sich auf ihre Rückkehr vor. Die Freikirche, wie sie in den Zeugnissen des Täufertums der Reformationszeit und des Baptismus zu Beginn des 17. Jahrhunderts zuerst greifbar wird, ist der Versuch, die apostolische Kirche wieder aufzurichten. Eine Rückkehr zum Urbild der Kirche, eine Restitution ihres Glaubens und ihrer Zucht, soll die Apostolizität der Kirche sichern. Die Apostolizität ist also gänzlich vom Inhalt, das heißt vom Evangelium, vom Glauben und der Zucht her bestimmt.

So wenig wie die Apostolizität der Kirche an Amtsträger gebunden ist, so wenig ist auch die Sukzession der wahren Kirche etwa an die Sukzession der Bischöfe geknüpft. Die Bischöfe repräsentieren ja im Gegenteil die Zerrbilder des apostolischen Glaubens. Für die Kontinuität der Kirche sorgen vielmehr die Märtyrer und die wahre, an geheimen Orten überall auf der Welt zerstreute Kirche. Mit der Aufrichtung der Freiheit des Evangeliums und der Gewissensfreiheit ist es möglich, dass die aus Juden und Heiden zusammengesetzte, apostolische Kirche sich wieder in sichtbare Gemeinden versammelt.[113]

Bezeichnend ist hier der Hinweis auf die Juden. Richtig ist daran die auffallende Parallele, mit der Juden und freikirchliche Abweichler gleichermaßen der Verfolgung und der Diskriminierung seitens der gleichen Kirchen und Staaten ausgesetzt waren. Die wahre apostolische Kirche konnte man sich nur als eine aus Juden und Heiden gemischte Versammlung vorstellen. Auch so sollte das Erscheinungsbild der Kirche dem apostolischen Zeitalter entsprechen. Damit war auch die Hoffnung

[113] So L. Busher, wie Anm. 31, 43-49.

verknüpft, dass bei einem Zurückdrängen der Religionsverfolgungen oder bei deren gänzlichem Verschwinden die Glaubwürdigkeit des Christentums gegenüber den Juden so zunehmen würde, dass man mit einer Bekehrung von Juden zur christlichen Gemeinde rechnete. Dazu aber musste die Kirche zu ihrem apostolischen Ursprung zurückkehren.

Für John Wesley bildete die anglikanische Kirche den Rahmen seiner Wirksamkeit. Die methodistische Bewegung sollte nach seinem Willen eine Erweckung innerhalb der anglikanischen Kirche erwirken. Wesley hätte deshalb den Gedanken nicht nachvollziehen können, dass die Kirche von England als Ableger der Kirche Roms „verfallen" sei. Das Papsttum war für ihn zwar auch nicht akzeptabel, doch die Kirche von England war von diesem Urteil ausgenommen. Trotz aller Anfeindungen, die er seitens dieser Kirche empfing, hielt er an ihr fest, und es bedurfte erst der Loslösung der nordamerikanischen Kolonien vom Mutterland England, bevor Wesley sich dazu durchrang, für die verlassenen Schafe in Amerika eigene Hirten zu ordinieren. Durch diese pragmatisch-seelsorgerliche Entscheidung im Jahre 1784 wurde die methodistische Bewegung schließlich zu einer eigenständigen Kirche.[114]

Gleichwohl wird man sagen können, dass in den beiden Zielen, denen Wesleys Hauptaugenmerk galt, nämlich der Mission und der Verbreitung schriftgemäßer Heiligung, der Gedanke einer Restitution nicht nur oberflächlich anklingt. Die schriftgemäße Heiligung wurde ja nach Wesleys Überzeugung in seiner anglikanischen Kirche zwar gelehrt, aber nicht so gelebt, wie es der apostolischen Kirche entsprochen hätte. Gerade darum ist er so überaus aktiv tätig, um die Heiligung als wesentlichen Bestandteil christlichen Gemeinschaftslebens zu erweisen und sie wiederherzustellen.

Ähnliche Tendenzen lassen sich später in den Heiligungs- und Pfingstbewegungen ausmachen. Die „Kraft des Heiligen Geistes" ist nicht auf die Zeit der Apostel begrenzt, sondern kann auch heute erlebt werden. Pfingsten ist nachvollziehbar bzw. nacherlebbar. Es geht um die Wiederherstellung der

---

[114] John Wesley's Journal as abridged by Nehemiah Curnock, London 1967, 393. Auch für Schottland wurden im folgenden Jahr drei der „well-tried preachers" ordiniert, 395.

machtvollen Zeichen und Wunder der apostolischen Zeit, was manchmal mit dem endzeitlichen Gedanken vom „Spätregen" verknüpft ist. Welt und Geschichte treten in ihre Spätphase; der zu Pfingsten ausgegossene „Frühregen" wiederholt sich jetzt in Form des „Spätregens". Vorgeschichte und Endgeschichte fallen ineinander bzw. die Urgeschichte wird in der Endgeschichte wiederhergestellt.

3.8 Priestertum aller Gläubigen

Mehr als bei dem Problembereich der Gewissensfreiheit lässt sich die These vertreten, dass die Reformation das Priestertum aller Gläubigen wieder entdeckt hat. Luther wandte sich scharf gegen ein hierarchisches Amtspriestertum. Es gibt keine Weihegrade, die Geweihte und Nichtgeweihte wesensmäßig voneinander trennen.

Dass sich im Christentum überhaupt ein besonderes Priestertum herausbilden konnte, war von den Voraussetzungen der neutestamentlichen Zeit nicht abzusehen. Das frühe Christentum war der Überzeugung gewesen, dass Christus als der wahre Hohepriester alle priesterliche Vermittlung an ein Ende geführt hatte. Jedes Opfer war nach Christus sinnlos geworden. Es galt vielmehr, sich selbst Gott ganz hinzugeben und den Nächsten zu lieben. In dieser Haltung waren alle Glieder der Kirche lebendige Steine am geistlichen Haus und eine heilige Priesterschaft (1. Petr 2,5). Nicht eine besondere Kaste von Priestern bestimmte das Erscheinungsbild der christlichen Gemeinschaft, sondern die Tatsache, dass das neue Gottesvolk insgesamt ein Volk von Priestern war.

Zweifellos bedeutete die Entwicklung zur Reichskirche einen tiefen Einschnitt. Nicht nur wurde das Gebet für die Feinde in ein Gebet zur Vernichtung aller Feinde der Kirche umgewandelt und praktisch die Tugend der Wehrlosigkeit aufgegeben; es vollzog sich auch eine Hierarchisierung des kirchlichen Amtes in Bischöfe, die in den Provinzhauptstädten residierten, Presbyter (= Priester), die den Bischof in den Gemeinden außerhalb der Provinzhauptstädte vertraten, sowie Diakone, denen verschiedene Aufgaben zufielen. Mit der Reichskirche geht die Umwandlung der Bischöfe in kaiserliche Repräsentanten einher, was sich bis in die Kleidung und den Lebensstil auswirkte. Der Bischof von Rom hatte Anspruch, dass sein Bild in den Gotteshäusern aufgestellt, dass er von einem Sängerchor begrüßt und dass er am Altar mit verhüllten Händen durch Kniefall und Fußkuss geehrt wurde. Jesus wird jetzt als Kaiser dargestellt, Maria als Kaisermutter, die Apostel als Senat, die Engel als Hofstaat. Das kirchliche Amt wird immer mehr in den Hof und seinen hierarchischen Aufbau eingegliedert und bildet diesen hierarchischen Aufbau seinerseits ab. Je mehr das Amt der Gemeinde vor- und übergeordnet, je mehr es zum „Gegenüber" der Gemeinde wird, desto mehr wird die Gemeinde entmündigt. Sie nimmt nicht mehr aktiv am gottesdienstlichen Geschehen teil, ja die Entwicklung geht so weit, dass die von einem Priester gelesenen Privatmessen höher geachtet werden als Messen mit gemeindlicher Teilnahme.

Da dem Priester durch die Weihe die Vollmacht zur Wandlung der Elemente zugeschrieben wird, ist er allein zur Durchführung des Gottesdienstes befugt. Er zelebriert schließlich in fremder Sprache und flüstert die Wandlungsworte nur noch, während die Elemente Brot und Wein, die einst zur Sättigung gedient hatten, außer einem kleinen Bissen ungesäuerten Brotes dem Volk entzogen sind. Klerus und „Laien" stehen sich nicht nur gegenüber; sie sind auch wesenhaft-ontologisch durch die Priesterweihe voneinander geschieden. Die hierarchische Abstufung des kirchlichen Amtes und der wesenhafte Unterschied der Amtsträger von den Laien bildet bis zur Gegenwart das Priesterbild sowohl in der römisch-katholischen Kirche als auch in den östlich-orthodoxen Kirchen.

Dagegen erfolgte durch die Reformation die grundsätzliche Überwindung eines hierarchischen Messopferpriestertums unter Hinweis auf die Taufe. Alle kriechen als Priester aus der Taufe, kann Luther sagen. Dazu kommt, dass das kirchliche Amt nicht von der Weihevollmacht (*potestas*), sondern vom Dienst (*ministerium*) am Wort und der Verwaltung der Sakramente her verstanden wird. Unverkennbar ist indes, dass sich in den reformatorischen Kirchen sehr bald ein Pfarrer- und Theologenstand herausbildete, der die Gemeinde wieder zu bloßen „Laien" erniedrigte. In England war zudem in der anglikanischen Kirche die alte hierarchische Ordnung nur wenig angetastet worden. Was dort von den religiösen Gesellschaften wahrgenommen wurde, fand in Deutschland im Pietismus großen Anklang, doch eroberten sich die Laien eine größere

Mitwirkung in den Kirchen erst im Verlauf des 19. Jahrhunderts. Die kirchlichen Vereine, die für alle möglichen Ziele gegründet wurden, waren das Übungsfeld für die aktiven evangelischen Laien. Auch in der Gemeinschaftsbewegung legte man Wert auf die Mitarbeit der Laien. Bezeichnend ist, dass auf der ersten Gnadauer Pfingstkonferenz 1888, als die landeskirchlichen Gemeinschaften sich zum später sogenannten „Gnadauer Verband" zusammenschlossen, das erste Referat von Friedrich Fabri (1824–1891) dem Thema gewidmet war: „Die Berechtigung, die Notwendigkeit und die Grenze der Laientätigkeit".[115]

Für die Freikirchen ging und geht es beim Priestertum aller Gläubigen um die geistliche Dimension in der Gemeinde. Alle Schwestern und Brüder sind als Glieder des Leibes Christi gleichermaßen befähigt, die ihren Gaben und Fähigkeiten entsprechenden Aufgaben und Dienste ohne eine Über- oder Unterordnung wahrzunehmen und zu verantworten. Man hat die Freikirchen gern als „Laienkirchen" bezeichnet[116], doch ist dies nur insofern zutreffend, als damit der Unterschied zu einer „Pastorenkirche" benannt werden könnte. Eigentlich aber dürfte in den Freikirchen ein Unterschied von „Pastoren" und „Laien" so nicht gemacht werden. Es geht darum, dass jedes Glied sein „Charisma" zum Tragen bringt. Gemeinde ist vom Priestertum aller Gläubigen her betrachtet stets eine „charismatische" Gemeinde, in der jedes Mitglied seine ihm verliehenen Gaben einbringen sollte. Weil es keine in diesem Sinne „unbegabten", also „uncharismatischen" Glieder am Leibe Christi gibt, sind alle Gläubigen für den Bau der Gemeinde und für das gemeinschaftliche Leben der Gemeinde verantwortlich. Ein grundsätzliches „Gegenüber" von „Amt" und „Gemeinde" kann es daher nicht geben, weil das Amt als rein funktionaler, besonderer Dienst gesehen wird[117], weshalb der Plural „Ämter" angebracht ist.

---

[115] Dieter Lange, wie Anm. 28, 267.

[116] Hubert Kirchner (Hg.), Freikirchen und konfessionelle Minderheitskirchen. Ein Handbuch, Berlin (Ost) 1987, 14.

[117] Vgl. Harding Meyer, Ökumenische Zielvorstellungen (Bensh. Hefte 78), Göttingen 1996, 37: „Der Gedanke und die Praxis des Priestertums aller Gläubigen finden in den Freikirchen ihre wohl stärkste Ausprägung."

So können in der Frühzeit die Freikirchler die These vertreten, dass Gott alle Geheimnisse seines Evangeliums nicht Königen und Fürsten, sondern seinem einzigen Sohn anvertraut hat und dass dieser wiederum alles dem Heiligen Geist als seinem Stellvertreter übergeben hat.[118] Kein sterblicher Mensch wie etwa der Papst, sondern der Heilige Geist selbst ist der Stellvertreter Christi auf Erden, und weil dies so ist, wird die ganze Gemeinde vom Geist durchwirkt und zu lebendigen Steinen und sichtbaren Heiligen umgewandelt. In der Kirche von England sahen diese Freikirchler indes neben dem falschen, von Rom überkommenen hierarchischen System zu „viele tote Steine, die sichtbare Schwörer, Trunkenbolde und Verfolger sind".[119]

Die geistliche Dimension des Priestertums aller Gläubigen ist der Grund, warum man der Konsensbildung eine so große Bedeutung zumaß. Das Ringen um Meinungsbildung geschieht im Vertrauen auf die Führung des Geistes und ist deshalb als ein geistliches Ereignis in dem Volk der geistlichen Priester zu bewerten.

3.8.1 Kirchenzucht

Das Priestertum aller Gläubigen bedingt ferner, dass in den Freikirchen Kirchenzucht geübt wird. In den Anfängen wurden Zuchtmaßnahmen um der Reinheit der Gemeinde willen oft auch aus nichtigen Gründen ergriffen. Inzwischen könnte man eher von einer Laxheit sprechen, die eingetreten ist. Die Notwendigkeit von Kirchenzucht wird aber anerkannt. Sie wird aber innerhalb und außerhalb der Freikirchen häufig dahingehend missverstanden, als ginge es um etwas Negatives, also etwa um den Ausschluss vom Abendmahl oder den Ausschluss aus der Gemeinde. Auch wird gern der Einwand erhoben, dass Kirchenzucht einem lieblosen Richten oder einem geistlosen Legalismus gleichkomme.

Aber die Freiheit der Freikirche ist keine Libertinage; sie erweist sich auch nicht darin, dass man kleinlich-spießbürgerliche Regeln nach bestimmten Moralvorstellungen zur Anwen-

---

[118] Underhill, wie Anm. 20, 227.
[119] S. Richardson, wie Anm. 53, 282. Nachdruck wie Anm. 20.

dung bringt. Dies wäre dann eine Anpassung an die „Umgebung“ auf einer niederen Kulturstufe und stünde der Anpassung etablierter Kirchen an die bürokratisch-höfische Kulturstufe in nichts nach. Die Freiheit der Freikirche zur Anwendung der Kirchenzucht erwächst aus dem Bewusstsein, jeder Anpassung an die Welt abzusagen, weil Kirche nur als Kirche unter dem Heiligen Geist bestehen kann. Es bedeutet also, die Normen und Werte, die in der vom Geist hervorgebrachten Gemeinschaft gelehrt werden, zur Anwendung zu bringen. Daher ist die Ethik eine Gemeinschaftsethik, eine Koinonia-Ethik.[120]

Das Ziel der Kirchenzucht kann zwar unter bestimmten Bedingungen der Ausschluss als letztes Mittel sein, aber dies ist nie das primäre Anliegen. Bei der Kirchenzucht geht es vielmehr um Zurüstung der Gemeinde, damit sie ihre innere Integrität erhält oder erlangt, die sie instand setzt, nach außen als eine Alternative zur Gesellschaft in Erscheinung zu treten. Kirche wird nicht ein Teil der vorherrschenden Kultur, sondern Kirche versteht sich als ein Gegenmodell. Die in der Kirche erfahrene Gemeinschaft von Brüdern und Schwestern erweist sich den gängigen Normen gegenüber als überlegen, und dies nicht im Sinne des elitären Bewusstseins, sondern so, dass die Kirche als Volk Gottes die herausgerufene und befreite Gemeinschaft darstellt.

Weil es um die Ethik als gemeinschaftsbezogener Nachfolgeethik geht, ist Kirchenzucht Bestandteil der inneren Disziplin der Gemeinde und der Erziehung in der Gemeinde. Um der Vermittlung der besonderen Normen willen haben Freikirchler, wo sie es konnten, ihr eigenes Schulsystem aufgebaut, wie es die Hutterer bereits im Reformationsjahrhundert taten oder wie es die Adventisten bis zum heutigen Tage weltweit in großem Umfang pflegen. War dies nicht möglich, haben sie zumindest in den Sonntagsschulen die Wertevermittlung versucht. Auch andere Modelle lassen sich heranziehen. Zinzendorf zum Beispiel teilte die Gemeine in kleine Seelsorgezellen ein, wo getrennt nach Alter, Geschlecht und Stand Menschen einander begegneten und aneinander Seelsorge betrieben.

[120] F. H. Littell, Von der Freiheit der Kirche, wie Anm. 88, 141.

John Wesley übernahm dieses System der „Chöre" (ursprünglich von Korps abgeleitet) von den Herrnhutern und schuf die methodistischen Klassversammlungen oder Banden. Diese Zellen sind die Bausteine der Kirche, die man als „geistliches Hospital" erfährt, in dem Gesundung erlebt und Kraft erworben wird, um den geistlichen Kampf zu bestehen.[121]

Die innere Disziplin der Gemeinde konnte auch äußere Formen annehmen. So haben die Quäker lange Zeit an ihrer schlichten Kleidung festgehalten, wie es etwa die Amish, Hutterer und *Old Order Brethren* heute noch tun. Diese Art der Unterscheidung von der Welt setzt sich in folgenden Generationen der Gefahr aus, in eine folkloristische Besonderheit umzukippen, die dem ursprünglichen Anliegen nicht mehr gerecht wird. Man sollte jedoch den Ernst, der dahinter steht, nicht vorschnell übersehen. Was etwa gerade die Quäker zur Überwindung der Sklaverei und zur Gefängnisreform geleistet haben, steht in einem umgekehrt-proportionalen Verhältnis zu der Zahl der Anhängerschaft. Die Zucht, der man sich unterwarf, und die geistlichen Normen, die man zur Anwendung brachte, haben in der Geschichte tiefe Spuren hinterlassen. Ähnliches lässt sich von der Heilsarmee sagen, die in einem wahren „geistlichen Amoklauf" gegen alle Übel der modernen industriellen und verstädterten Gesellschaft anlief. Das Opfer, das das Neue Gottesvolk der Priester zu bringen bereit war, sollte ein Ganzopfer der Hingabe an Gott und den Nächsten sein.

3.8.2 Überwindung des Patriarchalismus

Bei Luther kann gelegentlich der Gedanke geäußert werden, dass auch Kinder an ihren Eltern priesterlich-seelsorgerliche Pflichten übernehmen können. Das Priestertum aller Gläubigen äußert sich in dieser familialen Weise; es ist weder dem Mann/Vater allein noch der Frau/Mutter allein vorbehalten, sondern gleichsam im Verbund der Generationen erlebbar.

---

[121] Ebd., mit Bezug auf „The Discipline" der amerikanischen Methodisten von 1798.

In der kirchlichen Praxis freilich hat dieser fruchtbare Ansatz keine sichtbaren Konsequenzen gezeigt. Die evangelischen Landeskirchen wurden ebenso streng patriarchalisch geführt und von männlichen Pfarrern versorgt wie die anglikanische Kirche es aus der Tradition mitbrachte. Dass diese Sichtweise für viele Freikirchen auch bestimmend war, muss als das Beharrungsvermögen der Tradition interpretiert werden.

Das Priestertum aller Gläubigen freilich war ein völlig anderer Ansatzpunkt, denn schwerlich konnte man bei den Worten „alle" Gläubigen die Frauen auf Dauer außen vorlassen. So will es nicht verwundern, dass in den Freikirchen die ersten Ansätze gemacht werden, die Vorherrschaft der Männer in den Kirchen zu durchbrechen. Weil der Geist als Stellvertreter Christi auf Erden und als „öffentlicher" Geist betrachtet und weil die Gemeinde als geistliches Geschehen verstanden wird, geht vom Geist die geistliche Emanzipation der Frau aus.

Die Freikirchler wussten wohl, dass die in der Pfingstgeschichte zitierten Worte des Propheten Joel (vgl. Apg 2,14 ff.) davon künden, dass der Geist auf Söhne *und* Töchter, auf Knechte *und* Mägde ausgegossen wird. Nicht durchgängig, aber doch mehr als in anderen Kirchen haben Freikirchler daraus schon früh Konsequenzen gezogen. Für die Quäker etwa waren alle Schranken des Geschlechts in der Versammlung der Freunde aufgehoben. Wo der Geist regiert, werden die Schwächen menschlicher Traditionen offenbar und können überwunden werden. Es zeigt sich auch deutlich, dass man sich nicht einer Buchstabengläubigkeit unterwirft. Nur allzu schnell sind „Schriftgelehrte" aller Schattierungen bei der Hand, einen Spruch wie l. Kor 14,34 f. „das Weib schweige in der Gemeinde" zu zitieren und dabei zu vergessen, dass der Buchstabe tötet, der Geist aber lebendig macht (2. Kor 3,6).

Dieser Geist hat in der Geschichte der Freikirchen gegen den Buchstaben und gegen eine Übernahme weltlicher, kultureller Maßstäbe immer wieder für die Frauen Partei ergriffen. In der Herrnhuter Brüdergemeine wurden noch zu Lebzeiten des Grafen Zinzendorf vierzehn Frauen zu Presbyterinnen – dem zweiten Weihegrad nach dem Diakon und vor dem Bischofsamt – für den speziellen Seelsorgedienst an den weiblichen Gemeindegliedern ordiniert. Einzelne Kirchen sind ohne den Beitrag der Frauen gar nicht denkbar. So etwa sind die Visionen und Schriften der Ellen G. White (1827–1915) für die

Formierung und Ausbreitung der Siebenten-Tags-Adventisten richtungsweisend. Noch größeren Einfluss hatte die skandalumwitterte Aimee Semple McPherson (1890–1944)[122], die eine eigene Pfingstkirche – *The International Church of the Foursquare Gospel* – ins Leben rief und 1922 in Los Angeles den *Angelus Temple* mit einer Kapazität von über 5000 Sitzplätzen bauen ließ. Trotz ihrer vielen Eskapaden und Ehescheidungen wuchs ihre Kirche beständig. Der Angelustempel besteht heute noch.

In der Heilsarmee waren von Anfang an die Frauen den Männern gleichgestellt. Die „Mutter der Heilsarmee" wie man Catherine Mumford Booth (1829–1890) genannt hat, besaß einen ebenso großen Anteil am Aufbau der Armee wie ihr Mann William Booth (1829–1917).[123] Im Jahre 1878 war ungefähr die Hälfte der Offiziere Frauen. In einigen europäischen Ländern, so in Frankreich, der Schweiz und in Skandinavien wurde die Arbeit der Salutisten von Frauen begonnen. Die Tochter Evangeline des Gründerehepaares folgte ihrem Vater sowie ihrem Bruder an der Spitze der weltweiten Heilsarmee als Generalin. Von 1986 bis 1993 war wieder eine Frau, die Australierin Eva Burrows, die höchste Leiterin im Internationalen Hauptquartier in London.

Man kann auch darauf verweisen, dass gelegentlich schon im 19. Jahrhundert in baptistischen Gemeinden Amerikas eine Frau zur Pastorin berufen wurde. Keine Kirchenleitung konnte einer Ortsgemeinde das Recht streitig machen, dem Zuspruch des Heiligen Geistes Folge zu leisten. Andererseits muss man auch betonen, dass Frauen aus den beratenden Versammlungen ausgeschlossen werden konnten und dass sie über kein Stimmrecht verfügten, wie in der Anfangsgeschichte der Freien evangelischen Gemeinden.[124] Jüngste Entwicklungen in der *Southern Baptist Convention* gehen dahin, in der Revision der Bekenntnisschrift *Baptist Faith and Message* aus dem

---

[122] Vgl. Edith Blumhofer, Aimee Semple McPherson: Everybody's Sister, Grand Rapids (Eerdmans) 1993.

[123] Vgl. weitere Einzelheiten in: Erich Geldbach, Christine Kenning, Gleichberechtigung in Uniform? Geschlechterverhältnisse in der Heilsarmee gestern und heute, Münster (LIT Verlag) 2003, 12 ff.

[124] Ein Act des Gewissens. Erinnerungen an Hermann Heinrich Grafe, hg. von Wolfgang Dietrich, Witten 1988, 210.

Jahr 2000 festzuschreiben, dass die Frau vom Pastorenamt auszuschließen ist. Verantwortlich dafür ist die Tatsache, dass diese Denomination seit 1979 von einer männlichen Oligarchie geleitet wird, die einen extremen Fundamentalismus an die Stelle gesunder baptistischer Tradition gesetzt hat.[125]

Die geistliche Emanzipation der Frau und das Einbringen ihrer charismatischen Gaben in das kirchliche Leben sind Beispiele dafür, wie der Heilige Geist kulturelle Normen, die sich in der Kirche zu geistlichen Gesetzen verfestigt hatten, aufbricht. Einige Freikirchen haben auf diesem Gebiet eine Vorreiterrolle gespielt, was man in der Debatte um die Rolle der Frau und die Feministische Theologie nicht vergessen sollte. Das Priestertum aller Gläubigen ist nur dann verwirklicht, wenn auch die Frauen in das Priesterturm einbezogen sind und wenn ihnen auch, wie schon seit Jahren in der Methodistenkirche, alle Ämter, auch das der Bischöfin, offen stehen.

3.9 Freikirchen und Geld

Man könnte die Vermutung hegen, dass die Frage nach der Finanzierung von Kirche eine bloße Äußerlichkeit ist. Dies trifft aber nur dann zu, wenn im Kirchenvolk ein unreflektiertes Verhältnis zum Geld vorherrscht, was dadurch begünstigt wird, dass die Finanzierung zu einer Angelegenheit des Finanzamtes oder der öffentlichen Hand über beträchtliche Vergünstigungen gemacht wird.

In den Freikirchen schließt die Freiwilligkeit der Gliedschaft auch die Freiwilligkeit der Gaben ein. Obgleich die meisten Freikirchen in Deutschland den Rechtsstatus einer „Körperschaft des öffentlichen Rechts“ besitzen und daher von ihren Mitgliedern eine Kirchensteuer erheben könnten, verzichten sie mit einer Ausnahme bewusst auf diese Möglichkeit. Die Herrnhuter Brüdergemeine zieht aufgrund der Tatsache, dass sie eine Mitgliedskirche der Evangelischen Kirche in Deutschland (EKD) ist, Kirchensteuer ein, doch wird ein beträchtlicher Teil der Aufgaben zusätzlich durch Spenden finanziert. Ansonsten gilt, was in der Präambel zur Ordnung der Vereinigung Evangelischer Freikirchen (VEF) festgehalten

[125] Vgl. meinen Anm. 87 genannten Aufsatz.

wird, dass nämlich die in der VEF zusammengeschlossenen Kirchen „ihre Arbeit durch freiwillige Beiträge ihrer Mitglieder“ finanzieren. Begründet wird dies durch das Festhalten „an der rechtlichen und organisatorischen Unabhängigkeit vom Staat“.[126] Es sei auch darauf verwiesen, dass bei den geringen Mitgliederzahlen der Freikirchen bei weitem nicht so viel Geld über eine Kirchensteuer zusammenkommen würde, wie die Glieder tatsächlich in Form freiwilliger Spenden zusammenlegen.

Das finanzielle Opfer aber ist in den Freikirchen Teil der „Haushalterschaft“ (*stewardship*), die eingeübt werden soll. „Dient einander als gute Haushalter der vielfältigen Gnade Gottes, jeder mit der Gabe, die er empfangen hat“ (1. Petr. 4,10). Insofern haben das Verhältnis der Christen zum Geld, aber auch ihre Bereitschaft, Zeit, Kraft und Talent für die Gemeindearbeit zu „opfern“, eine tiefere Bedeutung als eine bloße Äußerlichkeit. „Der finanzielle Beitrag für Kirche und Gemeinde und ihre Mission und Diakonie ist integrierter Bestandteil der Hingabe und des Dienstes, der das ganze Leben umfasst.“ Das ist „im freikirchlichen Gemeindeleben nicht nur theologische Behauptung, sondern praktische Wirklichkeit“.[127] Dennoch kann es vorkommen, dass auch Freikirchen in finanzielle Engpässe geraten. Das ist in den letzten Jahren besonders im BEFG zu beobachten gewesen, was nicht zuletzt mit dem Bau eines neuen Theologischen Seminars zusammenhing.

In vielen Freikirchen wird den Gliedern empfohlen, zehn Prozent ihres Einkommens für die kirchliche, diakonische und missionarisch-evangelistische Arbeit zur Verfügung zu stellen.[128] Weil Freiwilligkeit nicht Beliebigkeit meint und weil die

---

[126] Freikirchenhandbuch. Informationen – Anschriften – Berichte, hg. von der VEF, Ausgabe 2004, Wuppertal (Brockhaus) 2004, 141.

[127] Walter Klaiber, „‚Einen fröhlichen Geber hat Gott lieb‘. Freikirchliche Überlegungen zum Thema kirchliche Finanzen“, in: Ev. Theologie 61, 2001, 49-56, hier: 53. Klaiber hat die theologische Grundlage anhand der paulinischen Briefe herausgearbeitet, 51-53 und dann gefolgert, dass der Rückgriff auf den „Zehnten“ (Mal. 3,10) eher „exemplarische Bedeutung“ habe.

[128] Stephan Stiegler, „Der biblische Zehnte als Hintergrund freikirchlicher Gemeindefinanzierung“, in: Theologisches Gespräch 28, 2004, 47-62.

Arbeit in den Gemeinden eine Kontinuität aufweisen muss, bedarf es solcher Empfehlungen. Pastoren oder andere Mitglieder der Gemeindeleitungen können die Aufgabe übernehmen, mit Mitgliedern zu sprechen, die entweder keine Gelder zur Bewältigung der Aufgaben zur Verfügung stellen oder bei denen die Schere zwischen Einkommen und Beiträgen offenkundig weit auseinanderklafft. Im allgemeinen gilt deshalb auch, dass das Pro-Kopf-Aufkommen für besondere Aufgaben oder gemeinsame Projekte etwa im Rahmen von „Brot für die Welt" oder Osteuropahilfe in den Freikirchen bedeutend höher ist als in den Volkskirchen, was auf der Besonderheit der Mitgliedschaft beruht. Auch erfolgt die Besoldung der Pastoren ausschließlich aus den Gemeindebeiträgen. Einige Freikirchen haben der Gefahr, dass Pastoren das Lied singen, dessen Brot sie essen, vorgebeugt, indem sie die Pastorenbesoldung zentral abwickeln. Dass umgekehrt finanziell potente Gemeindemitglieder das Gemeindeleben bestimmen oder sogar dominieren können, ist nicht auszuschließen, doch ist die Gefahr bei den Kirchen mit Kirchensteuern ähnlich, was nicht zuletzt daran abgelesen werden kann, dass diese Spitzenverdienern besondere Tarife einräumen.

Weil für viele Glieder aus den Freikirchen die sonntägliche Kollekte ein wirkliches „Opfer" bedeutet, müssen Freikirchen behutsam mit den ihnen anvertrauten Geldern umgehen. Haushalterschaft betrifft nicht nur das einzelne Glied, sondern auch die Ortsgemeinde und jede Freikirche als Ganzes. Daher sind die Verwaltungsapparate der Freikirchen denkbar bescheiden. Dennoch muss man betonen, dass alle Aktivitäten der Freikirchen – Personal- und Sachkosten, Kosten für Bau und Unterhalt der Gemeindezentren oder der Theologischen Seminare und deren Ausstattung mit Personal und Sachmitteln – ausschließlich aus freiwilligen Spenden finanziert werden müssen. Lediglich in der Jugendarbeit und in den diakonischen Einrichtungen und Krankenhäusern profitiert man von den allgemein gültigen finanziellen Regelungen, wie sie allen Verbänden der freien Wohlfahrtspflege und den Kirchen gesetzlich zustehen. Dennoch fließen nicht unbeträchtliche, freiwillig aufgebrachte Summen auch in diese Arbeitsfelder.

Eine Ironie der deutschen Vereinigung besteht darin, dass die freikirchlichen Gemeinden in der früheren DDR in der Lage waren, sich selbst zu unterhalten. Sie waren nicht annähernd so wie die evangelischen Landeskirchen auf finanzielle Hilfe aus dem Westen angewiesen. Nach der Wende mussten viele freikirchliche Gemeinden die unangenehme Erfahrung machen, dass die Finanzkraft nicht mehr ausreicht, um einen Pastor zu finanzieren. Um einer dauernden Abhängigkeit zu entgehen, mussten sich Gemeinden einer Region zusammenschließen oder andere Experimente eingehen.

3.10 Singende Kirche

Abschließend soll auf ein Charakteristikum verwiesen werden, das vielleicht mit noch größeren Einschränkungen als die anderen Punkte genannt werden kann. Die Freikirchen sind singende Kirchen. Mit diesem Satz wird natürlich nicht in Abrede gestellt, dass andere Kirchen auch die Musik pflegen. Man wird aber sagen können, dass die Freikirchen auch hier unmittelbar an Erfahrungen der Reformation und der Reformationskirchen anknüpfen konnten und dass sie besondere Akzente gesetzt haben.

Herausragende Leistungen auf dem Gebiet des Kirchenliedes und der Kirchenmusik vollbrachten zum Beispiel Zinzendorf und die Brüder John und Charles Wesley. Die Zahl der Lieder, die sie dichteten, beläuft sich auf mehrere tausend. Bedeutsam ist die ökumenische Weite, die sich in den Liedern äußert. Zinzendorf übernahm unbekümmert Teile der orthodoxen Liturgie, während die Brüder Wesley auch deutsches Liedgut ins Englische übertrugen. Die Herrnhuter Gemeine übte auf viele Menschen wegen ihrer fröhlichen Singstunden eine große Anziehungskraft aus.

Im Umkreis der Freikirchen sind neue Liedtypen entwickelt worden. Man legte weniger Wert auf Choräle, die von der Melodie und dem Text gewisse intellektuelle Ansprüche an die mitsingende Gemeinde stellen. Stattdessen fällt das Schwergewicht auf Lieder, die von der Melodieführung einfach und vom Text einprägsam sind. Die Wiederholungen eines Refrains lassen zusätzlich ein Lied eingängig sein. Viele sogenannte Heilslieder sind aus dem angelsächsischen Raum übernommen worden. Der methodistische Prediger Ernst Gebhardt (1832–1899) trat besonders als Übersetzer und Komponist dieser einfachen Lieder hervor. Das Lied steht im Dienste der Mission bzw. der Evangelisation; es will einladen, oder es ist Ausdruck einer anbetenden Haltung. Viele Lieder in den Freikirchen könnte man als „geistliches Volksliedgut" bezeichnen.

Der Vorteil besteht darin, dass sich die Chorusse oder Lieder nicht nur schnell lernen lassen, sondern dass sie auch sehr leicht an die jeweilige Umgebung angepasst werden können. In den Pfingstgemeinden ist besonders auffallend, wie man zum Beispiel in Lateinamerika nordamerikanische Lieder zu Rumba- oder Sambarhythmen singt und sich dabei auch einheimischer Instrumente bedient.[129] Gleiches ließe sich wahrscheinlich auch für Afrika feststellen. In Deutschland hat sich inzwischen eine Arbeitsgemeinschaft der Chöre pfingstlicher Freikirchen als „Interessenverband Erwecklichen Liedgutes" (IVEL) gebildet.

In den deutschen Freikirchen hatte man von Anfang an der Chorarbeit große Bedeutung zugemessen. In den Gemeinden wurden „Gesangvereine" gegründet, die sich 1879 mit Chören der landeskirchlichen Gemeinschaften zum Christlichen Sängerbund (CS) zusammenschlossen. Letztere verließen jedoch wegen der freikirchlichen Betonung den CS und bildeten 1889 den Evangelischen Sängerbund. Der CS wurde zwischen 1892 und 1896 von dem oben erwähnten Heilsliederdichter Ernst Gebhardt geleitet. Heute gehören etwa 650 Chöre mit ca. 12.000 Sängerinnen und Sängern dem CS und seinen Landesverbänden an. Lange Jahre prägte Paul Ernst Ruppel (*1913) mit seinen Kompositionen und Liedsätzen sowie den Schulungswochen die Arbeit. Ziel des CS war und ist es bis heute, die Ausbildung der ehrenamtlichen Chorleiter/innen und Sänger/innen zu ermöglichen sowie geeignete Chorliteratur herauszugeben. Wegweisend ist dabei eine geistliche Zielsetzung, die in der Satzung festgehalten ist: „Aufgabe des Bundes ist die Pflege und Förderung geistlichen Singens; das Evangelium von Jesus Christus ist dabei die Grundlage seiner Arbeit." In vielen freikirchlichen Gemeinden ist man bestrebt, einen Chor (gemischten Chor, Männerchor, Kinderchor, Jugendchor) an der Gestaltung jedes sonntäglichen Gottesdienstes zu beteiligen.

---

[129] Walter J. Hollenweger, Enthusiastisches Christentum. Die Pfingstbewegung in Geschichte und Gegenwart, Wuppertal und Zürich 1969, 529.

Der CS ist ein eingetragener Verein. Seit 2002 besteht die Leitung aus dem Vorsitzenden und seinem Stellvertreter, dem Bundeskantor, Bundesgeschäftsführer, Bundeskassierer sowie vier Bereichsleitern für die Chor- und Projektarbeit, Organisation und Verlag. Der CS unterhält Kontakte zu anderen Werken im In- und Ausland, besonders zum Christlichen Sängerbund der Schweiz (CSS). Außerdem ist er dem Verband evangelischer Kirchenchöre und der Arbeitsgemeinschaft freikirchlicher Chorwerke in Europa (AfC) angeschlossen.

Das geistliche Volkslied, aber auch die Spirituals in den Schwarzen Freikirchen der USA methodistischer oder baptistischer Herkunft deuten auf das primäre soziologische Umfeld, das die Freikirchen ursprünglich angesprochen haben. Es ist weniger die intellektuelle Elite als vielmehr das „einfache" Volk, das sich in den Liedern und Melodien wiederfinden konnte. Das zeigt sich bis heute eindrücklich am Beispiel der Heilsarmee.

In den letzten Jahren hat sich ein neuer Liedertypus entwickelt, den man „Anbetungslieder" nennt. Es sind dies Lieder, die auf dem keyboard oder mit der Gitarre begleitet werden und die das Ziel verfolgen, die singende Gemeinde zum Preisen und Loben Gottes zu veranlassen. Das wird nicht zuletzt dadurch erreicht, dass die Lieder mehrmals hintereinander gesungen werden. Kritiker sehen darin eine unzulässige Art, eine gewisse Stimmung zu erreichen. Es scheint sich bei dieser Frage auch ein Generationenkonflikt herauszuschälen. Die jüngere Generation mag offenbar sowohl die Wiederholungen als auch die Melodien. Hingegen bezeichnen viele (ältere) Kritiker sowohl die Texte als auch die Melodien als „oberflächlich", d. h. es wird bemängelt, dass die Lieder wenig geistlichen Tiefgang haben. Im übrigen muss man auch feststellen, dass die mit den „Anbetungsliedern" einhergehende neue „Singkultur" alte Traditionen wie traditionelle Chor- und Orgelmusik sowie die alten Choräle verdrängt.[130]

[130] In den USA nennen Kritiker die *„praise songs"* auch „7-11 *songs*": *seven words sung eleven times* oder *eleven words sung seven times*. Die Bezeichnung kommt von der Lebensmittelkette *„7-11 stores"*, in der man rund um die Uhr einfache Lebensmittel einkaufen kann.

4. Landeskirchen und Freikirchen: ein Unverhältnis

Die besonderen Kennzeichen der Freikirchen, die sie in einem erheblichen Maße von dem europäischen Staats- oder Landeskirchentum unterscheiden, können eine Hilfe darstellen, um das „Unverhältnis" im Gegenüber zu den Landeskirchen zu verstehen, das sich im 19. Jahrhundert beim ersten Auftreten dieser an angelsächsischen oder Schweizer Modellen orientierten Kirchen in Deutschland entwickelte. Die Geschichte dieses Unverhältnisses ist bisher noch nirgendwo aufgearbeitet worden.[131]

Auf beiden Seiten haben sich im Verlauf der zweiten Hälfte des 19. Jahrhunderts Denkschablonen herausgebildet, die bis weit in das 20. Jahrhundert das Klima zwischen den Kirchen belasten haben. Man kann sich das eigentlich nur so vorstellen, dass im kollektiven Unterbewusstsein hüben und drüben offenbar Urteile und Vorurteile gespeichert wurden, die in bestimmten Situationen wieder aufbrechen und mit der ganzen Gewalt unbewältigter Vergangenheit die zwischenkirchlichen Beziehungen überschatten können. Grundlegende Veränderungen brachte die Zeit nach dem Zweiten Weltkrieg mit der Gründung der Arbeitsgemeinschaft Christlicher Kirchen (ACK). Obwohl die Zusammenarbeit innerhalb der ACK nach Bekunden vieler unmittelbar Beteiligter reibungslos verlaufen ist und viele Kontakte geknüpft werden konnten, obwohl also das Klima insgesamt eine spürbare Entspannung erfahren hat und obwohl eine der Freikirchen – die Evangelisch-methodistische Kirche – mit den Gliedkirchen der EKD Kanzel- und Abendmahlsgemeinschaft eingegangen ist und die Gliedkirchen mit den Mennoniten offiziell eine gegenseitige Einladung zum Abendmahl vereinbart haben, kann man nicht davon ausgehen, dass ein Schlussstrich unter die „Geschichte des Unverhältnisses" gezogen worden ist. Trotz aller Vereinbarungen und aller Zusammenarbeit muss man feststellen, dass

[131] In meinem Aufsatz „Religiöse Polemiken gegen ‚neue Religionen' im Deutschland des 19. Jahrhunderts", in: Johannes Neumann, Michael W. Fischer (Hgg.), Toleranz und Repression. Zur Lage religiöser Minderheiten in modernen Gesellschaften, Frankfurt/New York (Campus) 1987, 170-197, habe ich einen ersten Versuch gemacht. Darauf stützt sich die folgende Darstellung wesentlich.

es immer noch clichéhafte Vorstellungen übereinander gibt. Auf der einen Seite hat man es schwer, die Vielzahl der Freikirchen und ihre je eigenen Besonderheiten wahrzunehmen, so dass es leichter ist, sie einfach dem konservativen, „evangelikalen“ Spektrum zuzuordnen. Auf der anderen Seite werden die Landeskirchen als Größen wahrgenommen, die angeblich das Evangelium verwässern oder in denen zu viele „ungläubige“ Pfarrer Dienst tun.

Gewisse Entwicklungen hemmen sogar die Aufarbeitung der Vergangenheit und den Abbau von Clichés. Die Generation, die in der Bundesrepublik die kirchliche Zusammenarbeit nach dem Zweiten Weltkrieg gefördert hatte, ist von einer Generation abgelöst worden, für die sich die ökumenische Situation grundsätzlich anders darstellte. Denn seit 1974 sind die Zusammensetzung der ACK und als Folge davon auch die behandelten Themen durch den Beitritt sowohl der griechisch-orthodoxen als auch der römisch-katholischen Kirche wesentlich verändert worden. Im Laufe der Zeit wurden alle national-orthodoxen Kirchen, die in Deutschland vertreten sind, aufgenommen. Es geht eben nicht mehr um inner-protestantische Fragen oder Schwierigkeiten, sondern um solche Faktoren, die die Christenheit insgesamt betreffen. Das hat die Arbeit der ACK wesentlich bereichert, aber doch wohl auf Kosten derjenigen Anfragen, die von den Freikirchen ins Spiel gebracht werden.

Für die Vertreter der evangelischen Landeskirchen in der ökumenischen Arbeit ergab sich dadurch eine neue Situation. Wegen der Größenverhältnisse der Kirchen waren sie vor allem seit dem Zweiten Vatikanischen Konzil der römisch-katholischen Kirche (1962–1965) gewöhnt, sich in der zwischenkirchlichen Arbeit auf das Verhältnis zur römisch-katholischen Kirche zu konzentrieren. Die seit 1966 arbeitende Kontaktkommission auf bundesrepublikanischer Ebene zwischen der Evangelischen Kirche in Deutschland und der Deutschen Bischofskonferenz sowie Kommissionen auf der Ebene einzelner Landeskirchen und Diözesen, die schier unzählbaren Gesprächskreise, gemeinsame Sitzungen von Kirchenvorständen und Pfarrgemeinderäten, die Foren und Begegnungen auf Kirchen- und Katholikentagen sowie der Bau gemeinsamer kirchlicher Zentren an verschiedenen Orten des Landes haben die Auswirkung, dass Freikirchen noch mehr aus dem Bewusstsein der Vertreter evangelischer Landeskirchen verdrängt wurden. So mag leicht der Eindruck entstehen, dass in der ACK lediglich das verdoppelt wird, was man ohnehin an ökumenischer Arbeit im evangelisch-katholischen Verhältnis treibt. Das „Unverhältnis" zu den Freikirchen wird auf diese Weise eben nicht abgebaut.[132]

Auch der Ökumenische Kirchentag 2003 in Berlin zeigte deutlich die Grenzen. Zwar war man bemüht, auch die evangelischen Freikirchen in die Vorbereitung und Durchführung einzubeziehen, aber Teilnehmerinnen und Teilnehmer in der Vorbereitung und z. T. auch bei den Foren berichten von deutlicher Zurückhaltung. So z. B. hatten freikirchliche Vertreterinnen und Vertreter im Vorbereitungskreis des Ökumenischen Kirchentags 2003 kein Stimm-, sondern nur Rederecht. Es bedarf stets eines besonderen couragierten Auftretens seitens der freikirchlichen Vertreterinnen und Vertreter, um zu erreichen, dass man auf gleicher Augenhöhe wahrgenommen wird. Das scheint auch innerhalb der jetzigen Generation das Hauptproblem zu sein: Die Größe bzw. Kleine und die Undurchschaubarkeit der Freikirchen bilden Hemmschwellen, während das evangelisch-landeskirchliche Verhältnis zu der katholischen Kirche professionell eingespielt wirkt. In der universitären Ausbildung der Pfarrerinnen und Pfarrer, aber auch der Priester wird einer konfessionskundlichen Einordnung der Freikirchen kein gebührender Raum gegeben, so dass „nebelhafte" Vorstellungen die Regel zu sein scheinen, sofern die betreffenden Personen nicht auf eigene Erfahrungen zurückgreifen können. Diese können aber sehr subjektiv geprägt und daher nicht immer zutreffend sein. Weil jede Generation der Amtsträger ihre ökumenischen Erfahrungen neu sammeln

[132] Das Verhältnis der Freikirchen zur römisch-katholischen Kirche bedürfte einer eigenen Studie. Traditionell war das Verhältnis zu der römischen Kirche noch stärker belastet als zu den evangelischen Landeskirchen. Die Kirche Roms galt vielen Freikirchlern als die „Hure" der Apokalypse. Obwohl in den letzten Jahren vieles in Bewegung gekommen ist und obwohl auf den Gebieten der Frömmigkeit oder der sexualethischen und familienpolitischen Fragen sich eine größere Nähe freikirchlicher Positionen zu katholischen Verlautbarungen aufgetan hat, ist eine Zurückhaltung von freikirchlicher Seite gegenüber der katholischen Amtskirche noch immer die Regel.

muss und wegen der bestehenden Informationsdefizite, ist es für das zwischenkirchliche Klima wichtig, die Freikirchen in ihrer Vielgestaltigkeit wahrzunehmen.

Im Folgenden soll der Versuch gemacht werden, die Ausgangssituation jenes „Unverhältnisses“ in den Blick zu bekommen und die Faktoren aufzulisten, die in der konfessionellen Polemik über einen langen Zeitraum zu einer Zementierung gegenseitiger Abgrenzungen beigetragen haben. Es geht dabei keineswegs darum, die konfessionellen Gegensätze aufrechtzuerhalten. Im Gegenteil soll das Ziel gerade darin bestehen, durch eine Vergegenwärtigung der Ausgangslage zu einem Verstehen anzuleiten, um dadurch zu einem allseits sensibleren Umgang miteinander zu kommen. Nicht der Polemik soll das Wort geredet werden, wohl aber soll die Polemik zu Wort kommen, damit man die Urteile der Vergangenheit erkennt, um sie in Gegenwart und Zukunft desto zielstrebiger zu überwinden.

In Deutschland können die Freikirchen auf keine lange Geschichte zurückblicken. Die drei „klassischen“ Freikirchen hierzulande – der Baptismus, der Methodismus in verschiedenen Spielarten und die Freien evangelischen Gemeinden – begannen seit 1834, 1849/50 und 1854, sich aus jeweils kleinen Anfängen heraus zu entwickeln. Kaum traten sie jedoch in der Öffentlichkeit auf, begann ein wahres Kesseltreiben gegen sie. Das lässt sich beispielhaft in Kleinliteratur nachweisen, die sich vom evangelisch-landeskirchlichen Standpunkt aus mit den Methodisten, der Evangelischen Gemeinschaft und den Baptisten auseinandersetzte. Zwar ist die hier zur Darstellung benutzte Quellenbasis nicht allzu breit, weil selbst in den theologischen Seminaren der erwähnten Freikirchen nur wenig Material aufzufinden ist,[133] doch können die im Nachfolgenden angeführten Aspekte einen hohen Erkenntniswert zur Beantwortung der Frage beanspruchen, warum es in Deutschland zu jenem Missverhältnis von Landeskirchen und Freikirchen gekommen ist.

---

[133] Günter Balders, Dozent für Kirchengeschichte am Theologischen Seminar der Baptisten in Elstal bei Berlin hat eine Vielzahl solcher Kleinschriften jahrelang gesammelt, doch waren seine „Schätze“ leider nicht zugänglich.

Allerdings waren die genannten Gemeinschaften nicht die ersten Freikirchen auf deutschem Boden. Bereits gegen die aus der Reformationszeit hervorgegangenen Mennoniten war man, als man sie nicht vollständig ausrotten konnte, ähnlich vorgegangen. Die Mennoniten zogen sich in bestimmte Städte wie Emden, Altona und Krefeld oder in abgelegene ländliche Gebiete wie Ostpreußen zurück, wo sie sich äußerlich relativ ungestört entfalten konnten. Den Zorn der Landeskirchen traf auch die vom Grafen Zinzendorf erneuerte Brüder-Unität. Der Graf selbst sah sich erheblichen Anklagen ausgesetzt, denen er durch ein theologisches Gutachten der Universität Tübingen zu entkommen suchte. Auch die Quäker waren literarischen Verunglimpfungen ausgesetzt. Im Jahre 1702 wurde das *Anabaptisticum et Mysticum Pantheon* zusammengestellt, in dem die Geschichte aller religiösen Fanatiker dargelegt und „alte und neue Schwarmgeisterbrut und Quäkergreuel" zusammengefasst wurden. Die Polemik ergeht sich in Wendungen wie „Quäkergräuel und Quäkerquakelei, oder elende Lumperei, Humplerei, Stümplerei, auch Büberei, welche die neuen Schwärmer, so man Quäker nennt, an den Tag geben".

Diese Art der Polemik wird in kirchengeschichtlichen Werken des 19. Jahrhunderts zitiert, so dass es nicht verwundern kann, dass die gegen die neuen Freikirchen erhobenen Vorwürfe unmittelbar an diese geschichtlichen Vorläufer anknüpfen können.

4.1 Sekten

Theologieprofessoren, Pfarrer und Kirchenleitungen sprachen von den neuen Kirchen stets und betont als von „Sekten" und dies durchgängig in einem abwertenden Sinn. Vor den „Gefahren des Sectierertums" wurde allenthalben gewarnt[134],

[134] Im Fogenden wird auf folgende Werke Bezug genommen: Theodor Kolde, Der Methodismus und seine Bekämpfung, Erlangen 1886, 33; Gustav Plitt, Die Albrechtsleute oder Die evangelische Gemeinschaft. Ein Wort zur Belehrung und Warnung, Erlangen 1877; Th. Geß, Der Methodismus und die evangelische Kirche Württembergs. Ein Wort zur Verständigung und Mahnung an Amtsbrüder und Gemeinden, Ludwigsburg

wie bei dem Erlanger Kirchenhistoriker Theodor Kolde (1850–1913). Die seelengefährdende Propagandatätigkeit der Sekten ist den kirchlichen Apologeten ein „Einbruch in unsere evangelischen Gemeinden“ (Plitt, 3), ein „rücksichtsloser Einbruch in die Herde“ eines landeskirchlichen Pfarrers (Kolde, 20), eine „eigenmächtige Einmischung in ein fremdes Berufsgebiet“, die Missachtung des „Hausrechts“ der Kirche und daher eine „Anmaßung“ (Geß, 17). Das „Eindringen“ (Kolde, 3) und „Einnisten“ (Geß, 11) der Sekten, ihre Umtriebe und ihre Wühlerei spiegeln nicht die wahre „christliche Demuth“ (Geß, 23) wider, sondern eben jenen „Sektengeist, welcher von jeher ein hochmüthiger Geist gewesen ist“ (Geß, 21). Bei den Sekten will man sich Fleisches rühmen, denn ihre große Anziehungskraft geht von der „Neigung des natürlichen Menschenherzen aus, eigene Weise vorzunehmen, eigene Wege zu gehen, unter einer sonderlichen Fahne sich zu sammeln, darum sich einen eigenen geistlichen Dünkel zu machen“ (Geß, 52).

Nach zwei Seiten hin kann der Vorwurf der Sektiererei ein wenig abgeschwächt werden. Einmal kann man sich trotz des Rufes nach einem „klaren Standpunkt reinlicher Scheidung“ und trotz der Gefahr „unevangelischer Schwarmgeisterei“ (Geß, 48) daran erinnern, „dass in unsern Gemeinden noch viel schlimmere Mächte wirksam sind, welche grundstürzend wirken, der Unglaube, der Aberglaube, der pharisäische und der sadduzäische Weltsinn, der Mammonismus und die Genußsucht, die Sozialisterei. Diesen grundstürzenden Mächten gegenüber haben wir mit dem Methodismus einen gemeinsamen Boden, das ist der Glaube an das Evangelium“ (Geß, 50). Dies sieht nach Schulterschluss angesichts gemeinsamer – oder vermeintlich gemeinsamer – Feinde aus. Von „höherer selbstsuchtsfreier Warte aus“ kann man in den Freikirchen sogar „evangelische Mitstreiter gegen den Indifferentismus und

---

1876; Theodor Christlich, Zur methodistischen Frage in Deutschland, Bonn 1882 (2. Aufl.); C. Franklin Arnold, Der Baptismus und seine Bekämpfung, Leipzig 1887; Albert Lührs, Schutz- und Trutzwort wider die Baptisten, Berlin 1871; Paul Hirzel, Sieben Briefe über den Methodismus, Zürich 1858. Diese Kleinschriften werden im Text mit Angabe des Verfassernamens und der Seitenzahl zitiert.

Mammonismus, gegen den Unglauben und gegen Rom" erblicken (Christlich, 60). Dennoch gilt es, dort, wo der Methodismus vorgeschritten ist, gegen ihn zu wirken, „nicht blos zur Vertheidigung, wo er schon ist, sondern auch zur Abwehr, wo er eindringen will. Sei es nun in der einen oder anderen Weise, es ist unsere Pflicht, dass wir den Leuten die Augen zu öffnen suchen für die Verkehrtheiten und Gefahren des methodistischen Wesens, dass wir sie abzuhalten suchen von der Hingabe unter das unevangelische Joch der angemaßten Amtsauctorität und Seelenleitung des methodistischen Predigers" (Geß, 56). Nur die Ahnungslosen laufen „in die Netze dieser Sectierer" (Kolde, 18), weshalb Aufklärung not tut.

Zum anderen wird der Tatbestand der Sektiererei als Spiegelbild für die Zustände in der Landeskirche benutzt (Geß, 42). Das Aufkommen neuer Gruppen ist „eine Anklage gegen die Großkirche, die zu einer ernsten Selbstprüfung Anlass geben kann" (Kolde, 25). Dies kann nach zwei Seiten hin mit Blick auf die kirchlichen Amtsträger entfaltet werden. Den Pfarrern der Landeskirche kann einmal Mäßigung gegenüber den Sekten nahe gelegt werden, was diesen einen gewissen Spielraum zubilligt, und die Pfarrer sollen andererseits aus ihrem Schlendrian erwachen, weil es „eine bedenkliche Erscheinung für unser einheimisches kirchliches Leben überhaupt (ist), dass die Sectiererei so bedeutend um sich greift [...]" (Geß, 52). So wird, wie zum Beispiel 1850 in Stade, den Predigern und Lehrern anempfohlen, sich der „direkten Polemik" gegenüber der Baptistensekte zu enthalten, „wohl aber die Vorzüge eines wohlgeordneten Kirchenwesens überhaupt und unserer lutherischen Kirche insbesondere in ein helles Licht zu setzen und außerdem durch einen allseitig erhöhten Amtseifer dem Umsichgreifen sectierenscher Bewegungen zu wehren".[135] Wenn schon der moderne Staat „an der Sozialdemokratie viele Momente als berechtigt anerkennt, sollte da die evangelische Kirche Deutschlands nicht erst recht den Sekten gegenüber dieselbe Verpflichtung haben"? (Arnold, 32 f.) Dieser während der in Geltung stehenden Sozialistengesetze geschriebene Satz ist wegen der Parallelisierung von Sozialdemo-

[135] Zitiert bei Margarete Jelten, Unter Gottes Dachziegel. Anfänge des Baptismus in Nordwestdeutschland, Bremerhaven 1984, 150.

kratie und Freikirchen aufschlussreich. Die Sekten konnten zwar manches Übel in der Kirche aufdecken, aber sie waren keine „loyale Opposition“, sondern im Grunde eine für ungesetzlich geachtete Gruppierung.

4.2 Proselytismus

Die Freikirchen unterschieden sich in einem Punkt grundsätzlich von den bereits bestehenden, durch die Erweckungsbewegung geformten „Gemeinschaften“. Sie betrieben als autonome Kirchen in Deutschland Mission. Dies musste auf Seiten der Landeskirchen auf vollständiges Unverständnis stoßen und konnte nur als Versuch einer Zerstörung der lutherischen und der reformierten Kirche (Plitt, 6) und als Proselytismus bezeichnet werden. Ließen die neuen Gruppen davon ab, könnte es zu einer vertrauensvollen Zusammenarbeit kommen. Die Hahn'sche Gemeinschaft in Württemberg wird als Beispiel angeführt. Sie verbreitet zwar einige, der Landeskirche nicht unbedenklich erscheinende Lehrmeinungen. Dennoch sind die Michelianer bei aller ihrer Eigenart bereit, sich der Kirche unterzuordnen, keine eigenen Gottesdienste während der kirchlichen Gottesdienstzeit durchzuführen und das Abendmahl in der Kirche zu feiern. Diesen Umgang pflegen die neuen Sekten mit der Kirche nicht. Zwar sollen sich einige Vertreter der Methodisten anfänglich dazu verpflichtet haben, sich innerhalb der Lehr- und Ordnungsgrenzen der Landeskirche, wie zum Beispiel in Württemberg, zu halten, doch werden sie des Wortbruchs beschuldigt (Geß, 13 f.). Sie werfen ihre Netze in fremdes Gewässer aus (Kolde, 10) und entfremden nicht nur die von ihnen erweckten und gesammelten Seelen der Mutterkirche, sondern haben es gerade mit besonderem Eifer auf die bereits religiös erweckten Glieder der Kirche abgesehen (Geß, 13), um sie zu sich „herüberzuziehen“ (Geß, 20).

Sowohl die Baptisten als auch die Methodisten, zu denen auch die Albrechtsleute zugerechnet werden (Geß, 11 und Kolde, 12)[136], gingen mit großem Missionseifer ans Werk. Jo-

[136] Diese Beobachtung ist durchaus richtig.

hann Gerhard Oncken, der Begründer des kontinentalen Baptismus, gründete 1836 eine „Tractat Gesellschaft" und ließ von den umherziehenden Handwerksgesellen, die sich der Freikirche angeschlossen hatten, die „Tractätlein" unter das Volk bringen. Außerdem wurden Bibelcolporteure angestellt, die eine erstaunlich große Zahl Bibeln verkaufen konnten. Im Jahre 1852 zum Beispiel wurden von diesen baptistischen Handwerkern und Kolporteuren 34.000 Bibeln und Testamente in Deutschland vertrieben.[137] Auch die Methodisten arbeiteten mit Bibel- und Traktatverbreitung und setzten neben Predigern auch Kolporteure ein. Die Prediger, Handwerksgesellen, Kolporteure und die Gemeinden insgesamt sahen sich stets dem Vorwurf des Proselytenmachens ausgesetzt, ja der Verdacht wird unumwunden ausgesprochen, dass die Bibelverbreitung nur ein Vorwand sei, um ungehindert dem Ziel der Proselytenmacherei nachgehen zu können. Anzeigen wurden erstattet[138], und es wurde die Frage aufgeworfen, wer den methodistischen Bischöfen oder Konferenzen Recht und Vollmacht gegeben habe, „Missionare in die württembergische Landeskirche auszusenden" (Geß, 17). In Oldenburg wurden ab 1850 genaue Listen über die Kirchenaustritte geführt und vom Oberkirchenrat in einer Eingabe an die Staatsregierung vom August 1853 über die Baptisten vermerkt, „dass sie sich nicht begnügen ihre Andachtsübungen für sich und an bestimmten Versammlungsorten zu verrichten, sondern dass sie umherzögen mit der ostensiblen Absicht Proselyten zu machen und Versammlungen in Kirchenspielen anberaumten, in welchen es ihnen bisher an Glaubensgenossen fehlte". Die Regierung wird aufgefordert, eine klarere Position zu beziehen, um nicht „in übergroßer Duldung hier ein Asyl und Operationsplatz für die weitere Verbreitung der Secte entstehen zu lassen".[139]

Der Proselytismus ist nach Meinung der Kritiker deshalb so ausgeprägt, weil die neuen Kirchen nicht zwischen einem „Heidenland" und zum Beispiel der evangelischen Kirche

[137] M. Jelten, a.a.O., 92. Insgesamt wurden zwei Millionen Bibeln zu Lebzeiten Onckens abgesetzt.
[138] Vgl. Ebd., 89.
[139] Zitiert in: Ebd., 127 f.

Württembergs unterscheiden können. In Württemberg ist man eben nicht auf einem kirchlichen „Neubruch“, „sondern in einem längst eingezäumten und angelegten und besonderen Gärtnern vom Herrn des Reichs anvertrauten Garten. Wie dürft ihr euch nun gebärden, als wäret ihr da zu Hause und die Herren im Hause?“, so müssen sich die neuen religiösen Gruppierungen fragen lassen (Geß, 21).

4.2.1 Methoden

Die selbständigen Gemeindebildungen mussten natürlich auf Kosten der Landeskirchen gehen. Woher sollten die Freikirchler sonst ihre neuen Glieder beziehen? Gegenüber den Baptisten ist der Vorwurf der Proselytenmacherei von Anfang an laut. Die Methodisten und Albrechtsleute geraten erst dann in den Verruf, Wölfe in Schafskleidern oder protestantische Jesuiten zu sein (Christlieb, 7), als sich die Landeskirchen durch die Kirchengründungen in ihrer Annahme getäuscht sahen, die methodistischen Evangelisten würden lediglich innerhalb der Landeskirche evangelisieren.

Man hätte sich noch dazu verstehen können, die Sendlinge zu dulden, wenn sie ihre Mühe auf Katholiken verwenden würden (Christlieb, 43) oder wenn sie den der Kirche Weggelaufenen, zum Beispiel in den großen Fabrikdistrikten (Plitt, 51), oder „den Rohen, den sittlich Gesunkenen und Verwahrlosten, den der Kirche und dem Gottesdienst entfremdeten Gliedern der Kirche“ nachgegangen wären und dies besonders in den Großstädten, wo durch die Bevölkerungsexplosion „die Kräfte der ordentlichen Geistlichen nicht mehr ausreichen, um die ganze Gemeinde zu umspannen“(Geß, 18). Die Innere Mission wird vielfach als Vorbild hingestellt. Aber, so sagt es die Polemik, dieser Bevölkerungsteil ist gerade nicht Zielscheibe freikirchlicher Arbeit. Sie wenden sich im Gegenteil „grade an die christlich Angeregteren und religiös Empfänglicheren und bemühen sich, dieselben von der Kirche los zu machen und zu sich herüberzuziehen“ (Plitt, 51).

Genau dort aber liegt der Fehler der neuen Sendlinge. Sie wollen „unsere Bekehrten baptistisch umbekehren, das haben sie sich zur Aufgabe gestellt, wie sie ja auch unsere Getauften baptistisch umtaufen“ (Lührs, 27). Die Proselytenmacherei ist an sich schon nach Meinung der Kritiker schlimm genug. Sie wird jedoch noch gefährlicher, wenn man die Methoden betrachtet, mit denen die Eindringlinge vorgehen. Die „sogenannte“ Missionsarbeit (Geß, 11) wird von den fremden Sendlingen mit großer Gerissenheit vollzogen. Sie fallen nicht sofort mit der Tür ins Haus, sondern versuchen, langsam und behutsam ihre Netze zu spinnen, um die Leute immer mehr der Kirche zu entfremden und sie schließlich ganz zu umgarnen. Eine eindrückliche Schilderung dieses Vorgangs gibt der Erlanger Theologieprofessor Theodor Kolde, der vermutlich eine methodistische Versammlung besucht hatte.

Das erste Auftreten der Sektierer ist so „harmlos“ wie möglich. Man sondiert das Terrain und nachdem „die eine oder andere Zusammenkunft in einem Privathaus stattgefunden“ hat, wird eine Versammlung zu einem „biblischen Vortrag“ angekündigt. Oft geschieht dies „in einem Wirtshaussaale, womöglich in einer obscuren Kneipe“. Wichtig ist, dass der Saal „nicht zu vornehm, vor allem nicht zu groß“ ist. Denn: „Es ist alte methodistische Praxis, die bei ihrem äußersten Ausläufer, der Heilsarmee, bis ins Extrem getrieben wird, die Leute etwas zusammen zudrängen; denn das erweckt den Eindruck der Fülle, und dann sollen […] die Leute besser zu packen sein“.

Am Eingang zum Saal wird eine Missionsbüchse aufgestellt und trotz des profanen Raumes herrscht „eine feierliche Stille der Erwartung“. Ein Mann in einfacher Kleidung, „der meistens wenig Pastorales an sich hat“, fordert zum Singen auf. Zwar sind Lied und Melodie unbekannt, doch im Publikum sitzen verstreut einige, die der Prediger mitgebracht hat und die durch ihren Gesang die anderen aus ihrer Schüchternheit herauslocken, „und so geht die Sache ganz gut“. Es folgt die Verlesung eines ganzen Abschnittes aus der Schrift, „mit Vorliebe aus dem alten Testamente“, darauf ein freies Gebet und nach einem eingeschobenen Gesang die Auslegung des verlesenen Schriftabschnittes. Diese Auslegung „ist so einfach wie möglich; von der ‚Kunstlehre der Homiletik‘ ist sie nicht angekränkelt“. Es handelt sich lediglich um eine Paraphrase, obgleich auch „umfängliche Excurse“ gelegentlich vorkommen.

Der Prediger lässt jedoch bei diesen ersten Versammlungen die Katze noch nicht aus dem Sack. „Das Überschwängliche methodistischer Predigtweise tritt die ersten Male noch zurück, aber die Rede ist lebhaft und warm und weiß in der

Schilderung des Verderbens und der Mahnung zur Buße, zur sofortigen Buße und Umkehr jenen warmen Herzton und jene vertrauliche Unmittelbarkeit zu finden, die auf gewisse Kreise ihre Wirkung, und wäre es auch nur eine augenblickliche, niemals zu verfehlen scheint." Dies wird besonders im Blick auf die Frauen gesagt, die „sicher schon das erste Mal erbaut nach Hause" gehen.

Am Schluss wird für die nächste Versammlung freundlich eingeladen, und der Prediger drückt diesem oder jenem, der besondere Aufmerksamkeit gezeigt hat, mit einem Segenswunsch die Hand „Leute, die sich sonst an jedem Collectenbecken vorbeidrücken, legen auch ohne spezielle Aufforderung ihr Scherflein in die Missionsbüchse".

Freilich: Der Prediger spielt nur sein betrügerisches Spiel der Proselytenmacherei. Was er nämlich verschweigt, ist die Tatsache, „dass er und seine Genossen die Vorbereitung methodistischen Kirchentums bezwecken, dass sie die Leute von ihrer Kirche loslösen wollen, dass sie in den Landeskirchen im Grunde doch nur ein entartetes Christentum sehen". Das aber ist das eigentliche Ziel nicht nur der Methodisten und der Heilsarmee, sondern aller neuer Sekten. Sie wollen auf Kosten der bestehenden Kirche, die man nach und nach immer mehr kritisiert, ihre eigenen Kirchenwesen aufrichten, brechen deshalb rücksichtslos in die Herde des Pfarrers ein und „ernten, wo sie nicht gesäet haben" (Kolde, 18-20). Die neuen Prediger gehen den Leuten nach, besuchen sie und beten mit ihnen, was „der Eitelkeit des natürlichen Menschen" schmeichelt und die Gemeindemitglieder zu einem Vergleich mit dem Pfarrer anhält. Der Prediger wird zum „Nebenbuhler" des landeskirchlichen Pfarrers, und dieser schneidet dabei in der Regel nicht gut ab (Geß, 42). Der Prediger findet besondere Unterstützung bei einzelnen, die in den neuen Kirchen zu wirklichem Glauben gekommen sind und „die eifrigsten Agitatoren der Sekte" werden (Kolde, 25).

Bei den Methodisten fällt die Bußpredigt als Methode auf. Dieser erweckliche Predigtstil ist die besondere Gabe der Methodistenprediger, wie man zugesteht, um dann sofort hinzuzufügen, dass sie sich in einer „bedenklichen Einseitigkeit und unevangelischen Übertreibung" äußert. Es wird besonders kritisiert, dass die Prediger die Bußpredigt in „eine höchst einseitige Form und Regel" umgewandelt haben, „nach welcher sie alle Seelen zum geistlichen Leben führen wollen, einen Model, in welchen die Bekehrung aller Seelen hineingepreßt wird". Dies vollzieht sich besonders in einer Stufenfolge. Zuerst werden Gewissen und Gefühl bestürmt, um angesichts der Sünde Angst und Not zu verbreiten, danach wird die rettende Gnade Gottes vorgehalten, und als dritte Stufe erfolgt unter heftigem Ringen und Beten der plötzliche Durchbruch zum Ergreifen der Gnade und zu einer Gewissheit der Erneuerung.

Zwar gesteht die Polemik zu, dass es solche „Schlag auf Schlag"-Bekehrungen geben kann, „aber die Regel bilden solche sturmartigen Wirkungen nicht", wie sich überhaupt das Wirken des Geistes nicht einfangen oder einspannen lässt (Geß 27 f.). Solche Methoden sind Zeichen eines Mangels an geistlicher Zucht und Nüchternheit. Besonders dem Methodismus wird vorgehalten, „solche seelisch-fleischlichen Gefühls- und Nerven-Aufregungen" zu begünstigen, um Bekehrungen hervorzurufen. Die Nachrichten von den in Nordamerika seit Beginn des 19. Jahrhunderts üblichen *camp meetings*[140] gab zu folgender Polemik Anlass: „Am stärksten ist diese schwärmerische Geisttreiberei im nordamerikanischen Methodismus ausgebildet, ja sie ist dort durch die Einrichtung der sogenannten Feldversammlungen zu einer wahrhaft ärgerlichen Fratze verzerrt worden. Da versammeln sie sich zu Tausenden im freien Feld oder Wald, Schuppen werden gebaut aus Blöcken und Brettern zum Schutz vor Wind und Regen, eine große Rednerbühne wird errichtet, eine ganze Anzahl von Predigern finden sich ein und nun wird Tag und Nacht abwechslungsweise in der aufregendsten Weise fortgepredigt. Schaarenweise fallen dabei oft Zuhörer nieder oder werden von einem krampfhaften Zucken am ganzen Körper ergriffen; die Leidtragenden und von Sündenangst Ergriffenen werden zu der sogenannten Buß- und Angstbank gerufen, wo die Prediger mit ihnen niederknieen, in sie hineinreden, in heftiger Weise mit ihnen beten, bis sie die vorgehaltene Verkündigung der Gnade Gottes mit eben so lauter schreiender Freude er-

[140] Vgl. Sydney E. Ahlstrom, A Religious History of the American People, New Haven 1972, 436f., „*... the camp meeting was a great engine of Methodist expansion and a very important part of the church's system.*"

greifen, was nun als Zeichen der Begnadigung und des Durchbruchs zum neuen Leben angesehen wird."[141]

Das Ziel dieser Beschreibung der *camp meetings* besteht darin, den deutschen Lesern den Methodismus vorzuführen, wie er wirklich ist, wenn er sich ungezügelt entfalten kann. „Zu solchen geistlich fleischlichen Specktakelstücken hat es nun allerdings bei uns zu Lande der Methodismus noch nicht getrieben", doch liegt in den Wörtchen „noch nicht" die ganze abweisende Furcht beschlossen, dass es doch noch so weit kommen könnte. Die jetzt noch zu beobachtende Zurückhaltung der Methodisten ist eigentlich nur taktischer Natur, denn sie wissen, „dass sie durch solche maßlose Schwarmgeisterei sich auf deutschem Boden doch um Ansehen und Achtung bringen müssten". Mit fortschreitenden Erfolgen jedoch könnte man es sich mehr und mehr leisten, die Maske fallen zu lassen. So läuft die Polemik darauf hinaus, die Methoden des Methodismus anzuprangern. Mit der „Aufregung des Gefühls" wird ein großes „Strohfeuer aufgeregter geistlicher Empfindungen" angefacht, das aber bald ausgehen kann und mit einem „einfältigen stillen und tiefen Glauben an das Verheißungswort Gottes" nichts zu tun hat (Geß, 35). Von dort ist es nicht weit zu dem Vorwurf, dass es den neuen Sekten an gesunder Lehre mangelt, weil sie es gewohnt sind, die Eingebungen ihres Gefühls und ihres Geistes „für Offenbarung des heiligen Geistes zu halten" (Lührs, 53).

4.2.2 Statistik

Die angewandten Methoden der Freikirchen führten anfänglich zu gewissen Erfolgen. Unzweifelhaft ist auch, dass sie gerade unter den „Rohen, den sittlich Gesunkenen und Verwahrlosten", denen nachzugehen ihnen sogar die kirchliche Polemik empfahl, Glieder gewinnen konnten. So lässt sich beobachten, dass Schankwirte das Volk gegen die Eindringlinge

---

[141] Geß, a.a.O., 32 f. Vgl. auch Christlieb, a.a.O., 31: „Diese Formen sind ja das, was unsrer ruhigen, in Wort und Sang und Gebärden ernst gemessenen, feierlich würdevollen Erbauungsweise am Methodismus am meisten zuwider ist." Das Ziel der *camp meetings* ist die „Erzielung rascher Früchte, eines Nettogewinnes von so und so vielen Seelen per Woche", 33.

aufwiegelten, weil sie um ihre Geschäfte fürchteten. In einer Eingabe an die Oldenburger Regierung unterstreicht ein Baptist: „Auch that der Eigennutz einiger Schenkwirthe nicht wenig dazu, indem unsere Mitglieder sich Branntweintrinkens enthalten, auch keinen Antheil nehmen an den mehrfach stattfindenden Tanzgesellschaften, die auf den Dörfern zuweilen in ganz herabwürdigem Betragen sich gestalten."[142]

Die Polemik gesteht zu, dass die Kirche keine Pflichten gegenüber jenen hat, „die vorher nichts von Gottes Wort gewusst hatten und durch die Baptisten aus Säufern und Verbrechern zu ordentlichen Menschen gemacht sind" (Arnold, 32). Die „Trunkenbolde" scheinen besonders auffallend gewesen zu sein. Der Bonner Praktische Theologe Theodor Christlieb (1833–1889) spricht von „Branntweinpest und Irreligiosität" im hohen Norden Deutschlands, die dort so schrecklich wüteten, „dass Fälle vorkamen, wo Schwerkranke sich bis zur Besinnungslosigkeit betranken, nur um den Zuspruch des Seelsorgers nicht verstehen zu müssen!" (Christlieb, 41). Auf diesem Hintergrund ist es für die Polemik „erstaunlich", dass solche Trunkenbolde durch die Erweckungspredigten „oft überraschend schnell" zu „ordentlichen Menschen" werden. Man weist auch darauf hin, dass die neuen Sekten bei den Handwerkern Einbrüche erzielt haben und dass es ihnen gelungen ist, den gewonnenen Handwerkern „alle und jede Sonntagsarbeit abzugewöhnen". Überraschend ist auch die Feststellung, dass „Fabrikmädchen und junge Burschen von 16-18 Jahren" den Grundstock der Methodistenversammlungen ausmachen (Kolde, 23). Dies ist deshalb besonders überraschend, weil man sonst zu berichten weiß, dass die jungen Menschen nach der „überstandenen Christenlehre" sich nicht wieder in der Kirche blicken ließen. Christlieb weiß außerdem zu berichten, dass „der Schlag von Leuten, der sich bis jetzt vorwiegend den Methodisten zugesellt hat, Dienstboten und sonst Leute aus den niederen Ständen" sind (Christlieb, 53). Angesichts dieser Mitteilungen will es schon verwundern, dass die Polemik im gleichen Atemzug den Emissären der neuen Sekten das Fi-

[142] M. Jelten, a.a.O., 101.

schen in fremden Gewässern vorwirft und sie insbesondere beschuldigt, es auf die bereits Erweckten abgesehen zu haben, um gerade sie herüberzuziehen bzw. herüberzulocken. Das Gegenteil scheint gerade der Fall zu sein. Daher dreht der Berliner Baptistenpastor Gottfried Wilhelm Lehmann (1799–1882) den Spieß um und behauptet, dass „die schauderhaftesten Gemälde", die landeskirchliche Pfarrer privat und von der Kanzel über die neuen Sekten entwerfen, die treuen Schafe der kirchlichen Herde gegenüber dem Wirken der Baptisten und Methodisten geradezu immunisiert habe. Es bliebe den Baptisten und Methodisten infolgedessen gar keine andere Wahl, als zu den Unkirchlichen zu gehen. Darin erkannte man auch den Willen des Herrn der Kirche, nämlich neuen Wein in neue Schläuche zu fassen.[143]

Lehmann macht noch weitere statistische Angaben. Es sei nämlich ein großer Irrtum, wenn man von der Annahme ausgehe, „dass unsere Zahl sich fast nur aus den Gläubigen anderer Kirchenpartheien rekrutire. Dieses muss ganz entschieden geläugnet werden. Ich kann zunächst aus meiner eigenen Erfahrung bezeugen, dass in der Gemeine zu Berlin nur etwa der zwanzigste Theil der Mitglieder aus Solchen besteht, die schon zuvor lebendige Erkenntniß des Heils gehabt haben, ehe sie unserer Gemeine beitraten und dass demnach die bei weitem überwiegende Mehrheit der Glieder solche sind, die erst durch die Wirksamkeit der Gemeine zu Christo geführt worden sind. In den meisten Gemeinen findet sich dies Verhältniß in ähnlicher Weise, mehr oder weniger, so dass im Allgemeinen es sich wie oben bemerkt darstellt. Diese so oft und so zuversichtlich ausgesprochene Behauptung ist demnach ganz falsch."[144]

Auf der dritten Internationalen Konferenz der Evangelischen Allianz 1857 in Berlin wiederholte Lehmann noch einmal seine Behauptung, dass keine fünf Prozent der Gemeindeglieder zu finden sind, die vordem durch andere Männer

[143] G.W. Lehmann, Offenes Sendschreiben an den deutschen evangelischen Kirchentag. Zum 150-jährigen Jubiläum der Berliner Baptistengemeinden neu herausgegeben und eingeleitet von Edwin Brandt, Wuppertal und Kassel 1987, 26.
[144] Ebd., 25.

Gottes und durch deren Bestrebungen zum Glauben gebracht worden sind.[145] Der Baptistenprediger unterstrich diese Feststellung durch den Hinweis auf den Massenabfall vom Christentum in der preußischen Hauptstadt. Denn von den vierhundert- bis fünfhunderttausend Einwohnern Berlins besuchten „nach einer ehrlichen Schätzung" nur 20.000 „regelmäßig oder überhaupt noch die Kirche".[146]

Der in der Evangelischen Allianz stark engagierte Theologieprofessor Theodor Christlich hatte zu Recht erkannt, dass in den Freikirchen der Statistik eine besondere Bedeutung zukam. Eine Territorial- oder Nationalkirche geht von der kirchlichen Betreuung aller in den geographischen Grenzen Lebenden aus. Eine Statistik ist nahezu überflüssig. Von den freikirchlichen Voraussetzungen aber, dass es eben keine „christliche Gesellschaft" gibt, erhält die Statistik insofern ihre Bedeutung, als sie den Nachweis der Zunahme, Abnahme oder Stagnation einer Kirche in einem Land erbringen kann. Christlieb führt aus, dass eine Kirche, wenn sie erst einmal beträchtliche Kosten in die Mission gesteckt hat, auch einen Mitgliederzuwachs erwartet. „In jedem Jahresbericht muss die Statistik (zumal in den Freikirchen) wenn irgend möglich, wenigstens im ganzen ein Wachstum aufweisen. Je unabhängiger eine Kirche, je weniger beschränkt auf die Grenzpfähle eines Landes, um so mehr will sie sich fühlen als eine unaufhaltsam wachsende, um eben daraus ihre Existenzberechtigung am Schlagendsten zu erweisen. Stillstand – auch nur in Zahlen – müsste sofort ein bedenkliches Präjudiz für ihre Lebensfähigkeit wenigstens in diesem oder jenem Land erwecken. Daher der eifrige Betrieb der Jahresstatistik, ja oft das Prangen mit Zahlen" (Christlieb, 12).

Es ist deutlich, wie stark Christlieb von den Voraussetzungen eines Landeskirchentums her denkt. Das wird nicht hinterfragt. Die Unabhängigkeit einer Kirche wird sogar von der Überschreitung der geographischen Grenzen abhängig ge-

---

[145] Erich Beyreuther, Der Weg der Evangelischen Allianz in Deutschland, Wuppertal 1969, 39.

[146] Ebd., 41. Neue Untersuchungen des Bochumer Historikers Lucian Hölscher, der einen Atlas zur religiösen Geographie im protestantischen Deutschland von der Mitte des 19. Jahrhunderts bis zum Zweiten Weltkrieg erarbeitet hat, bestätigen die Angaben Lehmanns.

macht. Infolgedessen kommt er auch nicht auf den Gedanken, dass etwa die Landeskirchen mit der Statistik „prangen“, da sie allzu selbstverständlich alle Bewohner innerhalb der Grenzpfähle eines Landes zu den Ihren rechnen. Nur von dieser Voraussetzung wird auch klar, dass Christlieb sich ein sogenanntes „nichtdenominationelles Wirken dieser Sendboten“ auf Dauer so verstellen kann, dass „sie ihren Verband mit den methodistischen Missionsbehörden lösen und etwa von einem innerkirchlichen deutschen Evangelisationskomitee sich leiten ließen“ (Christlieb, 13).

Christlieb schwebte also vor, die methodistischen bzw. überhaupt die freikirchlichen Evangelisten so zu zügeln, dass sie nicht für eine freikirchliche Denomination, sondern, von einem landeskirchlichen Ausschuss geleitet und diesem unterstellt, für die Landeskirchen arbeiten sollten. Wieso dies ein „nichtdenominationelles“ Wirken sein soll, lässt sich nur so erklären, dass Christlieb von der fraglos vorgegebenen Kirche ausgeht und daran alles misst.

Christlieb hatte im Blick auf den Methodismus noch andere Sorgen. Er meinte nämlich, dass im Methodismus mehr als in anderen evangelischen Kirchen „der Welteroberungsgedanke“ liege. Die von ihm beobachtete „fortdauernde gewaltige Ausbreitungskraft und die thatsächlichen großen Erfolge des Methodismus“ lassen bei diesem „die stille Hoffnung“ aufkommen, „einst doch noch alle anderen Kirchen zu überflügeln“. Denn „welche andere evangelische Kirche dringt in solchem Geschwindschritte vorwärts?“ (Christlieb, 17, auch 49 f.). Sehr dramatisch malt der Professor die Folgen für die Evangelische Allianz aus. „Und dass die Konsequenz dieser Anschauung das Allianzprincip mit der Zeit durchbrechen, die brüderliche Gleichordnung der wahrhaft evangelischen Kirchen allmählich in die Ueberordnung der einen, zuletzt alles annektierenden verkehren müsste, liegt auf der Hand“ (Christlieb, 17).

Im Widerspruch zu dieser Befürchtung vor dem alles verschlingenden Moloch Methodismus steht die Behauptung Christliebs, dass die evangelischen Landeskirchen sowohl indirekt als auch direkt „unter allerlei aufkeimenden Freikirchen“ missionieren. Indirekt geschieht dies „durch ihren wissenschaftlich theologischen Einfluss, ihr öffentliches Ansehen, ihren in Handhabung kirchlicher Formen oft gebildeteren, feineren Geschmack, ihre größere Weitherzigkeit, Vielseitigkeit und dergleichen". Hier und da geschehen auf direktem Wege auch Übertritte von Separierten. Aufschlussreich ist der Sprachgebrauch Christliebs. Diese werden „an der Opportunität ihres früheren Austritts irre und kehren zur Mutterkirche zurück!" Die „Verluste" sind „gegenseitig, der Kampf wogt herüber und hinüber" (Christlieb, 24 f.).

4.3 Separation

Die missionarischen Bemühungen – wie die einen sagten – oder die Proselytenmacherei – wie es die anderen mit ein wenig Neid vermischt nannten – hatten das Ziel, die Bekehrten aus den Landeskirchen in die Separation zu drängen. Denn nur so konnten landeskirchliche Pfarrer oder Theologieprofessoren die Bildung neuer Kirchen interpretieren. Seit es im Gefolge des Pietismus unter unruhigen Geistern an den Rändern der Kirche zu Abspaltungen gekommen war, standen erweckte Kreise unter erhöhtem Verdacht, eine Separation von den Landeskirchen zu begünstigen. Diese mussten deshalb besonders empfindlich reagieren, wenn sich Anzeichen für eine Separation bemerkbar machten. Grundvoraussetzung ist natürlich, dass es allein die eine, rechtmäßige Kirche gibt und dass diese ordentlich berufene Amtsträger einsetzt, an die sich das gesamte Volk als Kirchenvolk zu halten hat. Davon wichen die neuen Kirchen ab.

Jede Separation ist nach Christlieb „eine laute Frage an die Kirche, ob sie ihre pastorale Schuldigkeit genügend gethan hat oder wenigstens fortan thun will" (Christlieb, 35). Seine Analyse führte ihn zu der Erkenntnis, dass in der Kirche die erweckliche Predigt und die Seelsorge „in genügendem Ausmaß" fehlten (Christlieb, 36 f.). Deshalb kann er, besonders von einem Standpunkt der Allianz aus gesehen, schwer nachvollziehen, „dass es besser ist, wenn in vernachlässigten Gemeinden die Schläfer fortschlafen, bis vielleicht deren Kinder oder Enkel von einem besseren Kirchendiener erweckt werden, als dass eine außerordentliche Weckstimme sie sofort erwecke" (Christlieb, 44). Der allen existierenden Kirchen vorgeordnete Gesichtspunkt des „Reiches Gottes" lässt Christlieb diesen Standpunkt einnehmen. Zugleich aber betont er, die Kirche habe „ein ursprünglicheres Recht auf die Seelen als diese neu eindringenden Prediger"; allerdings muss sie dieses Recht durch treue Pflichterfüllung bewähren (Christlieb, 45). Nur wenn sie dies tut, kann die Kirche den Abfall in die Separation zum Stillstand bringen.

Man sollte also die Frage nicht so stellen: „Hätte der Methodismus, Baptismus u. s. f. von deutschem evangelischem Boden sich nicht besser ganz fern halten sollen?"; denn faktisch sind diese Kirchen jetzt da und durch einseitige Polemik nicht zu vertreiben. Die heute „allein praktische" Frage muss nach Christlieb vielmehr lauten, wie man durch Stärkung des geistlichen Lebens der Landeskirchen die Freikirchen „überflüssig" macht oder ihre Ausbreitung zumindest „in möglichst bescheidene Schranken" hält (Christlieb, 48 f.). Das ist die alles entscheidende Frage, die im Klartext bedeutet, durch eine von den Freikirchen kopierte Arbeitsweise diese zu unterlaufen und an einer Ausbreitung zu hindern (Christlieb, 49).

Seine Vorschläge konzentrierten sich vor allem auf die Teilung der in den Großstädten unüberschaubar gewordenen Parochien und auf „die Organisierung eines innerkirchlichen Evangelisteninstituts" (Christlieb, 56).[147] Ziel seiner Bemühungen war es, das Amt eines Evangelisten in den Landeskirchen dem kirchlichen Amt zuzuordnen. Aus diesem Grunde wurde 1886 unter seiner Leitung eine Laien-Evangelistenschule, das Johanneum, in Bonn gegründet, das seit 1893 in Wuppertal seinen Sitz hat. Die Gründung des Johanneums ist Reflex der Tatsache, dass Christlieb mit seinen Gedanken in den Landeskirchen nicht durchdrang, andererseits aber ist es Teil des Abwehrkampfes gegen die Freikirchen. Es ist der Versuch, die analysierten Stärken des Freikirchentums auf dem Gebiet der Evangelisation in den Landeskirchen auch zum Zuge zu bringen, um eine Abwanderung größerer Bevölkerungskreise in die Separation zu den Freikirchen zu verhindern.

[147] Vgl. auch seinen 1888 gehaltenen und in Kassel im gleichen Jahr gedruckten Vortrag „Die Bildung evangelistisch begabter Männer zum Gehilfendienst am Wort und dessen Angliederung an den Organismus der Kirche", Vortrag, auf der allgemeinen Konferenz in der Wuppertaler Festwoche am 9. August 1888 zu Barmen gehalten.

4.4 Widersprüche der Polemik

Nicht selten kann sich die Polemik in Widersprüche verwickeln. Dies betrifft vor allem die Vergleiche. Die Baptisten werden als „Schismatiker im eminentesten Sinne" eingestuft und zugleich wird behauptet: „Im Bekenntnis sind sie allerdings mit der Kirche, insonderheit der Evangelischen einig." Dennoch gilt: „Der Baptismus ist seines aggressiven Charakters wegen die gefährlichste Ketzerei der Gegenwart und sofort ist aller Friede aus, wenn seine Sendlinge irgendwo erscheinen."[148] Ein anderes Beispiel betrifft die Predigtweise der neuen Kirchen. Sie wird einerseits wegen ihrer Einfachheit und ihrer Bildersprache gelobt, anderseits wegen der gleichen Eigenschaften getadelt, weil man so die denkfaule Menge anzieht. Umgekehrt zollt man dem wissenschaftlichen Standard der deutschen Predigt höchtes Lob, weil sie geistig durchdachter, systematischer aufgebaut und tiefer gegründet ist sowie mehr allseitige Erkenntnis eines Schriftwortes und seines Zusammenhangs verbreitet als die der freikirchlichen Emissäre. Andererseits aber weiß man auch, dass es gerade diese hochstilisierte Predigtweise ist, die über die Köpfe der Hälfte der Zuhörer hinausgeht (Christlieb, 52 f.). Einerseits pocht man auf die Christlichkeit des Volkes, andererseits erkennt man, dass das Erscheinungsbild der Kirche dem überhaupt nicht entspricht und meint, die Säufer und Verbrecher ruhig den neuen Kirchen überlassen zu können.

Ein ähnlicher Widerspruch tut sich auf, wenn man zwar die neuen Kirchen als Partner im gemeinsamen Kampf gegen Rom auf seiner Seite wähnt, sie aber zugleich mit den geläufigen anti-römischen Urteilen überzieht oder sie sogar in die Nähe Roms rückt. Aus einer „bestimmten Methode der Bekehrung" und einer bestimmten Weise des Gottesdienstes wird abgeleitet, dass „das Heil von etwas Aeußerlichem, Selbstgewähltem abhängig" ist und damit geraten die Albrechtsleute „auf römisch-katholische Wege" (Plitt, 20 f.). Auch

---

[148] F. W. Schulze, „Die Dissidenten", Evangelische Kirchenzeitung 1860, Sp. 601-604; 609-612; 625-637; hier: 611.

[149] Arnold, a.a.O., 36. „Wieviel thun nicht in dieser Hinsicht die Baptisten!"

der geistliche Hochmut lässt Methodisten und Baptisten mit Rom Hand in Hand gehen. Besonders die Vollkommenheitslehre des Methodismus ist angetan, Parallelen zu den Heiligen Roms zu ziehen. Ist schon die römische Ohrenbeichte ein „ungehöriger Eingriff in die Gewissensrechte der Christen“, so sind die „Klassversammlungen“ der Methodisten, wo auch gegenseitig gebeichtet wird, „noch bedenklicher“ (Plitt, 36). Wenngleich die Seelsorgetätigkeit in den Klassen gelobt werden kann, ist jedoch die „Gewissensausforschung“ der katholischen Ohrenbeichte stark verwandt (Hirzel, 6-8; Geß, 38) und das Streben nach Heiligung mit Hilfe der Klassenführer „gewissen jesuitischen Institutionen nicht unähnlich“ (Kolde, 17). Dem Methodismus ist „so ziemlich Alles, was nicht direct das Reich oder was man darunter versteht, oder die eigene Heiligkeit fördert, Sünde. Sein Streben ist ein Streben nach selbstgewählter Heiligkeit in Fasten, Askese und Abgeschlossenheit von den Dingen dieser Welt. In katholischer Weise bestimmen seine Regeln im Einzelnen, was man thun soll und was man nicht thun darf“ (Kolde, 16). Deshalb spricht aus dem Methodismus „der lebensscheue Geist des Mönchthums, nicht das lebensfrische Wesen des Protestantismus“ (Hirzel, 15).

Widersprüche gibt es auch bei der Beurteilung der Lieder. Einesteils sind die zwar schwungvollen, zumeist lebhaften Melodien mit „meist elenden Reimereien“ unterlegt (Kolde, 24), anderenteils jedoch gesteht der gleiche Verfasser zu, dass bei einem „objectiven Urteil“ im Vergleich zu dem gewöhnlichen Gesang in der Kirche den Methodisten die Palme zusteht. Der Gesang „mag bei uns vornehmer, getragener sein, aber dort ist er volkstümlicher, unmittelbarer. Und wie schleppend werden oft unsere schönsten Choräle gesungen, zum Teil die notwendige Folge davon, dass der Herr Organist sein Stücklein herunterleiert und dann wiederholt, ohne auch nur eine einzige Note mitzusingen. Von rhythmischen, dem Texte angepassten Gesange kann da natürlich keine Rede sein. Bei den Methodisten ist der Gesang ein integrierender Teil des Gottesdienstes, bei uns in den meisten Fällen ein Beiwerk, dem Anscheine nach oft nur dazu da, die Pausen auszufüllen oder auf die Predigt vorzubereiten“ (Kolde, 29). Zur Abwehr der Sekten wird die Förderung der Kirchenmusik und der Kirchenchöre empfohlen.[149]

4.5 Undeutsch – fremdartig

Dass die neuen Kirchen fremdländische Gewächse sind und keine Äste an der deutschen Eiche ist ein beliebtes Bild der Polemik. Das Undeutsche erweist sich zum Beispiel daran, dass die herkömmlichen christlichen Antijudaismen auch auf die Freikirchen zur Anwendung kommen. Freikirchler huldigen einer veräußerlichten Gesetzesreligion; sie fragen „nach äußeren Vorschriften und Geboten“ (Arnold, 23). Baptisten sind „alttestamentliche Gesetzesmenschen“ (Lührs, 8); ihr Streben ist „auf das Aeußere gekehrt“ (Lührs, 53), und bei ihnen steht man „wieder unter dem Gesetz“ (Arnold, 31). Obgleich anerkannt wird, dass im Einflussbereich der Freikirchen der Sonntag geheiligt wird, ist dies dennoch eine „jüdisch-gesetzliche Sonntagsheiligung“. Ein pharisäerhaftes Verhalten durchzieht den gesamten Lebensstil der Freikirchler: „In dieser ihrer Aeußerlichkeit und Verfassungstreiberei sind [die Baptisten] ebenso undeutsch als unlutherisch und unevangelisch erst recht“ (Lührs, 8).

Weil auch der römische Katholizismus mit ähnlichen Prädikaten belegt werden kann, liegt auch hier wieder eine Parallele vor. Das Betonen einer kirchlichen Verfassung und der Gehorsam gegen äußere Ordnung gehen Hand in Hand mit der Tatsache, dass einige Methodisten „von einer auswärtigen geistigen Obrigkeit abhängig sind“ (Plitt, 40). Wie römische Katholiken dem Papst Gehorsam schulden, so zollen Methodisten ihren auswärtigen Behörden und Missionskomitees Gehorsam und beweisen damit, dass sie undeutsch sind.

Auch hier lassen sich Widersprüche in der Polemik beobachten, die darauf beruhen, dass man ein Idealbild der deutschen Kirche entwirft und dies dem Zerrbild, das man von den fremdländischen Eindringlingen und ihren Kirchen malt, gegenüberstellt. Gleichzeitig muss die Polemik freilich zugestehen, dass die Verhältnisse in Deutschland nicht so beschaffen sind, wie man sie rührselig zeichnet: „Dem deutschen Wesen eignet Innerlichkeit, Tiefe und im Christenthum vor allem Kindlichkeit. Deutschland ist jetzt vielfach beirrt und verwirrt, wo es sich aber recht versteht, da spielt es wie ein Kind vor Gottes Angesicht und weiß nichts von gesetzlicher Ängstlichkeit, welche spricht: Du sollst da nicht angreifen, du sollst das nicht kosten, du sollst das nicht anrühren! Aber die

Baptisten sind Fremdlinge nach Art und Sitte, wenn sie auch unsere deutsche Muttersprache reden, darum verstehen sie nichts Rechtes von deutschem lutherischem Wesen, noch von unserer Kirche Herkommen, Bestand und Weise" (Lührs, 8). Der gleiche Verfasser sagt im Blick auf das lutherische Bekenntnis: „Den Wiedertäufern ist dies unser Bekenntniß ganz unverständlich und sie reden davon so fremd und von weitem her, dass man den unkundigen Ausländer gleich merkt und so kalt, so schnöde und schneidend, dass ein warmes evangelisches Herz, ein weiches deutsches Gemüth davor zusammenbebt" (Lührs, 15 f.).

Die Polemik gesteht zu, dass die Gnade Gottes für alle Völker dieselbe ist und dass infolgedessen das Christentum einen internationalen Charakter hat. Gleichwohl hat sich das Christentum „als Effect der evangelischen Predigt [...] bis zu einem gewissen Grade dem Volksgeiste assimilirt". Daraus wird gefolgert, dass die Ausprägungen des Christentums verschieden sind: „ein anderes ist deutsches Christentum, ein anderes englisches. Nur auf englischem Boden konnte der Methodismus entstehen. Dort ist zu allen Zeiten der Boden für die Erweckungsbewegungen gewesen [...]. Der Methodismus ist nur ein Glied in der Kette derselben, die einstweilen in der Heilsarmee einen kaum zu überbietenden Abschluss gefunden haben, und nicht zum wenigsten deshalb hat der Methodismus in England und den Ländern englischer Zunge so große Erfolge zu verzeichnen, weil er durchweg englisch ist. Wird man doch auch sagen dürfen, das stolze Losungswort Wesleys und seiner Jünger, *the world is my parish,* die Welt ist mein Kirchspiel, ist nur eine Übertragung des englischen Handelsprinzip auf das kirchliche Gebiet. Wie der Engländer noch immer trotz aller modernen Beschränkung die ganze Welt als sein Gebiet auffasst, wo eigentlich seine Flotte allein zu gebieten, sein Handel allein zu herrschen hat, so hält auch der Methodist alle Welt, vor allem aber die Gebiete protestantischen Christentums für ihm rechtlich zufallende Wirkungskreise, um unbekümmert darum, wie viel wahres Christentum er zertritt, wie viele Gemüter er verwirrt, in wie viele Gemeinden er störend eindringt, seine Netze auszuwerfen und sein ausländisches Christentum zu verbreiten."

Der Methodismus ist „ausländisch nach Lehre und Sitte", er ist „eine importirte Waare": „Ich nenne ihn ein ausländisches

Gewächs und bekämpfe ihn, weil er in unser Christentum ein Neues, Fremdartiges, die Heilsgewissheit und den Trost der Sündenvergebung Untergrabendes einführt, weil er unser deutsches, auf der Gewissheit des Heils und der christlichen Freiheit fußendes, in Gottvertrauen fröhliches Christenleben, wie wir es durch Luther wieder aus der Schrift gelernt haben, in die unevangelischen Fesseln einer falschen Weltflucht und Weltverachtung schlagen will" (Kolde, 9-11).

Ist der Methodismus angeblich englisch, so der Baptismus „yankeemäßig" und „die Übersetzung von ‚Amerika' aus dem Geographischen in das Kirchliche".[150] In Amerika aber herrscht „ein so hastiges treiberisches Wesen, dass alle Kraft und Besonnenheit des Mannes dazu gehört, um es mit den Sendlingen von dorther aufzunehmen".[151] Dieser Behauptung steht die andere zur Seite, wonach die „sonst so freiheitsstolzen Engländer und Amerikaner auf religiösem Gebiet sich gern so wie Kinder leiten und gängeln, ja fast in eine Zwangsjacke stecken lassen" (Plitt, 36).

Wie immer man hier zu entscheiden hätte, mag offen bleiben, fest steht, das „englisch-amerikanische Sektenwesen" des Baptismus und Methodismus „kann und will nichts verstehen von einer christlichen Gemeindesitte, die sich im innigen Anschluss an das Volksgemüt und die Volksseele in den einzelnen Nationen verschieden gebildet hat. Der baptistische Radikalismus hat darin etwas Revolutionäres, dass er pietätlos alle historischen Bildungen zerstört" (Arnold, 12).

Diese Zerstörungswut betrifft insbesondere die Volkskirche. Die neuen Kirchen verneinen, dass dem Volksgeist oder der Volksseele eine theologische Qualität zukommt. Damit stellen sie sich nach Meinung der Kritiker außerhalb eines Entwicklungsgesetzes. Denn die Volkskirche ist durch ein organisch wirkendes, immanentes Gesetz der Entwicklung hervorgebracht worden. Sie ist der in Deutschland hervorgetretene Rahmen für das Christentum. Die Volkskirche kann zwar das Gemeinschaftsbedürfnis der Menschen nicht voll befriedigen.

[150] Evangelische Kirchenzeitung 1861, Sp. 635 f.

[151] A. Lührs, Die Wiedertäufer, zitiert nach Julius Köbner, Die Gemeinde Christi und die Kirche. Eine Widerlegung der von Herrn Archidiaconus Lührs herausgegebenen Schrift ‚Die Wiedertäufer', Hamburg 1850, 4.

Sie ist ein Acker voll Unkraut unter dem Weizen: „Das ist ein Gebrechen, welches die evangelische Kirche mit ihrem geschichtlichen Beruf von der katholischen Kirche her als Erbtheil überkommen hat“ (Geß, 54). Anders als Fehler kann man jedoch Gebrechen nicht korrigieren, sondern man muss sie tragen. Die undeutschen Freikirchen tun dies gerade nicht. Diese Analyse kann in der Tat das Selbstverständnis der neuen Kirchen treffen, da sie neuen Wein in neue Schläuche füllen wollten und Gebrechen für korrigierbare Fehler hielten.

Die Freikirchen verhindern jedoch nach Meinung der Kritiker die weitere Entwicklung zu einem „einheitlichen kirchlichen Leben des Protestantismus in Deutschland“, das durch die Preußische Union angebahnt wurde und nun durch das Dazwischentreten der englisch-amerikanischen Sekten in seiner gradlinigen, organischen Entwicklung gestört wird. Allerdings ist die Volkskirche auch kein Endpunkt des Entwicklungsganges. Es wird dermaleinst andere Formen geben; doch gilt für die Gegenwart, der Volkskirche die Treue zu bewahren. „Bis Gott für unser kirchliches Leben neue Anfänge schafft, bis er einen der ‚Helden- und Wunderleute‘ schickt, der zur rechten Zeit das lösende Wort spricht und die entscheidende That vollzieht, haben wir mit den vorhandenen Mitteln und innerhalb der gegebenen Formen Treue zu beweisen“ (Arnold, 35). Die verheerenden Auswirkungen, die solche Erwartungshaltung begünstigte, zeigten sich am Ende der Weimarer Republik, als in den evangelischen Kirchen und besonders innerhalb der „Glaubensbewegung Deutsche Christen“ viele meinten, in Hitler jenen Helden- und Wundermann erblicken zu müssen, der das lösende Wort spricht und die entscheidende Tat vollzieht.

Der alle nationalen Grenzen sprengende Grundzug der Freikirchen, ihre Proselytenmacherei und ihre Nähe zu Rom können zu einem gewaltigen Syndrom des Vorwurfs gesteigert werden. In seinem Welteroberungsdrang verbreitet der Methodismus beispielsweise überall auf der Welt – „in den Ländern die auf der Höhe der Zivilisation stehen, wie in denen, die von ihr noch keinen Begriff haben“ – die gleichen Regeln und Gebote. „Nun diese Gleichartigkeit christlicher Sitte unter allen Völkern und allen Ständen, das war einer der großen Gedanken der katholischen Kirche, groß, so lange er noch nicht gerichtet war von der Geschichte, so lange es sich noch nicht gezeigt hatte, wohin solcher Zwang der Sitte führe, solche Knechtschaft des Gemüthes: nämlich zur Veräußerlichung des religiösen Lebens, zu einem allmähligen Aufgehen desselben in äußern Werken. So eben hatte im Laufe der Zeit das tiefreligiöse Volk Israel sich veräußerlicht bis zum Pharisäismus, so die alte christliche Kirche zu jener römisch katholischen, die durch die Reformation nun glücklich wieder ist verdrängt worden. Wollen wir zu ihr zurück?" (Hirzel, 23)

In der Art der Frage liegt schon die Antwort beschlossen: Die Freikirchen sind weder Kinder noch Stiefkinder der Reformation. Zu ihnen überzutreten, bedeutet keinen Entwicklungsfortschritt, sondern einen Rückfall in römisch-katholische Zeiten einer Veräußerlichung der Religion. Die Reformation hat mit dieser Knechtschaft gebrochen, weshalb sich die evangelische Kirche sowohl Rom als auch den Freikirchen gegenüber als die wahre christliche Kirche erweist.

4.6 Maßnahmen gegen Freikirchen

Die Anfangsgeschichte der Freikirchen in Deutschland ist, wie man an den ausgewählten Beispielen aus der kontroverstheologischen Kleinliteratur unschwer erkennen kann, ein düsteres Kapitel deutscher Kirchengeschichte. In den gängigen Lehrbüchern findet man indes darüber nichts. Auch hat die ökumenische Bewegung in Deutschland dieses Kapitel noch nicht aufgearbeitet, wahrscheinlich weil es zu wenig bekannt ist. Die Verunglimpfungen blieben jedoch nicht auf literarische Äußerungen einiger Theologen beschränkt; sie wurden vielmehr von flankierenden Maßnahmen staatlicher Stellen begleitet, so dass die Freikirchler einem gesellschaftlichen Druck ausgesetzt waren, der ihnen die Lebensmöglichkeiten immer mehr eingrenzte. Bei der engen Verschränkung von Staat und Kirche nimmt es nicht wunder, dass in vielen, ja in den meisten Fällen die staatlichen Organe von den Kirchenleitungen oder Pfarrern aufgefordert wurden, dem Treiben der „Sekten" einen Riegel vorzuschieben. Die literarischen Verfemungen und die polizeilich-staatlichen Verfolgungen bedingten sich gegenseitig.

Es war nicht nur eine geistig-geistliche Auseinandersetzung, die sich zwischen unterschiedlichen Kirchentypen vollzog; denn die Kirchen verfügten über zusätzliche Machtmittel, um ihren Standpunkt auch jenseits der theologischen oder logischen Einsehbarkeit oder Uneinsehbarkeit ihrer Argumente zur Geltung zu bringen. Auf die literarischen Angriffe konnten die Freikirchen noch mit literarischen Mitteln antworten und taten dies auch, wenngleich es selbst auf diesem Gebiet schon Schwierigkeiten gab, weil durch Eingriffe der Zensur die Freiheit der Meinungsäußerungen missliebiger Geister beschnitten werden konnte und Drucker für die Schriften sich nicht immer fanden. Aber irgendwelche sonstigen Machtmittel standen den Freikirchlern nicht zur Verfügung. Der einzige Weg, der sich ihnen noch bot, war der, indirekt Druck auf die Regierungen auszuüben. Sie taten dies, indem sie die Verfolgungsmaßnahmen staatlicher und kirchlicher Stellen vor allem in den englischsprachigen Ländern England und USA veröffentlichen ließen. Das war zum Beispiel dem preußischen König Friedrich Wilhelm IV. äußerst unangenehm.[152]

Die besonderen Reibungsflächen, an denen sich die meisten Konflikte entzündeten, hatten mit den „Eckdaten" eines Menschen zu tun: Geburt, Eheschließung, Tod und Begräbnis.

4.6.1 Maßnahmen im Zusammenhang der Verwaltung der Sakramente

Der Baptismus war nicht nur die erste der neu entstandenen Kirchen, sondern nach allgemeiner Einschätzung auch die schlimmste. Dies hing mit ihrer Tauflehre zusammen. Die Ablehnung der gesetzlich verankerten Neugeborenentaufe musste sie notwendigerweise in Konflikte mit der Obrigkeit bringen. Erstaunlich ist in diesem Zusammenhang die Tatsache, dass verschiedentlich die Behörden oder Gerichte auf die Wiedertäuferordnungen der Reformationszeit zurückgriffen. Das Auftreten der reformatorischen Täufer und insbesondere der Versuch, das himmlische Jerusalem mit Gewalt in Münster aufzurichten, muss sehr tiefe, traumatische Erinnerungen festgesetzt haben, die natürlich durch die konfessionelle Polemik wach gehalten wurden, die aber nachdrücklich an die Ober-

[152] Vgl. unten das Kapitel 6 „Zwischenkirchliche Organisationen" über die Evangelische Allianz.

fläche gespült und zu Handlungsweisen gegen die Baptisten umgesetzt wurden, als sie sich weigerten, neugeborene Kinder zur Taufe zu bringen, oder als Taufhandlungen der Baptisten bekannt wurden, die an die Reformationszeit erinnerten.

Vor Einführung eines Zivilstandsregisters war die Registrierung Neugeborener aus einem baptistischen Elternhaus oft nur unter großen Schwierigkeiten möglich. Kinder wurden zum Beispiel ohne Vornamen eingetragen und ein Vermerk angebracht: „Die Eltern dieses Kindes haben ihren Austritt aus der lutherischen Kirche erklärt und gehören einer wiedertäuferischen Sekte an, verwerfen daher die Kindertaufe."[153] Daher kann in diesem Fall der Junge kirchlicherseits keinen Namen erhalten. In den Kirchenbüchern sind in solchen Fällen bei Taufdatum und Taufpaten keine Eintragungen gemacht.

Solche Fälle sind indes vergleichsweise harmlos, wenngleich die gesellschaftliche Diskriminierung für die Betroffenen nicht von der Hand zu weisen ist. Doch diese scheinen anfänglich mit einem gesunden Maß an Selbstbewusstsein ausgestattet gewesen zu sein. So etwa schreibt ein einfacher junger Vater in „ungelenken Buchstaben", wie die Entdecker dieses Dokumentes mitteilen, folgendes an den lutherischen Pfarrer: „Wier endes unterschriebene bringen Ihnen hiermit zur Schriftlichen Anzeige, das uns 9ten Märtz [1858] ein Knabe gebohren wurde. Da wier gegenseitig die Schriftwiedrigkeit der Kindertaufe erkennen und somit nicht unser Kind zur Besprengung bringen können, so übergeben wier hiermit Ihnen zur eintragung in die Liste den Namen und das Alter des Kindes."[154]

Schwieriger war es indes, wenn Zwangstaufen durchgeführt wurden. Dies geschah in vielen Fällen: „Wurde auf gewaldsame weiße durch den Pastoren K. 1845 in der Wohnung des Frerich Bohlken besprengt."[155] Ein besonders krasser, aber keinesfalls untypischer Fall ereignete sich 1841 in Marburg. Das Konsistorium eröffnete dem Gründungsmitglied der dortigen Baptistengemeinde, Jeremias Grimmell, seine am 5. Juli geborene Tochter zur Taufe zu bringen, widrigenfalls er der Obrig-

---

[153] Margarete und Hermann Jelten, Eine Freikirche in der „freiesten Stadt", Bremerhaven 1982, 43.
[154] Ebd., 136.
[155] Ebd., 135.

keit zur Bestrafung übergeben werde. So geschah es. Der Polizeidirektor indes ließ sich nach zweimaligem Verhör Grimmells von Marburg versetzen, weil er keine Schuld fand und den Verklagten gewissenshalber nicht bestrafen konnte. Sein Nachfolger gestand in weiteren Verhören zu, von den theologischen Fragen nichts zu verstehen, da er Jurist sei. Er gab Grimmell angesichts der sonst fälligen Strafen den guten Rat, sein Kind jetzt taufen zu lassen, später könnte das Kind ja noch fünf- bis sechsmal getauft werden. Eigenartig ist an diesem Vorfall, dass die „lutherische Obrigkeit" dem Baptisten den Rat der Wiedertaufe gibt, dieser aber die Einmaligkeit der Taufe verteidigt. „Über die Zeit kann ich nicht bestimmen, da diese von der Gnade Gottes abhängt. Aber fünf- bis sechsmal taufen gehört sich nicht, in der Kirche Christi gibt es nur einen Herrn, einen Glauben und eine Taufe, und vor der Taufe verlangt der Herr Jesus und seine Apostel Glauben."

Darauf äußerte sich der Polizeidirektor abfällig über Jesus und die Apostel und bestrafte Grimmell. Da dieser die Geldstrafen nicht bezahlte, wurden Möbel aus seinem Haus weggetragen. Obgleich der Polizeidirektor den Baptisten mit den Worten „Sie Proselytenmacher" anschrie, bescheinigte er ihm später, sich in den Verhören ehrenvoll benommen zu haben und standhaft geblieben zu sein. Der Vorfall endete damit, dass vom Gericht ein Onkel des Kindes zum Kurator bestellt wurde und dieser zusammen mit einer Hebamme und vier Gendarmen sich des Kindes bemächtigte. Das inzwischen einjährige Kind wurde von der Hebamme zur Kirche gebracht und dort getauft.

Nach der Geburt des zweiten Kindes der Familie bestellte der Polizeidirektor auf Antrag des lutherischen Konsistoriums beim Landgericht Marburg erneut die Einsetzung eines Vormundes. Dem wurde stattgegeben und wieder erschienen der Vormund, eine Hebamme und der Wachtmeister, um das Kind zur Zwangstaufe abzuholen. Da die Hausmagd gerade mit dem Kind unterwegs war, die Polizei aber den Aussagen Grimmells keinen Glauben schenkte, wurde das gesamte Haus nach dem Kind durchsucht. Es kam zu tumultartigen Szenen, zumal noch zur gleichen Zeit eine Pfändung stattfand. „Unterdessen hatten sie die Magd mit dem Kinde vor dem Tor gefunden; dieselbe wurde grob behandelt und tüchtig ausgescholten, und die Hebamme musste ihr das Kind abnehmen, welches sodann mit Polizei und Gendarmen wie ein Mörder in die lutherische Kirche gebracht wurde. Nichts Greulicheres ist mir in meinem Leben vorgekommen als dieser Tag, an dem es nicht aussah, als ob man sich in einem christlichen Staate, sondern unter Räuber- und Mörderhänden befand", so berichtete der betroffene Vater selbst.[156]

Da anfänglich in Ermanglung von Baptisterien in Flüssen getauft wurde und die Täuflinge beiderlei Geschlechts sein konnten, galten die Taufen als sittenwidrig. Das „Anstandsgefühl" sahen die Behörden verletzt. Als man sich als Reaktion auf diese Vorwürfe des Nachts traf, um die Taufen vorzunehmen, verdichteten sich die Gerüchte noch mehr. So wurde etwa 1853 in einer Eingabe eines Pfarrers gegen die Baptisten-Sectierer behauptet, das nächtliche „Nackttaufen" habe dazu geführt, dass zwei Mädchen sterbenskrank geworden seien.[157] Auch konnte es jetzt gesundheitspolizeilich zu einem Verbot der Taufen kommen. Dieses Argument erhielt noch zusätzliches Gewicht, weil die Taufgesinnten nicht davor zurückschreckten, selbst in der kalten Jahreszeit in den Flüssen zu taufen. Wie leicht bestand doch dann Erkältungsgefahr oder die Gefahr einer Lungenentzündung, wie es eine Medicinal-Ministerial-Abmahnung des preußischen Ministers von Rochow ausdrückte.[158]

Der Hamburger Polizei-Senator berichtete 1857 dem Bremer Bürgermeister Smidt über die Baptisten, dass er sich von dem Ältesten Oncken schon viele „salbungsvolle Vorträge" habe anhören müssen und fuhr fort: „Früher, als die Baptisten noch durch ihre im Fluss *conspectu omnium* [= vor aller Augen] vollzogenen Taufen von Männern und Frauen öffentlichen Anstoß gaben, kamen sie viel mit der Polizei in Conflict. Aber schon seit etwa 10 Jahren haben sie sich ein eigenes Gotteshaus mit den erforderlichen Verrichtungen zum Taufen einge-

156 Festschrift 125 Jahre Gemeindegeschichte, Marburg 1965, 11 f.

157 J. Hugo Weber, Die freikirchliche Gemeindebewegung im Oberbergischen. Entstehung der evangelischen Freikirchen und der Brüderbewegung, Wiehl o. J., 89.

158 Angeführt bei Christian Carl Josias von Bunsen, Aus seinen Briefen und nach eigener Erinnerung geschildert von seiner Witwe. Deutsche Ausgabe, durch neue Mittheilungen vermehrt von Friedrich Nippold, Bd. III, Leipzig 1871, 260 f.

richtet, sich auch sonst still verhalten (namentlich 1848/49) und sich im Ganzen als harmlose Leute ausgewiesen, die sich in ihren Lehrsätzen eigentlich durch nichts von anderen guten Christen unterscheiden, als durch die – doch im Grunde gar nicht so absurde – Behauptung, dass die Taufe nur dann einen Effect habe, wenn sie mit dem Bewusstsein angenommen werde."[159]

Das Anstoßerregende ist durch den Bau eines eigenen Kirchengebäudes mit Baptisterium weggenommen. Jetzt kann der Polizei-Senator auch viel abgeklärter über die Baptisten schreiben und ordnet sie in die Schar der „guten Christen" ein. Ihre Taufauffassung ist das eigentliche Unterscheidungsmerkmal von anderen Christen, und diese Auffassung ist eigentlich „gar nicht so absurd".

Doch die Gesetze sind dergestalt, dass die Obrigkeit einschreiten muss, dass aber auch die neuen Kirchen auf ihren Standpunkten beharren und dadurch den Eindruck geistlichen Hochmuts erwecken. Im allgemeinen Bewusstsein der Öffentlichkeit und der Kirche war die Verwaltung der Sakramente Taufe und Abendmahl ein an das ordinierte geistliche Amt gebundener Vorgang. In den neuen Kirchen konnten aber auch Laien die „sacra administriren" und deshalb war hier ein weiteres Konfliktfeld angelegt. In der Tauffrage waren die Baptisten die besondere Zielscheibe; im Falle des Abendmahls waren alle Freikirchen betroffen. Dass auch die Freikirchen ihre Ältesten oder Prediger ordinierten, entging den Landeskirchlern deshalb, weil der Ordinationsvorgang sich anders abspielte. Durch die äußeren Umstände bedingt war ein wissenschaftliches Studium nicht die unabdingbare Voraussetzung für die Wahrnehmung eines geistlichen Amtes, und auch sonst konnte leicht der Anschein erweckt werden, als seien die Prediger nichts anderes als „Delegierte" der Gemeinde.

4.6.2 Schwierigkeiten bei der Eheschließung

Neben den Sakramenten war die Eheschließung – die Kopulation – ein Konfliktfeld für Kirche und Staat im Gegenüber zu den neuen Kirchen. Die Freikirchen wollten auch hin-

---

[159] Zitiert bei M. Jelten, a.a.O., 141.

sichtlich der Eheschließung von der „Staatskirche“ frei werden[160] und drängten unter Hinweis darauf, dass jeder Mensch ein angeborenes Recht dazu hat, auf Eheschließungen durch Prediger der eigenen Überzeugung. Dies konnte jedoch als ein kriminelles Vergehen geahndet werden. So getraute Eheleute bezichtigte man, in wilder Ehe zu leben, und den Predigern der Freikirchen wurde die „Beförderung der Unzucht“ vorgeworfen. Sie durften Amtshandlungen mit bürgerlicher Wirksamkeit vor Einführung der Zivilehe, die in den deutschen Staaten zu unterschiedlichen Zeiten erfolgte, allgemein jedoch ab 1875 obligatorisch war, nicht durchführen.

Ein einfacher Viertelköter aus dem Ammerland, der 1848 in den Ehestand treten wollte, machte der Obrigkeit Vorschläge, die dem freikirchlichen Ansatz genau entsprachen. Unter den Mitteln, die einer Obrigkeit zur Verfügung stehen sollten, um das „Allgemeine Wohl zu fördern und zu erhalten“, müssten eigentlich auch „die Register der Geborenen und Verehelichten ihres ganzen Volkes [sein], welches demnach eine Weltliche Sache, jetzt aber hier zu Lande die sogenannten Geistlichen in Händen haben“. Folgerichtig bat er das Amt um einen Termin „zur Aufnahme eines Contractes zur Erwirkung der Gültigkeit der Ehe“. Bezeichnend ist die Antwort der lutherischen Obrigkeit: „... und kann ein Contract vor dem Amte nicht geschlossen werden. Zur Vollgültigkeit einer geschlossenen Ehe ist nach hiesigem Gesetze die Priesterliche Einsegnung ein wesentliches Erforderniß.“[161]

Die Freikirchler hätten zwar nicht von einer „priesterlichen“ Einsegnung, wohl aber von einer Einsegnung gesprochen, die sie jedoch zur Gültigmachung einer Ehe nicht dem Geistlichen der Staatskirche überlassen wollten. In der Stuttgarter Stiftskirche ereignete sich ein Fall von Störung einer gottesdienstlichen Handlung, weil der freikirchliche Bräutigam bei seiner Eheschließung nur so lange teilnehmen wollte, wie er den Pfarrer „sogleich als Staatsdiener handeln sah“. Als der bekannte Pfarrer und Liederdichter Albert Knapp den kirchlichen Segen erteilen wollte, unterbrach ihn der Bräutigam und erklärte: „Nein, das kann ich nicht annehmen, denn mein Ge-

[160] So Oncken in einem Brief, zitiert ebd., 207.
[161] Ebd., 202 f.

wissen verbietet es mir. Ich danke herzlich für Alles, das ich bisher gehört habe, aber ich achte mich auch ohne die Einsegnung dieser Kirche mit meiner verlobten Braut bereits rechtmäßig vor Gott getraut, und eines Weiteren bedarf es nicht mehr."[162]

Es lässt sich unschwer erkennen, dass derartige Vorfälle zu tief sitzenden Verstimmungen und lang anhaltenden Klimaverschlechterungen führen mussten. Man muss im übrigen nüchtern konstatieren, dass wie im Falle der Religionsfreiheit so auch hier die weitere Entwicklung in den westlichen Gesellschaften dem freikirchlichen Modell Recht gegeben hat.

4.6.3 Friedhofsstreitigkeiten

Bis weit in das 20. Jahrhundert, ja gelegentlich bis nach dem Zweiten Weltkrieg, kam es im Zusammenhang mit Beerdigungen immer wieder zu Irritationen zwischen Landeskirchen und Freikirchen. Die Friedhöfe waren größtenteils in kirchlichem Besitz. Daher konnten die landeskirchlichen Pfarrer den freikirchlichen Predigern den Zutritt zu den Friedhöfen verwehren. Es konnte vorkommen, dass Familien ein Grab am Rande des Friedhofes erwarben, so dass der freikirchliche Prediger von jenseits des Zaunes ein Gebet sprechen oder eine Ansprache halten konnte. Vorzugsweise jedoch wies man die verstorbenen Freikirchler in die Selbstmörderecke des Friedhofes. Dass kein Geläut erklang, war noch lange nach dem Zweiten Weltkrieg die Regel.

So wie der Einwand, dass eine Ehe ohne priesterliche Einsegnung nicht voll gültig sei, im Munde evangelischer Obrigkeit eigenartig klingt, so auch das Argument, Freikirchler dürften ihre Toten nicht auf eigenen Friedhöfen begraben, weil es unerlaubt sei, auf „ungeweihtem Boden" zu bestatten.[163] Notgedrungen jedoch legten mehrere Gemeinden eigene Friedhöfe an. In Wuppertal erwarb der Begründer der Freien evangelischen Gemeinden, Hermann Heinrich Grafe (1818–1869) aufgrund eines Schreibens des Polizei-Direktoriums von Elberfeld und Barmen zwei Gärten, die gemeinsam mit der Bap-

---

[162] Zitiert bei G Balders, Theurer Bruder Oncken, 99.
[163] M. Jelten, a.a.O., 117.

tistengemeinde als Begräbnisplatz beider Kirchen benutzt wurden. Man fand es sogar um der „Brüderlichkeit angemessen, die Mitglieder unserer und der Baptistengemeinde der Reihenfolge nach durcheinander zu beerdigen".[164] In Gelsenkirchen beerdigten Methodisten und Baptisten ihre Glieder auf einem gemeinsamen Friedhof. An anderen Orten legten Freikirchler ihre eigenen Friedhöfe an, so z. B. in Grundschöttel-Volmarstein.

4.6.4 Schwierigkeiten bei der Errichtung von Gotteshäusern

Mit ähnlichen Schikanen mussten die Freikirchen beim Bau ihrer „Kapellen" rechnen. Es war das Bestreben der Landeskirchen und der Obrigkeiten, die neuen „Sekten" so unauffällig wie möglich zu halten, so dass man es nicht dulden konnte, dass Gottesdiensthäuser allzu sichtbar errichtet wurden. Schon der Erwerb von Grund und Boden war schwierig und vor Erlangung der Korporationsrechte nur durch Privatpersonen möglich. In den Städten verbannte man die Gotteshäuser in der Regel in die Hinterhöfe. Ein findiger Architekt bezeichnete die zunächst abgelehnten Pläne zum Bau einer Baptistenkapelle in Berlin als Privathaus des Predigers Lehmann, woraufhin die Baugenehmigung erteilt wurde.

4.6.5 Strafen

Am schlimmsten waren jedoch für die Freikirchler die empfindlichen Strafen, die sie für ihr verbotenes Zusammenkommen, für ihr Konventikelwesen, entrichten mussten. Häufig genug wurden die Geldstrafen von Sonntag zu Sonntag verdoppelt, so dass mitunter der gesamte Besitz unter den Hammer kam und nur noch die Auswanderung nach Amerika als Ausweg verblieb. Auf diese Weise wurden nicht nur die Gemeinden verkleinert, sondern auch Familien auseinander gerissen. Bezeichnend ist ein Brief, den Baptisten aus Mecklenburg am 2. Juli 1855 an ihren Großherzog abschickten, ehe sie aus Hamburg in die Neue Welt absegelten: „Wir gehen nicht freiwillig, sondern gezwungen durch die harten, erbarmungs-

[164] Ein Act des Gewissens. Dokumente zur Frühgeschichte der Freien evangelischen Gemeinden, hg. von Wolfgang Dietrich, Witten 1988, 157.

losen Maßregeln […]. Es bedurfte eines siebenjährigen Druckes mit den unsäglichsten Neckereien, um uns auf den Gedanken zu bringen, auszuwandern. Für uns selbst haben wir Ew. Königlicher Hoheit keine Bitte mehr vorzutragen, indem wir, aus unsrer Heimath vertrieben, eine neue im freien Amerika suchen, aber für unsere zurückgelassenen Brüder wagen wir unterthängst zu bitten."[165]

Angesichts solcher Schicksale will sich das Verbot des Titels „Prediger" oder die Auflösung der Sonntagsschule, wie es zum Beispiel in Sachsen geschah, gering ausnehmen.

4.6.6 Fazit

Das Fazit der mancherlei Pressionen, die bis zum Ende des landesherrlichen Kirchenregiments 1918 am ausgeprägtesten waren, lässt sich in wenigen Punkten zusammenfassen:

1. Die Freikirchen wurden gesellschaftlich verächtlich gemacht und an den Rand gedrängt. Da nicht nur die Literatur, sondern in den allermeisten Fällen auch die staatlichen Maßnahmen von Theologieprofessoren, Pfarrern, Konsistorien und Kirchenleitungen ausgingen, entstand in den Freikirchen eine starke Aversion gegen die Landeskirchen. Zu „verkirchlichen" galt geradezu als die größte Gefahr für eine gesunde Entwicklung des Freikirchentums. Auffallende Kennzeichen der Kirche, die als Veräußerlichung missverstanden werden konnten, wie etwa eine feste Liturgie, ein Sakramentalismus oder Dogmatismus, wurden gemieden.

2. Die vielfältigen Maßnahmen konnten zwar eine Ausbreitung der Freikirchen nicht verhindern, hatten aber doch die nachhaltige Wirkung, dass die neuen Kirchen nicht recht flügge wurden. Sie blieben klein an Zahl, was auch durch Auswanderung nach Nordamerika noch zusätzlich gefördert wurde; sie waren, soziologisch betrachtet, mehrheitlich auf die kleinen Leute begrenzt und wurden je länger desto kleinlauter

[165] Zitiert bei M. Jelten, a.a.O., 185. Dort findet sich auch folgende Klage: „Der verflossene Monat brachte viel Leid. Zwölf theure Brüder und Schwestern wanderten mit ihren sechzehn Kindern aus, es waren theure Geschwister, welche mit ihren Gaben der Gemeinde dienten. Ach es war sehr schwer, die lieben scheiden zu sehen; viele, viele Thränen flossen. Welch ein Band umschlingt die Kinder Gottes!"

und kleinbürgerlicher. Gerade die in den meisten Fällen durch die äußeren Umstände erzwungenen Auswanderungen wird man dafür verantwortlich machen müssen, dass es in den Freikirchen kleinmütiger wurde. Man kann davon ausgehen, dass Auswanderer in der Regel zu den mobileren Teilen der Gesellschaft gehören, so dass die Auswanderungen einen beträchtlichen Aderlass für die neuen Kirchen darstellten.

3. Den Landeskirchen gelang trotz einer schon zu Beginn des 19. Jahrhunderts zu beobachtenden, durch die Industrialisierung aber immer rasanter werdenden Abnahme der Kirchlichkeit die Aufrechterhaltung besonderer Privilegien und Besitzansprüche. Weder die Revolution von 1848 noch das Ende des Ersten Weltkrieges und die Weimarer Republik mit der Abschaffung der Staatskirche, noch die Neubesinnung nach dem Zweiten Weltkrieg haben daran etwas Grundsätzliches geändert. Immer noch genießen die evangelischen Landeskirchen und die römisch-katholische Kirche als die „großen" Volkskirchen rechtlich abgesicherte Privilegien.

4. Die privilegierte Stellung der Landeskirchen und ihre geistige, kulturelle sowie wissenschaftliche Dominanz ließen die Freikirchen einerseits ein Schattendasein führen und sie andererseits immer mit gewissen Neidgefühlen zum „großen Bruder" aufschauen. Die Minderheiten orientierten sich bewusst oder unbewusst, gewollt oder ungewollt, in Anspruch und Widerspruch an den Landeskirchen.

5. Es entwickelte sich ein dialektisches Verhältnis bzw. „Unverhältnis" zwischen den beiden Kirchentypen. Erst dadurch wird eigentlich deutlich, dass „Freikirche" eine wesentlich andere Form ist, das Christentum zu organisieren. Nimmt man die Säkularisierungs- und Individualisierungsschübe in den westlichen Gesellschaften ernst, so wird man in der Tat den Freikirchen bescheinigen müssen, eine moderne Form von Kirchenorganisation zu sein, wie es Wolfgang Heinrichs aufgrund seiner Studien der Entstehung von Freikirchen in Wuppertal unter sozial- und mentalitätsgeschichtlichen Gesichtspunkten ausgedrückt hat.[166]

[166] Wolfgang E. Heinrichs, Freikirchen – eine moderne Kirchenform. Entstehung und Entwicklung von fünf Freikirchen im Wuppertal, Gießen (Brunnen) 1989.

Die unterschiedlichen Erfahrungen, die in den Freikirchen an bestimmten „Schnittstellen" der deutschen Geschichte gemacht wurden, lassen das Bild zusätzlich verworren erscheinen. Einige Beispiele seien im Folgenden herausgegriffen, ohne dass auch nur annähernd Vollständigkeit erzielt werden könnte.

4.7.1 Die Revolution 1848

Die in den USA entstandenen deutschsprachigen Methodistengemeinden, die dann ab 1849/50 ihre Missionare nach Deutschland schickten, hatten die Revolution 1848 begrüßt und waren vor allem von den politischen Überzeugungen der Demokratie geprägt. Sie haben deshalb die von der Frömmigkeit her nahen Verwandten in Deutschland – die Vertreter der Erweckungsbewegung – als „reaktionär" eingestuft, weil diese „den Einfluss der Staatskirche wieder zu etablieren" versuchten.[167] Die sich später zum „Gnadauer Verband" zusammenschließenden erwecklichen Kräfte in den deutschen Landeskirchen waren am Fortbestand der Ehe von Thron und Altar brennend interessiert.

Ludwig Sigismund Jacoby (1813–1874), der von Bremen aus die kirchliche Arbeit der Bischöflichen Methodistenkirche leitete, fasste kurze Zeit nach seiner Ankunft in Deutschland seine Eindrücke wie folgt zusammen. „Es sieht allerdings schlimm in Deutschland aus; es ist politisch und religiös zerrissen. Im Politischen gibt es zwei Hauptparteien, die demokratische und die reaktionäre. Noch ist eine conservative, die eigentlich nach meiner Ansicht die richtigste ist, doch augenblicklich nichts thun kann. Die demokratische spricht wohl von einer constitutionellen Monarchie, meint aber Republik. Das andere Extrem wünscht die guten alten Zeiten wieder. Zu denen gehören nun leider auch die Christen, welche hier Pietisten genannt werden. Die Prediger bemühen sich nicht nur

[167] L. S. Jacoby, zitiert bei Karl Heinz Voigt, Warum kamen die Methodisten nach Deutschland? Eine Untersuchung über die Motive für ihre Mission in Deutschland, Stuttgart 1975, 51.

durch Zeitschriften, sondern auch auf der Kanzel, ihre Zuhörer zum Gehorsam gegen die Gesetze, wie sie es nennen, zurückzuführen und sie vor den Wühlern, wie sie die Demokraten nennen, zu warnen. Die Gläubigen sind in den Verdacht gekommen, dass sie das Volk in Druck und Finsternis erhalten wollen. Deshalb bleiben die Kirchen leer und das Wort Gottes wird mehr und mehr verachtet."[168]

Die landeskirchlichen Erweckten sind in der Sicht des methodistischen Superintendenten keineswegs unpolitisch, wie sie sich selbst gern betrachteten und sich daher als „Stille im Landes" bezeichneten, sondern betätigen sich sogar von der Kanzel im Sinne der Reaktion, so dass nach außen der Eindruck entstehen muss, dass Kirchlichkeit mit politischem Druck und mit Finsternis einhergeht. Jacoby hat wohl auch zu Recht erkannt, dass dieser Druck für die kirchliche Arbeit kontraproduktiv ist. Er erzeugt einen Gegendruck, der sich in leeren Kirchen niederschlägt.

Diese Analyse wurde auch in der Frankfurter Nationalversammlung 1848 geäußert. So hatte der zur gemäßigten Linken („Deutscher Hof") gehörende Abgeordnete Robert Blum in der Debatte angemerkt: „Wir hatten bisher in der Kirche nichts als Zwang: Taufzwang, Schulzwang, Begräbnißzwang, Trauzwang, und gegenseitig wetteiferten die katholischen und protestantischen Staaten, ihre andersglaubenden Unterthanen möglichst zu drücken. Aber hoffentlich ist mit der Bewegung, die jetzt überall Wandel gebracht hat, auch für das religiöse Leben eine neue Zeit begonnen und die Kirche wird daher ihre neuen Formen zu gewinnen wissen." Die Trennung von Staat und Kirche wurde beschlossen und das Recht des Einzelnen auf Glaubens- und Gewissensfreiheit verfassungsmäßig verankert.[169]

Aber die von Blum angesprochenen „neuen Formen" wollten sich nicht einstellen. Die erweckten Kreise predigten eine gegen die demokratische Tendenz gerichtete Autoritätshörigkeit. In der Evangelischen Kirchenzeitung des Erweckungstheologen Ernst Wilhelm Hengstenberg (1802–1869) wurde

[168] Zitiert in der Geschichte der Evangelisch-methodistischen Kirche, wie Anm. 7, 298 Anm. 34.
[169] H. J. Scholler, wie Anm. 82, 149-151.

im Dezember 1848 vermerkt, dass der neue Staat durch die Beschlüsse der Frankfurter Nationalversammlung „förmlich und feierlich seinen religiösen, bestimmter seinen christlichen Bankerutt ausgerufen“ habe. Der neue Staat galt den Erweckten als irreligiös und gottlos, bloß weil er neuen Religionsgenossenschaften das Recht auf freie Entfaltung zubilligte.[170]

Für die neuen Kirchen war indes die Bankrotterklärung des christlichen Obrigkeitsstaates höchst willkommen. Gewiss beteiligten sie sich nicht durchgängig an den demokratischen Prozessen. Der Hamburger Polizei-Senator betonte ja ausdrücklich, die Baptisten hätten sich 1848/49 still verhalten. Aber dies traf nicht für alle Baptisten und erst recht nicht für alle Freikirchler zu. Die Betonung der Gewissens- und Religionsfreiheit, die sich in den angelsächsischen Ländern als Kennzeichen der Freikirchen entwickelt hatte, bestimmte auch in Deutschland teilweise das Bild und ließ die Freikirchen nach der Restauration umso mehr Zielscheibe der Angriffe werden.

Der nicht unvermögende Kaufmann Hermann Heinrich Grafe (1818–1869), der Gründer der ersten Freien evangelischen Gemeinde in Barmen, äußerte sich nach der Revolution von 1848, dass er während der Revolution, zu der übrigens Friedrich Engels in seine Heimatstadt zurückgekehrt war, um beim Bau der Barrikaden Hand anzulegen, nur Schlechtes und im Festhalten am Alten meistens nur Gutes gesehen habe. Aber in der Rückschau stellt er fest, dass den Fürsten nicht zu trauen ist. So erklärt der politisch zurückhaltende Grafe unumwunden: „Und sollte ich unter den verschiedenen Regierungsformen wählen, so würde ich keine Bedenken tragen, mich für eine Republik, als für die an sich beste, zu erklären.“[171]

Der in Odense geborene Sohn eines Rabbiners und 1836 zum Baptismus konvertierte und zum Prediger berufene Julius Köbner (1806–1884) verfasste ein halbes Jahr nach der Veröffentlichung des „Kommunistischen Manifests“ von Marx und Engels eine Schrift, der er den Titel gab „Manifest des freien

[170] Evangelische Kirchenzeitung vom 9. Dec. 1848, Sp. 970 ff.
[171] Ein Act des Gewissens, wie Anm. 164, 42 f. Unterstreichungen im Text.

Urchristentums an das deutsche Volk". Es ist auffallend, dass der Prediger unmittelbar an politische Ereignisse um das Kommunistische Manifest anknüpft; denn schon das erste Wort des Titels gleicht inmitten der Revolution von 1848 einem politischen Aufruf. Seine Maßstäbe bezieht er jedoch durch das Urchristentum, das er stolz durch das Wort „frei" qualifiziert. Ein „freies" Christentum, das am Modell der Urkirche orientiert war, will der Verfasser vorstellen. Damit bezieht er sich auf den für ihn allein gültigen Maßstab der Heiligen Schrift Neuen Testaments. Der Adressat des Manifests ist das gesamte deutsche Volk, das mit „Du" angeredet und dem das Manifest zur Begutachtung der Lage vorgelegt wird.[172] Es soll durch die Kampfschrift eine Öffentlichkeit hergestellt werden, was unterstreicht, dass nicht nur die sog. Volkskirchen ein kirchlich-öffentliches Monopol besitzen, sondern dass sich auch die neuen Kirchen an die gesamte Öffentlichkeit wenden.

Auffallend ist auch, dass Köbner gleich zu Eingang seiner Schrift sich der Sprache antikirchlicher, ja antichristlicher Gruppen bedient, wenn er ein „falsches und verderbliches Kirchensystem" als „Staats-Pfaffentum" bezeichnet. In einer Fußnote erklärt er dazu, dass er keinen Angriff „auf das Christentum oder den Charakter vieler von ihm hochgeachteten und geliebten Männer, die sich als Prediger im Dienste der Staatskirchen befinden" reiten will. Pfaffentum sei auch kein Ausdruck der Bitterkeit, sondern die genaue Bezeichnung dessen, was gerügt werden soll.

Das Manifest beginnt gleich mit einem Lobpreis der Revolution, durch die auch die Zensur wegfiel:

„Als der allmächtige Gott die Ketten deiner bürgerlichen Unterjochung zerbrach, wurde auch jene Erfindung zu Schanden, durch welche es gelungen war, deine Zunge zu fesseln. Heute freuen sich die Verteidiger deiner Rechte, politische

[172] Weil das Manifest wenig bekannt ist, soll ausführlicher daraus zitiert werden. Die Zitate entstammen der von Hermann Gieselbusch besorgten Ausgabe: Um die Gemeinde. Ausgewählte Schriften von Julius Köbner, Berlin 1927, 159-177. Im Text ist die Seite des Zitats in Klammern angegeben. Dietmar Lütz hat in seinem Buch „Am Sitz der Bundesregierung", Berlin 2004, das Manifest als Anhang abgedruckt, 249-266.

Wahrheit reden zu dürfen. Aber es freuen sich auch diejenigen deiner Bürger, deren Herz wärmer noch als für politische Freiheit für Gott schlägt, dass sie christliche Wahrheit reden dürfen, nicht mehr geknebelt durch eine Zensur, die nur dem monopolisierten Kirchentum das Wort gestattete, damit es dir ewig verborgen bleibe, dass Christentum und Staats-Pfaffentum ebenso verschieden sind, wie Christus und Kaiphas. Deine Priester weinen über den Fall der absoluten Herrschergewalt, ihre treffliche Stütze, aber der Bekenner des freien Urchristentums wünscht dir Glück zum Besitz edler bürgerlicher Freiheit“ (159).

Die überaus positive Einschätzung der Revolution setzt politische und religiöse Freiheit in Parallele. Beides geht Hand in Hand, und beides wird durch die Ehe von Thron und Altar verhindert. Diese Ehe verbindet zwei Größen, die sich eigentlich wie Christus und Kaiphas entgegenstehen. Eine neue Art der Zwei-Reiche-Lehre, die das Ziel bürgerlicher und religiöser Freiheit gleichermaßen verfolgt, zeichnet sich schon aus diesen Eingangsworten ab. Im weiteren Verlauf seiner Ausführungen nennt der Baptistenprediger die Revolution ein „wunderbares Erdbeben“, das nicht nur „dem festen Schlosse der Fürstenmacht“, sondern auch dem „Gebäude der Priestermacht, mit jenem zu Einem Bau künstlich vereinigt“ den Einsturz bringt. Sollen aber, so fragt er, die dem Christentum mit allem Ernst ergebenen Menschen nicht über den Einsturz klagen? Wenn man „durch Vorurteil, Ehrgeiz oder Einkünfte an jene untergehende Pracht und Herrlichkeit gefesselt“ ist, dann müsste dies wohl geschehen. „Der Anhänger des Urchristentums hingegen, der in der glaubenskräftigen Demut die Pracht der Kirche Christi findet, stimmt dem Allmächtigen einen Lobgesang an, dass er es vermag, ein so altes Truggebilde in sein Nichts aufzulösen, und wünscht dem deutschen Volke Glück zu dem nahen Untergange aller Kirchen- und Priesterherrschaft“ (160 f).

Aus den Erfahrungen der Geschichte und Gegenwart zieht Köbner den Schluss, dass jede herrschende Kirche „eine verfolgende, inquisitorische ist, mag sie römisch oder protestantisch sein“. Das ergibt sich zwangsläufig, weil jede religiöse oder politische Freiheitsidee den Interessen der Aristokratie und des Pfaffentums zuwiderläuft. Köbner und die Seinen hingegen huldigen „dem Prinzipe der Religionsfreiheit“.

Weil es in Deutschland für Köbner kein Vorbild gab, ist es erstaunlich, wie klar der Baptistenprediger die Forderung nach Religionsfreiheit erhebt. Dies zeigt ihn in Übereinstimmung mit der gesamten freikirchlichen Tradition: „Aber wir behaupten nicht nur *unsre* religiöse Freiheit, wir fordern sie für *jeden* Menschen, der den Boden des Vaterlandes bewohnt, wir fordern sie in völlig gleichem Maße für alle, seien sie Christen, Juden, Mohammedaner oder was sonst. Wir halten es nicht nur für eine höchst unchristliche Sünde, die eiserne Faust der Gewalt an die Gottesverehrung irgendeines Menschen zu legen, wir glauben auch, dass der eigene Vorteil jeder Partei ein ganz gleichmäßiges Recht aller erheische. Bleibt eine oder bleiben mehrere im Besitze besonderer Vorrechte, so werden sie immer wieder gereizt werden, sich des ihnen gelassenen Apparats zu bedienen, um sich selbst zu erheben und andere zu erdrücken [...]. Wir werden keine wahre Religionsfreiheit haben, wenn irgendeine Religionspartei in Verbindung mit dem Staate bleibt oder der Staat sich um die Religion kümmert" (164).[173]

Für Köbner ist das „freie Urchristentum" auf dem „Grundgesetz" Matth 20, 25 f. aufgebaut: „Ihr wisset, dass die weltlichen Fürsten herrschen und die Oberherren haben Gewalt. So soll es nicht sein unter euch. Sondern, so jemand will unter euch gewaltig sein, der sei euer Diener." Daraus folgt, dass bei Christen „keine natürliche Sympathie für die Prinzipien der Aristokratie und des Absolutismus vorhanden" ist und dass

---

[173] Im Lichte dieser Worte wäre es bestimmt aller Mühe wert, von Seiten der Kirchengeschichte noch einmal die Geschichte der Judenfeindschaft in Deutschland Revue passieren zu lassen oder die Ausländerfeindlichkeit in der Bundesrepublik zu untersuchen, die sich vor allem gegen die einer fremden Religion und Kultur verhafteten Türken richtet oder auch das Vorgehen gegen die „Neuen Religiösen Bewegungen" zu bewerten, das in manchen Ländern der Bundesrepublik nicht zuletzt auf Betreiben einiger ‚Sektenexperten' der Landeskirchen besorgniserregende Formen angenommen hatte. Inzwischen ist es um die „Neuen Religiösen Bewegungen" ruhiger geworden. Die Enquete-Kommission „Sogenannte Sekten und Psychogruppen" des Deutschen Bundestages, die 1996 eingesetzt wurde, hat für Abklärung gesorgt. Dennoch bleibt es Aufgabe, sich mit diesen Bewegungen und der New-Age-Bewegung gründlich auseinanderzusetzen, um ihren Anliegen auf die Spur zu kommen. Vgl. das sehr hilfreiche Handbuch Panorama der neuen Religiosität. Sinnsuche und Heilsversprechen zu Beginn des 21. Jahrhunderts, hg. von Reinhard Hempelmann u. a. im Auftrag der EZW Berlin, Gütersloher Verlagshaus 2001.

der christlichen Gemeinde „jedes aristokratische und hierarchische Element“ fremd ist (165). Infolgedessen kann sie sich auch zu ihrer Sendung an die Welt nicht der weltlichen Fürsten oder der Gesetze bedienen: „Diese Ausbreitungs-, Erhaltungs- und Befestigungsmittel handhabte das römische und protestantische Priestertum. Die Gemeinde Christi aber kann weder unreine, ungöttliche Mittel, noch das durch sie erzeugte elende Heuchelwerk gebrauchen“ (166).

Köbner kommt von diesem Ansatz zur Ablehnung der Säuglingstaufe. Er „betrachtet es als Menschenraub und zum Prinzip der Leibeigenschaft gehörend, durch Landesgesetze die neugebornen Kindlein sogleich für eine Beute der herrschenden Kirche erklären zu lassen“ (167). Für ihn soll die Christengemeinde „aus freien mündigen Mitgliedern bestehen, die aus voller Herzensüberzeugung sich ihr angeschlossen haben. Mithin ist die Kindertaufe und die nachhelfende, fabrikmäßige Konfirmation eine *Zwangsmaßnahme,* welche dem Wesen und Inhalt des neuen Testaments widerspricht [...].“ An anderer Stelle hatte er geschrieben: „Eine Kirche mit Kindertaufe zu reformieren, heißt sich bemühen, ein Sieb mit Wasser zu füllen.“[174] Die Gemeinde kennt nur ein Mittel: „das überzeugende Wort“ (168). Das aber können nur Menschen verstehen, die auch hören können.

An die Stelle der Zwangsmittel tritt bei Köbner eine Streitkultur: „Wir lieben es, wenn Gründe gegeneinander klingen und mit Wärme gefochten wird“, und: „wir sehen es viel lieber, wenn die Offenheit derer zunimmt, die das Christentum verneinen, wenn überhaupt alles sich äußerlich zeigt, wie es innerlich ist, wenn Namen und Gestalt mit dem Wesen übereinstimmen; denn eben dadurch wird man fähiger zu vergleichen, zu erkennen und zu urteilen“(169). Aus keinem anderen Grund schreibt er sein Manifest. Er kämpft gegen die bei vielen Menschen begegnende Annahme, dass der christliche Glaube mit Rückschritt und Knechtschaft gleichgesetzt wird. Diese „Früchte der Heuchelei“ hat vielmehr die „Scheinkirche“, „das große Kirchenungetüm“ hervorgebracht: „Wir heben aber unsere Hand auf zu dem Allmächtigen, Allwissenden und protestieren vor dem Volke Deutschlands gegen die

[174] Julius Köbner, Die Gemeine Christi, wie Anm. 151, 33.

Annahme, dass Pfaffenwesen, Geiz, Jesuitismus, Absolutismus, Reaktion, Verdummung, Trübsinn usw. Erzeugnisse des Glaubens an die Bibel seien. Die Früchte des Bibelglaubens sind Freude, Lebensglück, reine Sitten, Selbstaufopferung, Menschenliebe, Vaterlandsliebe, Freiheitsliebe, Wahrheitsliebe, Liebe zur Wissenschaft, zur Industrie und zur Zivilisation"(175).

An die Stelle von Heuchelei setzt Köbner den von seinem berühmten Landsmann Søren Kierkegaard[175] übernommenen Begriff der Redlichkeit. Jeder soll sich redlich zu dem bekennen, was er glaubt oder nicht glaubt. Alle Scheinfrömmigkeit um bürgerlichen Ansehens und Vorteils willen soll aufhören. „Es sei ebenso bürgerlich ehrenvoll, Antichrist, Humanist, oder wie man sich sonst nennen will, zu sein, als Christ, damit niemand verleitet werde, einen falschen Namen zu tragen. Gelobt sei Gott, dass die bürgerliche Emanzipation und völlige Gleichstellung aller Religionen herbeigekommen ist!"

Ganz im Sinne der Streitkultur und in der Überzeugung, die bessere Gestalt des Christentums zu repräsentieren, appelliert er zum Schluss an das Urteilsvermögen seiner Leser: „So unterscheide denn nun, teures deutsches Volk, zwischen Heuchelei und Wahrheit, zwischen wahrem Christentum und kirchlichem Pfaffentum [...]"(176).

Köbners Jubelruf und sein Appell jedoch kamen zu früh. Die 1849 erfolgte Reaktion hatte zur Folge, dass sein Manifest eingestampft wurde und die neuen Gemeinden von „völliger Gleichstellung" so weit entfernt waren wie eh und je. Sie konnten sich allenfalls dem kirchlichen Vereinswesen gleichstellen, um eine Überlebenschance zu haben. Die Freien evangelischen Gemeinden gingen sogar aus einem Verein hervor, dem Evangelischen Brüderverein im Wuppertal, einem Verein, der sich schon bei seiner Gründung 1850 als kirchenunabhängig empfand und damit ein Musterbeispiel für eine „lebendige Notgemeinde" außerhalb der Jurisdiktion der Kirche darstellte.[176] Der Verein kann als eine moderne Form der so-

---

[175] Köbner hatte die erste deutsche Übersetzung einer Schrift Kierkegaards angefertigt.

[176] Vgl. Erich Beyreuther, „Der christliche Verein, eine lebendige Notgemeinde im Zeitalter des Staatskirchentums", in: Die Innere Mission 50, 1960, 234-241.

zialen Kontakte angesehen werden, in dem das Bürgertum gewisse politische Tugenden lernte, die ihm ansonsten in der Gesellschaft bzw. durch die Aristokratie vorenthalten wurden. Von einem christlichen Verein, der seine Mitglieder durch freiwilligen Beitritt über die Parochialgrenzen hinweg rekrutierte, bis zur Gründung einer Freikirche ist es, wie das Beispiel des Kaufmanns Hermann Heinrich Grafe aus Elberfeld mit seinen „Consorten" zeigt, nur ein kleiner Schritt.[177] Nach dem Muster der Lyoner *Église évangélique* des Predigers Adolphe Monod schlossen sich Grafe und seine Freunde 1854 zu der independenten freien evangelischen Gemeinde zusammen.[178]

In den Freikirchen konnten in der Revolutionszeit und kurz danach eigenständige Gedanken entwickelt werden, die zeigen, dass man sich als eine religiöse Alternative verstand und zugleich die Hoffnung hegte, dass sich dieser Typ von Kirche im Gefolge des Niedergangs der Aristokratie und Herausbildung eines emanzipierten, republikanisch-demokratischen Staatsgebildes durchsetzen würde. Allerdings muss man auch betonen, dass solche Ideen kein Allgemeingut darstellten, sondern von einigen aufgeweckten Vertretern propagiert wurden. Diese waren überzeugt, dass die neuen staatlichen Rahmenbedingungen dem freikirchlichen Kirchenmodell weit eher entsprachen als ein hierarchisch-katholisches Kirchentum oder eine evangelische Staatskirche.

Nach erfolgter Restauration war jedoch gerade diese „fortschrittlich-moderne" Tendenz Gegenstand heftiger Polemik. Der Superintendent in Peine, Dr. Albert Lührs, schrieb: „Es ist lehrreich und eröffnet einen tiefen Einblick in den Radicalismus der Wiedertäufer, dass im Jahre 1848 die Baptisten nicht allein dem allgemeinen Umsturz zujauchzten, sondern auch einen Pact schlossen und gemeinschaftliche Sache machten mit der Nationalliberalen Zeitung für Norddeutschland in Hannover, dem kirchenfeindlichsten, durch und durch widerchristlichen Blatte, das vor allen Dingen die lutherische Kirche

[177] Ein Act des Gewissens, wie Anm. 164, 174-184.

[178] Dazu Hartmut Lenhard, Die Einheit der Kinder Gottes. Der Weg Hermann Heinrich Grafes (1818–1869) zwischen Brüderbewegung und Baptisten, Witten (Bundes-Vlg.) und Wuppertal (Brockhaus) 1977, bes. 126 ff.

mit der bittersten Feindschaft von Anfang verfolgt hat und nun verfolgt bis auf den heutigen Tag".[179] Köbners Beobachtung, dass die Heuchelei Feindschaft hervorgerufen habe, zeigt sich hier beispielhaft als richtig.

Unter direkter Bezugnahme auf Köbners Manifest sieht Friedrich Ringsdorff zwei Züge im Baptismus. Der eine ist lieblich; es ist der „Gnadenzug nach Oben". Der andere ist greulich und „dem Abgrund entstiegen": „Während im Jahre 1848, Friedrich Wilhelm IV. die Königskrone als Dornenkrone trug, wo das natürliche, menschliche Gefühl zum Mitleid, zur Theilnahme drängte, steht Köbner mit seinem Manifeste da, um den Hass zu schüren und die Leiden des treuen Herrschers zu vermehren", indem er der Dornenkrone noch einen Dorn hinzufügt.[180] Besser kann man eigentlich den Unterschied nicht greifen: Auf der einen Seite der Dissenter Köbner, der unbedingte Religionsfreiheit fordert, und auf der anderen Seite der Pfarrer, der die Königskrone zur Dornenkrone Christi hochstilisiert, und so mit Hilfe dieser doch wohl häretischen Aussage die Ehe von Thron und Altar gegen die Angriffe aus dem Abgrund zu verteidigen sucht.

Auf einer höheren Ebene führte der Streit um die Anerkennung der Freikirchen zu einer Fehde zwischen dem Vertreter eines intoleranten, lutherischen Obrigkeitsstaates, dem Oberkirchenrat und Mitglied des Herrenhauses Friedrich Julius Stahl einerseits und dem preußischen Gesandten am Hofe von St. James in London, Christian Carl Josias Freiherr von Bunsen andererseits. Letzterer hatte sich des Öfteren für die neuen Gemeinden auch bei dem preußischen König eingesetzt, weil in England die Nachrichten von Religionsverfolgungen in Preußen verbreitet wurden. Stahl hatte die Diskussion zu Recht dahingehend zusammengefasst, dass es bei dem Streit nicht um individuelle Gewissensfreiheit im stillen Kämmerlein gehe, sondern um die Gleichberechtigung der Kulte. Die Religionsgleichheit durfte nach seiner Überzeugung eine evangelische Obrigkeit jedoch nicht zulassen. Deshalb verteidigte er „das gute Recht christlicher Obrigkeit gegen diese Banal-

[179] Lührs, a.a.O., 40.

[180] Friedrich Ringsdorff, Warnung vor dem Baptismus nach meinen Erlebnissen, Olpe 1862, 5.

phrase der religiösen Freiheit (*religious liberty*)".[181] Er setzte sogar den englischen Ausdruck in Klammern dazu, um anzuzeigen, dass es sich bei der Religionsfreiheit nicht um ein deutsch-lutherisches Gut handelt, sondern um Auswüchse, die von den Angelsachsen aufgeworfen wurden. Religionsfreiheit ist für den Lutheraner Stahl, für den das Christentum die absolute Religion darstellte, die keinerlei Toleranz dulden kann, eine banale, also unsinnige Phrase bzw. ein bedeutungsloses, hohles Wort. Es verwundert daher nicht, dass die Freikirchen lange Jahre um ihre rechtliche Anerkennung kämpfen mussten.

4.7.2 Das Kaiserreich

Im Kaiserreich wurden die freikirchlichen Gemeinden immer angepasster. Zweifellos hat sich hier die innere Verwandtschaft zur Erweckungs- und Gemeinschaftsbewegung ausgewirkt. Mit ihr fühlten sich viele Freikirchler frömmigkeitsmäßig verbunden, obgleich es in der Ekklesiologie einen tiefen Graben gab, der immer existierte und bis zur Gegenwart nie überbrückt werden konnte. Die Berührungspunkte ergaben sich vor allem durch die Zusammenarbeit im Rahmen der Evangelischen Allianz. Diese vertrat anfänglich sehr fortschrittliche Gedanken. Man kann sie als Beginn einer organisierten ökumenischen Bewegung begreifen, weil es ihr darum ging, das Zusammengehörigkeitsbewusstsein der Christen aus unterschiedlichen Kirchen zu entfachen. Dies war den Freikirchlern – auch den deutschen – stets ein wichtiges Anliegen, weshalb sie die Arbeit der Evangelischen Allianz von Anfang mitgetragen und zum Teil sogar mitinitiiert haben. So waren alle drei Gründerpersonen des deutschen Baptismus – Oncken, Köbner und Lehmann – auf der ersten Konferenz in London anwesend, als die Evangelische Allianz 1846 ins Leben gerufen wurde. Die Freikirchen sahen in der Evangelischen Allianz die einzige Möglichkeit, sich eine gewisse soziale und kirchliche Respektabilität zu verschaffen.

---

[181] F. J. Stahl, Wider Bunsen, Berlin 1856, 100; zum Ganzen vergleiche auch Hans Hattenhauer, „Stahl und Bunsen. Eine Kontroverse um die Toleranz", in: Erich Geldbach (Hg.), Der gelehrte Diplomat. Zum Wirken Christian Carl Josias Bunsens (Beiheft der ZRGG XXI), Leiden 1980, 84-101.

Die Evangelische Allianz war für die Freikirchen auch deshalb eine wichtige Plattform, weil sie anfänglich soziale Fragen aufgriff. So gehörten das Eintreten für die Rechte und den Schutz christlicher Minderheiten in den verschiedenen Teilen der Erde und der Protest gegen die in den Vereinigten Staaten immer noch existierende Sklaverei zu den Standardverlautbarungen der frühen Allianzkonferenzen. Man kritisierte beim Themenbereich der Religionsfreiheit auch die preußische Regierung, weshalb zum Beispiel der Gesandte Bunsen den preußischen König Friedrich Wilhelm IV. auf die negativen Folgen für das Ansehen Preußens aufmerksam machte. Das wurde in den Freikirchen offenen Auges verfolgt, so dass man sich nicht zuletzt deshalb für die Arbeit der Allianz einsetzte.

Umgekehrt war die Allianz in weiten Kreisen der Pfarrerschaft umstritten. Als die 3. Weltversammlung der Allianz 1857 nach Berlin einberufen wurde und Friedrich Wilhelm IV. Bunsen zu seinem persönlichen Beauftragten für die Konferenz bestimmte, verließen Stahl und eine Reihe evangelischer Pfarrer für die Dauer der Zusammenkunft die preußische Hauptstadt. Andere Pfarrer verweigerten ihre Teilnahme an der Allianzkonferenz mit dem Argument, nicht mit methodistischen oder baptistischen Predigern aus England „fraternisieren" zu müssen. Die sich der Allianz entzogen, taten dies häufig aus anti-freikirchlichen Gründen. Umso lieber aber knüpften die freikirchlichen Prediger bruderschaftliche Kontakte zu solchen Pfarrern an, die der Allianz zugeneigt waren. Diese waren jedoch in ihrer politischen Haltung staatstreu und staatskirchentreu. Eine Trennung von Staat und Kirche, wie es den Freikirchlern vorschwebte, war für sie ein unmöglicher Gedanke.

Nicht wenige führende Vertreter der ab 1888 organisierten Gemeinschaftsbewegung und der Evangelischen Allianz gehörten dem Adel an. Der ursprüngliche Aufruf zu einer Pfingstkonferenz für 1887, die jedoch nicht zustande kam, sondern ein Jahr später nachgeholt wurde, war von Graf Andreas Bernstorff (1844–1907), Jasper von Oertzen (1833–1893) und Eduard von Pückler (1853–1924) unterzeichnet.[182]

[182] D. Lange, wie Anm. 28, 82. Über die hier und im Folgenden genannten Personen kann man sich einen ersten Eindruck verschaffen in: Erich Geldbach u. a. (Hgg.), Evangelisches Gemeindelexikon, Wuppertal 1978.

Weitere adelige Persönlichkeiten in führenden Stellungen der Gemeinschaftsbewegung waren der Forstmeister Eberhard von Rothkirch (1852–1911), Freiherr von Tiele-Winckler (1865–1914), Curt von Knobelsdorff (1839–1903) und Generalleutnant Georg von Viebahn (1840–1915). Auch Frauen aus dem Adel spielten in der Gemeinschaftsbewegung und der Evangelischen Allianz eine Rolle, so zum Beispiel Toni von Blücher (1836–1906), Gertrud von Bülow (1880–1968), Eva von Tiele-Winckler (1866–1930), Hedwig von Redern (1866–1935) und Anne von Weling (1837–1900); letztere gründete die Blankenburger Konferenz. Bezeichnend ist, dass auf der ersten Gnadauer Pfingstkonferenz 1888 nur fünf Frauen von der Empore des Betsaals der Brüdergemeine in Gnadau den Erörterungen der „Brüder" zuhören durften. Alle fünf waren adelig: Sophie von Jena, Elli von Heintze, Gräfin Käthe von der Goltz, Gräfin Elisabeth Waldersee und Fräulein von Plotho. Allein die adelige Herkunft spricht nicht dafür, dass hier ein politisch oder sozial kritisches Publikum zugegen war.[183]

Die Gemeinschaftsbewegung hat seit ihren Anfängen immer wieder ein Bekenntnis zu ihrer Einbindung in die Landeskirchen abgelegt und jede Form von Separation bekämpft. Sie hat sich nicht zuletzt deshalb in kritischer Ablehnung baptistischer und methodistischer Ideen und Praktiken mit den Fragen von Taufwiedergeburt, Bekehrung, Vollkommenheit, Evangelisation und Gemeinschaftspflege befasst. Kritik an den Landeskirchen wurde nicht wegen deren Anbindung an den Staat laut, sondern weil die Kirchen zu wenig Wert auf die Evangelisation und Gemeinschaftspflege legten. Die Landeskirchen vermochten es wegen ihrer Immobilität und Zurückhaltung nicht zu verhindern, dass sich ein Gemeinschafts- und Evangelisationswesen als unabhängiger Zweig landeskirchlicher Arbeit etablierte.

So entstand ein einigermaßen verworrenes Geflecht von Beziehungen. Die anfänglich fortschrittlichen Äußerungen der Allianz verbanden die Freikirchler mit Vertretern der Erweckungs- und der später so genannten Gemeinschaftsbewegung. Auch war man sich in dem Ziel einig, dass in Deutschland missioniert bzw. evangelisiert werden musste und dass

---

[183] D. Lange, wie Anm. 28, 85 Anm. 173.

eine Gemeinschaftspflege zum christlichen Glauben dazu gehört. Im Laufe der Zeit verloren sich die Aktivitäten der Evangelischen Allianz auf sozialem und politischem Gebiet. Die Allianz und die Gemeinschaftsbewegung wurden immer zurückgezogener und gebrauchten stolz die Selbstbezeichnung „Die Stillen im Lande". Sie wollten nicht auffallen. Dieser Zug der Gemeinschaftsbewegung färbte intensiv auch auf die deutschen Freikirchen ab. Diese warfen der Gemeinschaftsbewegung mangelnde Konsequenz in der Lehre von der Kirche vor, wie sie umgekehrt von der Gemeinschaftsbewegung wegen ihrer kirchlichen Eigenständigkeit beargwöhnt wurden. So wurde der Freiraum der Freikirchen immer weiter eingeschnürt, zumal sie in den Landeskirchen selbst auch keine Koalitionspartner fanden. Die anfänglichen politischen und sozialen Äußerungen der Freikirchen wurden zugunsten einer apolitischen Haltung verdrängt.

Nur gelegentlich lassen sich andere, dem ursprünglichen Ethos der Freikirchen innewohnende Tendenzen beobachten. Es ist aufschlussreich, dass die Freikirchen nicht bei offiziellen kirchlichen Anlässen, sondern bei argwöhnisch beobachteten Außenseitern eine Plattform der Selbstdarstellung erhielten. Als 1910 der 5. Weltkongress für Freies Christentum und Religiöser Fortschritt in Berlin von einer Gruppe liberaler Theologen organisiert wurde, erhielten auch Vertreter der Mennoniten, Baptisten, der Evangelischen Gemeinschaft und der Methodisten die Gelegenheit, ihre „Sonderkirchen" vorzustellen.[184] Sie haben von der Möglichkeit gern Gebrauch gemacht, zumal man den Eindruck hatte, mit dem freieren kirchlichen Protestantismus trotz bestehender theologischer Divergenzen dennoch eine weitgehende Übereinstimmung zu haben. Dies

---

[184] In dem von Max Fischer und Friedrich Michael Schiele herausgegebenen Band Fünfter Weltkongreß für freies Christentum und religiösen Fortschritt, Berlin 5. bis 10. August 1910. Protokoll der Verhandlungen, 2. Band, Berlin-Schöneberg 1911, kommen unter der Kapitelüberschrift „Religiöser Individualismus und Sonderkirchen" u. a. zu Wort: J. G. Appeldoorn, „Die Mennoniten", 640-649; Gustav Gieselbusch, „Modernes Täufertum und religiöser Fortschritt", 650-663; R. Kücklich, „Die Evangelische Gemeinschaft, was sie ist und was sie will", 672-680; und Gustav Junker, „Was mir am Methodismus besonders wertvoll erscheint", 681-690.

betraf vor allem die Forderung unbedingter Gewissensfreiheit und die Ablehnung eines dogmatisierten, in Bekenntnissen festgelegten, sakramentalen Christentums. Auf eine von liberalen Theologen getragene Veranstaltung hätten sich Vertreter der Gemeinschaftsbewegung nicht gewagt.

Der Baptistenprediger Gustav Gieselbusch, der bei Adolf von Harnack studiert hatte, aber wegen seiner Kirchenzugehörigkeit kein theologisches Examen ablegen konnte, hielt in seinem Vortrag den liberalen Kräften in Wissenschaft und Kirche entgegen, dass sie nur zaghafte Theoretiker seien. Er geht von der Voraussetzung aus, dass das 20. Jahrhundert reif für das freikirchliche Ideal sei und bemerkt dazu: „So stellen wir der Wirklichkeit unserer Landeskirchen, die wir gebunden sehen an Händen und Füßen durch die Polizeigewalt des Staates und die bleierne Fessel der religiös gleichgültigen oder feindlichen Masse, das Ideal der Freiwilligkeitskirche gegenüber, einer an Zahl geringen, aber an Lebenskraft starken Gemeinde von Jesusjüngern, die um die Seele der antichristlichen Welt ringt in fröhlichem Glaubensmut und duldsamer, siegfreudiger Jesusliebe."

Diese „radikale Kirchenpolitik" aber gehe, so führt Gieselbusch aus, auch den „ausgesprochenen Liberalen" gegen den Strich, „und wir wissen aus schmerzlicher Erfahrung, dass wir vielen lieben Christen dadurch zu bösem Anstoß gereichen. Sie haben eine so ehrfürchtige Scheu vor der geschichtlichen Tradition, dem ‚historisch Gewordenen' und eine so heillose Angst nicht nur vor den religiösen, sondern auch vor den ökonomischen Folgen dieses Radikalismus, dass sie sich ärgerlich von solchen Fanatikern, wie wir sind, abwenden. ‚Du lieber Gott, darüber lässt sich theoretisch schließlich reden, aber auf Verwirklichung solcher Phantome drängen, ist stark bedenkliche Ideologie'."[185]

Dem „stimmungsseligen Persönlichkeitskult" der geistvollen Zeitgenossen setzte er ein gesundes Herdenbewusstsein, das „unser großer Hirte Jesus Christus seinen Jüngern eingepflanzt hat", entgegen und meinte, dass dieses „in unserm ehernen Zeitalter aus innerster Notwendigkeit zum christli-

---

[185] Ebd., 659.

chen Sozialismus sich gestaltet".[186] Gieselbusch sagte dies auf dem Hintergrund seiner Beobachtung, dass sich die freikirchlichen Gemeinden „zu einem großen Teil aus den Mühseligen und Beladenen des modernen Proletariats rekrutieren, die aus grauer Lebensnot, oft genug auch aus den bösen Banden des Alkoholismus erlöst, zu neuem Leben gekommen sind".[187]

Solche öffentlich vorgetragenen Gedanken zur gesellschaftlichen und kirchlichen Situation aus freikirchlicher Sicht waren jedoch eher die Ausnahme denn die Regel.

Der gesellschaftliche und kirchliche Druck auf die Freikirchen und der Druck aus der Allianz und der Gemeinschaftsbewegung ließen sie viel eher einstimmen in eine heftige Polemik gegen die sich im ersten Jahrzehnt des 20. Jahrhunderts ausbreitende Pfingstbewegung. Hier mag eine Rolle gespielt haben, dass man jetzt nicht mehr der kirchliche Prügelknabe zu sein brauchte, sondern dass eine neue Gruppierung diesen Platz der „alten" Freikirchen einnahm. Freikirchler vergaßen ihre eigene, leidvolle Vergangenheit und stimmten in eines der feindseligsten Dokumente der jüngeren deutschen Kirchengeschichte ein: die sogenannte „Berliner Erklärung" von 1909[188]. Sie wurde nach 19 Stunden Verhandlungen von etwa 60 Teilnehmern aus Kreisen der Allianz und der Gemeinschaftsbewegung unter Leitung des Vorsitzenden des Gnadauer Verbandes, Walter Michaelis, verabschiedet. Darin wird der „sogenannten Pfingstbewegung" bescheinigt, dass sie nicht „von oben, sondern von unten" sei. Sie habe viele Erscheinungen mit dem Spiritismus gemein: „Es wirken in ihr Dämonen, welche, vom Satan mit List geleitet, Lüge und Wahrheit ver-

---

[186] Ebd., 660.

[187] Ebd., 658.

[188] Abgedruckt bei D. Lange, wie Anm. 28, 287-290. Lange beschreibt den Vorgang mit dem Satz „Den Pfingstleuten wurde eine entschiedene Abfuhr erteilt" (101), was den Standort des Verfassers klar zu erkennen gibt. Auch sonst kommen seine Wertungen ins Spiel. Dass der Gnadauer Verband bei der „eindeutig ablehnenden Haltung gegenüber der Pfingstbewegung" blieb, hatte nach Lange zur Folge, „dass sich die Anhänger der Zungenbewegung immer mehr außerhalb von Kirche und Gemeinschaft zu einer sektiererischen Gruppe entwickelten". So verselbständigte sich „zwangsläufig die enthusiastische Rechte innerhalb der deutschen Gemeinschaftsbewegung [...]" (226). Vgl. auch unten das Kapitel über die Pfingstbewegung.

mengen, um die Kinder Gottes zu verführen." Was kann eigentlich einer christlichen Gemeinschaft Schlimmeres vorgeworfen werden, als dass sie von Dämonen oder gar vom Satan anstatt vom Heiligen Geist geleitet ist? Anders als die frühe Polemik gegen die Freikirchen, die diese Kirchen immer noch in gewisser Weise „anerkannte", verwies die Berliner Erklärung die Pfingstbewegung eindeutig in den außerchristlichen, ja antichristlichen Bereich. Dass die Pfingstler von dieser Behandlung seitens ihrer christlichen Brüder geschockt waren, lässt sich ebenso verstehen, wie der Umstand, dass sie nicht mehr wagten, sich dem Geist frei und ungezwungen hinzugeben, wie es sich in anderen Ländern entwickelte. Man „dämpfte" den Geist, um möglichst wenig aufzufallen. Dies wurde ein Kennzeichen des „Mülheimer Gemeinschaftsverbandes". Durch die „Kasseler Erklärung" vom 1. Juli 1996 wurde eine Annäherung zwischen der Deutschen Evangelischen Allianz und dem Bund Freikirchlicher Pfingstgemeinden herbeigeführt und damit die „Berliner Erklärung" überwunden. Allerdings war der Mülheimer Verband nicht beteiligt.[189]

Einen Höhepunkt erreichte die Anpassung der Freikirchen an den Zeitgeist im Ersten Weltkrieg. Die freikirchlichen Prediger von Berlin und Umgebung verabschiedeten gemeinsam im März 1915 eine „vaterländische Kundgebung". Endlich sahen sie eine Möglichkeit, öffentlich den Erweis zu erbringen, dass sie keine „englische" Sekte oder „englische" Eindringlinge waren. Sie rechneten deshalb scharf mit den „anmaßenden Äußerungen" der Freikirchen in England ab, die es gewagt hätten, „das deutsche Volk, seine gerechte Sache zu verdächtigen und zu beschuldigen, seinen friedliebenden und gottesfürchtigen Kaiser als den Friedensstörer Europas zu verleumden und den deutschen Christen das Recht abzusprechen, ihre vaterländische Sache, die Bitte um Sieg, im Gebet vor Gott zu vertreten".[190] Die in den evangelischen Landeskirchen herrschende Kriegstheologie und Verehrung des Kaisers wurde – entgegen allen freikirchlichen Beteuerungen der Trennung von Staat und Kirche – voll inhaltlich übernommen.

[189] Weitere Einzelheiten vgl. unten Abschnitt über die DEA.
[190] Oskar Büttner, Die evangelischen Freikirchen Deutschlands. Ein Beitrag zur neuesten Kirchengeschichte, Bonn 1916, 309 f.

Der Sogwirkung einer allgemein verbreiteten Stimmung konnte man sich nicht entziehen, sondern versuchte im Gegenteil, aus der gesellschaftlichen Randstellung durch übereifrige Verlautbarungen herauszutreten. Für Deutschlands Ehre, Freiheit und Weltmachtstellung standen die freikirchlichen Soldaten an der Front; die freikirchlichen Diakonissen und ihre Krankenanstalten versorgten die Verwundeten; die freikirchliche Presse und die Prediger „beeinflussen weite Volkskreise in vaterländischem Sinne"; und in den Gotteshäusern und Betsälen werden „Sonntags und Werktags Kriegspredigten und Betstunden abgehalten, und in allen freikirchlichen Familien wird in diesen Tagen schwerer vaterländischer Not priesterlich für den Kaiser, das Heer und das Volk gebetet. Die Gliedschaft der deutschen Freikirchen wird mit dem gesamten deutschen Volke durchhalten, es komme, was da wolle."[191]

Insbesondere engagierten sich die Freien evangelischen Gemeinden, die Methodisten und Baptisten bei der Betreuung der Soldaten auf den Bahnhöfen und organisierten eine Soldatenmission, die Bibeln, Bibelteile, Traktate, Kalender und Feldpostkarten verteilte.[192]

„Schwarz-weiß-rot
Treu bis zum Tod"

stand auf dem Soldatennotizkalender, den die Baptisten herausgaben.[193]

4.7.3 Die Weimarer Republik

Nachdem die Freikirchen am Ende des Ersten Weltkrieges erkennen mussten, dass ihre Anpassung an die Kriegstheologie und Kaiserverherrlichung entschieden zu weit gegangen war, erwachte in ihnen mit der Revolution die Hoffnung auf eine verbesserte rechtliche und gesellschaftliche Stellung aufgrund des Gedankens der Trennung von Staat und Kirche. Zwar sah man den Zusammenbruch der Staatskirche „mit innerer Erschütterung", doch „können wir das Gefühl der Befriedigung

---

[191] Ebd., 311.

[192] Vgl. die patriotischen Äußerungen, ebd., 133-136; 198-200, und 331-333.

[193] Ebd., 200.

nicht unterdrücken, dass wir nun nicht mehr unter den Vergewaltigungen der Landeskirchen zu leiden haben werden".[194]

Auch in den Landeskirchen machte man sich nachhaltig Gedanken über die Gestalt der Kirche. Der Frankfurter Theologe Erich Foerster zum Beispiel hatte in der von Martin Rade herausgegebenen Zeitschrift „Christliche Welt" eine Parallele zwischen der Situation von 1848 und 1918 zu ziehen versucht und die düstere Prognose gewagt, dass es mit der Revolution von 1918 nicht viel anders gehen werde als 1848. Er meinte, dass die Volkskirche nicht so „erhalten" werden dürfe, wie es starke Kräfte im evangelischen Lager versuchten, nämlich als „eine Kirche, deren Mitgliedschaft nicht durch eine Willenserklärung, einen Entschluss, eine persönliche Entscheidung für sie erworben wird, sondern mit der Taufe solange als bestehend gilt, wie kein Austritt erklärt ist. Das ist aber eine Veräußerlichung des Gedankens der Volkskirche. Deshalb scheint mir die Umwandlung der bisherigen stillschweigenden, sozusagen naturhaften Mitgliedschaft in eine persönlich bekundete nicht weg von der Volkskirche, sondern grade zu ihr hin, und ich kann in dem Bemühen, die bisherige Form der Mitgliedschaftsbegründung aufrechtzuerhalten, nur eine Rückständigkeit erkennen."[195] Damit kam er dem Konzept der Freikirchen stark entgegen.

Den entgegengesetzten Standpunkt vertrat Otto Dibelius. Er war im November 1918 Geschäftsführer des preußischen Vertrauensrates geworden, der nach Meinung von Dibelius „Waffen" für den Kampf um die alten Privilegien der Landeskirchen „schmieden" sollte. Tatsächlich ist dies dem geschickt operierenden Taktiker Dibelius gelungen. Foerster behielt mit seinen Ahnungen recht: Dibelius wollte das „Jahrhundert der Kirche"[196] anbrechen sehen. Die Kirche definierte er als einen „Organismus, der als eine in sich selbständige Form des religiösen Lebens eine Gesamtheit von Menschen umfassen will, ein Organismus, der sich auf ein Bekenntnis und auf einen Kultus gründet, ein Organismus, dessen Einheit und Tradition

[194] So im baptistischen Blatt „Wahrheitszeuge" 1918, 194.
[195] Erich Foerster, „1848 und die evangelische Kirche", Die Christliche Welt 33, 1919, Sp. 115-120, hier: 120.
[196] So der Titel des Buches von Dibelius, das 1927 erschien.

sich zusammenfassen in einem bischöflichen Amt".[197] Im Gegensatz zu einer „Sekte" umfasse die „Kirche" das gesamte Volk. Im Sinne von Dibelius, der 1945 Bischof von Berlin und 1949 Ratsvorsitzender der EKD werden sollte, muss also Kirche immer eine bischöflich geleitete „Volkskirche" sein.

Die Freikirchen mussten es erleben, wie es Dibelius und seinen Gleichgesinnten gelang, dem neuen Staat die bevorrechtete Stellung der Landeskirchen abzuringen, so dass die Freikirchen sich wiederum in ihren Hoffnungen auf Gleichbehandlung auf der Grundlage einer Gleichberechtigung getäuscht sahen. Dibelius konnte sogar zeitweilig die Bemühungen der Methodisten um die Erlangung der Körperschaftsrechte hintertreiben: „Was die Freikirchen an Geltung und öffentlichem Einfluss erstreben, kann durch freundschaftliche Verständigung mit der evangelischen Kirche besser erreicht werden als durch staatliche Privilegien."[198] Deutlicher lässt sich die herablassende Art des Umgangs mit den Freikirchen kaum ausdrücken. Auf dem Hintergrund dieser Erfahrungen werteten die Freikirchen den seit 1916 bestehenden „Hauptausschuss Evangelischer Freikirchen" auf und schufen sich 1926 mit der „Vereinigung Evangelischer Freikirchen" (VEF) eine lose Dachorganisation, um ihre Interessen gemeinsam nach außen gegenüber dem Staat und den Landeskirchen besser vertreten zu können. Der Hauptausschuss hatte noch Ende 1918 der neuen Reichsregierung einen Katalog mit Forderungen vorgelegt, die auf eine Gleichberechtigung aller Kirchen hinauslaufen. Doch den Freikirchen schenkte man kein Gehör. Weder dem Hauptausschuss, noch der VEF gelang ein Durchbruch. Die Freikirchen mussten es sogar hinnehmen, dass vom Deutschen Evangelischen Kirchenausschuss, der nach dem Ende des Kaiserreichs gebildet worden war, über ihre Köpfe hinweg entschieden wurde, welche Freikirchler zu den ökumenischen Versammlungen fahren durften, etwa zu der von Nathan Söderblom für das Jahr 1925 einberufenen Tagung der „Bewegung für Praktisches Christentum". Die paternalistische Haltung gegenüber den Freikirchen

---

[197] Ebd., 97.
[198] Zitiert in Geschichte der Emk, wie Anm. 7,299 Anm. 79; vgl. auch ebd., 189.

und der Anspruch, den deutschen Protestantismus allein zu vertreten, blieben bestehen.

Die Weimarer Reichsverfassung gewährte den „altkorporierten" Religionsgemeinschaften unmittelbar die Körperschaftsrechte, während die „neukorporierten" Gemeinschaften einen Antrag auf Anerkennung stellen mussten. Die Gewährung der Körperschaftsrechte fiel in die Zuständigkeit der Länder, so dass unterschiedliche Entscheidungen getroffen wurden. In Preußen mussten erst Verwaltungsgerichte eingeschaltet werden, damit einzelne Freikirchen den ihnen von der Verfassung zustehenden Rechtstitel einer „Körperschaft des öffentlichen Rechts" zugesprochen erhielten, weil die preußische Regierung in vertraulicher Zusammenarbeit mit den preußischen Landeskirchen dies zu verhindern versuchte. Umgekehrt lassen sich auch Fälle nachweisen, dass Beamte in den Ministerien für freikirchliche Anträge entschieden, um den „altkorporierten" Kirchen einen Denkzettel zu verpassen. So erklärt sich, dass z. B. einige baptistische Einzelgemeinden die Körperschaftsrechte erhielten.

4.7.4 Der NS-Staat

Man wird die Kette negativer Eindrücke, die sich bei den freikirchlichen Kirchenleitungen festgesetzt hatten, im Auge behalten müssen, um die Reaktion der Freikirchen auf die Errichtung eines „nationalsozialistischen" Deutschlands einordnen zu können. Nirgendwo in den Freikirchen gab es etwas, was mit dem innerkirchlichen Kampf der Bekennenden Kirche für die rechte Kirche vergleichbar gewesen wäre. Viel weniger gab es eine Auflehnung gegen die NS-Diktatur. Nach anfänglichem Zögern und einigen wenigen, kritischen Analysen[199] wurde im Verlauf der Jahre 1933/34 von den Freikirchen

[199] Z. B. Arnold Koester, „Hakenkreuz und Sowjetstern: Malzeichen des Antichristen", in: Wahrheitszeuge vom 11. September 1932, der das Hakenkreuz als heidnisch-religiöses Symbol interpretiert, das für des Menschen Selbsterlösung und als Ausdruck für den Glauben des Menschen an sich selbst stehe. Ebenso wird der Sowjetstern als Symbol der Vollkommenheit und des Weltalls betrachtet, und beides wird mit Offenbarung 13, 16-18 verglichen und gesagt, dass es sich um die Zeichen des Menschen handelt, der sich selbst als Gott verkündigt. In der Folgezeit hat

in Grußadressen an den Reichskanzler die Ergebenheit zum neuen Staat deutlich zum Ausdruck gebracht.[200] Das betraf die Mennoniten ebenso wie die Baptisten und Methodisten. Wo solche Verlautbarungen unterblieben, lassen andere Daten auf die Loyalität gegenüber dem neuen Staat schließen. Bei dem im November 1933 durchgeführten Volksentscheid sprachen sich in dem fast nur von Gliedern der Brüdergemeine bewohnten Herrnhut von 1061 Stimmberechtigten 1034 für die Politik Hitlers aus.[201]

Dieses freudige Zugehen auf den neuen Staat war anfänglich keineswegs ausgemachte Sache. Das Zögern betraf aber nicht den politischen Aspekt, sondern es ging die Furcht in den Freikirchen um, unter das Dach der neu zu schaffenden Deutschen Evangelischen Kirche „gleichgeschaltet" zu werden, also die jeweilige Selbständigkeit und Unabhängigkeit zu verlieren. Das Schreckgespenst, lediglich ein Anhängsel einer neuen „Reichskirche" werden zu müssen, wurde von der „Glaubensbewegung Deutsche Christen" noch geschürt.[202]

Die Freikirchen reagierten so, dass sie ihre eigene, innere Struktur strafften (Mennoniten) und dem Führerprinzip anglichen (Baptisten)[203] und dass sie gemeinsam Pläne schmiedeten, alle Freikirchen in einem Bund zusammenzuführen, um ihn neben der DEK und dem römischen Katholizismus als eine selbständige „dritte" kirchliche „Säule" anerkennen zu lassen.

---

man in den Freikirchen zur Interpretation des NS-Regimes nicht mehr auf Off 13 zurückgegriffen, sondern in großer Naivität und im Nachplappern lutherischen Obrigkeitsgehorsams stets Röm 13 zitiert. Koester allerdings bildete eine Ausnahme. Vgl. Franz Graf-Stuhlhofer, Öffentliche Kritik am Nationalsozialismus im Großdeutschen Reich. Leben und Weltanschauung des Wiener Baptistenpastors Arnold Köster (1896–1960), Neukirchner Verlag 2001.

[200] Es liegen eine ganze Reihe Spezialuntersuchungen vor, z. B. für den Methodismus: Herbert Strahm, Die Bischöfliche Methodistenkirche im Dritten Reich, Stuttgart 1989; für den Baptismus: Andrea Strübind, Die unfreie Freikirche. Der Bund der Baptistengemeinden im Dritten Reich, Wuppertal / Kassel 1995 (2. Aufl.).

[201] Karl Zehrer, Evangelische Freikirchen, wie Anm. 7, 17.

[202] Ebd., 22.

[203] Günther Kösling, Die deutschen Baptisten, wie Anm. 7, 104 ff.

Als deutlich wurde, dass der neue Staat unter anderem aus außenpolitischen Erwägungen im Blick auf die Vereinigten Staaten, wo die Freikirchen auch über politisches Gewicht verfügten, die Selbständigkeit der Freikirchen nicht anzutasten gedachte[204], und als die üblichen sonntäglichen und wöchentlichen Veranstaltungen sowie die Evangelisationen unbehelligt blieben, ja als sogar einige Freikirchen wie die Methodistenkirche die Körperschaftsrechte erhielten, schien der Spielraum für kirchliches Leben größer geworden zu sein, als er je zuvor den Freikirchen zugestanden war. Das führte zu einem Verlust der Kritikfähigkeit, zeigt aber auch, wie stark die seitherige Unduldsamkeit der Landeskirchen gegenüber den Freikirchen bei diesen ein Minderwertigkeitsgefühl erzeugt hatte, das man in der neuen Situation kompensieren zu können meinte.

Das alles kann freilich die „Akkomodation" der Freikirchen, an staatliche Vorgaben, das Schweigen angesichts der Judenverfolgung und die Verteidigung der Verhältnisse in Deutschland gegenüber internationalen Partnern nicht entschuldigen. Nicht nur die Baptisten wurden zu einer „unfreien Freikirche", wie es Andrea Strübind genannt hat, sondern alle Freikirchen. Ein besonders krasses Beispiel dafür, dass sich Freikirchler im Ausland für die NS-Propaganda missbrauchen ließen, war die Teilnahme von Bischof F. H. Otto Melle (Methodistenkirche) und dem baptistischen Bundesdirektor Paul Schmidt an der Weltkonferenz für Praktisches Christentum in Oxford 1937. Beide wurden von Theodor Heckel, dem Leiter des Kirchlichen Außenamtes der Deutschen Evangelischen Kirche, die auf Anweisung Hitlers keine Delegation entsenden durfte, manipuliert, von der deutschen Botschaft in London gleichsam „geführt" und fielen durch ihre Redebeiträge auf der Konferenz der Bekennenden Kirche in den Rücken. Wenn

[204] Besonders deutlich wird dies, als der Baptistische Weltbund 1934 in Berlin seinen 5. Weltkongress abhielt und eine Abordnung mit „Reichsbischof" Müller zusammentraf, der den internationalen Gästen versicherte, die Deutsche Evangelische Kirche beabsichtige nicht, die Freikirchen in die Reichskirche einzugliedern. Vgl. Erich Geldbach, „Gerechtigkeit in Berlin 1934? Ethische Fragen auf dem Fünften Weltkongress des Baptistischen Weltbundes", in: Peter Dabrock u. a. (Hgg.), Kriterien der Gerechtigkeit. Begründungen – Anwendungen – Vermittlungen. FS Christofer Frey, Gütersloher Verlagshaus 2003, 87-105.

nach dem Krieg Bundesdirektor Paul Schmidt (1888–1970), der „natürlich“ im Amt blieb, in seinem ersten Rechenschaftsbericht bekundete, man habe zwar keine Märtyrer hervorgebracht, aber alle Zeit in Freiheit evangelisieren können, dann fragt man sich, welche Inhalte bei solchen Evangelisationen angesichts der mörderischen NS-Politik transportiert wurden.

4.7.5 Entwicklung in der Bundesrepublik

Die Freikirchen haben das Ende der NS-Diktatur nicht verarbeitet. Zwar wurde die Frage der Mitschuld, vor allem aus Kreisen der Jugend, gestellt, aber da die Führung weder zurücktrat noch abgelöst wurde, ist eine offene Auseinandersetzung unterblieben. Im Gegenteil hat die Vereinigung Evangelischer Freikirchen am 30. September 1949 eine Erklärung herausgegeben, in der es heißt, dass die Freikirchen „durch ihre Wirksamkeit im vollen Gegensatz zum Nationalsozialismus“ gestanden hätten und dass sie „zu keiner Zeit irgendetwas vom Evangelium preisgegeben haben; sie haben dem Rassenhass keinerlei Raum gegeben und sind entschlossen dem antichristlichen Geist des Nationalsozialismus auf dem Boden des Evangeliums entgegen getreten“.[205] Diese Erklärung, die in allen ihren Teilen objektiv falsch ist, kann man in der Rückschau nur als einen peinlichen Rechtfertigungsversuch interpretieren. Erst in großem zeitlichen Abstand zu dem Geschehen haben einige Freikirchen Schuldbekenntnisse formuliert und, wie die Baptisten auf ihrem 150-jährigen Jubiläumskongress 1984 in Hamburg, der im Zusammenhang mit dem Kongress der Europäischen Baptistischen Föderation begangen wurde, vor der internationalen Gemeinschaft durch ihren Präsidenten Günter Hitzemann verlesen lassen. Es wurde ganz deutlich, dass man im Ausland auf eine solche Erklärung gewartet hatte. In einer Plenarsitzung wurde die Reaktion der nicht-deutschen Anwesenden von dem englischen Baptisten Dr. David Russell vorgetragen. Diese Sitzung bewegte die ge-

[205] Zitiert in: Ulrike Schuler, Die Evangelische Gemeinschaft. Missionarische Aufbrüche in gesellschaftspolitischen Umbrüchen, Stuttgart (Medienwerk der EmK) 1998, 383.

samte Versammlung zutiefst[206], weil es zu spontanen Gesten der Versöhnung zwischen nicht-deutschen und deutschen Teilnehmenden kam.

Nach 1945 war es wiederum Otto Dibelius, der dort anknüpfen wollte, wo man 1933 hatte aufhören müssen. Die Zeit dazwischen war gleichsam nur ein kirchengeschichtlicher Ausrutscher, der zu keiner radikalen Änderung zwang, sondern der auf die Weise ungeschehen gemacht werden sollte, dass möglichst geräuschlos der Faden wieder aufgegriffen wird, wo er abgerissen war. Wegen der Bekennenden Kirche genossen die Kirchen im Nachkriegsdeutschland ein hohes moralisches Ansehen, so dass kein verantwortlicher Politiker auf den Gedanken gekommen wäre, den Landeskirchen Restriktionen aufzuerlegen. Die Kirchenartikel der Weimarer Reichsverfassung, die damals schon ein äußerst mühsam erreichter Kompromiss waren, wurden durch Artikel 140 als gleichrangiges Recht in das Grundgesetz der Bundesrepublik Deutschland aufgenommen.

Auch die westlichen Militärregierungen drängten auf keine Änderung. Das war für die amerikanische Zone überraschend, weil der Gedanke nahe lag, die Amerikaner würden ihr Modell einer Trennung von Kirche und Staat durchzusetzen versuchen. Ansätze dazu gab es. So wurde in Württemberg und Hessen die Erhebung von Kirchgeld durchgeführt, das an die Stelle der Kirchensteuer treten sollte. Den formalen Akt einer Trennung wollte die Militärregierung jedoch nicht durchführen. Die Initiative dazu hätte von der Kirche ausgehen müssen. Im anderen Falle hätte ja die Militärregierung gegen ihren eigenen Grundsatz der Nichteinmischung in religiöse Angelegenheiten gehandelt. Es ist jedoch nicht Aufgabe einer Regierung – auch oder gerade nicht einer von freikirchlichen Beratern unterstützten Militärregierung –, in religiösen Fragen aktiv zu werden. So verpassten die evangelischen Kirchen eine nach dem Zweiten Weltkrieg sich bietende Gelegenheit zu ihrer Selbstreinigung und Neuorientierung, wie es der für die

---

[206] Vgl. Günter Hitzemann und Andrea Strübind, „‚Wir sehen uns in die Schuld unseres Volkes und unserer Bundesgemeinschaft verflochten.‘ Zur Entstehungsgeschichte und Funktion des Schuldbekenntnisses von 1984", in: ZThG 8, 2003, 306-321. Dort auch die Antwort Russells, 320.

Beziehungen zwischen der amerikanischen Militärregierung und den deutschen Religionsgemeinschaften zuständige Verbindungsmann methodistischer Herkunft, Franklin H. Littell, zum Ausdruck brachte.[207]

Die Freikirchen wurden jedoch nach dem Krieg von den evangelischen Landeskirchen entdeckt.[208] Die Landeskirchen überwanden ihr Fixiertsein auf die deutsche Nation und wurden in ihren Beziehungen „international“, was den Freikirchen früher zum Vorwurf gereicht hatte. Aus der Ökumene kamen Hilfeleistungen, und weil viele Spenden aus dem „freikirchlichen“ Bereich kamen – die Quäker, Mennoniten, Brethren, aber auch methodistische und baptistische Gemeinden sowie ökumenische Gremien taten sich hervor –, kam aus der sich formierenden ökumenischen Bewegung der Druck auf die Landeskirchen, mit den Freikirchen zusammenzuarbeiten. Man wollte verhindern, dass den Mitgliedern der Freikirchen eine über Gebühr große Menge an Hilfsgütern zufloss. So entstand das Hilfswerk der Evangelischen Kirchen, dessen erster Leiter, der nachmalige Bundestagspräsident Eugen Gestenmaier (1906–1986), nicht wusste, was Freikirchen waren, sondern der in Genf um Auskunft nachsuchen musste. Die neuen zwischenkirchlichen Verhältnisse, die von der Not geschaffen waren, fanden in März 1948 ihren Ausdruck in der Gründung der Arbeitsgemeinschaft Christlicher Kirchen (ACK), wie sie vom Rat der neu geschaffenen Evangelischen Kirche in Deutschland und dem Vorstand der Vereinigung Evangelischer Freikirchen beschlossen wurde.

Im Rahmen der ACK und des Diakonischen Werkes, das aus dem Hilfswerk hervorging, konnten viele Problemfelder zwischen den Landes- und Freikirchen besprochen und gelöst werden. Es blieb jedoch bis zum heutigen Tag noch immer eine Zahl von Reibungsflächen, die auf das Klima belastend wirken können. Es ist zum Beispiel alles andere als selbstverständlich, dass bei Besprechungen der Geistlichen an einem gegebenen Ort auch die freikirchlichen Pastoren regelmäßig eingeladen werden. Auch lässt sich immer wieder beobachten,

---

207 So in einem persönlichen Gespräch mit dem Verfasser.

208 Andrea Strübind, „Freikirchen und Ökumene in der Nachkriegszeit“, in: KZG 6, 1993, 187-211.

dass bei freikirchlichen Evangelisationen nach wie vor von Proselytenmacherei gesprochen wird oder dass Freikirchen bei ihren Vorbereitungen zu evangelistischen Veranstaltungen andere Kirchen vor Ort nicht informieren. Zwar hat die ACK die Empfehlung ausgesprochen, dass von Doppelmitgliedschaft abgesehen werden soll. Will jedoch das Mitglied einer Landeskirche zu einer Freikirche übertreten, muss die betreffende Person in der Regel auf dem Amtsgericht den Kirchenaustritt erklären.[209] Es ist für viele Menschen schwer einsehbar, dass ein Kirchenwechsel den Gang auf ein Amtsgericht voraussetzt, weil man normalerweise mit einem Gericht Rechtsstreitigkeiten verbindet. In den Landeskirchen wird häufig der Kirchenaustritt mit dem Abfall vom christlichen Glauben gleichgesetzt, denn man fragt nicht nach, wohin sich eine Person nach dem Austritt wendet. Eine fehlende Kommunikation zwischen den Kirchen bzw. den Pastoren ist hier verantwortlich zu machen.

In den 1970er Jahren ließ sich beobachten, dass evangelisch-theologische Fakultäten ohne ersichtlichen Grund in ihre Prüfungs- und Promotionsordnungen den Passus aufnahmen, dass ein Kandidat / eine Kandidatin den Nachweis der Zugehörigkeit zu einer evangelischen Kirche erbringen muss.[210] Es wird zwar in diesen Bestimmungen von „Kirche" und nicht „Landeskirche" gesprochen, und es wird regelmäßig hinzugefügt, dass Angehörige von Kirchen, die dem Ökumenischen Rat der Kirchen angehören, in Ausnahmefällen zugelassen werden können. Doch sind diese Regelungen alles andere als sinnvoll. Denn einmal werden durch die erste Bestimmung römisch-katholische und orthodoxe Christen ausgeschlossen, die Orthodoxen jedoch könnten, da sie dem ÖRK angehören, ausnahmsweise zugelassen werden. Zum anderen könnte man Angehörigen von Freikirchen die Zulassung versagen, da nicht alle Freikirchen in Deutschland im ÖRK vertreten sind. Hier liegt ein potentielles Konfliktfeld.

---

[209] Nur die württembergische Landeskirche hat mit der Evangelisch-methodistischen Kirche eine Vereinbarung zum Kirchenübertritt getroffen.

[210] Das betraf sogar die bisher in dieser Beziehung als „liberal" geltende Marburger Fakultät trotz des vehementen Protestes des bereits emeritierten Professors für systematische Theologie, Hans Grass.

Immer wieder kommt es im schulischen und diakonischen Bereich zu Schwierigkeiten. Bei einem von einer Landeskirche in eine Freikirche vollzogenen Kirchenwechsel wurde verschiedentlich Kindergärtnerinnen in Einrichtungen landeskirchlicher Trägerschaft gekündigt. In Niedersachsen wurde in einem von der Konföderation evangelischer Landeskirchen erarbeiteten Erlass des Kultusministers definiert, welche Kirchenzugehörigkeit einen Lehrer instand setzt, den evangelischen Religionsunterricht erteilen zu dürfen. In dem Erlass werden unterschiedliche Kirchen aufgeführt, jedoch die täuferischen Freikirchen (Baptisten, Mennoniten, Freie evangelische Gemeinden) nicht erwähnt. Sie wurden auf eine Sonderregelung verwiesen, was diese Kirchen nur als eine Diskriminierung ihrer Lehrer von Staats wegen empfinden konnten.

Als im Gefolge der gesellschaftlichen Aufbrüche Ende der 1960er und Anfang der 1970er Jahre zunächst die Jungliberalen und schließlich auch die FDP einen Vorstoß wagten, um die Kirche-Staat-Beziehung auf eine neue Grundlage zu stellen, griffen einige Freikirchen den alten, auch von der FDP in ihrem Kirchenpapier von 1974 gebrauchten Schlachtruf des italienischen Politikers Camillo Benso Cavour (1810–1861) „eine freie Kirche in einem freien Staat" auf, um sich der demokratischen Gesellschaft gegenüber als „freie Kirche" und als zukunftsorientierte Alternative vorzustellen. Doch sehr bald kam das Echo. Nicht die Freikirche, sondern die Volkskirche ist „Kirche der Zukunft".[211] In geradezu positivistischer Manier verteidigte Trutz Rendtorff die bestehende Sozialgestalt der Kirche, als er 1974 schrieb: „Die Antwort auf die Frage, welche Kirchlichkeit wollen wir?, sollte erstens lapidar und konkret lauten: die Volkskirche. Man mag über den Ausdruck streiten, aber die Sache sollte klar sein. Die umfassende, durch die Praxis der Kindertaufe in ihrer weiten Mitgliedschaft definierte, durch Überlieferung und institutionelle Ausformung gebildete und überall präsente sichtbare Kirche. Die Volkskirche als die allgemeine Gestalt für vorhandene Kirchlichkeit und bestehendes Christentum ist das Haus, in dem das christliche Leben und Bewusstsein seinen geschichtlichen Erfahrun-

---

[211] Vgl. Wenzel Lohff und Lutz Mohaupt (Hgg.), Volkskirche – Kirche der Zukunft, Hamburg 1977.

gen und Voraussetzungen begegnet. Sie ist die Praxis, in deren Vollzug die Christenheit in Zuspruch und Widerspruch ihre je eigene christliche Identität findet. Sie ist der Raum, in dem die Ungleichzeitigkeit des Gleichzeitigen beisammen bleiben kann, ohne dem sektenhaften Druck zur Konformität zu unterliegen, jene Ungleichzeitigkeit, die sich in der Individualität von Frömmigkeit, Alter, Beruf, genauso ausdrückt wie in Bildung, gesellschaftlicher Stellung und Lebenserwartung. Sie ist die Landschaft, in der die Auseinandersetzung um die christliche Wahrheit ihre vielfältigen Wege ziehen kann, eine Auseinandersetzung, bei der Bibel und Bekenntnis genauso mitzusprechen haben wie die Erfahrung und Weltdeutung der Christen, die diese Wahrheit zu verantworten haben, eine Landschaft, deren Verlust die öde Einförmigkeit von Kleingärten nach sich ziehen müsste. In Richtung dieser Gesichtspunkte kann man die Volkskirche als eine Institution der Freiheit bezeichnen."[212]

So wird man zusammenfassend urteilen müssen, dass sich im Auf und Ab der freikirchlichen Ideale, Wünsche und Hoffnungen sowie in den Abkehrungen von freikirchlichen Anliegen und in den beschrittenen Irrwegen nicht nur die verworrene deutsche Geschichte spiegelt, sondern auch das komplizierte Geflecht der Beziehungen zwischen den Landeskirchen, der Gemeinschaftsbewegung und der Evangelischen Allianz sowie den Freikirchen. Ein Hauch von Tragik ist nicht von der Hand zu weisen. Manchmal, wie während der Revolution 1848, waren freikirchliche Vordenker der Zeit weit vorausgeeilt und wurden von den Landeskirchen und den Gemeinschaften zurückgedrängt. Ein anderes Mal, wie am Ende der Kaiserzeit oder zu Beginn der nationalsozialistischen Herrschaft, hatten die Freikirchen sich so stark dem Zeitgeist angepasst, dass das freikirchliche Ethos auf der Strecke blieb. Setzten sie ihre Hoffnungen auf den neuen, säkularisierten Staat, wie zu Beginn der Weimarer Republik, so mussten sie erkennen, dass sich die Landeskirchen doch wieder als einflussreicher erwiesen und privilegierte Positionen verteidigt hatten. Selbst in der Geschichte der Bundesrepublik war die Entwick-

[212] Trutz Rendtorff und Eduard Lohse (Hgg.), Kirchenleitung und wissenschaftliche Theologie, München 1974, 31.

lung so, dass die Landeskirchen von Anfang an aus einer begünstigten Stellung heraus ihre neuen Strukturen aufbauen konnten und dabei ein finanzielles und, eng damit verknüpft, ein geistig-geistliches Übergewicht erhielten, dass den Freikirchen schier die Luft zum Atmen auszugehen drohte.

Sie haben gleichwohl ein Übermaß an evangelistischem und sozialdiakonischem Engagement gezeigt, erwiesen sich aber gegenüber sozialen und politischen Fragen wenig aufgeschlossen. Hier dürften die Nachwirkungen der Erfahrung während des sogenannten „Dritten Reichs“ eine bedeutende Rolle spielen. Man hatte sich damals auf politisches Glatteis begeben und versuchte nach dem Zweiten Weltkrieg, den unpolitischen Charakter des Christentums zu erweisen. Eine ganze Generation freikirchlicher Prediger wurde auf den Seminaren „unpolitisch“ ausgebildet, was sich naturgemäß in den Gottesdiensten, Bibelstunden und sonstigen Programmen, die in den Gemeinden verfolgt wurden, niederschlagen musste.

Erst jüngst scheint es Neuaufbrüche zu geben, die sich in Gruppen bemerkbar machen, in denen zu Fragen der Weltverantwortung wie der Gerechtigkeit, des Friedens und der Bewahrung der Schöpfung gearbeitet wird. Diesen Neuaufbrüchen stehen allerdings charismatische Aufbrüche zur Seite, die in der Versuchung stehen, einer Verengung auf den Binnenraum der Gemeinde und einer subjektiven Frömmigkeit das Wort zu reden. Die Vertreter der VEF haben aber beschlossen, einen „Beauftragten der Vereinigung Evangelischer Freikirchen am Sitz der Bundesregierung” zu berufen.[213]

Sieht man einmal von der Brüder-Unität ab, die eine Teilkirche der Evangelischen Kirche in Deutschland (EKD) ist, so bildet die Evangelisch-methodistische Kirche eine Besonderheit in der Entwicklung. Sie hat mit den in der EKD zusammengeschlossenen Landeskirchen volle Kanzel- und Abendmahlsgemeinschaft hergestellt und hat sich damit enger an die evangelischen Landeskirchen gebunden als an die bestehenden Freikirchen. Jedenfalls gibt es formal keine Kanzel- und Abendmahlsgemeinschaft innerhalb der Freikirchen, wenn-

---

[213] Nähere Einzelheiten s. u. Kapitel „Zwischenkirchliche Beziehungen“: VEF.

gleich man wohl allenthalben so tut, als gäbe es sie. Damit aber hat die EmK eine neue Dimension der ökumenischen Zusammenarbeit erreicht. Sie ist auch mit allen europäischen methodistischen Kirchen seit 1997 Teil der damals so genannten Leuenberger Kirchengemeinschaft, jetzt „Gemeinschaft Evangelischer Kirchen in Europa“ (GEKE). Auch hier nimmt die methodistische Gemeinschaft eine Sonderstellung ein. Die GEKE erwies sich daher als erweiterbar. Das führte auch dazu, dass durch Gespräche zwischen ihren Vertretern und Vertretern der Europäischen Baptistischen Föderation (EBF) die Möglichkeit einer engeren Kooperation ausgelotet wurde. Die Tauffrage erwies sich als gegenwärtig noch nicht vollständig überwindbares Hindernis für volle Gemeinschaft im Sinne der Leuenberger Konkordie.

Zwischen den Mennoniten und den EKD-Kirchen konnte eine gegenseitige Gastbereitschaft beim Abendmahl erreicht werden.

5. Die Freikirchen in Einzeldarstellungen

5.0 Exkurs: Die „konfessionellen“ Freikirchen

In Deutschland ist es üblich, zwischen zwei Arten von Freikirchen zu unterscheiden. Man spricht von „klassischen“ und „konfessionellen“ Freikirchen. Letztere sind im 19. Jahrhundert aufgrund bestimmter Lehr- oder Organisationsentscheidungen entstanden. Sie hielten gegen eine allgemeine Entwicklung am überkommenen Bekenntnis lutherischer oder reformierter Prägung fest und widersetzten sich entweder einer Union von lutherischer und reformierter Kirche und widerstanden einem als gefährlich erachteten Liberalismus in der Theologie, speziell in den Bibelwissenschaften. Verfolgungen seitens der Behörden und der Landeskirchen hatten beide „konfessionellen“ Freikirchen zu überstehen. In beiden Freikirchen wurde den Mitgliedern zum ersten Mal eine bewusste religiös-kirchliche Entscheidung abverlangt. Bisher hatte ein konventionelles Christentum den Menschen die Entscheidung vorenthalten. Weil sich die Mitglieder der neuen Kirchen auf ihre Gewissensentscheidung beriefen, waren sie bereit, eine persönliche Verantwortung für ihren Glauben zu übernehmen. Das verbindet die Angehörigen der konfessionellen Freikirchen mit denen der klassischen Freikirchen. Beide „konfessionellen" Kirchen verstehen die Bezeichnung „Freikirche" in dem Sinne, dass die Freiheit von staatlichen Eingriffen gewährleistet sein muss. Aber es liegt nicht in der Logik ihrer Ansätze, Freikirche mit allen Konsequenzen sein zu wollen. Es lag ihnen vor allem am Festhalten des überkommenen Bekenntnisses. Gegen einen volkskirchlichen Charakter spricht nichts, wenn die Bekenntnisgrundlage erhalten bleibt. Dies aber sahen die Väter der „altlutherischen" und „altreformierten" Kirchen nicht gewährleistet und bildeten eigene Kirchen. Das „alt" ist für sie eher charakteristisch als das „frei". Gemäß ihrem eigenen Selbstverständnis gehören sie nicht zu den „klassischen" Freikirchen und unterhalten keine Mitgliedschaft in der VEF.

5.0.1 Die Selbständige Evangelisch-Lutherische Kirche (SELK)

Konfessionell lutherische Freikirchen entstanden überall dort, wo eine „Union" eingeführt wurde (z. B. Preußen, Nassau, Baden, Hessen) und wo man die Bekenntnisgrundlage gefährdet sah (Hannover, Sachsen). Man argumentierte, dass Kirchenlehren, die einander ausschließen, nicht in einer Kirche gleiches Recht genießen und zugleich in Geltung sein können. Immer wieder wird als Hautgrund die unterschiedliche Lehre von Lutheranern und Reformierten über das Heilige Abendmahl genannt. Im Kern ging es darum, der lutherischen Kirche die Eigenständigkeit ihres Bekenntnisses und ihres Gottesdienstes zu sichern. Diese lutherische Freiheit sahen manche Lutheraner in den unierten Landeskirchen nicht nur als gefährdet, sondern als abhanden gekommen an und wollten daher eine Selbständigkeit für lutherische Kirchenverfassung, Bekenntnis und Gottesdienstordnung bewahren oder wieder erringen. Es kam zu Verfolgungsmaßnahmen seitens der Behörden, ja in Preußen wurde sogar das Militär gegen die Lutheraner eingesetzt.

Hier hatte König Friedrich Wilhelm III. 1817 die Union eingeführt und zudem eine Agende entworfen. Gegen beides erhob sich vor allem in Schlesien unter Führung des Breslauer Theologieprofessors Johann Gottlieb Scheibel (1783–1843)

Widerstand. Wiederholte Bitten um Wiederherstellung der lutherischen Kirche mit lutherischem Bekenntnis, Gottesdienst und Verfassung wurden abschlägig beschieden. Der König erwartete Gehorsam gegenüber seinen Reformen und reagierte mit Verfolgungen, so dass eine Reihe von Lutheraner in die USA und nach Australien auswanderte. Erst unter Friedrich Wilhelm IV. ließ der Druck seitens des Staates nach, so dass der Breslauer Rechtsgelehrte Georg Philipp Eduard Huschke (1801–1886) eine kirchliche Ordnung entwerfen konnte, nach der sich die „Evangelisch-lutherische (altlutherische) Kirche“ richtete.

In den unterschiedlichen Ländern entstanden eigenständige lutherische Kirchen als kleine Minderheitskirchen. Auch in lutherischen Regionen wie in Sachsen oder Hannover kam es dazu, weil man hier eine Aufweichung des lutherischen Bekenntnisses beobachtete und sich daher zum Austritt aus der Landeskirche und zur Gründung eigener Kirchen veranlasst sah. In Hannover wurde die Einführung einer neuen Trauordnung zum Anlass genommen, in die Selbständigkeit zu gehen, in Sachsen ein neuer Religionseid; in Kurhessen widersetzten sich „renitente“ Pfarrer der Einführung eines unierten Gesamtkonsistoriums. Die so entstandenen Kirchen der „hessischen Renitenz“ sind seit 1972 in der Selbständigen Evangelisch-Lutherischen Kirche (SELK) organisiert. 1991 trat auch die Evangelisch-Lutherische (altlutherische) Kirche der früheren DDR der SELK bei. Damit sind fast alle konfessionell-lutherischen Minderheitskirchen in einer Kirche vereinigt. Das Kirchenblatt der SELK heißt „Lutherische Kirche“ – Monatszeitschrift für evangelisch-lutherische Christen. Außerdem wird von der Lutherischen Theologischen Hochschule in Oberursel eine „Vierteljahreszeitschrift für eine an Schrift und Bekenntnis gebundene Lutherische Theologie“ mit dem Titel „Lutherische Theologie und Kirche“ herausgegeben.

Mit den meisten Mitgliedskirchen des Lutherischen Weltbundes (LWB) besteht keine Abendmahlsgemeinschaft; dem LWB wirft man vor, lehrmäßige Kompromisse eingegangen zu sein. Die SELK mit ihren ca. 38.000 Mitgliedern hat in der ACK den anfänglichen Status eines Gastmitglieds in den eines Vollmitglieds umgewandelt. Sie fußt als bekenntnisgebundene, bewusst lutherische Kirche auf dem Bekenntnis der Reformation zur Heiligen Schrift als der Offenbarung und dem unverbrüchlichen Wort Gottes sowie zu den Bekenntnissen der lutherischen Kirche, wie sie im Konkordienbuch von 1580 enthalten sind. Die bekanntesten sind das ungeänderte Augsburger Bekenntnis und der Kleine Katechismus Martin Luthers. Weil die Lehre vom Abendmahl im Mittelpunkt der Auseinandersetzungen gestanden hat, sei hier zitiert, was die SELK vom Heiligen Abendmahl bekennt: „Vom Abendmahl des Herrn wird so gelehrt, dass der wahre Leib und das wahre Blut Christi wirklich unter der Gestalt des Brotes und Weines im Abendmahl gegenwärtig ist und dort ausgeteilt und empfangen wird."

5.0.2 Die evangelisch-altreformierte Kirche in Niedersachsen

Unter holländischem Einfluss kam es zwischen 1838 und 1849 in der Grafschaft Bentheim und zwischen 1854 und 1861 in Ostfriesland zur Bildung mehrerer „altreformierter" Gemeinden, die sich gegen liberale Strömungen in der Theologie wandten. Sie hielten am Heidelberger Katechismus als verbindlichem Bekenntnis und am Psalmengesang im Gottesdienst fest. Das Anliegen dieser Bewegung von Gemeindegliedern war die Übereinstimmung mit dem reformierten Bekennen der Väter. Das ist bis heute Triebfeder der Altreformierten. Die Verbindung zur niederländischen Kirche wurde eng, so dass es 1923 zu einem „vorläufigen Anschluss" an die *Gereformeerde Kerken in Nederland (GKN)* kam. Die theologische Ausbildung der Pastoren erfolgte in der Regel in Kampen oder Amsterdam. Während der Zeit des Nationalsozialismus wurde diese Verbindung gelockert, doch ist der Anschluss bis heute rechtskräftig. Diese Beziehungen zu dem Nachbarland „weckte und stärkte das freikirchliche Element bei den Altreformierten".[214] Heute zählen ca. 6.700 Mitglieder zur „Evangelisch-altreformierten Kirche in Niedersachsen". Die staatliche Anerkennung als Körperschaft des öffentlichen Rechts erfolgte im Jahre 1950.

---

[214] Gerrit Jan Beuker, „Die Evangelisch-altreformierte Kirche in Niedersachsen zwischen Freikirche und Landeskirche", in: FreikirchenForschung Nr. 11, 2001, 68-84, hier: 78.

Die Kirche ist Mitglied in der ACK und im EMW. Zur Reformierten Landeskirche in Nordwestdeutschland pflegt man enge Kontakte. Diese hatte gegenüber den Altreformierten ein Schuldbekenntnis abgelegt, worauf die Altreformierten geantwortet haben. Die Suche nach Gemeinsamkeiten ist intensiv, was sich im regelmäßigen Kanzeltausch oder in gemeinsamen Kirchenratssitzungen sowie in einem Gemeinsamen Ausschuss beider Kirchen ausdrückt. Seit 1970 haben Reformierte und Altreformierte wieder ein gemeinsames Gesangbuch. Außerdem unterhält die EAK die Mitgliedschaft im Reformierten Bund. Die 1999 von diesem Bund herausgegebene „Reformierte Liturgie" bildet die Gottesdienstordnung in den Gemeinden der EAK. Zwischen den Reformierten und den Altreformieren finden regelmäßige Gespräche statt. Sie sind auch literarisch greifbar: „Gemeinsam unterwegs. Reformiert-altreformierte Gespräche 1994–2000" ist das zweite Heft dieser Dialoge.

Nach wie vor bestehen enge Beziehungen zu Holland. Dort hat es in den letzten Jahren unter den reformatorischen Kirchen einen intensiven Dialog gegeben, der in der Konstituierung einer neuen Kirche mündete. Ab dem 1. Mai 2004 haben sich die *Nederlandse Hervormde Kerk*, die *Gereformeerde Kerken in Nederland* und die kleine *Evangelisch-Lutherse Kerk in het Koninkrijk der Nederlanden* zur neuen *Protestantse Kerk in Nederland* zusammengeschlossen. Aufgrund der acht Jahrzehnte währenden Kirchengemeinschaft zwischen der EAK und der *Gereformeede Kerken* musste ein Modus gefunden werden, wie sich die neue Kirche in den Niederlanden zu der EAK verhält. Im November 2003 wurde daher eine „Übereinkunft" unterzeichnet, die seit Bestehen der PKN in Kraft ist und in der es im § 3.1 heißt: „Die PKN und die EAK haben volle Kirchengemeinschaft. Diese kommt in besonderer Weise zum Ausdruck in den drei reformierten Bekenntnisschriften (Heidelberger Katechismus, Niederländisches Glaubensbekenntnis, Dordrechter Lehrsätze)." Weiter wird bestimmt: „Die Synode der EAK entsendet zwei stimmberechtigte Amtsträger in die Generalsynode der PKN" (§ 5.1), während die PKN einen Amtsträger in die Synode der EAK entsendet (§ 5.2). § 6 legt fest, dass die PKN für die Aus- und Fortbildung der Pastoren der EAK sorgt. Während der EAK das Recht zugesichert wird, ihre ökumenischen Beziehungen in Deutschland selbständig zu regeln (§ 12.1), wird gleichzeitig gesagt, dass die EAK über die PKN Mitglied in internationalen ökumenischen Organisationen ist (§ 12.2), wenngleich sie dies auch selbständig regeln kann (§ 12.3). Schließlich wird im § 13 geregelt, dass die EAK sich mitverantwortlich für die missionarische Arbeit der PKN weiß (Abs. 1) und zur Finanzierung der Aufgaben beiträgt (Abs. 2). Damit ist eine rechtlich verbindliche Kirchengemeinschaft erreicht, wie sie auch in der Verordnung der PKN § 14, Art. 5 Abs. 2 und 3 ausdrücklich festgehalten wird.

Die EAK versteht sich als „Gemeindekirche", die presbyterial-synodal geleitet wird. Der Ortsgemeinde steht ein Kirchenrat, bestehend aus dem Diener am Wort (Pastor), den Ältesten (Presbyter) und Diakonen, kollegial vor. Aufgrund von Personalvorschlägen des Kirchenrates werden der Pastor auf Lebenszeit sowie die Ältesten und Diakone auf vier Jahre gewählt, wobei eine direkte Wiederwahl nicht möglich ist. Wahlberechtigt sind alle konfirmierten Glieder einer Gemeinde. Die Wahlbeteiligung liegt zwischen 70 % und 80 %. Jeder örtliche Kirchenrat entsendet jeweils für drei bis sechs Jahre zwei oder drei Vertreter zum „Synodalverband" und zur „Synode". Die sog. „Moderamen", das sind die Vorstände von Kirchenrat, Synodalverband oder Synode, dürfen nicht in eigenem Namen handeln, sondern haben lediglich die Aufgabe, die von den Versammlungen getroffenen Beschlüsse auszuführen. Jeder Älteste betreut einen Ältestenbezirk, wozu in der Regel zwanzig Familien gehören. Die Familien werden regelmäßig besucht oder kommen auf Bezirksabenden zusammen. Nach Möglichkeit wird einmal im Jahr jeder Haushalt vom Kirchenrat besucht. Die EAK zieht keine Kirchensteuer ein, sondern vertraut auf freiwillige Spenden; viele Gemeindeglieder geben den Zehnten. „Gemeinden mit mehr als 300 Gliedern müssen sich finanziell selbst tragen."[215] Die vierzehntägig erscheinende altreformierte Kirchenzeitung heißt „Grenzbote". Eine Besonderheit der EAK kann man darin erblicken, dass es keine Taufpaten gibt. Die Kinder werden immer im Gottesdienst der Gemeinde getauft, so dass die Gemeindeglieder insgesamt als Taufzeugen und Taufpaten angesehen und angesprochen werden. Dadurch wird unterstrichen, dass es

[215] Ebd., 82.

Aufgabe der ganzen Gemeinde ist, für die christliche Erziehung der getauften Kinder Sorge zu tragen.

5.0.3 Die Anordnung der „klassischen" Freikirchen

Stellt man sich die Frage, ob es ein Raster gibt, nach dem die „klassischen" Freikirchen eingeordnet werden können, so könnte man entweder auf eine historische oder eine systematische Anordnung verfallen. Aber beide Möglichkeiten lassen sich nicht durchgängig zur Anwendung bringen. Es bleibt eigentlich nur ein pragmatischer Kompromiss, nach dem hier verfahren werden soll. Dann legt es sich nahe, mit den Täuferkirchen als den älteren Denominationen zu beginnen. Darunter sollen dann aber auch die Freien evangelischen Gemeinden abgehandelt werden, obwohl sie erst im 19. Jahrhundert entstanden sind und obwohl sie sich gerade in der Tauffrage von den Baptisten unterscheiden wollten.

In einem zweiten Teil sollen der Methodismus und seine „Abkömmlinge" behandelt werden. Die methodistische Kirche ist nicht nur für sich genommen eine große Kirchenbildung, sondern sie ist zugleich Voraussetzung für die Gründung einer Reihe von Kirchen und Bewegungen. Um das zu verstehen, muss man einen Blick auf die Heiligungsbewegung werfen, der ein kurzer Abschnitt gewidmet ist.

Es folgen dann die noch verbliebenen Kirchen, die gänzlich unterschiedlicher Tradition sind.

Am Ende eines jeden Kapitels ist ein die jeweilige Freikirche besonders kennzeichnender Text wiedergegeben.

Folgende Abkürzungen werden gebraucht:

ACK = Arbeitsgemeinschaft Christlicher Kirchen in der Bundesrepublik Deutschland e.V. mit Sitz in Frankfurt/M. (Ökumenische Centrale)
aej = Arbeitsgemeinschaft der evangelischen Jugend
AEM = Arbeitsgemeinschaft Evangelikaler Missionen
DEA = Deutsche Evangelische Allianz, Stuttgart
DW = Diakonisches Werk, Stuttgart
EMW = Evangelisches Missionswerk, Hamburg
FFP = Forum Freikirchlicher Pfingstgemeinden
KEK = Konferenz Europäischer Kirchen, Genf
ÖRK = Ökumenischer Rat der Kirchen, Genf
VEF = Vereinigung Evangelischer Freikirchen, Frankfurt/M.

5.1 Die Mennoniten

5.1.1 Informationen auf einen Blick

Literatur: Hans-Jürgen Goertz, Die Täufer, München 1980 – Diether G. Lichdi, Die Mennoniten in Geschichte und Gegenwart. Von der Täuferbewegung zur weltweiten Freikirche, 2. erw. Aufl., Großburgwedel (Agape Verlag) 2004 – An-Sichten einer Freikirche, hg. von der Arbeitsgemeinschaft Mennonitischer Gemeinden in Deutschland (AMG), Krefeld 2002 – Fernando Enns, Friedenskirche in der Ökumene. Mennonitische Wurzeln einer Ethik der Gewaltfreiheit, Göttingen (V & R) 2003.

Adressen: Arbeitsgemeinschaft Mennonitischer Gemeinden in Deutschland KdöR. (AMG) Ringstraße 3, 67677 Enkenbach-Alsenborn; die AMG wird getragen von drei regionalen Gemeindeverbänden: der Vereinigung der Deutschen Mennonitengemeinden (VDM), der Arbeitsgemeinschaft Südwestdeutscher Mennonitengemeinden (ASM) und dem Verband deutscher Mennonitengemeinden (VdM). www.Mennoniten.de

Arbeitsgemeinschaft mennonitischer Brüdergemeinden in Deutschland e.V. (AMBD), Ringstraße 45, 56564 Neuwied www.ambd.de; Arbeitsgemeinschaft zur geistlichen Unterstützung in Mennonitengemeinden (AGUM), Wachholderweg 5, 33609 Bielefeld; Bund Taufgesinnter Gemeinden (BTG), Ehlenbrucher Str. 96, 32791 Lage, www.btg-online.de sowie Unabhängige Brüdergemeinden

Mitglieder: ca. 40.000 BRD/ 1,5 Mill. weltweit.

Erwerb der Mitgliedschaft: durch Gläubigentaufe (AMG Be sprengungs-, AMBD nur Untertauchtaufe) oder Übertritt, wobei in der Regel eine Kindertaufe anerkannt wird.

Doppelmitgliedschaft: in Ausnahmefallen aus seelsorgerlichen Gründen.

Zahl der Gemeinden: AMG 57 – AMBD 15 – AGUM ca. 20 – BTG 29.

Zahl der Pastoren: ca. 50.

Ausbildung d. Pastoren: Universitäts- oder Seminarstudium, Bibelschulausbildung; manche Gemeinden haben „Laien“, vor allem die Aussiedler-Gemeinden.

Höchstes Gremium: Mitgliederversammlung (Delegierte aus den Gemeinden).

Liederbuch: Mennonitisches Gesangbuch, hg. von der AMG 2004.
Zeitschriften: Brücke (mtl.) – Der Bote (zweimtl. aus Kanada, stark unter Aussiedler-Gemeinden verbreitet).
Gründungsjahr: AMG 1990 (VDM 1886 – VdM 1840) – AMBD 1966 – AGUM 1978. Das Mennonitentum geht auf die Reformation zurück.
Gründerpersönlichkeit: Menno Simons.
Verfassung: kongregationalistisch.
Lehrgrundlage: Heilige Schrift und Apostolisches Bekenntnis.
Feier des Abendmahls: manche Gemeinden zweimal im Jahr, andere vier- bis sechsmal, andere monatlich.
Zusammenarbeit: Die AMG ist Mitglied in der ACK, der VEF und dem DW; das Deutsche Mennonitische Missionskomitee ist Mitglied im EMW und in der AEM; das Deutsche Mennonitische Friedenskomitee arbeitet mit nationalen und internationalen Friedensorganisationen zusammen; die VDM ist Gründungsmitglied des ÖRK; Mitarbeit auf örtlicher Ebene in der DEA und den ACK's; Mennonitische Weltkonferenz.

5.1.2 Organisationen und Statistik

Wegen der Vielschichtigkeit der Organisationen seien zur Verdeutlichung noch einige Anmerkungen gemacht. Europa ist nicht mehr das Zentrum des Mennonitentums. Heute finden sich die meisten Gemeinden in Nordamerika, wohin viele europäische Auswanderer zogen, die dort auch missionarisch aktiv waren, und in Afrika infolge starker missionarischer Anstrengungen. In Deutschland ließ sich immer schon ein Stadt-Land-Gefälle beobachten, doch hat sich seit Beginn der 1970er Jahren das Bild erheblich verändert. Aus der ehemaligen Sowjetunion wanderten viele Mennoniten nach Deutschland ein. Wie sich in der Geschichte der Auswanderung öfter zeigen lässt, konzentrieren sich Menschen in ihrer neuen Heimat an Orten, wo bereits einige ausgewanderte Gesinnungsgenossen gesiedelt haben. So kam es, dass sich an einigen Orten rasch große Gemeinden bildeten, die durch eine rege Bautätigkeit Gemeindezentren schufen. Selten suchten sie Anschluss an bereits bestehende Gemeinden oder Gemeindeverbände. Die russlanddeutschen Gemeinden stellen heute in Deutschland die Mehrheit dar. Sie bilden aber auch untereinander

ander keine Einheit. Infolgedessen kam es zur Gründung eigenständiger Verbände. So ergibt sich folgendes Bild:

Die älteren deutschen Mennonitengemeinden sind in der Arbeitsgemeinschaft Mennonitischer Gemeinden in Deutschland (AMG) zusammengeschlossen; sie umfasst 57 Gemeinden mit ca. 6.200 Gemeindegliedern. Die AMG setzt sich aus drei Regionalverbänden zusammen, der Vereinigung der Deutschen Mennonitengemeinden (VDM) mit Gemeinden in Nordrhein-Westfalen, Niedersachsen, Schleswig-Holstein, Hamburg und Berlin-Brandenburg, der Arbeitsgemeinschaft Südwestdeutscher Mennonitengemeinden (ASM) mit Gemeinden in Hessen, Rheinland-Pfalz und dem Saarland sowie dem Verband deutscher Mennonitengemeinden (VdM) mit Gemeinden in Baden-Württemberg, Bayern und Rheinland-Pfalz sowie der Gemeinde Halle/S. Mitglieder der AMG sind nicht die örtlichen Einzelgemeinden, sondern die drei regionalen Verbände, die aber durch ihre Gemeinden in der Mitgliederversammlung der AMG vertreten sind.

Die größte Zahl der russlanddeutschen Gemeinden, die aber eher auf Schätzungen beruht, weil sie unterschiedlich angegeben wird, bilden die „unabhängigen" Brüdergemeinden, die das kongregationalistische Verfassungsprinzip so verstehen, dass sie sich nicht in größeren Zusammenhängen organisieren. Die Zahl der Gemeinden beträgt ca. 75 mit ca. 20.000 Gliedern. In der Arbeitsgemeinschaft zur geistlichen Unterstützung in Mennonitengemeinden (AGUM) sind in 24 Gemeinden 5.600 Gemeindeglieder vertreten. Seit 1989 gibt es den Bund Taufgesinnter Gemeinden (BTG) mit 28 Gemeinden und ca. 6.000 Gliedern. Die Mennoniten-Brüdergemeinden, die man nicht mit den „unabhängigen" verwechseln darf, sind mit 15 Gemeinden und insgesamt 1.892 Gliedern in der Arbeitsgemeinschaft der Mennonitischen Brüdergemeinden in Deutschland (AMBD) zusammengeschlossen; hinzu kommen noch sieben Gemeinden mit 226 Gliedern im Verband Mennonitischer Brüdergemeinden in Bayern. Eine lose Arbeitsgemeinschaft der vier WEBB-Gemeinden (Wolfsburg, Espelkamp, Bechterdissen und Bielefeld) zählt etwa 1.600 Glieder. Eine kleine Zahl von 205 Gliedern bilden die auf Missionstätigkeit zurückgehenden sieben Gemeinden der Mennonitischen Heimatmission. Alle Zahlenangaben umschließen nur die getauften, erwachsenen Glieder, so dass man von einem größeren Personenkreis ausgehen kann, der von den Gemeinden betreut wird.

5.1.3 Geschichtliche Hinführung

Zur Katastrophe für das Täufertum wurde der Einfluss des gelehrten Kürschners Melchior Hoffmann (ca. 1500–1543), dessen endzeitlich-gestimmte, auf baldige Errichtung des tausendjährigen Reiches spekulierende Predigten in Norddeutschland und besonders bei den verarmten Handwerkern in den Niederlanden großen Anklang fand. Seine Bewegung wuchs und erreichte in dem Königreich von Münster 1534/35 den berüchtigten Höhepunkt. Unter der Führung des Propheten Jan Matthys aus Haarlem und nach dessen Tod unter Jan van Leiden kam es zu einer Schreckensherrschaft, die wegen äußerer Belagerung einen Konformismus im Inneren herbeiführen wollte und zu neuen sozialen Experimenten wie der Gütergemeinschaft und der „Vielweiberei“ Anlass gab. Nach der gewaltsamen, durch Verrat erfolgten Eroberung des „himmlischen Jerusalem“ durch evangelische und katholische Truppen 1535, stieß der Priester Menno Simons (ca. 1496–1561) 1536 zu den friedlichen Täufern, die er im gesamten norddeutschen Raum sammelte und betreute. Nach ihm werden bis zum heutigen Tag die Mennoniten genannt, obwohl ihre holländische Bezeichnung „Doopsgezinde“ (Taufgesinnte) eher ihrem Selbstverständnis entspricht.

5.1.3.1 Die Anfänge

Die Mennoniten sind Teil einer „radikalen Reformation“[216], die sich vor allem an der Praxis der Säuglingstaufe entzündete und 1525 im Umkreis Zwinglis in Zürich zur Einführung der Glaubens- oder Bekenntnistaufe führte.[217] Von ihren Gegnern

---

[216] So das gleichnamige Buch von George H. Williams, Philadelphia 1962. Roland Bainton prägte 1941 den Begriff des „Linken Flügels der Reformation“: „The Left Wing of the Reformation“, in: The Journal of Religion XXI, 1941, 124-134.

[217] Ausführlich darüber jetzt: Andrea Strübind, Eifriger als Zwingli. Die frühe Täuferbewegung in der Schweiz, Berlin (Duncker & Humblot) 2003.

wurden die ehemaligen Freunde Zwinglis deshalb der Wiedertaufe bezichtigt und als „Wiedertäufer“ verschrieen. Dagegen wandten sie ein, dass sie nicht „wieder“-taufen, sondern lediglich die neutestamentliche Taufpraxis in die Tat umsetzen wollten. Die erste große literarische Verteidigung der Glaubenstaufe „Vom christlichen Tauf der Gläubigen“ findet sich bei dem Waldshuter Theologen Balthasar Hubmaier (ca. 1485–1528).[218]

Durch die harten Verfolgungsmaßnahmen seitens der Obrigkeiten wurden die Taufgesinnten allmählich dazu geführt, die ursprünglich wohl beabsichtigte Errichtung einer täuferischen „Volkskirche“, wie man es bei Hubmaier beobachten kann, aufzugeben. Gemeinde und Welt traten als zwei getrennte Größen in den Blick. In der „Brüderlichen Vereinigung“ von Schleitheim aus dem Jahre 1527 wird diese Erfahrung deutlich zum Ausdruck gebracht. In sieben Punkten werden folgende Lehrmeinungen dargelegt: Die Taufe soll denen gegeben werden, die über Buße und Änderung des Lebens belehrt worden sind, wahrhaftig glauben und sie begehren. Der Bann soll nach Matth. 18,15 ff. bei den in den Leib Christi Getauften zur Anwendung kommen, wenn sie in Sünde gefallen sind und zweimal heimlich ermahnt wurden. Das soll vor dem Abendmahl geschehen, damit dies einmütig gefeiert werden kann. Das Abendmahl ist ein Gedächtnismahl Christi und umschließt alle, die keinen Anteil an den toten Werken der Finsternis haben wollen. Deshalb wird den Christen die „Absonderung“ von allem Bösen und Argen eingeschärft. Stellung und Einsetzung der Hirten ist Gegenstand des fünften Artikels, während die unbedingte Ablehnung des Schwertgebrauchs und die Verwerfung des Eids die Ermahnungen abschließen. Das Schwert ist eine Gottesordnung „außerhalb der Vollkommenheit Christi“; innerhalb dieser Vollkommenheit gilt nur der Bann.[219]

---

[218] Über ihn vgl. Torsten Bergsten, Balthasar Hubmaier. Seine Stellung zu Reformation und Täufertum 1521–1528, Kassel (J. G. Oncken Verlag) 1961.

[219] Der Text der brüderlichen Vereinigungen ist greifbar in: Heinold Fast (Hg.), wie Anm. 44, 60-71.

Dieses Bekenntnis verwies einmal innertäuferische „falsche" Lehre in die Schranken und setzte sich andererseits von den reformatorischen Kirchen ab. Es zeigt eindrücklich, dass die Täufer das Christsein als eine radikale Nachfolge verstanden, die sich am Beispiel Jesu orientiert. Die Scheidung von der „Welt" und die Anwendung anderer Maßstäbe „drinnen" und „draußen" ließen sie einen neuen Typus von Kirche, eben eine „Freikirche", hervorbringen. In der Bindung der Gewissen an Gottes Wort als der einzigen Waffe eines Christenmenschen ging es um die Freiheit der Kirche inmitten einer als nichtchristlich erfahrenen Umgebung. Man wusste sich unter der Leitung des großen Hirten wie Schafe mitten unter den Wölfen. Letztere erblickte man sehr häufig auch in den Priestern und Pfarrern, weshalb Hans-Jürgen Goertz einen ausgeprägten Hang zum Antiklerikalismus diagnostiziert hat.

5.1.3.2 Die Hutterischen Brüder

Bereits in der Reformationszeit kam es unter den Taufgesinnten zu erheblichen internen Akzentverschiebungen und damit zu Gruppenbildungen. Als eine besondere Gruppe entwickelten sich in Mähren die nach dem 1536 verbrannten Prediger Jakob Huter benannten Hutterischen Brüder, die einen christlichen Produktions- und Konsumkommunismus auf landwirtschaftlicher Grundlage einführten. Sie beriefen sich auf Apg. 2,44 f. und erreichten auf ihren „Bruderhöfen" einen für die damalige Zeit im Vergleich zu der übrigen bäuerlichen Bevölkerung erstaunlich hohen kulturellen, wirtschaftlichen und hygienischen Standard.[220] Ihre Blütezeit erlebten sie zwischen 1554 und 1592 in Mähren[221], bevor sie Opfer der Ge-

[220] Über die Hutterer gibt es offenbar noch viele Quellen in Archiven. Vgl. Astrid von Schlachta, Die hutterischen Gemeinden in Mähren von 1578 bis 1619. Entwicklungen und Ambivalenzen, in: FreikirchenForschung Nr. 11, 2001, 208-214 und Martin Rothkegel, Täuferquellen Mähren-Schlesien: Die Dokumentierung der Täuferbewegung des 16. Jahrhunderts in den historischen Böhmischen Ländern als Aufgabe für die Forschung, in: ebd., 215-222. Vgl. auch die Darstellung von Werner O. Packull, Die Hutterer in Tirol. Frühes Täufertum in der Schweiz, Tirol und Mähren, Innsbruck (Univ.verlag Wagner) 2000 (engl. Original 1996).

[221] Vgl. Leonard Gross, The Golden Years of the Hutterites, Scottsdale, PA (Herald Pr.) 1980.

genreformation und der Türkenkriege wurden. Sie haben trotz harter Verfolgungsmaßnahmen durch Migration überlebt. In der Ukraine gelangten sie zu Wohlstand und gaben im 19. Jahrhundert sogar das Prinzip des Gemeineigentums auf. Als jedoch in Russland die allgemeine Wehrpflicht eingeführt wurde, wanderten sie in der ersten Hälfte der 70er Jahre des 19. Jahrhunderts in die USA aus, wo der christliche Kommunismus[222] wieder eingeführt wurde. Im Ersten Weltkrieg hatten sie als deutschsprachige Gruppe auch dort zu leiden, so dass viele nach Kanada entwichen. Zwischen den Kriegen kamen sie teilweise wieder zurück. Heute leben sie vor allem in den Staaten des mittleren Westens der USA und in den mittleren und westlichen Provinzen Kanadas. Sie bilden eine aus ca. 35.000 Menschen bestehende religiöse Gemeinschaft, die in die Dariusleut, Schmiedeleut und Lehrerleut zerteilt ist. Alle wissen sich einem herkömmlichen und einfachen Lebensstil verpflichtet, was sie jedoch nicht daran hindert, mit modernsten landwirtschaftlichen Maschinen extensive Landwirtschaft zu betreiben.[223]

Der Theologe Eberhard Arnold (1883–1935) knüpfte an dieses Modell an und errichtete mit seiner Frau Emmy nach dem l. Weltkrieg den Rhön-Bruderhof in Sannerz bei Schlüchtern. Die Bruderhöfler wurden 1937 von den damaligen Machthabern vertrieben und kamen über England und Paraguay in die USA, wo es heute mehrere Siedlungen der „Neu-Hutterer" mit etwa 1000 Mitgliedern gibt.[224] Seit 1988 waren Neu-Hutterer bemüht, auch in der Bundesrepublik heimisch zu werden. In Birnbach (Westerwald) hatten sie ein ehemaliges Erholungsheim von der katholischen Kirche erworben,

---

[222] In einem Gespräch hat ein hutterischer Prediger dem Vf. den Unterschied zwischen dem „christlichen" und dem „politischen" Kommunismus so erklärt: Der politische Kommunismus sagt, ‚was dein ist, ist mein', der christliche Kommunismus hingegen sagt, ‚was mein ist, ist dein'.

[223] Über sie vgl. den eindrücklichen Erlebnisbericht des Journalisten Michael Holzach, Das vergessene Volk. Ein Jahr bei den deutschen Hutterern in Kanada, Hamburg 1980. Das wissenschaftliche Standardwerk ist John A. Hostetler, Hutterite Society, Baltimore (The Johns Hopkins Univ. Pr.) 1974.

[224] Ulrich Eggers, Gemeinschaft – lebenslänglich. Deutsche Hutterer in den USA, Witten 1985.

doch kam es im Dorf trotz Rückendeckung seitens des Bürgermeisters und schließlich auch von Kreis- und Landespolitikern zu einer fremdenfeindlichen Initiative, so dass die Hutterer dort aufgaben. Inzwischen haben sie am Johannistag 2002 die Paul'sche Villa in Sannerz käuflich erwerben können, genau 82 Jahre, nachdem Eberhard und Emmy Arnold mit ihrer Familie aus Berlin in dieses Haus gekommen waren. Allerdings wird das Haus, das in einem schlechten Zustand war, derzeit keine große Kommunität aufnehmen können. Dazu ist es zu klein. Die Bruderhöfler aber sind froh, dass sie an den Ausgangspunkt ihrer Bewegung zurückkehren konnten. Große Bruderhöfe gibt es in den USA, England und Australien. Es sollte auch nicht verschwiegen werden, dass es innerhalb der Gemeinschaft erhebliche Spannungen gab. Die Enkelin von dem Gründerehepaar Arnold hat darüber ein Buch veröffentlicht.[225]
www.derbruderhof.de

5.1.3.3 Weitere Entwicklungen

Alle Täufergruppen entwickelten anfänglich ein starkes missionarisches Sendungsbewusstsein. Die „Sendboten", manchmal auch „Apostel" genannt, durchzogen die Lande und versuchten überall, Gemeinden zu gründen. In der außerordentlichen Leidensbereitschaft kommt die Nachfolgeethik zum Tragen; man nimmt Jesu Kreuz auf sich und folgt dem „bitteren", nicht dem „süßen" Jesus nach. Martyrium, Landesverweise, Flucht und gelegentlich auch Duldung führten zur Ausbreitung, aber in zunehmendem Maße auch zu einer Entwicklung, die mennonitische Gemeinden immer unauffälliger werden ließ. Man wollte oder durfte nicht auffallen, und, um überhaupt überleben zu können, hielt man sich an obrigkeitliche Auflagen. Aus religiösen Gründen kam es aber auch immer wieder zu großen Wanderbewegungen. Im 17. und 18. Jahrhundert wanderten viele Mennoniten nach Pennsylvania

[225] Elizabeth Bohlken-Zumpe, Torches Extinguished. Memories of a Communal Bruderhof Childhood in Paraguay, Europe and the USA, San Francisco (Carrier Pigeon Press) 1993. Der Titel ist einem Buch ihrer Großmutter Emmy Arnold nachempfunden: Torches Together.

aus, wo sie noch heute im Kreis Lancaster eine bedeutende Rolle spielen. Zusammen mit Quäkern errichteten sie die Siedlung Germantown (1683) und setzten sich als erste öffentlich für die Abschaffung der Sklaverei in Nordamerika ein.

Seit der Reformationszeit war die Weichselniederung ein bevorzugtes Siedlungsgebiet der Mennoniten. Hier verrichteten sie landwirtschaftliche Pionierleistungen, indem sie Sümpfe in Acker und Weideland verwandelten. Nachdem das Land 1772 in preußischen Besitz kam, wurde ihnen der weitere Landkauf verboten, da die Wehrpflicht in Preußen „am Grundbesitz hing und ein stark mennonitisches Gebiet somit zur Rekrutierung nicht viel hergab".[226] Der Erstgeborene erhielt den Hof, während die nachgeborenen Söhne sich anderweitig nach Land umsehen mussten.

Im 18. und 19. Jahrhundert war vor allem die Ukraine Ziel von Auswanderungen. Wegen ihrer Tüchtigkeit waren die Mennoniten zuerst von der Zarin Katharina ins Land geholt worden; sie schufen blühende Siedlungen. Ihre Zahl stieg auf über 100.000 an. Von der Oktoberrevolution bis zum Ende des Zweiten Weltkrieges und noch während der Nachkriegszeit haben sie als „Christen" und als „Deutsche" unter Verfolgungen und Deportationen unsäglich viel gelitten. Teile des Mennonitentums kamen 1945 mit der sich zurückziehenden deutschen Wehrmacht nach Westeuropa, von wo sie 1945/46 mit Hilfe der UNO und amerikanischer Organisationen nach Paraguay (Chaco)[227] oder nach Nordamerika wanderten. Die in Russland verbliebenen Mennoniten waren zum großen Teil bis zur politischen Wende dem Bund der Evangeliumschristen-Baptisten angeschlossen. Seit den 1970er Jahren kamen mennonitische Aussiedler aus der ehemaligen Sowjetunion. Sie haben sich zum überwiegenden Teil nicht in bestehende mennonitische Gemeinden integrieren können, sondern bilden eigene Gemeinden (s. o.).

---

[226] Peter J. Foth, Die Mennoniten, in: H. B. Motel (Hg.), Glieder an einem Leib, 73.

[227] Vgl. die Spezialuntersuchung von Jakob Warkentin, Die deutschsprachigen Siedlerschulen in Paraguay im Spannungsfeld staatlicher Kultur- und Entwicklungspolitik, Münster (Waxmann Verlag) 1998.

Eine im 19. Jahrhundert von Nordamerika und Europa aus begonnene Missionsarbeit in Afrika und Asien hat dort zu selbständigen mennonitischen Kirchen geführt. In der Geschichte des Mennonitentums kam es immer wieder zu Spaltungen. Das verwundert angesichts des Fehlens normierender Instanzen wie etwa einer Kirchenleitung oder eines verbindlichen Bekenntnisses und angesichts der starken Betonung der örtlichen Gemeinde nicht. Daher bietet das Mennonitentum nicht nur in Deutschland, sondern auch in aller Welt ein buntes Bild. Aus Anlass des 400-jährigen Taufjubiläums wurde 1925 die Mennonitische Weltkonferenz organisiert, die versucht, die Vertreter aller mennonitischen Gruppen in einem fünfjährigen Turnus zu Beratungen zusammenzuführen. Heute gibt es etwa 1,5 Mill. Mennoniten; davon leben über die Hälfte in den USA und Kanada, 25.000 in den Niederlanden, 44.000 in lateinamerikanischen Ländern, 75.000 in Asien und 90.000 in Afrika.

5.1.4 Kennzeichen

5.1.4.1 Allgemeine Merkmale

Die Mennoniten legen auf Selbständigkeit und Freiheit großes Gewicht. Schon seit jeher hatte es einen Gegensatz zwischen den bäuerlich-ländlichen und den liberaleren, städtischen Gemeinden wie in Altona, Emden, Krefeld, Danzig und Königsberg gegeben, die sich mehr aus dem kaufmännisch-handwerklichen Milieu zusammensetzten. Gerade bei den Mennoniten kann man lernen, wie stark nicht-theologische, hier besonders soziale Faktoren das Bild einer Kirche und die Theologie bestimmen können. Zu diesen Faktoren gehören z.B. die Außeneinflüsse in verschiedenen Ländern (z. B. Russland, USA oder Niederlande) sowie der Grad der Anpassung an Ländersitten und Gebräuche, der Versuch, die deutsche Sprache in einer anderssprachigen Umgebung beizubehalten, der Bildungsstand, der Gegensatz von Stadt und Land, der Grad des Rückzugs aus der Welt oder ähnliches. Besonders auffallend ist die Bindung an die Tradition der Väter bei den Amish-Gemeinden, die sich wegen einer rigorosen Verwirklichung der „Meidung" von Ausgeschlossenen („Gebannten" = Exkommunizierten) ab 1693 von den Mennoniten getrennt hatten: Sie lehnen die modernen Erfindungen wie elektrischen Strom, Auto, Traktor und Telefon ab.[228] Man trifft aber auch in Mexiko auf die mennonitischen „Altkolonier“, die, an ihrer Kleidung erkennbar, in völliger Weltabgeschiedenheit leben wollen.

Unverkennbar ist die Gefahr, dass die vormals als nonkonformistische Merkmale geltenden Praktiken, wie sie etwa die „Brüderliche Vereinigung“ von Schleitheim einschärfte, zu bloßen Äußerlichkeiten verblassen und dass die Gemeinden zu einer konventionellen, allgemeinchristlichen „Familienkirche“ verflachen konnten. Um den Schein der Wehrlosigkeit zu erhalten, setzte man beispielsweise nicht mehr sein Leben aufs Spiel, sondern stellte einen Ersatzmann oder kaufte sich mit einer bestimmten Summe Geldes vom Wehrdienst frei. Obgleich die Gemeinden ihre Glieder tüchtig machen wollten, gegen den Strom zu schwimmen, ist man gleichwohl auch dem Zeitgeist erlegen. So z. B. wurde in Deutschland das althergebrachte Prinzip der Wehrlosigkeit 1934 auf dem Altar nationalistischer Begeisterung geopfert.

Vor allem diese Erfahrungen haben nach dem Zweiten Weltkrieg eine Neubesinnung in die Wege geleitet, die wichtige Anstöße von Mennoniten aus Nordamerika erhielt. Hier hatten sich Mennoniten auch in akademische Berufe emporgearbeitet, und man hatte eigene Colleges (z. B. Bethel College in Newton, Kansas oder Goshen College in Goshen, Indiana) geschaffen, auf denen nicht nur der Nachwuchs erzogen wurde, sondern wo man sich auch dem Studium der eigenen Quellen mit großer Zielstrebigkeit hingab. Die Erforschung der Reformationszeit und die Edition neuer Quellen ist von mennonitischen Historikern mitbetrieben worden. Ihre Rückbesinnung auf die eigene Geschichte hat zu dem Versuch geführt, das „täuferische Leitbild“ für die heutige Zeit wieder zu entdecken. Bahnbrechend wirkte in diesem Sinn Harold S. Bender aus Goshen. Seither haben mennonitische Theologen auf internationalen und ökumenischen Versammlungen ihren Beitrag zu den Fragen der Kriegs- und Gewaltverhütung bzw. des Aufbaus einer Friedensordnung beigetragen. Auf den Pui-

[228] Grundlegend: John A. Hostetler, Amish Society, Baltimore (The Johns Hopkins Univ. Press) 1974 (rev. edition).

doux-Konferenzen (1955 in Puidoux, 1957 in Iserlohn, 1960 in Bievres und 1962 in Oud Poelgeest) kam es zu Begegnungen zwischen Repräsentanten europäischer Kirchen und den sog. „historischen Friedenskirchen“, zu denen sich neben den Quäkern und der „Kirche der Brüder“ die Mennoniten zählen. Die amerikanische römisch-katholische Bischofskonferenz zog bei ihren Vorbereitungen des viel beachteten Pastoralbriefes zum Thema Frieden auch mennonitische Theologen zu Rate. Unter den international bekannten Theologen ragte John Howard Yoder (1927-1997) hervor.[229] Der deutsche Mennonit Fernando Enns schlug bei der letzten Vollversammlung des ÖRK in Harare ein Programm zur Überwindung der Gewalt vor, was von der Vollversammlung angenommen wurde (vgl. auch sein o. Anm. 16 genanntes Buch).

5.1.4.2 Besondere Merkmale

Trotz einer erheblichen Meinungsvielfalt gibt es eine Reihe grundlegender Gemeinsamkeiten:

1. Ein alle Mennoniten verpflichtendes Bekenntnis oder eine Bekenntnisschrift gibt es nicht. Die meist durch äußere Umstände verfassten Bekenntnisse werden zwar, wie die altkirchlichen Bekenntnisse auch, „geachtet“, aber gelten nicht als bindend.

2. Die Heilige Schrift gilt als oberste Norm, wobei der Bergpredigt für die Lebenspraxis eine besondere Bedeutung zukommt.

3. Der Bedeutung der Bergpredigt entspricht der Wille zu bewusster und konsequenter Nachfolge Christi. Die Bereitschaft zum Leiden und zum Martyrium haben Tausende von Mennoniten in der Geschichte bewiesen.

4. Konsequente Nachfolge setzt den bewussten Glauben voraus, der durch das Wort gewirkt wird.

5. Eng mit dem Glauben ist die Taufe verknüpft. Sie wird in der Regel durch Besprengung oder Begießen, gelegentlich auch durch Untertauchen vollzogen, gliedert in den Leib Christi ein und setzt Buße und Glauben auf Seiten des Täuf-

[229] Vgl. sein Buch: Die Politik Jesu. Der Weg des Kreuzes, Maxdorf 1981.

lings voraus. Die Taufe kann daher nur an mündigen Glaubenden vollzogen werden, die in die Nachfolge eintreten wollen. Zwar wird der Begriff „Familienkirche" zunehmend in Frage gestellt, weil er oft nicht dem Selbstverständnis entspricht, doch ist in einer kleinen Gemeinschaft die Gefahr auch für eigene, kritische Beobachter nicht von der Hand zu weisen, „dass eine jahrgangsweise ‚Konventionaltaufe', die der Gemeinde den biologischen Nachwuchs zuführt und die von der landeskirchlichen Konfirmation kaum zu unterscheiden ist", vollzogen wird.[230] Der im Alter von 13-17 Jahren vollzogene Unterricht soll nicht automatisch zur Taufe führen, sondern den Jugendlichen Raum für Entscheidung bieten. In der Regel wird bei Übertritten die Kindertaufe anerkannt.

6. Die Gemeinde der Getauften ist eine Minderheitenkirche, die sich unter der Leitung des Heiligen Geistes zum Dienst an der Welt berufen weiß. Seelsorgerliche Bemühungen nach innen und Mission nach außen sind deshalb so notwendig wie die Trennung von Kirche und Staat.

7. Der Dienst an der Gesellschaft wird als Diakonie, Mission und Friedensdienst begriffen. Verschiedene Aktivitäten werden durch nationale oder internationale Hilfsorganisationen koordiniert. In den Gemeinden wird offiziell der christliche Pazifismus gelehrt, doch sollen die jungen Männer eine eigene Entscheidung treffen. Ein vergleichsweise hoher Prozentsatz der mennonitischen Jugendlichen in der Bundesrepublik entscheidet sich für den Friedensdienst ohne Waffen.

8. Der Eid wird abgelehnt (Matth. 5,33 ff., Jak. 5,12), weil man wahrhaftig leben soll und man keine zu Christus konkurrierenden Bindungen eingehen will.

9. Die Gottesdienste sind schlicht und bestehen aus Bibellesungen, Liedern, (freien) Gebeten und der Predigt. Das Abendmahl wird als Bundesmahl verstanden.

10. Jede einzelne Gemeinde ist autonom und regelt ihre Angelegenheiten selbständig. Pastorinnen und Pastoren, Älteste und der Gemeinderat werden gewählt. Entsprechend diesem kongregationalistischen Verfassungsprinzip sind die Gemeinden in losen Zweckverbänden zusammengeschlossen (s.o.).

---

[230] P.J. Foth, wie Anm. 222, 91.

5.1.5 Text

„Ich würde daher vertreten, dass die schöpferische Kraft des täuferischen Leitbildes nicht allein in dem heroischen Handeln von Menschen zu sehen ist, die es wagten, sich von einer verfälschten Volkskirchenkultur zu lösen, wie sie im mittelalterlichen Christentum entfaltet und weitergegeben worden ist, sondern sie ist zu allererst in der erneuerten Bekräftigung der Tatsache zu erkennen, dass die Kirche jeweils in der lebendigen Gemeinde wahrlich Kirche ist. Diese Schau ist es, die uns treibt, die Windeln eines kulturellen Kontinuums abzuwerfen und wieder allein Christus nachzufolgen, der mitten unter seinem Volk ist. ‚Niemand vermag Christus wahrlich erkennen, er folge ihm denn im Leben nach.'" (Paul Peachy)

5.2 Die Baptisten

5.2.1 Informationen auf einen Blick

Literatur: Günter Balders (Hg.), Ein Herr, ein Glaube, eine Taufe 150 Jahre Baptistengemeinden in Deutschland 1834–1984, Wuppertal 1984.
Adressen: Bund Evangelisch-Freikirchlicher Gemeinden, KdöR, Johann-Gerh.-Oncken-Straße 7, 14641 Wustermark. www.baptisten.org
Mitglieder: 86.000 in Dtl. / 44,2 Mill. weltweit/ 750.000 in Europa.
Erwerb der Mitgliedschaft: in aller Regel durch Gläubigentaufe.
Doppelmitgliedschaft: nicht möglich.
Zahl der Gemeinden: 862; davon 139 Brüdergemeinden.
Zahl der Pastoren: 377
Ausbildung der Pastorinnen und Pastoren: Fachhochschule Theologisches Seminar Elstal; 5jähriges Studium; Abitur oder abgeschlossene Berufsausbildung und Empfehlung einer Gemeinde; oder Universitätsstudium und einjähriges Kandidatenjahr am Seminar.
Höchstes Gremium: Bundesrat.
Untergliederungen: 13 Landesverbände (früher: Vereinigungen).
Liederbuch: Feiern & Loben (zus. mit BFeG).

Zeitschriften: Die Gemeinde (zweiwöchentl.) und verschiedene Mitarbeiterzeitschriften sowie „Theologisches Gespräch".
Gründungsjahr: in Deutschland: 1834.
Gründerpersönlichkeit: Oncken, Lehmann, Köbner.
Verfassung: kongregationalistisch.
Lehrgrundlage: Rechenschaft vom Glauben, 1977.
Feier des Abendmahls: monatlich; in Brüdergemeinden sonntäglich.
Zusammenarbeit: Mitglied in der ACK, VEF, KEK, im EMW, DW, der AEM und aej, sowie in der Baptist World Alliance.

5.2.2 Geschichtliche Hinführung

Die Baptisten (= „Täufer") entstanden im Zusammenhang des englischen Puritanismus. Darunter versteht man eine Bewegung, deren Bestreben es war, die Kirche von England durch weitgehende Übernahme festländisch-reformatorischer Elemente von Resten katholischer Riten zu reinigen (engl. *to purify*). Eine reformiert-geprägte Theologie und Frömmigkeit war weithin bestimmend. Das Leben des Einzelnen, der Kirche und der Gesellschaft sollte von den Grundsätzen und Geboten Gottes erfasst werden. Eine strenge Selbstprüfung wurde von den Kirchenmitgliedern verlangt, so dass man zur Kennzeichnung des Puritanismus von einer „seelischen Buchführung" (Levin Ludwig Schücking) gesprochen hat. Einige Puritaner verwarfen den hierarchisch-bischöflichen Aufbau sowie das Kirchenrecht der anglikanischen Kirche und begannen mit der Gründung unabhängiger Gemeinden. Dieses „kongregationalistische" Modell wurde richtungsweisend für den Baptismus. In einer solchen unter der Leitung des ehemaligen anglikanischen Geistlichen John Smyth (1554-1612) nach Holland ausgewichenen englischen Flüchtlingsgemeinde wuchs zusätzlich die Erkenntnis, dass die Taufe nur an Glaubenden vollzogen werden dürfe. Es muss angenommen werden, dass holländische Mennoniten diese Eindrücke verstärkten. Eigenartigerweise jedoch ließen sich Smyth und seine Anhänger nicht von Mennoniten taufen. Vielmehr vollzog Smyth an sich eine Selbsttaufe und taufte dann die Gefährten durch Übergießen.

Durch Rückwanderung bildete sich unter Führung von Thomas Helwys (ca. 1550-1616) eine eigene Täufergemeinde in England, die zwischen 1630 und 1640 durch eine andere Gründung ergänzt wurde. Beide unterschieden sich bis in das 19. Jahrhundert an der Frage der Prädestination. Während die Gruppe um Helwys als *„general Baptists"* bekannt wurde, weil sie die „allgemeine" Versöhnung aller Menschen durch Christus lehrte, die dem an Christus Glaubenden zugerechnet wird, bezeichnet man die zweite Gruppe als *„particular Baptists"*, weil sie die Auffassung vertrat, dass die Versöhnung nur „besonderen", von Gott vorherbestimmten Menschen gelte. Seit 1641 praktizierte man die Taufe durch Eintauchen (Immersion) des Täuflings in Wasser. Damit soll das Begrabenwerden mit Christus und das Auferstehen zu einem neuen Leben abgebildet werden. Den Brauch übernahm man von den mennonitisch gesinnten Rijnsburger Kollegianten. Er setzte sich überall im Baptismus durch.

Entscheidend für die Ausbreitung des Baptismus wurde seine Verpflanzung in die Neue Welt, wo er sich durch immer neue Erweckungswellen ausbreitete und eine große missionarische Kraft entfaltete, die alle Kontinente ergriff. Das von der einzelnen Gemeinde aufgebaute und deshalb so genannte kongregationalistische Prinzip erwies sich als äußerst flexibel, so dass man auf neue Herausforderungen oder in traditionsloser Umgebung schneller als andere Kirchentypen reagieren konnte.

In Deutschland begann der Baptismus, als der amerikanische Theologieprofessor Barnas Sears (1802-1880) am 22. April 1834 Johann Gerhard Oncken (1800-1884) und sechs Gleichgesinnte bei Hamburg in der Elbe taufte. Oncken entwickelte eine große Reisetätigkeit und wurde zum Begründer des kontinental-europäischen Baptismus. Sein strenger Calvinismus wurde durch zwei seiner frühen Mitarbeiter gemildert. Das Verhältnis der drei zueinander war jedoch nicht spannungsfrei, ja es entlud sich geradezu gegen Ende ihrer Tätigkeit an der Frage, wie autonom die Gemeinden sein durften bzw. welche Aufgaben der Bund oder die erste Hamburger Gemeinde als „Vorort" haben sollten. Die beiden Mitarbeiter waren der aus der Herrnhuter Brüdergemeine zum Baptismus gestoßene Berliner Gottfried Wilhelm Lehmann (1799-1882), der im Gegensatz zu Oncken für ein offenes Abendmahl eintrat, die Außenmission zu fördern suchte und eine warmherzige Frömmigkeit mitbrachte, und der Deutschdäne Julius

Köbner (1806-1884), der aus dem Judentum konvertiert war und für schöngeistige und philosophische Fragen offen war. Er schuf für die junge Gemeindebewegung ein eigenes Liederbuch, die „Glaubensstimme“, für das er selbst eigene Lieder dichtete.

Lehmann führte im Revolutionsjahr 1848 die preußischen Gemeinden zu einer „Vereinigung“ zusammen. Sie bildete die Grundlage für den ein Jahr später in Hamburg gegründeten „Bund der vereinigten Gemeinden getaufter Christen“, zu dem anfänglich nicht nur deutsche, sondern Gemeinden des gesamten europäischen Festlands gehörten. 1888 erhielt der „Bund der Baptistengemeinden in Deutschland“ rechtliche Anerkennung und 1930 die Körperschaftsrechte.

Als 1876 zum Leidwesen Onckens die Entscheidung zugunsten einer vollen Autonomie der Ortsgemeinde fiel, hieß dies nicht, dass der Bund dadurch keine Aufgaben mehr hatte. Es lässt sich im Gegenteil beobachten, dass viele Bundeswerke erst mit der zweiten Generation zur Blüte gebracht wurden. Das betraf die Einrichtung eines theologischen Seminars in Hamburg[231] ebenso wie die Verlagsarbeit, die Mission der baptistischen Frauen in Indien, die Missionsarbeit in Kamerun (seit dieses Land 1884 deutsche Kolonie geworden war), wofür die Baptisten sogar Gelder des deutschen Kaisers akzeptierten, ferner die Gründung von Diakonissenmutterhäusern in Berlin (Bethel 1887) und Hamburg (Tabea 1899 und Siloah bzw. Albertinen 1907)[232], eine Seemannsmission (1889), die Waisenfürsorge (1894), die Studentenmission (1903), für die zeitweilig der zu den Baptisten gestoßene ehemalige Sekretär der Deutschen Christlichen Studenten-Vereinigung, Ludwig von Gerdtell[233] (1872–1954) tätig war, und eine Mission an Israel (1906). Die Betonung der Evangelisation ließ neue Wege einschlagen; so erwuchs aus der Wagenmission eine Zeltmission.

---

231 Günter Balders (Hg.), Festschrift Hundert Jahre Theologisches Seminar des Bundes Evangelisch-Freikirchlicher Gemeinden 1880-1980, Wuppertal und Kassel (Oncken Verlag) 1980.

232 Astrid Giebel, Glaube, der in der Liebe tätig ist. Diakonie im deutschen Baptismus von den Anfängen bis 1937, Kassel (Oncken) 2000.

233 L. von Gerdtell emigrierte nach Verhör durch die Gestapo 1935 in die USA, wo er eine Professur an der Butler University in Indianapolis innehatte. Vgl. Günter Balders (Hg.), Ein Herr, ein Glaube, eine Taufe, 69.

5.2.3 Veränderungen im „Dritten Reich"

Die Zeit des Nationalsozialismus veränderte das Erscheinungsbild des deutschen Baptismus wesentlich.[234] 1938 gewährte der Bund den vom Verbot bedrängten Elim-Gemeinden Unterschlupf. Sie waren aus der Zeltmission Berlin-Lichterfelde des Evangelisten Heinrich Vietheer (1883–1968) hervorgegangen und trugen pfingstlichen Charakter. Die meisten dieser Gemeinden lagen nach dem Zweiten Weltkrieg auf dem Boden der ehemaligen DDR. In der alten Bundesrepublik haben sich die wenigen Gemeinden 1954 vom Bund gelöst, während nach der politischen Wende sich fast alle anderen dem Bund Freikirchlicher Pfingstgemeinden anschlossen (s. u. den Abschnitt über die Pfingstbewegung).

Noch einschneidender jedoch war der Zusammenschluss der Baptisten mit dem „Bund freikirchlicher Christen" (BfC), der aufgrund der politischen Verhältnisse 1937 gegründet worden war. Er umfasste Teile der „Brüdergemeinden" oder der „Christlichen Versammlung", die auf das Wirken von John Nelson Darby (1800–1882) und Carl Brockhaus (1822–1899) zurückgingen. Darby hatte gelehrt, dass die Kirche seit den Tagen der Apostel verfallen sei und dass niemand die Vollmacht habe, die Kirche wiederherzustellen. Allen Versuchen einer Restitution in Freikirchen oder Kirchen erteilte er eine entschiedene Absage. Es konnte nach seiner Überzeugung in der gegenwärtigen „Dispensation" nur darum gehen, die wahrhaft Gläubigen jenseits aller Denominationen auf der Grundlage von Matth. 18,20 zum allsonntäglichen Brotbrechen zusammenzuführen. Die „Trennung vom Bösen" sei „Gottes Prinzip der Einheit". Zum Bösen zählten Darby und seine Anhänger auch alle Kirchen und Freikirchen.[235]

Da die so ausgerichteten Gemeinden auf jede Organisationsform verzichteten und z. B. auch keine Mitgliederlisten führten, waren sie für die nationalsozialistischen Machthaber

---

[234] Zum Ganzen Andrea Strübind, Die unfreie Freikirche. Der Bund der Baptistengemeinden im „Dritten Reich", Neukirchen-Vluyn (Neukirchner Verlag) 1991. Zu den Elim-Gemeinden vgl. unten unter Pfingstkirchen.

[235] Vgl. Erich Geldbach, Christliche Versammlung und Heilsgeschichte bei John Nelson Darby, Wuppertal 1975 (3. Aufl.).

nur schwer zu kontrollieren und wurden am 13. April 1937 als staatsfeindlich verboten.[236] Die Gründung des BfC geschah durch pronationalsozialistisch orientierte Personen, die sogar der NSDAP angehören konnten, so dass man diesen „staatstreuen Kreisen" kein Verbot auferlegte, sondern ihnen sogar die Bildung einer neuen religiösen Gemeinschaft gestattete. Der führende Vertreter des BfC, der Jurist Dr. Hans Becker (1895-1963), hatte schon 1937 gemeint, der BfC sei nur eine Übergangslösung, weil eine „Einheitsorganisation" aller Christen außerhalb der Landeskirchen angestrebt werden müsse.[237]

Zwischen den Baptisten, den Freien evangelischen Gemeinden und dem BfC kam es zu intensiven Kontakten, um eine engere Gemeinschaft einzugehen. Man dachte wohl daran, eine „Vereinigung des gesamten Gemeindechristentums in Deutschland"[238] in die Wege zu leiten. Deshalb wurden in die Gespräche zeitweilig auch die Bischöfliche Methodistenkirche und die Evangelische Gemeinschaft, also alle Kirchen der VEF, einbezogen. Doch das Bischofsamt bei den Methodisten und die Taufe der Baptisten erwiesen sich als unüberbrückbare Gegensätze. Es kam aber 1941 in einer Blitzaktion zum Zusammenschluss der Baptisten und des BfC. Beide Seiten gaben ihre Namen auf und einigten sich auf die neue Bezeichnung „Bund Evangelisch-Freikirchlicher Gemeinden". Ein Beamter des Reichskirchenministeriums hatte maßgeblichen Einfluss auf die neue Bezeichnung.[239]

---

[236] Vgl. ausführlich und mit umfassendem Quellenmaterial Andreas Liese, verboten – geduldet – verfolgt. Die nationalsozialistische Religionspolitik gegenüber der Brüderbewegung, Hammerbrücke (jota Publikationen) 2002, 207 ff.

[237] Ebd., 399.

[238] Joachim Zeiger, „Die Brüdergemeinden", in: Günter Balders (Hg.), Ein Herr, ein Glaube, eine Taufe (Anm. 233), 286.

[239] A. Liese fasst die juristische Seite prägnant zusammen: Der BfC musste sich auflösen, weil er selbst keine Körperschaftsrechte besaß, und dem Bund der Baptistengemeinden beitreten. „Dieser blieb bestehen, gab sich einen neuen Namen und eine neue Verfassung. Hätte sich der BfC nicht aufgelöst, wären die Baptisten bei einer Vereinigung der beiden Bünde ihrer Körperschaftsrechte verlustig gegangen." (Ebd., 415 Anm. 498.) Liese (432 ff.) lässt auch keinen Zweifel daran, dass der BfC Nutznießer der Vereinigung war, weil dessen Gemeinden durch den Beitritt bzw. die Vereinigung die Körperschaftsrechte erhielten.

Nach dem Krieg verließen im Westen 120 ehemalige BfC-Gemeinden den Bund wieder und gründeten einen „Freien Brüderkreis", während ca. 80 Gemeinden im Bund verblieben. Dies zeigt, dass das Zustandekommen des Bundes stark von den Bedingungen der Zeit abhängig war. Das Miteinander ist in den Nachkriegsjahren nie spannungsfrei verlaufen und hat in den Jahren 2001–2004 zu neuen Überlegungen über das Zusammengehen beider Traditionen geführt. Von Seiten der innerhalb des Bundes organisierten „Arbeitsgemeinschaft der Brüdergemeinden" war der Gedanke im Spiel, den Bund zu verlassen, um eine eigene Gemeinschaft zu begründen. Dies scheiterte aber an der Frage der Körperschaftsrechte, die nicht auf die neue Gruppe hätten übertragen werden können. So lässt sich gegenwärtig nur sagen, dass die „Brüder" Parallelstrukturen aufgebaut haben, eine eigene Geschäftsstelle in Leipzig unterhalten und sich von bestimmten Entscheidungen der „Baptisten", etwa der Mitgliedschaft in der ACK oder der Ordination von Frauen und ihre Berufung ins Predigtamt, distanzieren.

Es wäre auch erstaunlich gewesen, wenn die Zusammenarbeit, trotz einiger guter Erfahrungen auf Ortsebene, reibungslos verlaufen wäre. Denn beide Traditionen gehen von völlig gegensätzlichen Positionen aus. Im Baptismus ist die Leitidee vorherrschend, dass die Gemeinde der Glaubenden sichtbar aufgerichtet werden kann und dass man sich dazu am Maßstab des Neuen Testaments orientiert. Im Darbysmus liegt die von Darby in die Bibel eingetragene Idee zugrunde, dass die Heilsgeschichte sich in einer Abfolge von Heilsbunden {= Dispensationen) vollzieht, die alle nach dem gleichen Schema ablaufen: durch die Sünde wird ein Gnadenbund zerstört und kann *nicht* wieder aufgerichtet werden. Die Kirche ist bereits in den Tagen der Apostel verfallen. Die Furcht der darbystischen Gemeinden vor jeder Organisation, vor Pastoren und vor ökumenischen Kontakten liegt hier begründet. Von daher erklärt sich auch, warum die Brüdergemeinden im „Bund" bei bestimmten Fragen versuchen, ihre Sperrminorität zum Tragen zu bringen.

In jüngster Zeit ist dies z. B. bei der Frage der Berufung von Frauen in den vollzeitlichen Pastorendienst geschehen. Die Angst vor jeder Form von Klerikalismus verstärkte sich noch durch den Umstand, dass nun auch Frauen der Dienst der

Verkündigung übertragen werden sollte. Der Bund hatte anfänglich versucht, mit einem Kompromiss zu leben. Frauen wurden zu „theologischen Mitarbeiterinnen" berufen. Da aber die Diskriminierung zu offensichtlich war und Gemeinden mit Pastorinnen durchweg gute Erfahrungen machten, wurde diese Hilfskonstruktion aufgegeben und Frauen der Titel „Pastorin" nicht mehr vorenthalten. Andere Reibungsflächen betrafen das Verhältnis des Bundes zum Baptistischen Weltbund und zu ökumenischen Organisationen. Die im Bund organisierte „Arbeitsgemeinschaft der Brüdergemeinden" hat erklärt, dass sie sich nicht vom Bund in der ACK repräsentiert fühle. Im allgemeinen kann man davon ausgehen, dass die Brüdergemeinden sehr viel stärker biblizistisch, um nicht zu sagen fundamentalistisch ausgerichtet sind als die Baptistengemeinden.
www.agb-online.de

5.2.4 Kennzeichen

Für das Glaubensverständnis der Baptisten sind die „sechs baptistischen Prinzipien" maßgebend:

1. Die Bibel gilt als oberste Richtschnur für Glauben und Leben.

2. Die Gemeinde setzt sich aus solchen zusammen, die ihren Glauben in Wort und Wandel zu bekennen suchen und sich auf das Bekenntnis ihres Glaubens taufen lassen. Evangelisation, Heimat- und Neulandmission sowie Gemeindezucht bilden daher für die Gewinnung neuer Glieder und die innere Integrität notwendige Bestandteile des gemeindlichen Lebens.

3. Aus dem Gemeindeverständnis folgt, dass die Taufe an Glaubenden – unter Umständen an Kindern, nie aber an Säuglingen – vollzogen wird. Dabei ist der enge Zusammenhang von Glauben und Taufe, Gemeinde und Taufe, sowie Wasser- und Geisttaufe wichtig. Die Taufe gliedert in die Gemeinde ein und verpflichtet zu einem neuen Leben im Geist.

4. Aus dem folgt, dass der Baptismus weniger eine Tauf- als stärker eine Gemeindebewegung ist. Die Ortsgemeinde ist autonom: in der „Gemeindestunde" regelt sie ihre Angelegenheiten selbst und wählt Älteste (Gemeindeleiter), Diakone und Pastoren.

5. Die Charismen jedes Gemeindegliedes sollen ernst genommen werden. Trotz einer Tendenz zur Aufwertung des Pastorenamtes wird am „Priestertum aller Gläubigen" festgehalten.

6. Seit ihren Anfängen haben sich die Baptisten immer für Glaubens-, Gewissens- und Religionsfreiheit eingesetzt und sind deshalb für die Trennung von Staat und Kirche eingetreten.

Dazu lassen sich noch andere Kennzeichen aufführen.

7. Ähnlich wie die Mennoniten haben die Baptisten keine sie bindenden Bekenntnisschriften. Zwischen 1974 und 1977 wurde eine „Rechenschaft vom Glauben" erarbeitet, die „für die künftige Bekundung der Wahrheit" offen bleiben will und „der gemeindlichen Unterweisung, der theologischen Besinnung und der Verantwortung des Glaubens nach außen dienen" soll. Ihr wurde das Apostolikum vorangestellt.

8. Das Gemeindeleben hat seine Mitte im sonntäglichen Gottesdienst, der keiner festen Liturgie folgt. Im Mittelpunkt steht die Predigt. Lieder, freie Gebete, Textlesungen und Chorgesang sind weitere Bestandteile. Einmal im Monat findet die Abendmahlsfeier statt, zu der Christen anderer Kirchen ausdrücklich eingeladen werden. Daran wird erkennbar, dass die Zulassung zum Abendmahl nicht von der Taufe im baptistischen Verständnis hergeleitet wird.

9. Seit etwa drei Jahrzehnten hat es sich immer mehr durchgesetzt, dass Neugeborene im normalen Sonntagsgottesdienst unter Handauflegung gesegnet werden. Sie werden so dem Schutz Gottes anbefohlen. Außerdem wird für die Eltern gebetet; zugleich werden die Neugeborenen der Gemeinde vorgestellt, weil diese insgesamt für die christliche Erziehung der Kinder die Mitverantwortung trägt.

10. Die Ortsgemeinden sind regional und bundesweit in Landesverbänden und im Bund zusammengefasst. In den Jahren 2002/04 wurde eine neue Struktur entwickelt. Die bisherige „Bundesleitung" wurde durch ein auf zwölf Mitglieder verkleinertes „Bundespräsidium" ersetzt. Dieses Gremium soll Richtlinienkompetenzen auszuüben. Ihm zur Seite tritt die „Bundesgeschäftsführung", der es obliegt, die Beschlüsse des „Bundesrates", der Vertreterversammlung der Gemeinden als dem obersten Gremium, und des Bundespräsidiums auszuführen. Sie ist gegenüber dem Präsidium rechenschaftspflich-

tig und umfasst die vier Dienstbereiche Mission, Jugendarbeit, Theologisches Seminar (Fachhochschule) und Gemeindeentwicklung. Die neue Struktur ist auf Durchsichtigkeit und Flexibilität angelegt. In einem langen Prozess entstand ein neues Leitbild des Bundes, das im Mai 2002 in seine endgültige Fassung gebracht wurde. Zehn Leitsätze beschäftigen sich mit dem „geistlichen Leben", dem „Gemeindeleben", der „Verkündigung", der „Diakonie" und „Weltverantwortung", der „Kommunikation", „Bildung" und „Leitung, sowie mit dem „Bund" und dem Verhältnis zu anderen Kirchen.

5.2.5 Aktivitäten

Die Gemeinden versuchen, für alle Altersstufen Angebote zu machen. Die Kinder besuchen die Sonntagsschule, die 12- bis 14 jährigen den Religionsunterricht, Jungschar- und Jugendgruppen, Hauskreise, Frauenkreise, Seniorentreffen, Chorstunden und seit vielen Jahren die mit dem Bund Freier evangelischer Gemeinden zusammen entwickelte Gemeinde-Bibelschule (GBS) sind gebräuchliche Veranstaltungen. Zusammen mit diesem Bund wurde 1978 ein Liederbuch, „Gemeindelieder", herausgegeben, das 2003 durch ein wiederum gemeinsam erarbeitetes neues Liederbuch „Feiern & Loben" ersetzt wurde. Die charismatische Gemeindeerneuerung hat seit den 70er Jahren eine Reihe von Gemeinden und eine größere Zahl von Pastoren erfasst; nicht immer verläuft dann das Gemeindeleben spannungsfrei. Inzwischen sind etliche Gemeinden dazu übergegangen, nach den Prinzipien der Willow Creek Gemeinde bei Chicago zu arbeiten, um kirchendistanzierte Menschen zu erreichen.

Zahlreiche diakonische Einrichtungen wie Kindergärten, Kindertagesstätten und Miniclubs, Krankenhäuser, Familienberatungsstätten und Einrichtungen der Senioren- und Altenpflege stehen unter Obhut des Bundes. Nach der politischen Wende erwarb der Bund in Elstal (heute Stadtteil von Wustermark) ein Gelände und errichtete dort ein „Bildungszentrum". Das Theologische Seminar wurde von Hamburg nach dort verlegt und erhielt 2003 vom Wissenschaftsministerium des Landes Brandenburg die Anerkennung als Fachhochschule. Ihm angegliedert ist das Oncken-Archiv. Eine einjährige Bibelschule will Jugendlichen christliche Orientierungshilfen vermitteln. Auf dem Gelände befinden sich außerdem das Gemeindejugendwerk und das Jugendseminar. Dort werden Schulungen für Mitarbeiter und Mitarbeiterinnen in der Kinder- und Jugendarbeit durchgeführt, Materialien erstellt und das Programm „Zeit für Gott" (diakonisches Jahr) sowie die Betreuung von Zivildienstleistenden durch den „Sozialen Friedensdienst e.V." organisiert. Die Bundesgeschäftsstelle ist im Jahre 2003 von Bad Homburg nach Elstal verlegt worden. In Bad Homburg verblieb die Spar- und Kreditbank des Bundes. Eine Bibelschule besteht in Wiedenest, die vor allem von ehemaligen BfC-Gemeinden getragen wird und viele Absolventen in die Außenmission sendet. Die Außenmission des Bundes geschieht über die Europäische Baptistische Missionsgesellschaft, die zu einem großen Teil mit deutschen Geldern finanziert wird und in Kamerun, Sierra Leone und in Südamerika (MASA = Missionarische Aktion in Süd-Amerika) arbeitet.

Die Baptisten sind Gründungsmitglieder der VEF und der ACK und gehören zur KEK, nicht aber zum ÖRK. Die Gemeinden arbeiten auch in der DEA mit. Der Bund gehört zum seit 1905 bestehenden Baptistischen Weltbund (Baptist World Alliance = BWA) und zur Europäischen Baptistischen Föderation (EBF). Der Weltbund hat von 1973 bis 1977 Gespräche mit dem Reformierten Weltbund geführt. Es folgte eine Dialogrunde mit dem Vatikanischen Rat zur Förderung der Einheit der Christen (1984–1988), gefolgt von Gesprächen mit dem Lutherischen Weltbund (1986–1989) und der Weltkonferenz der Mennoniten (1989–1992). Zwischen 1994 und 1997 wurde der Versuch gemacht, mit dem Ökumenischen Patriarchat in Istanbul einen Dialog zu führen, der aber von orthodoxer Seite lediglich als „Vorgespräch" eingestuft und ohne weitere Begründung abgebrochen wurde. Mit dem „Konsultativrat" der anglikanischen Gemeinschaft (*Anglican Communion*) begann das Gespräch im Jahre 2000 und ist noch nicht beendet.[240] Auf Initiative des deutschen Bundes fand ein Dialog zwischen der Europäischen Baptistischen Föderation (EBF) und der Gemeinschaft Evangelischer Kirchen

[240] Für Einzelheiten vgl. Erich Geldbach, „Die Dialoge des Baptistischen Weltbundes mit anderen Weltweiten Christlichen Gemeinschaften", in: ZThG 9, 2004, 92-111.

in Europa (GEKE, früher: Leuenberger Kirchengemeinschaft) statt, der 2004 mit einem Ergebnispapier „Der Anfang des christlichen Lebens und das Wesen der Kirche“ endete. Wegen der Tauffrage ist die Voraussetzung für eine „volle Kirchengemeinschaft nach dem Verständnis der Leuenberger Konkordie derzeit noch nicht gegeben“, doch hat man tiefe Gemeinsamkeiten entdeckt und auch in der Taufdiskussion Perspektiven entwickelt, die über bisherige Dokumente hinausgehen.

5.2.6 Text

Das Selbstverständnis der deutschen Gemeinden kommt in der Präambel zur Verfassung aus dem Jahre 1974 zum Ausdruck:

„Die im Bund Evangelisch-Freikirchlicher Gemeinden in Deutschland zusammengeschlossenen Gemeinden bekennen sich zu Jesus Christus, dem Sohn des lebendigen Gottes, dem Herrn und Erlöser der Welt und Haupt seiner Gemeinde, gemäß der Heiligen Schrift als der Grundlage ihres Glaubens, Denkens und Handelns. Entsprechend diesem Bekenntnis sind sie Gemeinden, die aufgrund des persönlichen Glaubens ihrer Glieder an Jesus Christus gebildet werden; sie vollziehen die Gläubigentaufe. Ihre Aufgaben sind, das Evangelium von Gottes Liebe zur Welt in Jesus Christus allen Menschen durch Wort und Dienst zu bezeugen und die Glieder der Gemeinden zu einem Leben in der Nachfolge Christi anzuleiten. Sie vertreten die Glaubens-, Gewissens- und Versammlungsfreiheit sowie die Trennung von Staat und Kirche.“

5.3 Der Bund Freier evangelischer Gemeinden

5.3.1 Informationen auf einen Blick

Literatur: Hartmut Lenhard, Die Einheit der Kinder Gottes, Witten und Wuppertal 1977 – Ein Act des Gewissens. Geschichte und Theologie der Freien evangelischen Gemeinden, bisher 2 Bände, Witten 1988 – Peter Strauch, Typisch FeG. Freie Evangelische Gemeinden unterwegs ins neue Jahrtausend, Witten 1997.

Adressen: Bund Freier evangelischer Gemeinden, KdöR, Goltenkamp 4, 58452 Witten, www.feg.de
Mitglieder: 34.800 BRD / 450.000 weltweit.
Erwerb der Mitgliedschaft: Persönliches Bekenntnis.
Doppelmitgliedschaft: unerwünscht; in Ausnahmefällen.
Zahl der Gemeinden: 412.
Zahl der Pastoren: 380.
*Ausbildung der Pastoren:*Theologisches Seminar Dietzhölztal-Ewersbach; 10 Semester; Abitur oder mittlerer Bildungsabschluss mit abgeschlossener Berufsausbildung oder Studium an einer Universität mit Kandidatenjahr in Ewersbach.
Höchstes Gremium: Bundestag.
Untergliederung: Bundeskreise.
Liederbuch: Feiern & Loben (gemeinsam mit dem BEFG).
Zeitschriften: Christsein Heute (früher: Der Gärtner) „Theologisches Gespräch".
Gründungsjahr: in Deutschland: 1854 bzw. 1874.
Gründerpersönlichkeit: Hermann Heinrich Grafe.
Verfassung: kongregationalistisch.
Lehrgrundlage: Apostolikum (zitiert in der Präambel der Verfassung 1976/95).
Feier des Abendmahls: monatlich.
Zusammenarbeit: DEA, VEF, AEM, DW, aej, Gastmitglied in der ACK.

Nicht nur vom Namen her, sondern auch was die Verfassung und Gemeindefrömmigkeit betrifft, gleichen sich die Freien evangelischen Gemeinden und die Evangelisch-Freikirchlichen Gemeinden. Ein gemeinsames Liederbuch, die Gemeindebibelschule (Hauskreisarbeit) und die gemeinsam von den beiden Theologischen Seminaren verantwortete Zeitschrift „Theologisches Gespräch" unterstreichen die Nachbarschaft. Trotzdem gibt es einige charakteristische Verschiedenheiten, die in der Frühzeit der Freien evangelischen Gemeinden angelegt sind.

5.3.2 Geschichtliche Hinführung

Die Freien evangelischen Gemeinden gehen auf das Wirken des Kaufmanns Hermann Heinrich Grafe (1818–1869) in Elberfeld zurück. Durch einen beruflich bedingten Aufenthalt in Lyon 1841-1842 lernte er die von Adolphe Monod (1802–

1856) dort 1832 begründete *Eglise libre évangélique* kennen. Diese Gemeinde war entstanden, weil Monod die altreformierte Abendmahlszucht wieder einführen wollte, dabei aber in Konflikt mit dem Konsistorium geriet, das ihn seines Amtes enthob. Monod betonte stets, dass sich die Gemeinde nicht getrennt habe, sondern dass sie von der Kirche getrennt worden sei. Die Gemeinde nahm einen überkonfessionellen Charakter an; sie war offen für die Glieder anderer Kirchen. Man wollte keine „kleinen menschlichen Fahnen", sondern nur die Fahne Christi hochhalten, wie Monod unterstrich. Außerdem war die ganze Gemeinde stark missionarisch ausgerichtet. Eine eigene „evangelische Gesellschaft" (*société évangélique*) diente den missionarischen Anstrengungen. Verfassungs- und Ordnungsfragen waren demgegenüber unwichtig. Die Urgemeinde von Jerusalem, die „noch nicht organisiert" war und dennoch eine lebendige Wirklichkeit darstellte, diente als Urbild.

Die Anstöße, die Grafe in dieser Gemeinde erhielt, veranlassten ihn, nach seiner Rückkehr seine Funktion als Diakon in der reformierten Gemeinde Elberfeld aufzukündigen. Er begründete diesen nach langen Bedenken und aus Gewissensgründen unternommenen Schritt mit fehlender Kirchenzucht, ohne die es keine wahre apostolisch-evangelische Kirche geben könne.[241]

Unter dem Eindruck der Revolution von 1848/49 gründete Grafe mit Gleichgesinnten am 19. Juni 1850 den Evangelischen Brüderverein, als dessen ausschließliche Aufgabe „die Verbreitung des lauteren Evangeliums von Jesu Christo, dem Heilande der Sünder" bestimmt wurde.[242] In den „Instructionen für die arbeitenden Brüder" wird festgelegt, dass diese sich vor allem „Sectengeist" hüten und weder „einen bösen Unterschied zwischen den verschiedenen evangelischen Confessionen", noch das eigene Bekenntnis hervorheben sollten, da es ausschließlich um die Bekehrung des Sünders zu Christo gehe.[243]

---

[241] Das Schreiben Grafes ist abgedruckt in: Ein Act des Gewissens. Erinnerungen an Hermann Heinrich Grafe, hg. von Wolfgang Dietrich, Witten 1988, 142 ff.

[242] So § 1 des Statuts, abgedruckt in: ebd., 191.

[243] Ebd., 192.

Im Verein kam es bald zu Auseinandersetzungen. Der Schriftführer Carl Brockhaus hatte sich der von Darby bestimmten Bewegung zugewandt und trat mit anderen im Dezember 1852 aus dem Verein aus. Als am 25. November 1853 der Verein beschloss, dass „exklusive Baptisten" nicht mit Funktionen im Verein betraut werden könnten, wandte sich der Baptistenprediger Julius Köbner, der ein Jahr zuvor die Gemeinde in Barmen gegründet hatte und Mitglied im Brüderverein geworden war, vom Verein ab.

Dem war eine Auseinandersetzung zwischen ihm und Grafe vorausgegangen. Grafe hatte am 26. Juni 1853 in einem Brief an Köbner um Aufnahme in die Baptistengemeinde gebeten. Dabei war er auch auf die Taufe eingegangen und hatte ausgeführt, dass für ihn die Taufe „nicht der Akt des Bekenntnisses einer Gemeinschaft, sondern eine symbolische Handlung für die Wiedergeburt ist, die nur individuell verstanden werden kann". Die Frage war also, ob es der Baptistengemeinde möglich erschien, „sich mit solchen Brüdern zu *Einer* geschlossenen Gemeine innerlich aufrichtig und äußerlich ausgesprochen zu verbinden, die in der Anerkennung der Taufe nach oder mit dem Glauben und in der Verwerfung der Kindertaufe so weit gehen, dass sie die biblische Rechtmäßigkeit der ersteren ohne Rückhalt bekennen und ihre Kinder nicht taufen lassen, die sich selbst aber nicht verpflichtet erachten, wenn sie als Kinder getauft sind, sich bei der Aufnahme in die Gemeinde oder überhaupt nochmals taufen zu lassen?"[244]

Köbner lehnte den Antrag ab, und Grafe erblickte darin einen „Taufformexklusivismus", der bei den Baptisten ein Gemeinschaftsbewusstsein hervorbringe, das zu einem „bloßen *Tauf*gemeinschaftsbewusstsein sich vereinseitigt hat". Sektiererei komme immer dann zustande, wenn eine vernachlässigte Wahrheit „zum Schiboleth einer besonderen Partei" erhoben und dadurch die richtige Harmonie der ganzen Hl. Schrift gestört wird.[245]

Am 22. November 1854 konstituierte sich die „Freie evangelische Gemeinde zu Elberfeld und Barmen", nachdem von Grafe eine Verfassung erarbeitet worden war. Als Vorbild dien-

[244] Zitiert bei H. Lenhard, Die Einheit der Kinder Gottes, 81.
[245] Ebd., 86.

ten ihm die Verfassung und das Glaubensbekenntnis der *Eglise évangélique libre à Genève*. Am 30. November erfolgte dann gegenüber der reformierten Gemeinde Elberfeld die Austrittserklärung. Als Gründe für ihren Schritt nennen die Brüder nicht irgendwelche Übelstände in der Kirche, sondern erklären, dass die Grundlage der Volkskirche in Frage zu stellen ist, nämlich der Umstand dass „der Ungläubige mit dem Gläubigen, auf Grund einer Massenconfirmation dasselbe Recht genießt".[246] Man wehrt sich gegen die Unterstellung, „eine absolut reine Gemeine von Auserwählten und Wiedergeborenen herstellen zu wollen". Heuchler hätten sich schon in der ersten christlichen Gemeinde „eingeschlichen". Aber man dürfe die offenbaren Sünder nicht in der Gemeinde dulden und mit ihnen an einem Joch ziehen. „Wir bitten Sie daher, ehrwürdige Herren, unseren Austritt aus der Volkskirche als einen Act des Gewissens anzusehen, und nicht als Ausdruck einer bloßen Opposition".[247] Trotz des Austritts will man durch die Tat beweisen, dass man mit allen Gliedern Christi aufs innigste verbunden zu bleiben wünscht.

Grafe grenzt sich so von der Volkskirche, dem Baptismus und dem Darbysmus ab und begründet eine Gemeinde, die die Grundsätze der wahren Independenz vertritt.

Gegenüber der Volkskirche machte er geltend, dass trotz aller Unvollkommenheit der Leib Christi zur Darstellung gebracht werden muss, so dass die irdische Gemeinde sich aus denen zusammensetzt, die das Wort gehört und darauf mit Glauben geantwortet haben und durch Wort und Tat ihre Wiedergeburt bezeugen. Die Vereinigung der Kinder Gottes geht mit der Trennung von der Welt Hand in Hand. Gegenüber dem Darbysmus hielt Grafe daran fest, dass es wegen der irdischen Unvollkommenheiten eine Ordnung und Ämter (Dienstverrichtungen), d.h. Älteste und Diakone, in der Gemeinde geben müsse. Gegenüber dem Baptismus schließlich betonte er die Einheit der Kinder Gottes, die keinen durch exklusive Sondererkenntnisse ausschließen darf, der zum Leib Christi gehört.

---

[246] Wie Anm. 241, 215.
[247] Ebd., 218.

Das Konsistorium in Koblenz bewertete die Vorgänge im Wuppertal so, dass man hoffte, Baptisten und Independente würden sich gegenseitig neutralisieren. Grafes Gemeinde „kann daher [...] als eine Reaktion gegen wiedertäuferische Schwärmerei angesehen werden, deren Ausbreitung sie höchst wahrscheinlich wesentlich hemmen wird, während sich die in den dortigen evangelischen Gemeinden noch vorhandenen (noch nicht zu den Baptisten ausgeschiedenen) separatistischen Elemente von nun an wahrscheinlich der neuen Independenten-Gemeinde zuwenden werden".[248]

Grafes Weitherzigkeit war es wohl zuzuschreiben, dass der Brüderverein ihn auch nach der Gemeindegründung bat, den Vorsitz beizubehalten. Er bekleidete dieses Amt bis zu seinem Tod.

Die „Einheit der Kinder Gottes" kam für Grafe nirgendwo besser zur Darstellung als bei der Feier des Abendmahls. Daher entwickelte sich in der Gemeinde Elberfeld-Barmen das „Institut der Abendmahlsgäste". Es wurden nicht-ortsansässige Gläubige, die den Wunsch zum Ausdruck brachten, in eine nähere Verbindung zur Gemeinde zu treten, am Abendmahlstisch als Gäste empfangen, ohne dass sie ihre bisherige Gemeinde förmlich zu verlassen brauchten. Wie alle Gemeindeglieder wurden auch sie der Aufsicht der Gemeinde unterstellt.[249] Es kann davon ausgegangen werden, dass die Abendmahlsgäste sehr zum Entstehen der ersten freien evangelischen Gemeinden beigetragen haben.

Aus 22 Gemeinden kamen am 30. Sept./ l. Okt. 1874 Vertreter der an verschiedenen Orten und oft voneinander unabhängig entstandenen Gemeinden in Wuppertal zusammen und gründeten die „Vereinigung der Freien Evangelischen Gemeinden und Abendmahlsgemeinschaften", die 1928 den heutigen Namen annahmen. Friedrich Heinrich Neviandt (1827–1901), der nach seinem Theologiestudium 1852 Hilfsprediger der reformierten Gemeinde Elberfeld wurde,

[248] Ein Act des Gewissens. Dokumente zur Frühgeschichte der Freien evangelischen Gemeinden, hg. von Wolfgang Dietrich, Witten 1988, 155.

[249] Wie Anm. 241, 211f. und Johannes Schmidt, „Der Bund Freier evangelischer Gemeinden", in: Hubert Kirchner (Hg.), wie Anm. 116, 115.

sich dann aber der Gemeinde Grafes anschloss und 1855 ihr Prediger wurde, hatte maßgeblichen Anteil an der Gründung des Bundes und war von 1874 bis 1898 dessen Vorsitzender.

Die weitere Entwicklung wurde stark von Predigern der Gemeinde Witten bestimmt, die zum Teil als „Bundespfleger" – die spätere Bezeichnung ist „Präses" – bestimmend für die Entwicklung der Vereinigung wurden. Friedrich Fries (1856-1926) gründete den noch existierenden Bundes-Verlag (1887), in dem seit 1893 die Zeitschrift „Der Gärtner" (jetzt: Christsein Heute) herausgegeben wird, und das Diakonissenwerk „Bethanien" (1896). Ein Evangelisationswerk, vor allem Zeltmission, und der Auf- und Ausbau eines eigenen Predigerseminars – zuerst in Vohwinkel, heute in Dietzhölztal-Ewersbach – sind mit den Namen Otto Schopf (1870–1913) und Konrad Bussemer (1874–1944), dem literarisch fruchtbarsten Prediger der zweiten Generation, verbunden. Walter Hermes (1877–1935) konnte kurz vor seinem Tode die Kräfte zügeln, die für einen Anschluss des Bundes an die „Deutschen Christen" plädierten. 1934 trat die Hamburger Holstenwall-Gemeinde mit ihren 3.000 Gliedern und einem Diakonissen-Mutterhaus unter ihrem Prediger Friedrich Heitmüller (1888–1965) aus dem landeskirchlichen Gnadauer Gemeinschaftsverband zu den Freien evangelischen Gemeinden über.

War anfangs der Leib-Christi-Gedanke als überkonfessionelle Sammlung der nach neutestamentlicher Ordnung lebenden Kinder Gottes die Leitidee, so entwickelte sich im Laufe der 90er Jahre des 19. Jahrhunderts das Selbstverständnis der Gemeinden im Sinne der „Freiheit der Einzelgemeinde". Das Wort „frei" im Namen wurde seit 1893 in der Zeitschrift groß geschrieben. Das in den Gemeinden lebendige „Allianzbewusstsein" – es mag eine Rolle gespielt haben, dass schon der Brüderverein das Glaubensbekenntnis der Ev. Allianz übernahm – wurde von einem eher „freikirchlichen" Bewusstsein abgelöst, was nicht ohne innere Krisen verlief. Die Betonung liegt seit dieser Zeit auf der Eigenständigkeit jeder Ortsgemeinde. In der Verfassung von 1976/1995 heißt es: „Der Bund Freier evangelischer Gemeinden ist eine geistliche Lebens- und Dienstgemeinschaft selbständiger Gemeinden. Verbindliche Grundlage für Glauben, Lehre und Leben in Gemeinde und Bund ist die Bibel, das Wort Gottes. Die Gemeinden stimmen mit dem Apostolischen Glaubensbekenntnis überein. Die Gemeinden wollen sich in ihrem Aufbau und Dienst nach der im Neuen Testament erkennbaren Lebensweise der Gemeinde ausrichten. Bei aller Vielgestaltigkeit ist ihre Zusammengehörigkeit im Bund für sie eine verpflichtende Gemeinschaft. Die Bundesgemeinschaft trägt als Teil der weltweiten Christusgemeinde zu deren Einheit im biblischen Sinne bei."

5.3.3 Kennzeichen

Folgende Merkmale können für die Gemeinden als verbindend betrachtet werden:

1. Die Heilige Schrift gilt als oberste Norm für Lehre und Leben. Bekenntnisschriften gibt es nicht.
2. Der Gemeinde kann nur zugehören, wer an Jesus Christus glaubt und der Vergebung seiner Sünden gewiss ist.
3. Die Gemeinden versuchen, das Priestertum aller Gläubigen zu praktizieren. Eine Unterscheidung zwischen „Geistlichen" und „Laien" wird abgelehnt. Den vollzeitlichen Predigerdienst versehen theologisch ausgebildete Prediger, jedoch ist auch „Laien"predigt möglich. Bei dem Dienst der Frauen sind die Gemeinden (noch) zurückhaltend.
4. Nötigenfalls muss Gemeindezucht geübt werden.
5. Die Taufe wird an Gläubigen, die sie begehren, durch Untertauchen vollzogen. Eine Säuglingstaufe ist damit ausgeschlossen. Die Gläubigentaufe ist jedoch nicht Voraussetzung für die Mitgliedschaft. 1982 wurden „Leitsätze zur Taufe" erarbeitet, die ganz im Sinne Grafes festhalten: „Wir sehen eine Taufhandlung, bei der der persönliche Glaube des Täuflings fehlt, nicht als Taufe an. Darum ist die Taufe aufgrund des Glaubens keine Wiedertaufe. Taufe ist unwiederholbar. Wenn jemand bereits als Säugling getauft wurde und aufgrund einer vor Gott getroffenen Gewissensentscheidung darin seine Taufe sieht, wird diese Überzeugung geachtet".[250]
6. Das Abendmahl wird meist „Herrnmahl" bezeichnet. Darin kommt zum Ausdruck, dass Jesus Christus der Herr

[250] Der Gärtner 89,1982, 764.

dieses Mahles ist und alle die eingeladen sind, die ihn als Herrn bekennen. Das Mahl bewirkt keine Sündenvergebung, sondern setzt diese voraus. In Anbetung und Lobpreis gedenkt die Gemeinde der Versöhnung und sieht dem wiederkommenden Herrn entgegen. Das Herrnmahl wird in der Regel einmal im Monat nach dem Gottesdienst gefeiert; eine feste Liturgie gibt es weder für die Gottesdienste noch für das Herrnmahl.

7. Die einzelne Gemeinde ist selbständig und regelt ihre Angelegenheiten entsprechend. Die Gemeindeversammlung und die Gemeindeleitung sind ihre Organe.

5.3.4 Organisation

Der Bund ist, wenn man so will, von unten nach oben strukturiert. Alle Gemeinden bilden geographisch gegliederte „Bundeskreise". Diese berufen für ihre Tätigkeit einen Kreisrat, der wiederum einen Kreisvorstand mit einem Kreisvorsteher wählt. Letztere, dazu Abgeordnete aus den Bundeskreisen sowie Vertreter der rechtlich selbständigen Bundeswerke und der Arbeitsgemeinschaften bilden den „Bundesrat". Ihm obliegt die laufende Arbeit der Bundesgemeinschaft, z. B. Berufung der „Bundesleitung", eines Finanzausschusses, der Dozenten des Theologischen Seminars sowie der für bestimmte Bundesbereiche zuständigen, hauptberuflichen Referenten im Bund. Das oberste Bundesorgan ist schließlich der „Bundestag", d. h. die Delegiertenversammlung aller Bundesgemeinden. Die Bundesleitung führt die laufenden Geschäfte durch und vertritt den Bund nach außen. Sie steht den Gemeinden bei Bedarf mit wegweisenden Empfehlungen zur Verfügung. Auf Vorschlag der Kreisvorsteher wird vom Bundestag der Bundesvorsteher, Präses genannt, gewählt.

Der Bund nimmt eine Reihe von übergemeindlichen Aufgaben wahr. Dazu gehören diakonische Einrichtungen, das Theologische Seminar, die Inlandmission und über die Allianz-Mission die Außenmission. Seit 1956 hat der Bund die Rechtsform einer KdöR.

Die traditionellen geografischen Kernbereiche der Gemeinden sind das Ruhrgebiet, das Wuppertal, das Siegerland und das daran angrenzende hessische „Hinterland". In den Oberzentren Siegen, Marburg und Gießen konzentrieren sich 25 %

der Mitglieder der Gemeinden.[251] Es sind allerdings durch gezielte missionarische Maßnahmen neue Gemeinden hinzugekommen, so dass eine Diskussion um eine Strukturreform in Gang gekommen ist.

Der Bund gehört weder dem ÖRK noch der KEK an; er ist Gastmitglied in der ACK. Um der Einheit aller Gläubigen willen arbeitet man sehr aktiv in der DEA mit. Zwischen dem BFeG und dem BEFG gibt es enge Kontakte, auch auf der Ortsebene, auf der es ganz gelegentlich sogar zu Zusammenschlüssen kam.

Der Internationale Bund Freier evangelischer Gemeinden wurde 1948 in Bern gegründet. Zu ihm gehören inzwischen weltweit über 30 Mitgliedsbünde mit rund 450.000 Mitgliedern. In Afrika, Asien, Europa und Südamerika sind durch Missionsarbeit weitere Gemeindebünde entstanden.

5.3.5 Text

In der Präambel der Verfassung des Internationalen Bundes sind die Grundsätze zusammengefasst:

„Sie sind frei, weil die Mitgliedschaft in diesen Gemeinden freie Entscheidung des einzelnen voraussetzt und weil diese Gemeinden frei von jedem Einfluss durch den Staat ihr eigenes Leben ordnen und ihren Öffentlichkeitsauftrag erfüllen wollen.

Sie sind evangelisch, weil Glaube, Lehre und Lebensführung sich nach der Botschaft der Bibel richten. Der persönliche Glaube an Jesus Christus im Gehorsam gegenüber dem Wort und Willen Gottes ist die einzige Bedingung für Mitgliedschaft in der Christusgemeinde.

Sie sind Gemeinden, weil Jesus Christus durch sein Wort und seinen Geist in ihnen gegenwärtig ist und sie sammelt und sendet und weil sie wissen, dass zum Volke Gottes alle Glaubenden und nur die Glaubenden gehören."

---

[251] Reinhard Henkel, „Die freikirchliche Landschaft in Deutschland. Untersuchungen über die räumliche Verteilung der Freikirchen", in: FreikirchenForschung Nr. 9, 1999, 214-263, hier: 226. Für die Frage der räumlichen Verteilung aller Freikirchen sollte der Aufsatz konsultiert werden.

5.4 Die Evangelisch-methodistische Kirche

5.4.1 Informationen auf einen Blick

Literatur: Karl Steckel und C. Ernst Sommer (Hg.), Geschichte der Evangelisch-methodistischen Kirche, Stuttgart 1982 – Walter Klaiber und Manfred Marquardt, Gelebte Gnade. Grundriss einer Theologie der Evangelisch-methodistischen Kirche, Stuttgart 1993 – Patrick Streiff, Der Methodismus bis 1784/1791, in: Geschichte des Pietismus Bd. 2: Der Pietismus im 18. Jh.. Göttingen 1995, S. 617-665 – ders., Der Methodismus in Europa im 19. und 20. Jahrhundert, Stuttgart 2003 [EmKM 50] – Halbjahreshefte (EmK Geschichte. Quellen-Studien-Mitteilungen) und Monografien (EmK Geschichte. Monografien) der Studiengemeinschaft für Geschichte der EmK.
Adressen: Evangelisch-methodistische Kirche, KdöR, Kirchenkanzlei, Wilhelm-Leuschner-Str. 8, 60329 Frankfurt/M.
www.emk.de
Mitglieder: 50.000 (auch Angehörige) / ca. 70 Mill. weltweit.
Erwerb der Mitgliedschaft: Taufe und Bekenntnis.
Doppelmitgliedschaft: in der Regel nicht möglich.
Zahl der Gemeinden: 455.
Zahl der Pastoren: 259.
Ausbildung der Pastorinnen und Pastoren: Universität oder Theologisches Seminar (Fachhochschule) in Reutlingen, dort Voraussetzung: Abitur oder abgeschlossene Berufsausbildung, einjähriges Gemeindepraktikum und Empfehlung einer Gemeinde, 10semestriges Studium (Master-Abschluss), drei Jahre Arbeit in Gemeinde als Pastorin/Pastor auf Probe, Ordination.
Höchstes Gremium: Zentralkonferenz Deutschland / Generalkonferenz weltweit.
Untergliederung: Bezirk, Distrikt, Jährliche Konferenz, Zentralkonferenz, Generalkonferenz.
Liederbuch: Gesangbuch der EmK (Ausgabe 2002), Jugendliederbuch.
Zeitschriften: unterwegs, podium, emk-forum, Theologie für die Praxis.
Gründungsjahr: 1738 in England; Kirchengründung 1784 in USA; erste methodistische Mission in Deutschland 1830.
Gründerpersönlichkeit: John und Charles Wesley.

Verfassung: bischöflich-synodal (in England synodal mit jährlich wechselnden Präsidenten).
Lehrgrundlage: Heilige Schrift und ihre Auslegung in folgenden Dokumenten: die altkirchlichen Symbole, die 25 Glaubensartikel der Methodistenkirche (eine gekürzte Fassung der 39 Artikel der Anglikanischen Kirche), die 16 Glaubensartikel der Evangelischen Gemeinschaft, 53 ausgewählte Lehrpredigten John Wesleys, die ersten Protokolle der „Londoner Konferenzen" unter Vorsitz von J. Wesley, das „Soziale Bekenntnis" (erstmals 1908), seit 1972 auch die „Sozialen Grundsätze" (regelmäßig aktualisiert).
Feier des Abendmahls: Offenes Abendmahl, unterschiedlich häufig.
Zusammenarbeit: VEF, ACK, KEK, ÖRK, EMW, DW, aej, DEA, World Methodist Council. Mit den Gliedkirchen der EKD besteht seit 1987 Kanzel- und Abendmahlsgemeinschaft. Sie wurde als Ergebnis eines internationalen und nationalen Dialogs zwischen Lutheranern und Methodisten vereinbart und von allen Gliedkirchen der EKD übernommen.[252] Die europäischen Methodisten sind seit 1997 außerdem Teil der „Gemeinschaft Evangelischer Kirchen in Europa" (GEKE).

Im Gegensatz zu den bisher behandelten Kirchen, die den Einzelgemeinden am Ort eine weitgehende Autonomie einräumen und durch einen Bund oder eine Vereinigung mehr oder weniger lose zusammengehalten werden, ist die Evangelisch-methodistische Kirche (EmK) konnexional verfasst, d.h. jede Ortsgemeinde ist als Teil der weltweiten Kirche, der *United Methodist Church*, mit bischöflicher Verfassung in ein Geflecht gegenseitiger Verantwortungen mit Rechten und Pflichten eingebunden.

---

[252] Vorgeschichte und Einzelheiten bei Manfred Marquardt, „Evangelische Kirchengemeinschaft. Inhalt und Ergebnisse der luth.-methodistischen Lehrgespräche", in: ÖkRdsch 35, 1986, 401-415.

5.4.2 Geschichtliche Hinführung

Schon bevor auf deutschem Boden methodistische Kirchen entstanden, gab es deutschsprachige methodistische Gemeinden.[253] Sie waren Ergebnis missionarischer Arbeit unter deutschen Auswanderern in den Vereinigten Staaten. Die Auswanderer, die es aufgrund der staatskirchlichen Ordnung in den deutschen Territorialstaaten nicht gewohnt waren, ihre kirchlichen Belange selbst in die Hand zu nehmen, waren in der Neuen Welt religiös kaum versorgt. Gelegentlich hatten zwar einige Pfarrer versucht, Abhilfe zu schaffen, aber eine durchgreifende Linderung der Nöte gelang weder Heinrich Melchior Mühlenberg (1711–1787) im 18. Jahrhundert, noch Wilhelm Löhe (1808–1872) und den von ihm ausgesandten „christlichen Nothelfern" oder den eigens zum Zwecke der Unterstützung evangelischer Gemeinden in Nordamerika gegründeten kirchlichen Vereinen im 19. Jahrhundert. In das so entstandene Vakuum konnten neue Kirchen vorstoßen, weil sie flexibel genug und in einer missionarischen Aufbruchstimmung waren.

5.4.2.1 Die Anfänge: John Wesley

Der Methodismus geht auf das Wirken des anglikanischen Pfarrers und Universitätslehrers John Wesley (1703–1791) zurück.[254] Die Anhänger des „Heiligen Clubs", einer Studentengruppe an der Universität Oxford, wurden auch als „Bibelmotten" oder „Methodisten" verschrieen, weil sie sich „me-

[253] Zur theologischen Entwicklung und Ausprägung vgl. Christoph Raedel, Methodistische Theologie im 19. Jahrhundert: Der deutschsprachige Zweig der Bischöflichen Methodistenkirche, Göttingen (V & R) 2004.

[254] Über Wesley vgl. die ausführliche Biographie von Martin Schmidt, John Wesley, 2. Aufl., Zürich Band 1, 1987; Band 2, 1988, ferner: Stephen Tomkins, John Wesley, Stuttgart 2003 und Karl Zehrer, Mit ruhigem Herzen vertraute er Gott. John Wesleys Leben und Wirken (1703-1791), Leipzig (Evangelische Verlagsanstalt) 2003. Aus der engl. Lit. vgl. Richard P. Heitzenrater, Wesley and the People Called Methodists, Nashville 1995 (wird derzeit ins Deutsche übersetzt), Henry. D. Rack, Reasonable Enthusiast. John Wesley and the Rise of Methodism, London 2002 (3. Aufl.). Theodore Runyon, Die neue Schöpfung. John Wesleys Theologie heute, erscheint bei Vandenhoeck & Ruprecht 2005.

thodisch"-streng an die täglichen Gebetszeiten hielten, die Bibel und die Kirchenväter sowie andere christliche Schriftsteller gründlich studierten, Fastenzeiten einhielten und sich in sozial-diakonischen Werken, z. B. in Gefängnisseelsorge, Pflege kranker und Unterstützung armer Menschen engagierten. Der „Heilige Club" entsprach gleichsam christlichen Gesellschaften, die in der Anglikanischen Kirche weit verbreitet waren.

Nach einem Aufenthalt in der Kolonie Georgia, wobei ihn bei der Hin- und Rückreise auf stürmischer See die Gelassenheit der mitreisenden Herrnhuter Brüder beeindruckte, und er in der Kolonie das Glaubensleben der Herrnhuter näher kennen lernte, kam Wesley am 24. Mai 1738 – wider Willen, wie er betont – in eine kleine Versammlung in der Aldersgate Street in London. Dort wurde gerade Luthers Vorrede zum Römerbrief verlesen: „Ungefähr viertel vor neun, als er gerade die Veränderung beschrieb, die Gott im Herzen durch den Glauben an Christus bewirkt, fühlte ich mein Herz seltsam erwärmt. Ich fühlte, dass ich Christus vertraute, Christus allein, zum Heil, und eine Gewissheit wurde mir geschenkt, dass Er meine Sünden hinweg genommen hatte, gerade meine, und mich vom Gesetz der Sünde und des Todes gerettet."[255]

Diese Beschreibung, so sehr sie die Plötzlichkeit der Erfahrung betont, steht gleichwohl im Tagebuch Wesleys in Fortführung seines bisherigen geistlichen Lebenswegs. Von den Herrnhutern August Gottlieb Spangenberg (1704–1792) und Peter Böhler (1712–1775) hatte er gelernt, dass Rechtfertigung der Heiligung vorausgehen muss. Bisher hatte er ein Leben der Heiligung unter dem „Gesetz der Sünde" versucht, jetzt wurde ihm existentiell klar, dass es um das Heil aus Gnade durch den Glauben geht.[256]

Die Glaubensverkündigung der Brüder John und Charles (1707–1788) Wesley sowie des mit ihnen befreundeten George Whitefield (1714–1770) entwickelte sich zu einer Erweckungsbewegung, die bald die Grenzen der Anglikanischen

---

[255] John Wesley's Journal, wie Anm. 114, 51.

[256] Vgl. auch Michael Weyer u.a., Im Glauben gewiss. Die bleibende Bedeutung der Aldersgate-Erfahrung John Wesleys, Beitr. z. Gesch. d. EmK 32, Stuttgart 1988.

Kirche überschritt. Nach Herrnhuter Muster organisierte John Wesley „Banden" (*United Societies and Band Societies*), in denen im Gegensatz zu den anglikanischen „Gesellschaften" der Rechtfertigungsglaube gelehrt, das freie Gebet gepflegt, die Sünden gegenseitig bekannt, die Mitgliedschaft nicht auf Anglikaner und Männer begrenzt und die Laienpredigt eingeführt wurden. Jede Gesellschaft war in „Klassen" unterteilt, und ein Verbindungssystem (*connectional system*) entwickelte sich, das den einzelnen Banden ein Zusammengehörigkeitsbewusstsein vermittelte.[257]

Wesley selbst war unermüdlich auf Reisen und entfaltete eine beispiellose evangelistische Tätigkeit. Aufgrund seiner Tagebücher schätzt man die Predigtdienste auf ca. 40.000. Selbst beim Reiten las er Bücher, schrieb Briefe und entwarf Abhandlungen; dafür hatte er sich eigens ein kleines Pult anfertigen lassen. Obwohl auch John Lieder dichtete, wurde sein Bruder Charles Englands größter Liederdichter, der mehr als 6.000 Lieder verfasste, was der methodistischen Bewegung zugute kam.

Pfälzer Emigranten aus Irland verpflanzten den Methodismus in die nordamerikanischen Kolonien, wo er sich stürmisch entwickelte, weil er sich den schnell wechselnden Verhältnissen anzupassen wusste. Durch die Loslösung der nordamerikanischen Kolonien vom Mutterland England wurde die Verselbständigung des Methodismus von der Kirche von England vorangetrieben. Wesley hatte sich 1780 an den Bischof von London gewandt, der für die überseeischen Gebiete die bischöfliche Verantwortung trug, und ihn gebeten, Prediger zu ordinieren. Der Bischof lehnte jedoch ab. Wesley geriet immer mehr unter Druck, weil es in der neuen Republik für die etwa 15.000 Methodisten zwar Laienprediger gab, die aber keine Sakramente verwalten durften. Nach langen Überlegungen entschloss sich Wesley 1784, etliche Männer zu Presbytern zu ordinieren, während er Dr. Thomas Coke (1747–1814), der in Oxford studiert und die Ordination zum Priester in der Kirche von England empfangen hatte, zum Superintendenten be-

---

[257] Vgl. Henry D. Rack, Religious Societies and the Origins of Methodism, in: Journal of Ecclesiastical History 38, 1987, 582-595.

rief. Er war sich durchaus bewusst, dass er damit Coke bischöfliche Funktionen zuwies. Wesley verteidigte seine Handlungen theologisch mit dem Argument, dass er als rechtmäßig-ordinierter Geistlicher der Kirche von England in der „presbyteralen“ Sukzession stehe, die in der Bibel besser bezeugt sei als die bischöfliche. Die Ordinationen nahm er aber nur in der Ausnahmesituation vor, um dem desolaten Zustand der Gemeinschaften in den USA Abhilfe zu schaffen. Auf der „Weihnachtskonferenz“ 1784 in Baltimore kam es dann zur Gründung der Bischöflichen Methodistenkirche (*Methodist Episcopal Church*). Francis Asbury (1745–1816) und Thomas Coke wurden – nach Wahl in ihrer Konferenz – zu Bischöfen ordiniert.

Diese Entwicklung und die Anfeindungen eines Teils des anglikanischen Klerus trieben die Methodisten immer mehr aus der Kirche von England hinaus, so dass sie sich auch in England 1795 verselbständigten.[258]

5.4.2.2 Die anderen Zweige

Jacob Albrecht (1759–1808), ein Sohn pfälzischer Einwanderer in Pennsylvania, bekehrte sich 1791 und begann ab 1796 eine regelmäßige Predigttätigkeit unter deutschen Einwanderern. Das Ansinnen Albrechts, diese deutschsprachige Arbeit der Methodistenkirche einzugliedern, lehnte der methodistische Bischof Francis Asbury mit dem Hinweis ab, dass die deutsche Sprache in Amerika bald aussterben werde. So entwickelte sich nach methodistischem Muster die „Evangelische Gemeinschaft“, die ab 1922 in den USA *Evangelical Church* hieß.[259]

Die Vorhersage Asburys bewahrheitete sich nicht. Als sich der Theologe Wilhelm Nast (1807–1899) 1835 zum Methodismus wandte, wurde er von der englisch-sprachigen Kirche als „Deutscher Missionar in Cincinnati“ angestellt. So ent-

[258] Vgl. Erich Geldbach, Nicht-theologische Faktoren bei der Kirchwerdung des Methodismus, in: MdKI 55, 2004, 70-73.

[259] Umfassend informiert über die Anfänge in Amerika und die Entwicklung in Deutschland Ulrike Schuler, wie Anm. 205.

stand in der Bischöflichen Methodistenkirche eine deutschsprachige Arbeit, deren Blatt, „Der Christliche Apologete" viele Jahrzehnte erschien.

Eine andere deutschsprachige Kirche entwickelte sich unter Leitung des aus Dillenburg stammenden Philipp Wilhelm Otterbein (1726–1813), der auf der Hohen Schule in Herborn Theologie studiert und als reformierter Pfarrer mehrere Gemeinden in Nordamerika betreut hatte. In dieser Eigenschaft hatte er noch an der Ordination von Francis Asbury mitgewirkt. Zusammen mit dem Mennoniten Martin Böhm (1725–1812) jedoch gründete er die *United Brethren in Christ*, die 1946 mit der *Evangelical Church* die *Evangelical United Brethren Church* bildete, während sich in Deutschland die Kirche der Vereinigten Brüder 1905 der Bischöflichen Methodistenkirche anschloss.

Nach vergeblichen Versuchen im 19. Jahrhundert gab es seit 1963 zwischen der Evangelischen Gemeinschaft und der *Methodist Church* intensive Verhandlungen, die im April 1968 zu einer Vereinigung führten, auf der ein weltweit geltender Zusammenschluss zur *United Methodist Church* vollzogen wurde. Für den deutschen Sprachraum einigte man sich auf den Namen Evangelisch-methodistische Kirche.

5.4.2.3 Die Arbeit in Deutschland

Durch Rückwanderer waren die unterschiedlichen Zweige nach Deutschland gekommen. Der wesleyanische Methodismus englischer Prägung wurde durch Christoph Gottlob Müller (1785–1858) in seine württembergische Heimatstadt Winnenden verpflanzt, von wo er sich als Gemeinschaft innerhalb der Landeskirche ausbreitete und sich erst 1872 von der Landeskirche löste.[260]

Die Bischöfliche Methodistenkirche war seit 1849 durch Ludwig Sigismund Jacoby (1813–1874) präsent, der von Bremen aus die missionarische Arbeit leitete. Als amerikanischer

[260] Ausführliche Untersuchung bei Friedemann Burkhardt, Christoph Gottlob Müller und die Anfänge des Methodismus in Deutschland, (AGP 43), Göttingen 2003.

Staatsbürger deutsch-jüdischer Herkunft genoss er den besonderen Schutz der Hafenstadt, da diese mit den USA seit 1828 durch einen Handels- und Freundschaftsvertrag verbunden war.[261] So konnte er ungehindert Bücher, Zeitschriften und Traktate in großer Zahl verbreiten, zumal er bald auch eine eigene Druckerei in Betrieb nehmen ließ. Unabhängig von Jacoby wurde der amerikanische Methodismus durch Ehrhardt Wunderlich in Sachsen und Thüringen verbreitet. Obgleich Wunderlich, der 1849 ausgewandert, doch ein Jahr später bereits zurückgekehrt war, bald wieder mit einigen Gefährten nach Amerika ging, setzte sich sein Bruder Friedrich für die Arbeit ein. Jacoby verstand es, diesen Zweig in sein Werk einzugliedern. 1897 wurden die Gemeinden und Werke der Wesleyanischen Methodistengemeinschaft in die Bischöfliche Methodistenkirche aufgenommen.

Die „Evangelische Gemeinschaft", von Außenstehenden zur Unterscheidung von den Methodisten oft „Albrechtsleute" genannt, begann seit 1850 durch Conrad Link (1822–1883) und Johannes Nikolai (1818–1912) eine eigenständige Missionsarbeit, vor allem im Umkreis von Stuttgart, doch breitete sich die Arbeit auf viele deutsche Länder und in die Schweiz aus.[262] Die 1968 vollzogene Vereinigung zur EmK hat nach Aussage von Beteiligten viel Zeit, Kraft und Geld gekostet, doch sind die Gemeinden zusammengewachsen und haben eine neue Identität gewonnen.

Die Anfänge der evangelistisch-missionarischen Anstrengungen methodistischer Gemeinschaften spiegeln sich noch heute in der räumlichen Verteilung der EmK. Auffallend ist eine hohe Konzentration in Württemberg und dem südlichen Sachsen. Dort leben über 56% aller Methodisten, obwohl die Bevölkerung nur etwas mehr als 8% der gesamtdeutschen Bevölkerung ausmacht. Umgekehrt gibt es weite Gebiete ohne methodistische Präsenz.[263]

---

[261] Karl-Heinz Voigt, Die Evangelisch-methodistische Kirche, in: H. B. Motel (Hg.), Glieder an einem Leib, 181.

[262] Vgl. z.B. Helmut Mohr, Die Ausbreitung der Evangelischen Gemeinschaft in Nordhessen, Diss. Heidelberg 1975.

[263] Einzelheiten bei R. Henkel, wie Anm. 251, 228 f. Henkels Bemerkung, Bayern sei „methodistenfrei" stimmt allerdings nicht.

5.4.3 Kennzeichen

5.4.3.1 Allgemeines

John Wesley wollte keine neue Kirche: „Wer daher wähnt, ein Methodist sei ein Mensch, der sich durch Sonderlehren von anderen Christen unterscheide, beweist damit seine vollkommene Unkenntnis in der ganzen Sache (...) ".[264] Manfred Marquardt meint, dass die große theologische Leistung Wesleys darin bestanden habe, die Predigt von der Rechtfertigung des Sünders allein aus Glauben aufs engste mit der Betonung der Heiligung als eines realen Wachstums in der Liebe zu Gott und den Menschen verbunden und als Kernstück des Christentums entfaltet zu haben.[265] Er bringt damit zum Ausdruck, dass Wesley in evangelischer Katholizität zu verbinden wusste, was in der Theologiegeschichte oft getrennt wird, nämlich Gnade und Werke, göttliches Heilsangebot und menschliche Antwort.

Gerade aber durch diese Kombination tritt eine neue Kirche in Erscheinung. So urteilt der Konfessionskundler Erwin Fahlbusch: „Gegenüber der reformatorischen Lehre akzentuiert der Methodismus (unter Abschwächung des reformatorischen Sündenverständnisses), dass im Rahmen des göttlichen Heilshandelns der Mensch durch eigenes Bemühen an seiner Erlösung aktiv beteiligt ist (Buße, Bekehrung, Glaube) und auf dem Wege fortschreitender Erkenntnis beteiligt bleibt (heiliges Leben, Wachstum, Früchte des Glaubens). Gegenüber der römisch-katholischen Lehre akzentuiert der Methodismus (unter Abschwächung des römisch-katholischen Sakraments- und Kirchenverständnisses), dass das Heil (die Versöhnung Gottes mit dem Menschen in Christus) durch das persönliche Glaubenszeugnis und seine überzeugende Realisierung in der individuellen Praxis dargestellt wird, auf diese Weise Christus sein Heilshandeln durch die verschiedenarti-

---

[264]) J. Wesley, Die Kennzeichen eines Methodisten, bearbeitet und herausgegeben von M. Marquardt, Beitr. z. Gesch. d. Emk 11, Stuttgart 1981, 7.

[265] Ebd., Vorwort, 3.

gen Glieder seines Leibes auf Erden fortsetzt und die Kirche als eine geistliche Bewegung eine dynamische Offenheit besitzt."[266]

5.4.3.2 Einzelne Merkmale

1. Die dynamische Offenheit begegnet bereits in den Bekenntnissen. Einerseits wollen diese die Verbundenheit mit der ganzen Christenheit zum Ausdruck bringen und stellen z. B. nur eine Verkürzung der anglikanischen „39 Artikel" auf 25 dar, andererseits gehören gerade auch Lehrpredigten Wesleys[267] und seine Überarbeitung des „Gnomon" von Johann Albrecht Bengel (1687–1752) zu den Lehrnormen. Das aber zeigt auch, dass es Bekenntnisschriften wie in den lutherischen Kirchen nicht gibt.

2. Die Heilige Schrift gilt als grundlegendes Zeugnis für Glauben und Leben und ist Hauptquelle und alleinige Richtschnur der Lehre.[268]

3. Die Traditionen der Kirchen vermitteln wertvolle Erkenntnisse der Gnade.

4. Die persönliche religiöse Erfahrung des Einzelnen entspricht dem kollektiven Erinnerungsvermögen der Kirchen, also der Tradition.

5. Die Vernunft hilft, Widersprüche in Lehr- und Glaubensaussagen zu vermeiden.

6. Das „Quadrilateral" = Schrift, Tradition, Vernunft und Erfahrung führt zu Erkenntnis und Aussagen über den Glauben und steht damit im Dienst der Ausbreitung des Evangeliums in Rechtfertigung und Heiligung.

7. Die schriftgemäße Heiligung über das Land zu verbreiten war das große Anliegen Wesleys, und man hat dies als das Leitthema des Methodismus bezeichnet. Dabei geht es nicht um ein Stufenchristentum, wohl aber um ein Fortschreiten des

---

[266] Kirchenkunde der Gegenwart, wie Anm. 2, 150.

[267] John Wesley, Die 53 Lehrpredigten, erschienen in Stuttgart seit 1986 in Folge.

[268] Grundlagen der Lehre und der theologische Auftrag der EmK, Stuttgart 1989.

Christseins mit dem Ziel der christlichen Vollkommenheit. Die Heiligung hat es zwar immer mit Einzelnen persönlich zu tun, ist aber stets eingebunden in die Gemeinschaft, von wo Korrektur und Ermutigung erfahren wird. Die Heiligung ist oft im Sinne des Verdienstgedankens missverstanden worden. Wesley ging es aber nicht um eine Infragestellung des reformatorischen „allein" aus Glauben, sondern um ein Wachsen in der Heiligung.[269] Von sich hat er nie behauptet, das Ziel der Vollkommenheit erreicht zu haben, hielt aber das Erreichen dieses Zustands für möglich.

8. Gerade die Heiligung hat den Blick für die Armen, Entrechteten und Vernachlässigten in der Gesellschaft geöffnet. Unter den Kohlearbeitern in Bristol und Newcastle begann man mit Bildungsprogrammen für die unversorgten Kinder. Viele Gewerkschaftsvertreter und Politiker der Labour Party in England gingen aus dem Methodismus hervor. Gefängnisreform und Abschaffung der Sklaverei erhielten erkennbare Impulse. Bereits 1908 wurde ein „Soziales Bekenntnis" von der Generalkonferenz angenommen; 1972 wurden „Soziale Grundsätze" formuliert, die Orientierungshilfen zum Familien- und Wirtschaftsleben, zu gesellschaftlichen Problemfeldern und internationalen Beziehungen anbieten und regelmäßig überarbeitet werden. Der Bischofsrat veröffentlichte 1986 ein viel beachtetes Wort zur Friedensfrage.[270]

9. Es verwundert nicht, dass die EmK die diakonischen Aufgaben als Lebens- und Wesensäußerung der Kirche versteht.

10. Die EmK praktiziert in der Regel die Taufe an Kindern, doch ist die Gläubigentaufe nicht ausgeschlossen. Wird eine Kindertaufe vollzogen, ist damit nicht die Gliedschaft in der Kirche erworben. Die Aufnahme als Kirchenglied kommt erst durch ein Bekenntnis des Glaubens vor der Gemeinde zustande. Die Methodisten unterscheiden daher zwischen „Kirchenangehörigen", die sozusagen im Zustand des Katechumenats sind, und „Kirchengliedern".

---

[269] Manfred Marquardt, In der Liebe wachsen. Das wesleyanische Verständnis der Heiligung, in: Una Sancta 54, 1999, 304-313.

[270] Zum Schutz der Schöpfung, die nukleare Krise und gerechter Friede, Stuttgart 1987.

11. Vom Einzelnen wird aktive Teilnahme am Gemeindeleben erwartet. Umfang und Bedeutung der Laienarbeit sind groß und Ausweis des Priestertums aller Gläubigen. Geschulte Laienprediger und Predigthelfer haben stets eine bedeutsame Rolle im Leben der Kirche gespielt.

12. Eine ökumenische Gesinnung (J. Wesley: *catholic spirit*) gehörte von Anfang an zu den Zeichen der Kirche.

13. Die Verbundenheit aller Zweige der Kirche wird als „*connexion*" bezeichnet. Ursprünglich geht es darauf zurück, dass Prediger in Verbindung (*in connexion*) mit Wesley standen. Heute bezeichnet es den Verbund und das weltweite Aufeinanderangewiesen-Sein.

5.4.4 Organisation

Die EmK ist eine in „Konferenzen" gegliederte Kirche. Mehrere Gemeinden bilden einen Bezirk und senden Delegierte in die Bezirkskonferenz, die in der Regel zweimal jährlich unter Vorsitz des Superintendenten tagt. Mehrere Bezirke sind zu einem Distrikt vereint, dem der Superintendent vorsteht, während zwei oder drei Distrikte eine „Jährliche Konferenz" ausmachen. In Deutschland gibt es die Norddeutsche, Ostdeutsche und Süddeutsche Jährliche Konferenz; ihr gehören paritätisch alle Pastoren des Gebiets und die von den Gemeinden gewählten Laien an. Der Bischof führt ohne Stimmrecht den Vorsitz bei den Beratungen. Ordinationen, Bestellungen und Versetzungen der Pastoren geschehen durch den Bischof in Zusammenarbeit mit den Delegierten der Gemeinden. Dort werden auch die Delegierten für die Zentral- und Generalkonferenz gewählt. Das öffentliche Aussprechen der jährlichen Dienstzuweisungen geschieht auf der Jährlichen Konferenz; die Beratungen mit den Pastorinnen und Pastoren sowie den Delegierten der Bezirke finden bereits in den Monaten vorher statt.

Die Jährlichen Konferenzen sind die eigentlichen kirchenleitenden Organe innerhalb ihres Zuständigkeitsgebiets; sie bilden einen Sprengel der weltweiten Gesamtkirche und sind in der Zentralkonferenz vereint, die den Bischof wählt und die Rechtsaufsicht hat. Die Generalkonferenz tritt alle vier Jahre zusammen. Sie hat gesetzgebende Vollmacht, kann aber die Verfassung nur ändern, wenn zuvor zwei Drittel aller Jährlichen Konferenzen zugestimmt haben. Die Konferenzen haben aufgrund der weltweiten unterschiedlichen gesellschaftspolitischen Kontexte ein Adaptionsrecht. Der Bischofsrat, dem alle Bischöfe der Kirche angehören – zur Zeit etwa 100 –, tritt mindestens einmal jährlich zusammen.

Alle Kirchen methodistischer Tradition sind im Methodistischen Weltrat (*World Methodist Council*) zusammengeschlossen. Methodisten sind in etlichen Ländern (z.B. Kanada, Indien, Australien, Belgien, Spanien) Kirchenunionen eingegangen.

Die Methodisten sind Gründungsmitglieder der VEF, des ÖRK, der ACK und der KEK. Zwei Generalsekretäre des ÖRK sind Methodisten gewesen: Philip A. Potter von 1972 bis 1984 und sein Nachfolger Emilio Castro von 1984 bis 1993. Auch der jetzige Generalsekretär Samuel Kobia ist Pastor der Methodistischen Kirche in Kenia. Der große Baumeister der modernen ökumenischen Bewegung war der methodistische Laie John R. Mott (1865–1955). Auch über die DEA weiß man sich anderen Christen verbunden.

5.4.5 Text

Die Verfassung der EmK fasst das Kirchenverständnis in die Worte:

„Die Kirche ist der Zusammenschluss aller wahrhaft Glaubenden unter Jesus Christus ihrem Herrn. Sie ist die erlöste und mit der Botschaft der Erlösung in die Welt gesandte Gemeinschaft, in der Gottes Wort durch von Gott berufene Männer und Frauen gepredigt wird und die Sakramente nach der Einsetzung Christi recht verwaltet werden. Unter der Wirkung des Heiligen Geistes dient die Kirche der Anbetung Gottes, der Auferbauung der Glaubenden und der Erlösung der Welt."

5.4.6 Exkurs: Anmerkungen zur Heiligungsbewegung

John Wesley hatte die Meinung vertreten, dass die Lehre von der christlichen Heiligung das große Depositum sei, das Gott den Methodisten anvertraut habe. Die Rechtfertigung (*justification*) und die Heiligung (*sanctification*) gehören so zusammen, dass in ganz wenigen Fällen – Wesley selbst rechnete sich nicht dazu – der Christenmensch bis zur Vollkommenheit (*perfection*) fortschreiten kann[271]. Wesley kann die Heiligung sogar als eine „zweite Segenserfahrung" (*second blessing*) bezeichnen, auf die ein steter Heiligungsprozess im Sinne der Vervollkommnung folgt. So ist es nicht verwunderlich, dass es innerhalb und außerhalb des Methodismus immer wieder zu Heiligungsbewegungen kam. Es erscheint daher angemessen, an dieser Stelle einen kurzen Blick auf die Besonderheiten der Heiligungsbewegung zu werfen, weil dies zwei Sachverhalte verdeutlicht: Einmal zeigt sich in der Tat, wie sehr der Methodismus die Voraussetzung für die Entstehung der Heiligungsbewegungen ist und zum anderen sind aus der Bewegung besondere Heiligungskirchen hervorgegangen. Etliche moderne Kirchenbildungen erfolgten auf diesem geistlichen Nährboden. Daher gilt es, das besondere Klima darzustellen, innerhalb dessen sich die Heiligungsbewegung und die dann entstandenen Denominationen entwickelten. Bei den gesonderten Kirchen handelt es sich um die Heilsarmee, die Kirche des Nazareners sowie die sich immer weiter verzweigende und rasant wachsende Pfingstbewegung. Außerdem bildeten sich Splittergruppen des Methodismus, die hier nicht näher aufgeführt zu werden brauchen, die aber immer das Ziel verfolgten, den Methodismus wieder zu den wesleyanischen Wurzeln zurückzuführen. Gerade das Merkmal der Heiligung galt als Maßstab, mit dem man feststellen konnte, ob der Methodismus noch bei seiner ursprünglichen Gestalt erfahrbar oder von ihr abgewichen war.

Die Besonderheiten der Heiligungsbewegung lassen sich gezielt auf dem nordamerikanischen Kontinent beobachten und haben von dort aus ihre Verbreitung gefunden.Auf der Generalkonferenz der Bischöflichen Methodistenkirche 1824 in den USA hieß es: „Wenn Methodisten diese Lehre der vollkommenen Heiligung aufgeben [...] sind wir ein gefallenes Volk", und der Präsident des methodistischen Drew Seminars sagte in einer Predigt 1866: „Wir sind die einzige Kirche in der gesamten Geschichte von den Aposteln bis heute, die als ihren ganz elementaren Gedanken diese große beherrschende Idee des ganzen Buches Gottes, von Anfang bis Ende, hervorgehoben hat – die Heiligung der menschlichen Seele, des Herzens,

---

[271] John Wesley, Plain Account of Christian Perfection, 1777.

des Geistes und des Willens [...] Man mag dies Fanatismus nennen, aber das ist unsere Sendung."[272] Der Erweckungsprediger Charles Finney (1792–1875), der selbst keine Methodist war, berief sich gleichwohl auf Wesley, als er 1821 seine Bekehrung und eine „augenblickliche Heiligung" (*instantaneous sanctification*) erfuhr, die er als „Taufe des Heiligen Geistes" interpretierte.[273] Er wurde 1835 an das Oberlin College berufen, dem er von 1851-1866 als Präsident vorstand. Dort hatte sein Kollege Asa Mahan bereits 1844 sein Buch über die christliche Vollkommenheit (*Christian Perfection*) veröffentlicht. Diese „Oberlin-Theologie" prägte eine große Anzahl von Pastoren und Evangelisten. Finney weilte zudem 1849/50 und noch einmal 1858/60 in England, so dass seine Ideen auch nach Europa kamen.

Im Jahre 1835 begann Phoebe Palmer (1807–1874) damit, Frauen aus zwei Methodistengemeinden in New York an Dienstagnachmittagen in ihrem Haus zu versammeln. 1839 wurden auch Männer zu den Versammlungen eingeladen. Daraus entwickelten sich die Dienstagnachmittags-Versammlungen zur Förderung schriftgemäßer Heiligung = *Tuesday Afternoon Union Meetings for the Promotion of Scriptural Holiness.* Durch ihre Reisen und vielen Ansprachen im ganzen Land wurde sie bald eine bekannte Persönlichkeit. Außerdem wurden ihre Bücher viel gelesen. Die beiden ersten erschienen 1845 in New York und trugen kennzeichnende Titel: *The Way of Holiness* sowie *Present to my Christian Friend: Entire Devotion to God.* Ihr bekanntestes Buch trug den Titel *Promise of the Father* und erschien 1868 in Boston. Die Bibelschülerin Agnes Ozman, die in der Bibelschule in Topeka, Kansas, die Taufe des Heiligen Geistes erhielt (vgl. unten zu Pfingstkirchen), bezog sich auf dieses Buch.[274]

---

[272] Beide Zitate bei A.M. Hills, Holiness and Power for the Church and the Ministry, Cincinnati 1897, 74 f. Die wichtigsten Quellen der Heiligungs-, Pfingst- und Keswick-Bewegung sind in einer 48 Bände umfassenden Reprint-Ausgabe unter dem Titel „The Higher Christian Life" im New Yorker Verlag Garland Publishing erschienen. Das o.g. Buch ist Band 21 dieser Reihe (fortan zitiert als HCL).

[273] Charles G. Finney, An Autobiography, Old Tappan, NJ 1876, 25: „*baptism of the Holy Ghost*".

[274] What God Hath Wrought. Life and Work of Mrs. Agnes N. O. LaBerge (geb. Ozman), Chicago o.J., (HCL Bd. 24), 29.

Phoebe Palmer und ihr Mann reisten 1859 zum Zweck der Durchführung von Heiligungsversammlungen nach England und Irland, wo sie sich wegen des in den USA ausgebrochenen Bürgerkrieges (1861–1865) vier Jahre aufhielten. Die Mitbegründerin der Heilsarmee, Catherine Booth (1829-1890), versuchte vergeblich, zu einer der Versammlungen zu kommen, las aber Palmers Schriften, besonders ihr oben zuletzt genanntes Buch, und verfolgte die Berichte über die Versammlungen des Ehepaars mit lebhaftem Interesse. Sie wurde im Bewusstsein der Heiligung durch Phoebe Palmer zusätzlich bestärkt. Als diese in einer Schrift angegriffen wurde, weil Frauen nicht lehren dürften, griff Catherine Booth zur Feder und schrieb eine glühende Verteidigung des Rechts der Frau, öffentlich zu lehren und zu predigen.[275] Von daher ist die Verbindung der Heiligungsbewegung zur Heilsarmee offensichtlich.

Nach Rückkehr des Ehepaars Palmer in die USA kauften sie die Zeitschrift *Guide to Holiness*, die vor dem Bürgerkrieg das Sprachrohr der Heiligungsbewegung gewesen war, aber nur noch 7.000 Abonnenten hatte. Das Ehepaar konnte in kurzer Zeit die Zahl auf 40.000 erhöhen, was nicht zuletzt darauf zurückzuführen ist, dass 1866 die 100-Jahr-Feier des Methodismus in Amerika gefeiert wurde. Die Besinnung auf die Wurzeln musste den Lehrpunkt der Heiligung einschließen, und viele Bischöfe der *Methodist Episcopal Church* teilten Phoebe Palmers Anliegen und unterstützten ihre Anstrengungen, die schriftgemäße Heiligung zu verbreiten. Hilfreich war auch, dass von neuen Bildungseinrichtungen wie dem Drew Seminary und der Syracuse University positive Signale ausgingen.

Es zeigte sich gerade an diesem Beispiel auch, dass in Zeiten sozialer Umwälzungen das Thema Heiligung von besonderer Dringlichkeit wurde. Nicht nur der Bürgerkrieg mit seinem Gemetzel ließ neue Fragen entstehen, die zu einem Aufblühen der Heiligungsbewegung führten, das sich dann bis zum Ende des 19. Jahrhunderts und darüber hinaus fortsetzte. Es war

---

[275] Der deutsche Heilsarmee Verlag (Köln) hat die veränderte dritte Aufl. dieser Schrift im Jahre 2000 auf Deutsch unter dem Titel „Das Recht der Frau zu predigen" herausgebracht. Vgl. Erich Geldbach, Christine Kenning, Gleichberechtigung in Uniform? Geschlechterverhältnisse in der Heilsarmee gestern und heute, Münster (LIT) 2003, 20-33.

auch die Zeit, in der durch das ungebremste Anwachsen der Städte eine Umschichtung von einer Land- zu einer Stadtgesellschaft vor sich ging. Das rasante Tempo dieser Urbanisierung wurde zusätzlich durch immer neue Einwanderungswellen beschleunigt. Die für die Kirchen unerreichten Menschen und die mit der Entwicklung eines unkontrollierten Kapitalismus einhergehenden sozialen Fragen lösten umfangreiche Anstrengungen aus, Menschen für das Evangelium zu gewinnen und sie auf den Weg der Heiligung zu führen. Das lässt sich bereits 1867 – ein Jahr nach der Hundertjahrfeier des Methodismus – erkennen, als in Vineland im Bundesstaat New Jersey ein „*Holiness Camp Meeting*" eröffnet und durchgeführt wurde. Daraus entstand eine lose Vereinigung, die *National Camp Meeting Association for the Promotion of Holiness*, also die „Nationale Lagerversammlungs-Vereinigung zur Förderung schriftgemäßer Heiligung". Diesem Verband ging es vor allem darum, im Methodismus das pfingstliche Feuer wach zu halten. Eindrucksvoll kommt das in dem Bericht eines ungenannt bleibenden Pastors aus Philadelphia zum Ausdruck. Er spricht von „pfingstlichem" Gebet, „pfingstlichem" Glauben, „pfingstlicher" Einheit, „pfingstlicher" Offenheit und schließlich auch von „pfingstlicher" Erwartung, dass die „Verheißung des Vaters"[276] in der Herabkunft des Heiligen Geistes erfüllt werde. Der Kritik wird geantwortet, dass es einfach nur darum ging „den alten Methodismus der Väter" wieder zu gewinnen.[277] Bischof Simpson, der als „hoch angesehener Diener Christi und der Kirche" vorgestellt wird[278], sagte zum Abschluss der dritten Jahresversammlung, dass vor allem in den Städten mit neuer Kraft gearbeitet werden müsse, weil es Gott gefallen habe, „die Heiden an unsere Küsten zu senden". Um sie Jesus zuzuführen, bedürfe es „der höchsten Art des Christentums", was man vor allem in den Städten brauche, um sich an alle gesellschaftlichen Klassen wenden zu können. Er

[276] Er setzt diese Worte in Anführungszeichen, was ein klarer Hinweis auf den Buchtitel Phoebe Palmers ist. In: Penuel; or Face to Face with God, hg. V. A. McLean und J. W. Eaton, New York 1869 (= HCL Bd. 26), 476.

[277] Ebd., 470: "[…] it was simply the old Methodism of the fathers".

[278] Ebd., 149.

forderte seine Zuhörer auf, „*to go into the worst places with the Gospel*". Wenn alle an ihren Orten sich mehr als zuvor für Christus einsetzen würden, dann könnte eine mächtige Erweckung das ganze Land ergreifen.[279]

Die Bewegung wuchs und ging über den Methodismus weit hinaus. Zugleich traten unabhängige Evangelisten auf, die mit großem Eifer die Lehre von der Heiligung verbreiteten und unabhängige Gemeinde ins Leben riefen. Nach Sydney E. Ahlstrom[280] gab es 1888, also nur zwei Jahrzehnte nach Gründung der Vereinigung, 206 Evangelisten, die sich vollzeitlich der Heiligung verschrieben hatten und von denen jedoch die meisten keiner kirchlichen Kontrolle unterlagen, sondern völlig unabhängig ihre Versammlungen abhielten. Es verwundert nicht, dass es zu separatistischen Bewegungen kam, die das „Hinausgehen" der nach Heiligung Strebenden aus allen Denominationen propagierten (*come-outer movement*). Außerdem bildeten sich eine Reihe kirchenunabhängige bzw. interdenominationelle Vereinigungen sowie neue Denominationen wie die Kirche des Nazareners und Pfingstgemeinden.

Das engere Ziel der Anstrengungen wird als „völlige Heiligung" (*entire sanctification*) oder als das „höhere christliche Leben", wie ein berühmter Buchtitel von William E. Boardman lautete, beschrieben. Dieses „höhere Leben" setzt andere „essentielle" Stufen der christlichen Erfahrung voraus. Die erste Stufe besteht aus einem Bewusstsein der Sünde – „*conviction of sin*" –, denn nur so kann es überhaupt zu einer Bekehrung kommen. Das ist dann die nächste Stufe. Der Mensch wendet sich von der Sünde ab und entsagt der Welt. Dies wird auch als Rechtfertigung durch den Glauben, so wie es von Luther überkommen ist, verstanden. Nun ist der Mensch auf der Seite Christi, und er kann durch einen Akt der Weihe – *consecration* – sich darauf vorbereiten, dass Christus beginnt, ihn von aller Sünde zu reinigen, damit er für das himmlische Erbe zugerüstet wird.[281] Es ist die Stufe, auf der ein gläubiger Christ im Vertrauen auf Christus den Geist erbittet,

---

279 Ebd., 481 f.

280 A Religious History of the American People, New Haven 1972, 817.

281 W. E. Boardman, The Higher Christian Life, Boston 1858 (= HCL, Bd. 6), 199.

der zu einer vollen Übergabe des Willens an Gott anleitet.[282] Das setzt freilich die Erfahrung totaler Unwürdigkeit voraus, die auf die vollständige Abhängigkeit von Christus verweisen soll. Doch kommt so die Heiligung als „Prinzip des Fortschritts im Leben aus Gott“ in das Blickfeld der Gläubigen. In der Heiligungsbewegung fällt der Akzent eindeutig auf die Erfahrung der Christen, einem zweiten Gnadenerweis ausgesetzt zu sein, der unterschiedlich als *sanctification*, „Heiligung“, Geisttaufe, Taufe mit dem Hl. Geist, Reinigung des Herzens, geistlicher Sieg, ununterbrochene Gemeinschaft mit Jesus, vollkommenes Vertrauen, vollkommene Liebe, der Sünde abgestorben, Ruhen im Glauben, überwindendes Leben, christliche Vollkommenheit, siegreiches Leben, „höheres christliches Lebens“ u. a. bezeichnet wird. Die völlige Heiligung soll den Christen von dem befreien, was John Wesley „die Sünde in den Gläubigen“ genannt hatte.

Der Heiligungsbewegung ging es daher nicht nur um das Christwerden des Menschen, sondern um die völlige Reinigung des Herzens durch die Einwohnung des Geistes, was zumeist als ein zweiter Schritt im geistlichen Leben gekennzeichnet wird. Beide Schritte sind aber in der Regel christologisch verankert: Christus ist ebenso „unsere Gerechtigkeit“ wie er „unsere Heiligung“ ist. Immer wieder wird in Bildern gesprochen, um die Sache der Heiligung zur Sprache bringen zu können: Nur im Bewusstsein der völligen Abhängigkeit von Christus ist der Mensch „Ton in der Hand des Töpfers“, „Papier in der Hand eines Druckers“ oder ein „Spiegel“, in dem sich der Meister abbildet. Die Bilder können sich auch überschlagen oder sich gegenseitig ausschließen, etwa wenn einerseits Gott oder Christus als „verzehrendes Feuer“ erfahren wird, das alle bösen Leidenschaften verbrennt, andererseits auch als ein „mächtiger Strom“, der die Menschenherzen mit der mitreißenden Kraft des Wassers reinigt und von oben den Segen ins Herz ausgießt. Das Ziel ist der Sieg über die Sünde, der bewerkstelligt werden kann, so dass eine „volle“, „gänzliche“, „alles umfassende“ Heiligung erreicht wird. Ein beson-

[282] Record of the Convention for the Promotion of Scriptural Holiness, Brighton 1875 (= HCL Bd. 39), 191 f.

deres Kennzeichen der Heiligungsbewegung besteht, wie oben bereits angedeutet, darin, dass auch Frauen ergriffen werden und dass sie vor großen Zuhörerscharen lehren und predigen.[283] Das „höhere Leben" der Heiligung durchbricht die Schranken des Geschlechts, aber auch der Hautfarbe und der gesellschaftlichen Schichten oder Klassen.

Das weitere Ziel der Heiligungsbewegung lässt sich in der Tat nur weltweit beschreiben, obgleich damit zunächst der „westliche" Kulturkreis gemeint ist. Denn inmitten neuer Erfindungen und neuer wissenschaftlicher Erkenntnisse, inmitten der optimistischen Vision der einen, immer enger zusammenrückenden Welt, die durch Dampfschiffe, Eisenbahnen, Elektrizität, Entdeckung von Gold in Kalifornien und Australien und weltweiten Handel zusammengeführt und durch die Druckerpresse vernetzt wird, kommt Gott in der Macht des Geistes wie zu Pfingsten vom Himmel herab und gibt seiner Kirche durch die Heiligungsbewegung neue Hoffnung auf den endzeitlichen Triumph. Dann aber weitet sich der Blick doch auf die ganze Welt, weil der Globalisierung durch Handel und Wandel die weltweite Aufgabe der Mission zur Seite tritt. Würden die protestantischen Kirchen ähnlich wie die Kirche des ersten Jahrhunderts eine Heimsuchung durch den Heiligen Geist erfahren bzw. dieser Heimsuchung standhalten und dadurch die Lauheit überwinden, „dann könnten wir die Welt in zehn Jahren für Christus gewinnen".[284] Es kommt jetzt auf starke christliche Persönlichkeiten sowie auf geistliche Kraft und Einheit an, um die Kirche vorwärts und aufwärts zu bewegen.[285] Dies kann nur gelingen, wenn das besondere und kennzeichnende Ziel der Heiligungsbewegung voll zum Tragen kommt, durch vollkommene Heiligung und durch den Glauben, der die Welt überwindet, einen *„closer walk with God"* zu erreichen.[286]

---

283 Weitere Einzelheiten bei Klaus-Dieter Passon, Frauen in der Pfingstbewegung, in: FreikirchenForschung Nr. 13, 2003, 71-84 und Erich Geldbach, Von der Heiligungsbewegung zu Heiligungskirchen, in: FreikirchenForschung Nr. 9, 1999, 21-40.

284 A. M. Hills, a.a.O., 18: *„We could take the world for Christ in ten years"*.

285 W. E. Boardman, a.a.O., 223 f.

286 Record of the Convention, a.a.O., 231.

Die Heiligungsbewegung war keineswegs auf Nordamerika begrenzt, sondern erfasste auch Europa. Auf Finney und das Ehepaar Palmer ist bereits hingewiesen worden. Es war jedoch der amerikanische Fabrikant Robert Pearsall Smith (1827–1898) sowie seine Frau Hannah, die auch auf dem europäischen Kontinent die Heiligungsbewegung bekannt machten. Als Robert Smith 1874 auf einer Konferenz in Oxford sprach, griff das Feuer auch auf Deutschland über, weil führende Vertreter der deutschen Erweckungsbewegung die „Segenstage" von Oxford miterlebten und Smith anschließend zu einer Reise auf den Kontinent einluden, die als eine wahre „Triumphreise" von den Veranstaltern gekennzeichnet wurde.[287] Ein Jahr später kam eine zweite Konferenz zusammen, auf der nicht weniger als 50 deutsche Pfarrer anwesend waren, und woraus sich die „Keswick-Konferenzen" entwickelten. Theodor Jellinghaus (1841–1913) fasste in seinem Buch „Das völlige gegenwärtige Heil durch Christum"[288] die Grundsätze der Heiligungsbewegung zusammen.

Die besondere Kraft der Bewegung zeigte sich auf der Konferenz in Brighton 1875 in zweifacher Weise: Einmal durfte Hannah Smith gleich wiederholt das Wort ergreifen und öffentlich verkündigen, was besonders für deutsche Teilnehmer völlig ungewohnt war. Diese emanzipatorische Seite der Bewegung wird man nachhaltig hervorheben müssen. Die gesamte Versammlung war gewillt, Frau Smith Gehör zu schenken, was selbst in England als ungewöhnlich eingestuft werden muss. Sie wurde auch schriftstellerisch tätig; der Titel ihres bekanntesten Buches lautet *The Christian's Secret of a Happy Life*, das mehrfach aufgelegt wurde.[289] Zum anderen wurde bei der

---

[287] Vgl. Karl Heinz Voigt, Die Heiligungsbewegung zwischen Methodistischer Kirche und Landeskirchlicher Gemeinschaft. Die „Triumphreise" von Robert Pearsall Smith im Jahre 1875 und ihre Auswirkungen auf die zwischenkirchlichen Beziehungen, Wuppertal (Brockhaus) 1996.

[288] Das Buch erschien zuerst 1880 und 1903 in 5. Aufl.; E. Cremer, Das vollkommene gegenwärtige Heil in Christo. Eine Untersuchung zum Dogma der Gemeinschaftsbewegung, BFchTh 4/5, Gütersloh 1915, setzt sich mit Jellinghaus auseinander.

[289] Wieder abgedruckt in HCL Bd. 43. Sie widmet der Taufe des Heiligen Geistes ein Kapitel (237-257), das mit den Worten beginnt: „The baptism of the Holy Spirit is the crowning and vital point in all christian (sic.) experience."

Begrüßung der ausländischen Teilnehmer die transnationale sowie transkonfessionelle Rolle der Bewegung hervorgehoben und betont, dass man füreinander einstehe. Dass der „Haushalt Gottes" beieinander war, konnten die Teilnehmenden deutlich verspüren. Denn nur wenige Jahre nach dem deutsch-französischen Krieg war es möglich, dass Pastor Erdmann aus Barmen für das Wohlergehen der französischen Nation betete[290] und dass eine gemeinsame Abendmahlsfeier französische und deutsche Teilnehmer zusammenführte.[291] Der französische Pastor Theodore Monod führte aus, dass dieses Zusammentreffen alles andere als natürlich oder selbstverständlich sei; es sei ein Wunder der Vorsehung Gottes, seiner Gnade, seines Geistes, und dies sei erst der Anfang, denn größere Dinge würden noch geschehen.[292]

Das ausgeprägte Selbstbewusstsein der Bewegung kann man bei Pearsall Smith erkennen. Er stellte in Brighton dem „höheren christlichen Leben" das „niedere christliche Leben" gegenüber, das sich eben nicht durch den Sieg über die Sünde auszeichnet. Ein Leben in vollem Glauben soll jedoch zukünftig der „Standard" der Kirche sein.[293] Was aber würde geschehen, wenn das Dilemma offenbar würde, eine neue kirchengeschichtliche Entwicklung einleiten zu wollen, dies aber nicht bewerkstelligen zu können? Die Einsicht, dass man den Kurs der Kirchengeschichte nicht entscheidend prägen konnte, dass die Theologie ein Stufenchristentum ablehnte, dass die Missionsbewegung in eine andere Richtung führte und dass Kirchen den Artikel von der Heiligung nicht im Sinne der Heiligungsbewegung auslegten, führte zu dem Ausweg der Kirchwerdung durch Neugründungen.

Bevor jedoch auf in Deutschland vertretene Heiligungskirchen eingegangen wird, soll zunächst ein Blick auf die Heilsarmee geworfen werden, weil sie direkt aus dem Methodismus unter Einschluss der Heiligungslehre hervorgegangen ist.

---

290 Record of the Convention, a.a.O., 44.
291 Ebd., 292 f.
292 Ebd., 179.
293 Ebd., 30, 234.

5.5 Die Heilsarmee

5.5.1 Informationen auf einen Blick

Literatur: The Salvation Army Yearbook. Die Geschichte des Heils – Handbuch der Lehren – Die Heilsarmee – Ursprung und Entwicklung (beide im Heilsarmee Verlag Köln und Bern).
Adressen: Die Heilsarmee in Deutschland, Religionsgemeinschaft des öffentlichen Rechts, Salierring 23-27, 50677 Köln. www.heilsarmee.de
Mitglieder: 10 000 BRD / 3 Mill. weltweit.
Erwerb der Mitgliedschaft: vgl. unter 5.5.3. Nr. 3.
Doppelmitgliedschaft: in der Regel nicht möglich, in Deutschland wohl.
Zahl der Korps: 46 und einige Vorposten.
Zahl der Offiziere: 137.
Ausbildung d. Offiziere: Offiziersschule Basel.
Höchste Entscheidungsbefugnis: Hoher Rat und Kommandierender General bzw. Generalin.
Liederbuch: Liederbuch der Heilsarmee, 1971.
Zeitschriften: Kriegsruf.
Gründungsjahr: 1878.
Gründerpersönlichkeit: William und Catherine Booth
Verfassung: armeeähnliche Befehlsstruktur.
Feier des Abendmahls: Entfällt.
Besondere Aktivitäten: Sozialdiakonische Einrichtungen.
Zusammenarbeit: DW, DEA, VEF, Gastmitglied in der ACK.

5.5.2 Geschichtliche Hinführung

Die Heilsarmee könnte man als eine Tochter der Methodistenkirche bezeichnen, denn sie geht zurück auf das Wirken des ehemaligen Methodistenpredigers William Booth (1829–1912) und seiner Ehefrau Catherine geb. Mumford (1829–1890). Als Booth sich der übergemeindlichen Evangelisationsarbeit widmen wollte und die methodistische Konferenz ihre Einwilligung verweigerte, kam es zum Bruch. Aus den Anfängen 1865 entstand die *East London Christian Mission* (1867), die 1870 in *The Christian Mission* umbenannt wurde und aus der Booth ab 1878 die „Heilsarmee“ (Salvation Army) schuf.

Die Regeln waren dem Instruktionsbuch für englische Soldaten nachgebildet. Booth wurde General; seine Mitarbeiter waren Offiziere der verschiedenen Ränge sowie Soldaten. 1881 wurden Uniformen eingeführt. Fahnen, Musikkapellen und Dienstinstruktionen sowie eine der Sprache der Militärs nachgebildete Sprachform runden das Bild ab. Es wird – wohl mehr unbewusst – auf die altchristliche Vorstellung von der „kämpfenden Kirche" bzw. der „*militia Christi*" zurückgegriffen.

Es ging der Heilsarmee nicht um Nachahmung der Expansion der Kolonialzeit, sondern sie wollte ein den Kirchen durch Industrialisierung, Verstädterung und Säkularisierung verloren gegangenes Terrain zurückerobern. Die Heilsarmee ist somit eine Antwort auf die Herausforderungen, vor die sich die Kirchen gestellt sahen. Sie hat in den Elendsvierteln und unter dem Industrieproletariat begonnen und wirkte somit ganz im Rahmen ihrer methodistischen Herkunft. Während der Methodismus sich jedoch allen sozialen Schichten zuwandte, wenn auch nicht überall mit Erfolgen, galt die primäre Aufmerksamkeit der Salutisten den Randgruppen der Gesellschaft. Die Heilsarmee ist nicht nur eine „Nachbarschaftsreligion" (*neighborhood religion*)[294], sondern eine Arbeiterreligion. Der ursprüngliche Plan des Ehepaares Booth, die durch ihr Wirken erweckten und bekehrten Menschen an bestehende Gemeinden zu überweisen, ließ sich nicht durchführen, weil die Klassenschranken zu ausgeprägt waren. Man war daher geradezu gezwungen, sich als religiöse Gemeinschaft eigenständig zu entwickeln. „Gefühle der Über- oder Unterlegenheit konnten so nicht aufkommen, weil die Salutisten in ihrer Schicht verwurzelt blieben, aber sich von anderen Angehörigen der Arbeiterklasse durch ihre religiösen Erfahrungen, die sie zu neuen Menschen gemacht hatten, unterschieden."[295]

---

[294] Pamela J. Walker, Pulling the Devil`s Kingdom Down. The Salvation Army in Victorian Britain, Univ. of California Press 2001, 42.

[295] Erich Geldbach, Christine Kenning, wie Anm. 275, 49. Dort auch weitere Einzelheiten.

Diese Arbeiterreligion bzw. die bekehrten Arbeiterinnen und Arbeiter wussten sich in einem dauernden Kriegszustand. In einem gewaltigen Ansturm nahm die Heilsarmee alle Übel der modernen Gesellschaft aufs Korn und bekämpfte Trunksucht, Kriminalität, Prostitution, soziales Elend, Arbeitslosigkeit und Verwahrlosung der Jugend durch Sozialeinrichtungen, Suppenküchen, Krankenpflege und allgemeine Betreuung. Eine wirkliche Änderung der Not haben die Salutisten stets von der Predigt des Evangeliums erwartet, das sie überall, wo sich ihnen die Gelegenheit bot, verkündigten: auf Plätzen und Straßen, in Schuppen, Wirtshäusern und *music halls*. Man ging zu den Gestrandeten und wartete nicht, bis diese zur Kirche finden würden. Das Angebot der Salutisten lautete, kurz gesagt, Seife, Suppe und Seelenheil für die Verlorenen.

Das Motto der Heilsarmee heißt „Blut und Feuer". Jeder kann durch den Glauben an Christi Versöhnungstat („Blut") und durch die vom Heiligen Geist („Feuer") gewirkte Bekehrung gerettet werden und in ein Leben der Bezeugung der Gnade und der Nächstenliebe eintreten. Daran gemahnen auch die drei Farben der Fahne: rot erinnert an das „Blut" Christi, gelb an die „Feuer"taufe des Geistes und blau an den Auftrag der „Heiligung" des Christenmenschen. Charakteristisch ist die Bußbank, auf der der Sünder mit Hilfe eines Salutisten im Gebet den rettenden „Durchbruch" erleben kann. Auch ist die Bestattung von Angehörigen der Heilsarmee eindrucksvoll. Man trauert nicht um Verstorbene, weil diese ihre „Beförderung zur Herrlichkeit" erfahren haben, wohin sie den Lebenden vorausgegangen sind.

Die Heilsarmee sah sich seit ihrem Auftreten vielen Verdächtigungen, Verspottungen und Anfeindungen von allen Seiten ausgesetzt. Staatliche Stellen, Kirchen und Gemeinschaften gleichermaßen, aber auch der Pöbel hatten oft nichts als Spott für die ungewöhnlichen Maßnahmen der Salutisten übrig.[296] Es spricht für die Heilsarmee, dass sie sich durchge-

[296] Für ein besonders eklatantes Beispiel vgl. Jean-F. Mayer, Religiöse Polemiken gegen die Heilsarmee in der Schweiz des 19. Jahrhunderts, in: wie Anm. 131, 198-212.

setzt hat und heute in über 100 Ländern aktiv ist.[297] Außer auf Kuba war die Armee in den früheren sozialistischen Staaten nicht zugelassen, hat aber nach der politischen Wende versucht, auch dort wieder Fuß zu fassen.

William Booth unternahm 24 Missionsreisen nach Deutschland, wo die Arbeit 1886 durch den ehemaligen Direktor eines Industriebetriebs, Jakob Junkers (+ 1901), begonnen wurde.

5.5.3 Kennzeichen

1. Alleinige Richtschnur für Lehre und Dienst ist die Hl. Schrift.

2. Entsprechend ihrer methodistischen Herkunft werden Evangelisation, Bekehrung des Sünders und Heiligung als Folge der Rechtfertigung betont.

3. Die Gliedschaft kann nach einer Rekrutenzeit bei einem Korps erwerben, wer durch den Glauben eine Bekehrung erlebt hat und dies durch einen christlichen Wandel bekundet. Die „Kriegsartikel" müssen unterschrieben werden. Der Salutist gelobt die Trennung von der Welt, die Treue zu Jesus Christus, gänzliche Enthaltsamkeit von Alkohol und Rauschgiften sowie die Förderung des Heilskrieges mit Zeit, Kraft und Geld.

4. Sakramente werden nicht als heilsnotwendig erachtet und nicht vollzogen, doch gibt es eine Kinderweihe, das Liebesmahl und die feierliche Aufnahme von Soldaten.

5. Die Gottesdienste folgen keiner Liturgie. Sie sind stark evangelistisch orientiert und enthalten freie Gebete, Lieder, Zeugnisse von Bekehrungen oder andere Erfahrungsberichte. Die Bibelauslegung zielt auf eine Entscheidung für Christus ab.

6. Männer und Frauen haben die gleichen Rechte und Pflichten. Die Ehefrau des Gründers, Catherine Booth, hielt den Schaden für die Kirche unermesslich, der dadurch entstanden sei, dass die in der Pfingstgeschichte (Apg. 2, 17 f.) be-

[297] Eine sozialgeschichtliche Darstellung bieten Dirk Gnewekow und Thomas Hermsen, Die Geschichte der Heilsarmee. Das Abenteuer der Seelenrettung, Opladen (Leske + Budrich) 1993.

richtete Ausgießung des Geistes auf die „Mägde" und „Töchter" durch Vorurteil und Brauchtum für null und nichtig angesehen worden sei. Sie konnte dies nur als ein Ränkespiel des Teufels ansehen.[298]

5.5.4. Organisation

Die Heilsarmee ist eine weltweite Kirche und nach militärischem Vorbild straff gegliedert. Das Internationale Hauptquartier mit dem kommandierenden General an der Spitze befindet sich in London. Der General oder die Generalin wird vom Hohen Rat (*High Council* = den Leitern der nationalen Hauptquartiere) gewählt, ernennt die höheren Offiziere und gibt Weisungen für die „geistlichen Feldzüge". Ihm oder ihr stehen ein Stabschef und ein Beratender Ausschuss zur Seite. Der General ernennt die Kommandeure der nationalen Einheiten. Das Nationale Hauptquartier für Deutschland ist in Köln, die vier Divisionshauptquartiere befinden sich in Hamburg, Berlin, Köln und Stuttgart. Die örtlichen Gemeinden sind Korps oder Vorposten (Nebengemeinden). Die hauptamtlichen Korps-Offiziere, die ordinierte Geistliche sind, werden von Lokaloffizieren (Laien) unterstützt.

Die Heilsarmee unterhält 31 diakonische Einrichtungen, ist Mitglied im DW und in der VEF, Gastmitglied in der ACK und arbeitet in der DEA mit. Für Aufsehen sorgte 1978 der intern nicht unumstrittene Beschluss, die Mitgliedschaft im ÖRK wegen dessen Unterstützung von Befreiungsorganisationen ruhen zu lassen. Weil die Heilsarmee zu den „nicht-sakramentalen" Kirchen gehört, im ÖRK aber das Streben nach eucharistischer Gemeinschaft seit der Vollversammlung 1975 in Nairobi stark betont wurde, trat die Heilsarmee 1981 von ihrer Vollmitgliedschaft im ÖRK zurück und hat jetzt den Status einer befreundeten Organisation. Dies wurde auch als ihrem internationalen Charakter angemessen empfunden.

---

[298] Sie schrieb ein Büchlein mit dem Titel Female Ministry; im Verlag der deutschen Heilsarmee erschien eine deutsche Übersetzung der dritten veränderten englischen Auflage von 1870 mit dem Titel „Das Recht der Frau zu predigen oder Das Predigtamt der Frau", Köln 2000. Zur Einordnung dieser Schrift und ihrer Gedanken vgl. Erich Geldbach, Christine Kenning, wie Anm. 275, 21-35.

5.5.5 Text

Als „vornehmstes Ziel“ gilt der Heilsarmee „die sittliche Beeinflussung und Förderung aller Menschen durch Verbreitung der christlichen Religion und Lehre auf alleiniger Grundlage der Bibel mittels geeigneter Methoden der Evangelisation“ und die „praktische Anwendung des christlichen Gebotes der Nächstenliebe“.

Kriegsartikel der Heilsarmee:

„Durch Gottes große Barmherzigkeit habe ich das mir angebotene Heil mit ganzem Herzen angenommen. Ich bekenne, dass Gott, der Vater, mein König – Gott, der Sohn, Jesus Christus, unser Herr, mein Heiland – und Gott, der Heilige Geist, mein Führer, Tröster und meine Stärke ist. Mit Seiner Hilfe will ich diesen großen Gott lieben und anbeten, Ihm dienen und gehorchen für Zeit und Ewigkeit. Deshalb entsage ich auf immer der Welt mit ihren sündhaften Vergnügungen, ihrer Freundschaft, ihrem Reichtum und ihren Zielen. Es ist mein fester Entschluss, mich an allen Orten und in jeder Umgebung unerschrocken als ein Soldat Jesu Christi zu erweisen [...]. Ich rufe alle Anwesenden zu Zeugen auf, dass ich aus eigenem freien Willen diese Verpflichtungen eingehe und diese Kriegsartikel unterzeichne. Ich weiß, dass die Liebe Christi, der für meine Errettung starb, diese Hingabe meines Lebens an Seinen Dienst zum Heil der ganzen Welt von mir fordert. Ich erkläre daher meinen festen Entschluss, mit Gottes Hilfe bis zu meinem Tode ein treuer Soldat Jesu Christi in den Reihen der Heilsarmee zu sein.“

5.6 Die Kirche des Nazareners

5.6.1 Informationen auf einen Blick

Literatur: Timothy L. Smith, Called unto Holiness. The Story of the Nazarenes: The Formative Years, Kansas City 1962 – W. T. Purkiser, Called unto Holiness Bd. 2, Kansas City 1983 – Manual der Kirche des Nazareners, Frankfurt/M. o. J.
Adressen: Kirche des Nazareners e.V., Frankfurter Str. 16-18, 63571 Gelnhausen; www.nazarener.de

Mitglieder: 1.165 und ca. 1.100 eingetragene Freunde; 1,5 Mill. weltweit.
Erwerb der Mitgliedschaft: durch Bezeugung der Wiedergeburt.
Doppelmitgliedschaft: in Ausnahmefällen.
Zahl der Gemeinden: 24.
Zahl der Pastoren: 23 ordinierte Älteste, 10 Prediger.
Ausbildung d. Pastoren: Bibelschule und Theologisches Seminar in Büsingen bei Schaffhausen für Kontinentaleuropa; Kurse mit verschiedener Dauer; 4 Jahre mit Abschluss eines BA. Voraussetzung: Abitur oder abgeschlossene Berufsausbildung.
Höchstes Gremium: Weltkirchentag / Bezirkskirchentag für die Bundesrepublik.
Liederbuch: Ich will dir danken.
Zeitschriften: keine.
Gründungsjahr: in Deutschland: 1958.
Verfassung: bischöflich (= Generalsuperintendenten) -synodal.
Bekenntnis: Glaubensartikel (im „Manual", 15ff.).
Feier des Abendmahls: meist monatlich.
Zusammenarbeit: Mitarbeit in der DEA; Mitglied der VEF.

5.6.2 Geschichtliche Hinführung

Die Kirche des Nazareners ist in Deutschland eine kleine Freikirche, die aber ein Teil der weltweiten Kirche des Nazareners (*Church of the Nazarene*) ist, die in 148 Ländern mit etwa 700 Missionaren vertreten ist und in der wesleyanischen Tradition der Heiligung steht. Sie unterhält 913 Schulen, 41 Bibelschulen und Außenstellen für Fernstudium (ca. 10.000 Studenten) sowie 5 Universitäten und Fachschulen.

Im Methodismus auf dem nordamerikanischen Kontinent kam es infolge der vielen unabhängigen Heiligungsgruppen in den 90er Jahren zu einer Kontroverse. Die Prediger, die der Heiligungsbewegung nahe standen, mussten ihre Loyalität gegenüber der Methodistenkirche bekunden, weil diese die Heimat „jedes Liebhabers und Bekenners völliger Heiligung" sei.[299] In diesem Klima stellte Phineas Bresee (1838–1915) den Antrag, gleichzeitig Pastor der Ersten Methodistenkirche in Los Angeles und Mitarbeiter in einer freien Sozialarbeit

[299] T. L. Smith, Called unto Holiness, 101.

(Stadtmission) sein zu dürfen. Dem Antrag wurde nicht stattgegeben, so dass Bresee 1894 sein Pastorenamt aufgab und sich ganz der Stadtmission widmete.

Bresee war 1861 ordiniert worden und 1883 nach Los Angeles umgezogen, wo er ein Jahr später den „Segen des vollen Heils" erfuhr. Er wollte den gesamten Methodismus der Heiligungsbewegung zuführen, stieß aber auf Ablehnung seitens des für Süd-Kalifornien zuständigen Bischofs. Durch seine Konzentration auf die Stadtmission schienen die Probleme gelöst. Als jedoch Bresee im September 1895 von einer längeren Studien- und Evangelisationsreise zurückkehrte, musste er feststellen, dass man ihn aus der Verantwortung der Stadtmission entlassen hatte. So gründete er zusammen mit dem Arzt und früheren Präsidenten der Universität von Süd-Kalifornien (USC), Dr. J. P. Widney, im Oktober 1895 eine neue Kirche, die innerhalb eines Jahres 350 Mitglieder zählte. Widney gab ihr den Namen „Kirche des Nazareners". Damit sollte die niedrige Sendung des verachteten Jesus von Nazareth symbolisiert werden. Ähnlich wie die Heilsarmee wollte man die Randgruppen der Gesellschaft erreichen und die Heiligung „zurück auf die Straße" bringen. „Die Kirche des Nazareners ist eine einfache Kirche, eine Kirche des einfachen Volkes und für das Volk. Sie kennt keine neuen Lehren, nur die alten biblischen Wahrheiten [...]. Sie will zu den einfachen Worten Christi zurückgehen. Es ist keine Mission, sondern eine Kirche mit einer Mission", so stellte sie sich vor.[300]

Die neue Kirche verfügte innerhalb der ersten zehn Jahre über 26 Gemeinden und gründete bereits 1902 ein College. Mit ähnlichen, an der Ostküste entstandenen Gemeinden, die sich zur *Association of Pentecostal Churches* zusammengeschlossen hatten, erfolgte 1907 eine Fusion. Im Oktober 1908 schließlich wurde in Pilot Point, Texas, mit in den Südstaaten aufgetretenen Heiligungsgruppen die heutige Kirche des Nazareners ins Leben gerufen. In ihrem Namen führte sie noch bis 1919 das Wort „pfingstlich". Um nicht mit der Pfingstbewegung verwechselt zu werden, ließ man es dann fallen.

Es ist aber kein Zufall, dass auch in der neuen Kirche das Bewusstsein vorhanden war, vom Pfingstgeist ergriffen zu sein.

---

[300] Ebd., 111.

Die Heiligungsbewegung mündete nämlich in den USA in zwei kirchliche Richtungen aus, wobei die Betonung des Pfingstlichen in charakteristischer Weise unterschiedlich ist: In der Pfingstbewegung, die sich nicht einheitlich gestaltete, sondern ihrerseits in verschiedene Denominationen zerfiel, wird es vor allem auf die Glossolalie bezogen. In der Kirche des Nazareners jedoch geht es um die strenge Heiligung, die man sich nur unter der Leitung des Heiligen Geistes vorstellen konnte. Daher wird von den Gliedern ein geisterfülltes, diszipliniertes Leben gefordert, das von einem ständigen Lernprozess begleitet wird. So will man nicht nur die biblische Heiligung leben, sondern auch der Verantwortung für den Nächsten und für die Weltevangelisation nachkommen.

5.6.3 Kennzeichen

1. „Wir glauben an die volle Inspiration (*plenary inspiration*) der Heiligen Schrift [...] Daher darf nichts, was in der Heiligen Schrift nicht enthalten ist, zu einem Glaubensartikel erklärt werden."
2. Der Ruf zur persönlichen Entscheidung wird betont. Man möchte gottferne Menschen zu leidenschaftlichen Jüngern Jesu machen.
3. Die konsequente Nachfolge des Nazareners wird als ein Leben erfüllt vom Heiligen Geist verstanden. Dabei lassen sich zwei Strömungen unterscheiden: die völlige Heiligung ist ein einmaliges Erlebnis oder, was stärker vertreten wird, eine Erfahrung, die ein ständiges Sich-Erfüllenlassen erfordert und so zum Wachsen in der Gnade führt.
4. Säuglingstaufe wird kaum, die Gläubigentaufe in aller Regel praktiziert.
5. Besondere Schwerpunkte der Arbeit liegen in der Herstellung und Vermarktung von Literatur, einschließlich musikalischer Literatur, Erziehungsarbeit auf eigenen Schulen und Hochschulen in den USA sowie eine intensive Missionsarbeit in fast 100 Ländern.

5.6.4 Organisation

Bei der Struktur der Kirche wirkt das bischöfliche und das kongregationalistische Erbe der zusammengeschlossenen Bewegungen nach, wobei das erstere überwiegt. Denn die Kirche wird nach dem Repräsentativsystem weltweit verwaltet. Die oberste gesetzgebende Versammlung ist der alle vier Jahre zusammentretende Weltkirchentag, dessen Entscheidungen für alle Gemeinden verbindlich sind. Den Vorstand bilden sechs Generalsuperintendenten, die allein ordinieren dürfen. Die Ebene darunter ist der Bezirkskirchentag, der einmal jährlich zusammentritt. Es laufen Bestrebungen, zwischen beiden Ebenen noch einen Regionalkirchentag einzuschieben. Die Gremien sind je zur Hälfte aus Laien und „ordinierten Ältesten", wie der geistliche Stand heißt, zusammengesetzt. In Büsingen bei Schaffhausen unterhält die Kirche das *European Nazarene College*, wo eine Ausbildung zum pastoralen Dienst absolviert wird. Der Grad eines *Bachelor of Arts* kann im Zusammenhang mit der *MidAmerica Nazarene University* in den USA erworben werden.

Seit 1958 ist die Kirche in Deutschland tätig. Der damalige Generalsuperintendent Dr. Powers meinte, dass im größten Land des freien Europa die Kirche des Nazareners präsent sein müsste. Sie umfasst 24 Gemeinden mit ca. 1.600 Mitgliedern und Besuchern und ist in den Nordostdeutschen und den Südwestdeutschen Bezirk gegliedert. Die geografische Verteilung zeigt deutlich einen Schwerpunkt in Gebieten mit amerikanischer Militärpräsenz. Die Kirche fördert die Mitarbeit ihrer Glieder in der DEA und ist Mitglied in der VEF. Sie hält sich von der ACK und dem ÖRK fern.

5.6.5 Text

„Die Kirche des Nazareners besteht aus Menschen, die freiwillig der Lehre und den Richtlinien dieser Kirche folgen, indem sie christliche Gemeinschaft, die Bekehrung von Sündern, die völlige Heiligung der Gläubigen und geistliches Wachstum suchen, nach der ursprünglichen Einfachheit und geistlichen Kraft der Urkirche streben und bemüht sind, das Evangelium in aller Welt zu verkünden."[301]

[301] Manual 1976 der Kirche des Nazareners Verfassung, Regierung, Verwaltung, Frankfurt/M. o.J., Nr. 24.

5.7 Freikirchlicher Bund der Gemeinde Gottes

5.7.1 Informationen auf einen Blick

Literatur: Willi Krenz, Eckhard Bewernick, Harald Sommerfeld, Harald Niemzik, Gemeinde Gottes – Europa und Naher Osten einschließlich der deutschsprachigen Gemeinden in Nordamerika, Fritzlar 1987 (vergriffen) – Barry L. Callen, Journeying Together – A Documentary History of the Corporate Life of the Church of God Movement, Anderson (Warner Press) 1996.
Adressen: Freikirchlicher Bund der Gemeinde Gottes, Schwarze Horst 22, 29649 Wietzendorf.
Mitglieder: Es werden keine Mitgliederlisten geführt.
Erwerb der Mitgliedschaft: persönliches Bekenntnis und Glaubenstaufe.
Doppelmitgliedschaft: in der Regel nicht.
Zahl der Gemeinden: 30.
Zahl der vollzeitlichen Pastoren: 36.
Ausbildung d. Pastoren: Christliche Bildungsstätte, Bibelschule im Freikirchlichen Bund der Gemeinde Gottes, Georgengasse 9, 34560 Fritzlar.
Höchstes beschlussfassendes Gremium: Die Pastorenversammlung wählt für drei Jahre den Brüderrat als geistliches Beratungs- und Leitungsgremium; Weltkonferenz (alle 4 Jahre); Internationationaler Theologischer Dialog (alle 4 Jahre); Global Missions Committee (alle 2 Jahre).
Verbreitung: Ca. 4.000 Gemeinden weltweit (Schwerpunkt: USA).
Liederbuch: Glaubensklänge; (davor: Zions Loblieder).
Zeitschriften: Zweimtl. Perspektiven – Christsein und Gemeinde heute (Bethesda Verlag).
Gründungsjahr: In den Vereinigten Staaten von Amerika 1880/81; in Deutschland 1894 (erste Versammlung in Hamburg).
Verfassung: kongregationalistisch.
Bekenntnis: Kein bindendes Bekenntnis; akzeptiert wird das Apostolikum und die Glaubensgrundlage der DEA.
Feier des Abendmahls: Wird als „Verordnung“ ohne zeitliche Festlegungen, manchmal in Verbindung mit Fußwaschung gefeiert.

Besondere Aktivitäten: Sozialdienst im Missionswerk der Gemeinde Gottes e. V. für soziale Einrichtungen (Alten- und Pflegeheime, Jugend- und Freizeitheime, Kinderhilfswerk Global Care).
Zusammenarbeit: FBGG ist Gastmitglied in der VEF, Mitarbeit in der DEA.

5.7.2 Geschichtliche Hinführung

Angesichts der Zersplitterung des protestantischen Christentums erkannten Daniel Sidney Warner (1842–1895) und einige seiner Getreuen, dass Gott nur eine Gemeinde gewollt und Jesus für die Einheit dieser Gemeinde gebetet hatte. Daher wollten sie nicht länger einer Institution angehören, sondern nur noch der einen sozusagen institutionslosen Gemeinde. Dies erweckte bei ihnen das Bewusstsein, zu einer „Reformationsbewegung der Gemeinde Gottes" berufen und beauftragt zu sein. Das Ziel der Reformation würde sein, unter Rückgriff auf biblische Wahrheiten die konfessionellen Schranken zu überwinden, den gewordenen Institutionen ihre Bedeutung zu nehmen und die neutestamentliche Gemeinde in sichtbarer Einheit wiederherzustellen. 1880 begann man, in Verbindung mit dem Grundanliegen der Heiligungsbewegung (s. o.) diese Sicht in der Öffentlichkeit zu vertreten. Man verstand die Heiligung als ein zweites Gnadenwerk Gottes nach Bekehrung bzw. Rechtfertigung. Mit großer Ernsthaftigkeit und Hingabe gingen die ersten Männer und Frauen ans Werk, die Einheit der Christenheit und die Heiligung der Christen zu verbreiten. Doch wie so oft bei solchen Reformationsbemühungen ließ sich das Erkannte nicht in die Wirklichkeit umsetzen. Statt der ersehnten Einheit wurde die Zersplitterung durch die sich bildenden eigenständigen und unabhängigen Gemeinden in den USA vergrößert. Ein Verlag wurde gegründet und eine eigene Zeitschrift, *Gospel Trumpet*, herausgegeben.

Ein deutschstämmiger Farmer, George Vielguth, kam 1901 als Evangelist nach Deutschland. Im Ruhrgebiet und im Osten Deutschlands entstanden mehrere Gemeinden, so dass in Essen ein „Missionsheim" errichtet wurde. Nach dem Ersten Weltkrieg gab man die Zeitschrift auch in deutscher Sprache, „Evangeliums-Posaune", heraus. Beide Weltkriege, vor allem die Vertreibung aus den Ostgebieten, waren für die Gemeinden mit schweren Erschütterungen verbunden. Die Integration der Flüchtlinge war eine große Aufgabe.

5.7.3 Zur Lehre

Die Lehre durchlief einen Prozess des Wandels. Nachdem man erkannt hatte, dass keine „Reformation" stattgefunden hatte, wollte man eine „Bewegung" und keine Freikirche sein. Die nächste Stufe der Veränderung lag begründet in der Einsicht, dass man weder eine Bewegung sein sollte, noch einen Separatweg gehen dürfe. Man erkannte, dass man auf dem „Weg" mit anderen Kirchen und Freikirchen war und trat der VEF als Gastmitglied bei, weil die Einheit der Gläubigen in Christus vorgegeben ist. Wer daher zu Christus gehört, gehört auch zur Gemeinde Gottes; es bedarf keines zusätzlichen Aufnahmerituals und keiner Mitgliederlisten. Die zweite Veränderung betrifft die Lehre von der Heiligung. Man erkannte, dass auch die Heiligung in Christus gegeben ist, so dass es bei der Heiligung darum geht, das zu leben, was die Gläubigen durch und in Christus bereits sind. Die Heiligung ist daher Geschenk und zugleich lebenslange Aufgabe. Damit entfällt die Lehre von einem zweiten Gnadenwerk, die jetzt als exegetisch und darum lehrmäßig unhaltbar und als seelsorgerlich bedenklich eingestuft wird. Bei dem Freikirchlichen Bund der Gemeinde Gottes liegt also der seltene Fall vor, dass sich eine Gemeinschaft konsequent korrigiert, als sie zu neuen exegetischen Einsichten gelangte, und gerade so das „Erbe der Väter" treu verwalten will.

5.7.4 Text

„Die Gemeinde lebt von ihrem Haupt her, Jesus Christus, dem Herrn, und ist ganz und gar von ihm abhängig. Sie ist darum von der Schrift her ein Organismus (Leib) und keine Organisation (Körperschaft). Darum praktizieren wir auch weiterhin keine Mitgliedschaft in den Ortsgemeinden im formalen und rechtlichen Sinn, sondern fördern eine Gliedschaft, die sich in Bekenntnis und verantwortlicher Mitarbeit äußert. Wir wollen alles vermeiden, was den Eindruck erwecken könnte, dass über die Aufnahme in die Gemeinde Menschen entscheiden und nicht der Herr. Einheit ist der Gemeinde in Jesus Christus ihrem Herrn geschenkt. Sie kann nicht durch Menschen gemacht oder zerstört werden. Der eine Leib Christi ist unzertrennbar. Sie wird ebenfalls nicht durch Institutionen oder Organisationen geschaffen. Unsere Aufgabe ist es darum, Gemeinschaft mit denen zu suchen, die zu Christus gehören und zu einer sichtbaren Zusammenarbeit zu finden."

5.8 Pfingstbewegung, Pfingstkirchen

Weil die Pfingstbewegung in sich eine vielschichtige Erscheinung ist und weil sie auch in Deutschland in unterschiedlichen Gruppierungen auftritt, soll von dem bisherigen Schema abgewichen werden und hier zunächst die Darstellung unter geschichtlichen und systematischen Aspekten folgen. Danach werden die einzelnen, in Deutschland arbeitenden Pfingstkirchen kurz vorgestellt. Adressen und weitere Informationen folgen am Schluss.

5.8.1 Geschichtliche Hinführung

Am 1. Januar 1901 erfuhr die junge Bibelschülerin Agnes Ozman an der Bethel Bible School in Topeka, Kansas, die Geisttaufe mit Zungenrede. Der Leiter der Bibelschule, Charles Fox Parham (1873–1929), betrachtete aufgrund der Berichte der Apostelgeschichte die Glossolalie („Zungenrede") als Zeichen für den Empfang des Geistes. Sein Interesse an dieser Frage wurde zusätzlich durch Berichte verstärkt, dass es auf den Missionsfeldern zu Erfahrungen der Zungenrede gekommen sei, was er als „Reden in fremder Sprache" (Xenolalie) verstand und daraus den weitreichenden Schluss zog, dass mittels dieser Gabe jeder Christ Missionar werden könne, das „Feld" daher reif zur Ernte sei und Schnitter bereit stehen würden, wenn sie über diese Gabe verfügten. Das würde auch bedeuten, dass die Wiederkunft Christi unmittelbar bevor stehe[302]. Daher war die Erfahrung der Agnes Ozman für ihn

[302] Paul Schmidgall, 90 Jahre deutsche Pfingstbewegung, Erzhausen (Leuchter) 1997, 39 f.

wie eine Erfüllung der Erwartungen. In den folgenden Tagen erlebten er und weitere Schülerinnen und Schüler der Bibelschule die Gabe der Zungenrede, was sie als erstes Zeichen der Geisttaufe interpretierten.

Die Namen „Pfingstbewegung“, „Pfingstkirche(n)“, „pentekostale Kirche(n)“ oder auch „Pentekostalismus“ leiten sich daher von dem in der Apostelgeschichte (2,1 ff.) überlieferten Pfingstwunder ab (Pfingsten = Pentekost). In Erfüllung der Verheißung des Propheten Joel, so heißt es in der Apostelgeschichte, kam der Heilige Geist über die versammelte Jüngergemeinde. Außenstehende gewannen den Eindruck, die Männer und Frauen seien „trunken“, weil sie „in anderen Zungen“ zu reden begannen, wie der Geist es ihnen auszusprechen gab. Das geistliche Klima, in dem die moderne Pfingstbewegung entstand, ist wesentlich durch die Heiligungsbewegung bestimmt (s. o. Exkurs). Wenn man die Heiligungsbewegung als „Spross“ des Methodismus versteht, so wird man auch die Pfingstbewegung als späten Seitentrieb des Methodismus einordnen können. Die Anhänger der pfingstlichen Erweckung interpretierten die Ereignisse als eine erneute Ausgießung des Heiligen Geistes, als ein zweites Pfingsten, als den „Spätregen“, der dem „Frühregen“ der Apostelzeit folgt.

Die Herleitung der Pfingstbewegung aus Methodismus und Heiligungsbewegung wird unterstrichen, wenn man bedenkt, dass der schwarze Prediger William Joseph Seymour (1870–1922) zunächst Mitglied einer schwarzen Methodistengemeinde war, sich dann als Pastor einer Heiligungskirche betätigte, bevor er als zeitweiliger Schüler Parhams diese Bewegung nach Los Angeles brachte. In der Azusa Street begann er 1906 mit Gottesdiensten. Wegen ihres auffälligsten Kennzeichens bürgerte sich die keineswegs wohlwollende Bezeichnung „Zungenbewegung“ ein. In der Azusa Street Mission ereigneten sich turbulente Szenen und als Folge davon heftige Angriffe auf die „Zungenbewegung“ durch die Zeitungen. Es kam zu Massenaufläufen und zu Protesten, nicht zuletzt auch wegen der Hautfarbe des Predigers Seymour. Aber drei Jahre lang wurden täglich mehrere Gottesdienste gefeiert, um des Andrangs der Menschen Herr zu werden. Bemerkenswert ist, dass in dieser Zeit weder Geschlecht noch Hautfarbe bei den Feiernden eine Rolle spielten. Erst als sich die Bewegung verfestigte, gewisse Strukturen annahm und sich weiße Männer an die Spitze setzten, kam es zu den üblichen Diskriminierungen. Enttäuscht stellte Seymour gegen Ende seines Lebens fest, dass nicht die Zungenrede, sondern die Überwindung der Rassenschranken das wahre Zeichen der Geisttaufe sei.

Sechs Jahre vor dem Auftreten Seymours waren armenische Flüchtlinge nach Los Angeles gekommen. Aufgrund einer bereits 1855 ergangenen Prophetie, wonach in Kürze die Armenier von den Türken in einem Krieg niedergemacht werden würden, waren sie in die USA ausgewichen. Bereits in ihrer Heimat waren sie Presbyterianer gewesen, und unter ihnen hatte es eine Bewegung mit Zungenrede gegeben, der auch die Familie Shakarian anhing. Es ist erstaunlich, dass in einer noch jungen, in rasanter Entwicklung befindlichen Stadt wie Los Angeles zwei Bewegungen aufeinander treffen, die unter gänzlich verschiedenen kulturellen Bedingungen entstanden waren: die ekstatisch-prophetische Frömmigkeit der Armenier und die Heiligungsfrömmigkeit afro-amerikanischen Zuschnitts. Das Zusammenfließen dieser beiden Ströme erschüttert nicht die These, dass die Pfingstbewegung aus der Heiligungsbewegung herzuleiten sei. Denn diese Tradition ist zweifellos vorherrschend und blieb dominant. Die Armenier sahen in den Vorgängen der Azusa Street Parallelen, behielten aber für gewisse Zeit ihr Eigengepräge. Der Vorgang zeigt aber schon früh die Anpassungsfähigkeit pfingstlicher Frömmigkeit an unterschiedliche kulturelle Kontexte. Bemerkenswert ist, dass der Gründer der Organisation „*Full Gospel Businessmen's Fellowship* = Geschäftsleute des vollen Evangeliums", die Mitte der 50er Jahre des 20. Jahrhunderts durch Demos Shakarian entstand, aus dieser armenischen Einwandererfamilie hervorging.

5.8.1.1 Die Anfänge in Deutschland: Der Mülheimer Verband

Die Ereignisse in Los Angeles hatten mittelbare Auswirkungen auf Deutschland. Der britisch-norwegische Methodistenpastor Thomas B. Barratt (1862–1940), der auch eine Musikausbildung bei Edward Grieg erhalten hatte, hielt sich als Leiter der Stadtmission von Christiania (= Oslo) 1906 zu einer Kollektenreise in den USA auf. In New York hörte er von dem Geschehen an der Westküste und las die von Seymours *Pacific*

Apostolic Faith Movement herausgegebene Zeitschrift „*The Apostolic Faith*". Nach anhaltendem Gebet empfing er im Spätherbst die Geisttaufe mit Zungenrede und kehrte Ende des gleichen Jahres nach Hause zurück. Auch in Oslo kam es, ähnlich wie in Los Angeles und wenig später auch in Deutschland, zu Tumulten, als Barratt in Gottesdiensten die Geisttaufe mit Zungenrede verkündete und praktizierte. Die sensationsbegierige Presse schrieb darüber, so dass sich die Nachricht schnell verbreitete. Barratt selbst reiste in verschiedene europäische Länder und verfasste viel pfingstliches Kleinschrifttum. 1916 gründete er die Philadelphiagemeinde in Oslo, nachdem er nicht mehr der Methodistenkirche angehörte.

In Deutschland war in Kreisen der Gemeinschaftsbewegung innerhalb der evangelischen Landeskirchen durch die Keswick-Konferenzen und vor allem durch die erwecklichen Ereignisse, die ab 1903/04 in Wales für Schlagzeilen sorgten, die Erwartung geradezu glühend, dass eine Erweckung über das Land gehen werde. Vorbereitet war diese Erwartung in vielfacher Hinsicht, nicht zuletzt auch im Sinne der Heiligungsbewegung seit Keswick, die in Deutschland ihre entscheidenden Nachwirkungen zeigte. So etwa schrieb Pastor Jonathan Paul (1853–1931) im Jahre 1896, dass es der Normalzustand eines Gotteskindes sei, der Sünde abgestorben zu sein, um ein geheiligtes Leben zu führen. Die Bibel vertrete nicht eine „Unvollkommenheitslehre", sondern „eine herrliche Vollkommenheitslehre". Der vollkommene Christ folge Jesus nach und bleibe in ihm. Ziel des Christenlebens sei das „ununterbrochene Bleiben in Jesus", um von aller Sünde erlöst werden zu können. Nach Meinung der Anhänger der Heiligungsbewegung gibt es daher jenen „Fortschritt" in der Heiligung, von dem schon Wesley geschrieben hatte.

Als dann in Mülheim (Ruhr) und Umgebung 1905 eine Erweckung ausbrach, sah man darin nicht nur eine Parallele zu den Ereignissen in Wales, sondern auch ein neues Pfingsten heraufziehen. Pfarrer Ernst Modersohn (1870–1948) hatte im Frühjahr 1905 in einem Aufruf an die Christen in Mülheim in Anlehnung an die Apostelgeschichte geschrieben: „Unsere Herzen sehnen (*sic*) eine neue Ausgießung des Heiligen Geistes auf das Volk Gottes der ganzen Welt, namentlich auch unseres Landes, damit der Herr uns gebrauchen könne zur Erweckung unserer Umgebung." Er schlug vor, zwischen Himmelfahrt und Pfingsten täglich zum Gebet um ein wahres Pfingsten zusammenzukommen. Diese Gebetsversammlungen, an denen die Heilsarmee, Baptisten, Evangelische Gemeinschaft und die Landeskirche durch die Pfarrer Modersohn und Martin Girkon (1860–1907) beteiligt waren und an vier Tagen auch Jonathan Paul, sowie die anschließende Zeltevangelisation an zentraler Stelle in der Stadt mit dem Begründer der Deutschen Zeltmission, Jakob Vetter (1872–1918), legten den Grundstein für eine Erweckung und die Gründung der „Gemeinschaft Mülheim an der Ruhr".[303] Bemerkenswert ist, dass die Erwartung eines neuen Pfingsten die führenden Männer der deutschen Gemeinschaftsbewegung prägte.

Nachdem Nachrichten von den Versammlungen Barratts bekannt wurden, reiste Jonathan Paul Anfang 1907 in das norwegische Frederikstadt, um sich einen Eindruck zu verschaffen. Bezeichnend ist, dass er auf der sog. „Brieger Woche" vor den führenden Männern der Gemeinschaftsbewegung positiv berichtete, die dann ihre Hoffnung zum Ausdruck brachten, dass jetzt „der langersehnte und bisher immer wieder aufgehaltene ‚Durchbruch' der Gemeinde [...] endlich eintrete und so die Gemeinde bzw. eine Auswahl derselben zubereitet werde auf ihre Entrückung dem Herrn entgegen."[304] Dieses Dokument verdeutlicht, dass man in der Gemeinschaftsbewegung schon lange in einer geistlichen Spannung gelebt hatte und auf einen „Durchbruch" von oben hoffte. Wenn es auch abwartend-kritische Stimmen gab, so sahen doch viele führende Gemeinschaftsvertreter jetzt in der „Zungenbewegung" die von Gottes Geist geschenkte Möglichkeit, den „fleischlich-sündigen" Engpass zu durchschreiten, um ganz dem Geist Raum zu geben. Zugleich wird diese neue Situation endzeitlich gedeutet: Der Geist will der Auswahlgemeinde die letzte Zurüstung schenken, bevor die sog. Entrückung eintritt.

---

[303] Einzelheiten bei Adelheid Junghardt / Ekkehart Vetter, Ruhrfeuer. Erweckung in Mülheim an der Ruhr 1905. 1905-2005: Christus-Gemeinde Mülheim. Eine Chronik über die 100-jährige Geschichte der ersten Gemeinde des Mülheimer Verbandes, Mülheim 2004, 49-82.

[304] Zitiert bei Ernst Giese, Und flicken die Netze. Dokumente zur Erweckungsgeschichte des 20. Jahrhunderts, Metzingen (Ernst Franz Vlg.) 1987 (2. Aufl.), Dokument 1, 200.

Doch es kam anders. Der auf dem Johanneum ausgebildete Evangelist Heinrich Dallmeyer (1870–1925) erlebte in Hamburg die beiden von Barratt erweckten Norwegerinnen Dagmar Engström und Agnes Telle-Beckdahl, die mit der Gabe der Zungenrede und der Auslegung betraut waren. Er lud sie zu einer Konferenz für Juli 1907 in das Kasseler Blaukreuzheim ein. Dort kam es zu charismatischen Gottesdiensten, an denen sich auch die Norwegerinnen mit Zungenrede und Auslegung beteiligten. Sie verließen allerdings am 25. Juli 1907 den Saal, nachdem sie einem Zungenredner vorgehalten hatten, seine Rede sei nicht vom Heiligen Geist gewesen, und reisten in die Schweiz.[305] Erst nach ihrer Abreise kam es, offenbar aufgrund der geistlichen Unsicherheit Dallmeyers und seiner Unfähigkeit, die Versammlungen zu leiten, und aufgrund von Presseberichten zu tumultartigen Szenen. Je „bewegter" es in den Versammlungen zuging, umso lauter grölten auf der Straße die aus Neugier zusammengelaufenen Menschen. Wegen der Ruhestörung musste die Polizei eingreifen, so dass die Versammlungen am 1. August beendet wurden.

Festzuhalten bleibt aber, dass führende Vertreter der Gemeinschaftsbewegung wie Otto Kaiser, Elias Schrenk, Ernst Modersohn, Theodor Haarbeck und Pfarrer Sartorius aus dem hessischen Sterbfritz an unterschiedlichen Tagen die Ereignisse in Kassel verfolgt hatten und mehr oder weniger betont vom Segen sprachen, der spürbar geworden sei. Doch nach den Kasseler Ausschreitungen entbrannte eine Diskussion, die schließlich mit der „Berliner Erklärung" vom 15. September 1909 zu einer summarischen Verurteilung[306] der „sogenannten Pfingstbewegung" durch führende Männer des Gnadauer Verbandes und der Evangelischen Allianz führte.

In dieser Erklärung heißt es, dass die Pfingstbewegung „nicht von oben, sondern von unten" sei; in ihr seien vom Satan geleitete Dämonen am Werk, die „Lüge und Wahrheit vermengen, um die Kinder Gottes zu verführen". Der „falsche Geist" bringe „hässliche Erscheinungen, wie Hinstürzen, Ge-

---

[305] Beide gingen nach Indien in den Missionsdienst.

[306] So m. R. Walter Hollenweger, Enthusiastisches Christentum, wie Anm. 129, 210.

sichtszuckungen, Zittern, Schreien, widerliches, lautes Lachen usw." hervor: „gottgewirkt sind solche Erscheinungen nicht". Es würden, wie bei spiritistischen Medien, „Botschaften" überbracht, und das zumeist von Frauen, so dass „gegen die klaren Weisungen der Schrift Frauen, ja sogar junge Mädchen, leitend im Mittelpunkt der Arbeit stehen." Die Lehre vom „reinen Herzen" wird als unbiblisch zurückgewiesen und zugleich Jonathan Paul die Anerkennung als „Lehrer der Gemeinde Jesu" entzogen. Im Gegensatz zu früheren Erwartungen heißt es jetzt: „Wir erwarten nicht ein neues Pfingsten; wir warten auf den wiederkommenden Herrn", und „allen Geschwistern" wird zugerufen: „Haltet Euch von dieser Bewegung fern!"[307]

Mit der „Berliner Erklärung" wird nicht nur eine historische Herleitung der deutschen Bewegung von der „Zungenbewegung" in Los Angeles über Norwegen konstatiert, sondern es wird zugleich damit die gesamte Pfingstbewegung auf satanischen Ursprung zurückgeführt. Was sich in Deutschland als „von unten" erweist, kann in Los Angeles nicht „von oben" sein. Gerade die frommen Gemeinschaftskreise, in denen die Phänomene auftraten und die allein die Verantwortung dafür trugen[308], distanzierten sich am entschiedensten von dem angeblichen „Schwindel- und Lügengeist".

Dieses Verdikt schwebt seit 1909 wie ein geistlicher Makel über allen Aufbrüchen des Geistes in Deutschland und hat den Aktivitäten aller späteren Pfingst- und charismatischen Bewegungen enge Entfaltungsgrenzen gezogen. Jonathan Paul sprach davon, man habe das Kind mit dem Bade ausgeschüttet und alles zu dämonisieren versucht.[309] Mit der „Berliner Erklärung" wurden zugleich diejenigen, die an der Pfingst-

---

[307] Die Berliner Erklärung ist abgedruckt bei Ernst Giese, a..a.O., 98-102.

[308] Helmut Rottmann, Prüfet alles und das Gute behaltet. Die Kasseler Vorgänge unter die Lupe genommen, Niedenstein (Missionsverlag) 1988 betont mit Recht, dass keiner der späteren Leiter der Pfingstgemeinden Mülheimer Richtung in Kassel dabei war. Es waren allein die Gemeinschaftskreise, die anfänglich zustimmten, dann aber, einschließlich des Verantwortlichen Heinrich Dallmeyer, eine radikale Abkehr vollzogen. Das betont auch Giese.

[309] Zitiert bei Giese, a. a. O., 126.

erweckung festhielten, aus der Gemeinschaftsbewegung und der Evangelischen Allianz herausgedrängt. Diese Ausgrenzung führte dazu, dass sich die Betroffenen unter Leitung von Jonathan Paul zur „Christlichen Kolportage-Gesellschaft mbH" zusammenschlossen. Man nannte sich wenig später „Christlicher Gemeinschaftsverband Mülheim (Ruhr) GmbH". Der Name deutet noch an, dass man aus der Gemeinschaftsbewegung kam und eigentlich keine Kirchengründung beabsichtigte. Erst allmählich entwickelte sich ein eigenes Kirchenbewusstsein, was eigentlich erst nach dem Zweiten Weltkrieg konkrete Gestalt annahm.[310]

5.8.1.2 Andere Pfingstgemeinden im Überblick

Außer diesem Gemeinschaftsverband, der 1998 den Namen „Mülheimer Verband Freikirchlich-Evangelischer Gemeinden" angenommen hat, entwickelten sich nach dem Ersten Weltkrieg – abgesehen von einigen freien Pfingstgemeinden schon zuvor – weitere Pfingstkreise. Seit 1922 wirkte der Evangelist und Schwiegersohn Jonathan Pauls, Heinrich Vietheer (1883–1968), mit der „Zeltmission Berlin-Lichterfelde". Aufgrund seiner evangelistischen Tätigkeiten entstand seit 1926 die sich rasch ausbreitende „Elim"-Bewegung. In zehn Jahren wurden ca. 5.000 Menschen gewonnen, die sich in z. T. großen Ortsgemeinden organisierten, die Vietheer zu einem Verband formte. Seine Zeitschrift „Der Glaubensweg" erreichte eine Auflage von 37.000 Exemplaren. 1938 entging dieser Verband dem drohenden Verbot durch die Nationalsozialisten, als der Bund deutscher Baptistengemeinden ihm Unterschlupf gewährte. In Westdeutschland verließen nach dem Krieg die Elim-Gemeinden diesen Bund, während sie in der früheren DDR bis zur Wende im Bund bleiben mussten, um dann größtenteils in den BFP (s. u.) zu wechseln.

Mit Unterstützung der amerikanischen *Assemblies of God* kam es ab Anfang der zwanziger Jahre zu größeren missionari-

[310] Vgl. die Wiedervereinigungsbestrebungen mit dem Gnadauer Verband in den dreißiger Jahren, dokumentiert bei Christian Hugo Krust, 50 Jahre Deutsche Pfingstbewegung Mülheimer Richtung, Altdorf Missionsbuchhandlung o. J. (1958), 161 ff.

schen Aktivitäten. Es entstanden „Freie Christengemeinden" (G. Kindermann, Arthur Bergholz). Bergholz war Gemeindeleiter in Lodz und als „Volksdeutscher" Vorsteher der polnischen freien Pfingstbewegung. Kindermann wirkte mit der „Osteuropäischen Mission" von Danzig aus auch in Deutschland, wo es zu eigenständigen Gemeindegründungen kam, die den Namen „Freie Christengemeinde" annahmen und deren Verband die Bezeichnung „Erweckungsmission Deutschlands" trug. Seit 1934 organisierte sich die „Volksmission entschiedener Christen" mit Karl Fix (1897–1969); zu ihr stießen später Karl Keck und Paula Gassner. Durch den aus den USA zurückgewanderten Herman Lauster (1901–1964) wurde seit 1937 die „Gemeinde Gottes" gegründet. Diese Gemeinschaften waren durch die Wirren der Kriegs- und Nachkriegszeit stark in Mitleidenschaft gezogen. In einigen der ehemaligen Ostgebiete Deutschlands hatte es blühende Gemeinden gegeben. So etwa war die auf Initiative von Louis Graf gebildete Gemeinde in Königsberg, die ab 1931 der Elim-Bewegung zugehörig war, mit ca. 3000 Mitgliedern mit Abstand die größte „freie Pfingstgemeinde" im Reich. Deren Mitglieder spielten bei zahlreichen Gemeindeneugründungen in den Westzonen eine ausschlaggebende Rolle.

Bei der Neuorganisierung und der Integration der Flüchtlinge erwies sich der ehemalige Prediger einer freien Pfingstgemeinde in Berlin, Erwin Lorenz, als guter Organisator. Lorenz war nach dem Krieg in einer ähnlichen Gemeinde in Frankfurt/M. tätig und bemühte sich, die zerstreuten Pfingstgemeinden zu sammeln. Im Mai 1947 kam es zu einer „Brüderkonferenz" mit dem Ziel einer engeren Zusammenarbeit der Pfingstgruppen. Amerikanische Beobachter waren zugegen. Auf der sog. Einheitskonferenz im September 1948 gründete man die „Arbeitsgemeinschaft der Freien Pfingstgemeinden in Deutschland". 1954 wurde dann die „Arbeitsgemeinschaft der Christengemeinden in Deutschland e.V." (ACD) unter dem Vorsitz von Lorenz ins Leben gerufen.[311] Wegen eines von

[311] Nähere Einzelheiten bei Ludwig D. Eisenlöffel, Freikirchliche Pfingstbewegung in Deutschland. Innenansichten 1945-1985, erscheint in der Reihe KKR 2005 Göttingen (V & R). Für die Entwicklung bis 1947 vgl. Reimer Dietze, Der BFP und seine Vorläufer (vergr.).

Amerikanern eingefädelten Kaufs eines Grundstücks in Erzhausen bedurfte es einer Rechtsform. Im März 1974 erhielt diese ACD im Land Hessen die Körperschaftsrechte und nannte sich 1982 in „Bund Freikirchlicher Pfingstgemeinden" (BFP) um. 1988 traten die „Volksmission entschiedener Christen" mit ca. 4.000 Mitgliedern in 60 Gemeinden und 1991 mehrheitlich die Elim-Gemeinden der neuen Bundesländer dem BFP bei. Diesen Schritt vollzogen auch Teile der Ecclesia-Gemeinden und etliche Einzelgemeinden. Weil die „Gemeinde Gottes" mit etwa 3.500 Mitgliedern in 65 Gemeinden integraler Bestandteil der amerikanischen *„Church of God"* (Cleveland) ist, hat sie keinen Anteil an diesen Einigungsbemühungen.

1931 bildeten sich auf pfingstlicher Grundlage in Velbert die „Vereinigten Missionsfreunde" (VMF), deren Leiter Otto Karrenberg durch seinen Vetter, den seit 1907 in China tätigen „Freimissionar" Ernst Kuhlmann, angeregt worden war. Diese „Glaubensmission auf dem Boden des vollen Evangeliums" wird heute von ca. 10 Gemeinden und Einzelpersonen getragen und arbeitet in verschiedenen Ländern mit Schwerpunkt Kamerun. Die VMF unterhalten enge Kontakte zu der „Gemeinde der Christen ‚Ecclesia'". Diese entstand durch das Wirken des aus Schwaben stammenden, in Solingen ansässigen Rasierklingenfabrikanten Hermann Zaiss (1889–1958). Aus einem Hausbibelkreis entwickelte sich seit 1944 eine Bewegung, die schnell auf 120 Gemeinden anstieg. Zaiss war ein volkstümlicher, zupackender Redner, der das „ganze, totale Evangelium" mit besonderer Betonung der Glaubensheilung ausbreiten wollte. Nach seinem tödlichen Verkehrsunfall verlangsamte sich das Wachstum. Ein Brüderrat übernahm die Leitung des jetzt als e.V. existierenden Werkes. Mit den VMF besteht seit 1974 eine enge Zusammenarbeit. Teilweise gehören Ecclesia-Gemeinden dem BFP an.

Zu den kleineren pfingstlichen Gruppierungen gehören das Freikirchlich Evangelische Gemeindewerk, das 1985 begonnen wurde und mit der *International Church of the Foursquare Gospel* in Beziehung steht. Das Werk hat etwa 1.000 Mitglieder in 13 Gemeinden. Die „Apostolische Kirche – Urchristliche Mission", die auf die Erweckung in Wales zurückgeht, begann nach dem Zweiten Weltkrieg durch englische und dänische Missionare eine Arbeit in Deutschland, die aber nur bescheidene Mitgliederzahlen in vier Gemeinden aufweist. Eine Besonderheit bildet das „Jugend-, Missions- und Sozialwerk e.V.“ in Altensteig, das von Hermann Riefle, einem Prediger einer freien Pfingstgemeinde im Schwarzwald, 1973 gegründet wurde. Es wuchs aus einer Hauskreisarbeit hervor mit einem monatlich in Altensteig durchgeführten Anbetungs- und Segnungsgottesdienst. Die Hauskreise bildeten bald auch eigene Ortgemeinden. 1980 kam es zu einer engen Zusammenarbeit mit „Jugend mit einer Mission“, weil diese Organisation einen Teil ihrer Schulungsarbeit in den Gebäuden des JMS in Altensteig durchführt.

Wegen der großen Vielfalt der Pfingstgemeinden wuchs das Bedürfnis nach engerer Zusammenarbeit, so dass 1979 das „Forum Freikirchlicher Pfingstgemeinden“ (FFP) als gemeinsame Gesprächsplattform geschaffen wurde. Die Ziele des FFP sind Förderung der Einheit unter den Pfingstgläubigen, Planung gemeinsamer Veranstaltungen, Arbeit an theologischen, ethischen, sozialen und anderen Themen, gemeinsames Auftreten gegenüber der Öffentlichkeit und Zusammenarbeit mit dem Pfingst-Europa-Forum und dem Welt-Pfingst-Forum. Der Mülheimer Verband, ursprünglich Gründungsmitglied, ist inzwischen aus dem Forum ausgeschieden. Ausschlaggebend waren vor allem zwei Gründe: 1. Der MV hatte nie die Unterscheidung von Wiedergeburt und Geisttaufe mit nachfolgenden Zeichen vertreten. 2. Man wollte die VEF stärken, in die ja auch der BFP aufgenommen worden war (s. u.), um unnötige Parallelstrukturen zu vermeiden.

Außer der „Gemeinde Gottes“, die zentralistisch verwaltet ist, sind die Pfingstkirchen von der Ortsgemeinde her aufgebaut. Im Mülheimer Verband wirkt noch das Organisationsschema des Gnadauer Verbandes nach, was sich besonders in der höchsten Instanz, dem Hauptbrüdertag, ausdrückt. Mehrere Ortsgemeinden bilden einen Bezirk mit einem Bezirksältesten und mehrere Bezirke einen Bund mit einem Bundesältesten in der Verantwortung.

Das höchste Gremium des Bundes Freikirchlicher Pfingstgemeinden ist die Bundeskonferenz; das Präsidium besteht aus sieben gewählten Vertretern sowie dem Vorsitzenden der „Volksmission entschiedener Christen e.V.“ und den 16 Regionalleitern bzw. Verbandsvorsitzenden. Der Bund gliedert sich in Regionen und Distrikte. Die Ortsgemeinden heißen meistens „Freie Christengemeinde"; viele haben die Rechtsform eines e.V., andere haben Anteil an den Körperschaftsrechten des Bundes.

5.8.2 Die Charismatische Bewegung

Seit den 70er Jahren kam es in liturgisch-ausgerichteten Kirchen, wie der römisch-katholischen Kirche, der anglikanischen Kirche und zum Teil auch im Luthertum, sowie in vielen Freikirchen zur so genannten charismatischen Bewegung, in der viele Einsichten und Ausdrucksformen der Pfingstbewegung wiederkehrten.[312] Diese Aufbrüche führten auf beiden Seiten zu Spannungen: Die Charismatiker mussten sich in ihren Kirchen behaupten und den Vorwurf abweisen, sie seien sektiererisch; die Pfingstgemeinden waren oft überrascht, dass das geistliche Leben in charismatischen Kreisen lebendiger war als bei ihnen. Es kam daher auch zu Spaltungen innerhalb von Pfingstgemeinden.

Aufsehen erregte der Austritt von Pastor Wolfram Kopfermann (St. Petri in Hamburg), dem Leiter der charismatischen Erneuerungsbewegung innerhalb der EKD, aus der Landeskirche und die von ihm betriebene Gründung der evangelikal-charismatischen Anskarkirche 1988. Seine Begründung lautete, dass es angesichts des kirchlichen Pluralismus zu keiner durchgreifenden Erneuerung der Landeskirchen kommen könne. Dieser Vorwurf, wie berechtigt oder nicht sei dahingestellt, zeigt jedenfalls etwas vom dem Selbstbewusstsein der Bewegung. Man will die Kirche, in der man lebt, im Sinne der Entdeckung der Charismata bzw. deren „Wieder"entdeckung von Grund auf reformieren. Das kann in kongregationalistischen Gemeindebünden naturgemäß einfach vonstatten gehen, weil sich jede einzelne Gemeinde den charismatischen Elementen entweder öffnen oder verschließen oder aber eine wie auch immer geartete Adaptation vornehmen kann. So ist

---

[312] Dirk Spornhauer, Die Charismatische Bewegung in der Bundesrepublik Deutschland. Ihre Geschichte und Theologie, Münster (LIT) 2001. Dazu auch die bebilderte Darstellung Gerhard Bially, Carola Kieker, Klaus-Dieter Passon (Hg.), Ich will dich segnen. Einblicke in den charismatischen Aufbruch der letzten Jahrzehnte, Düsseldorf (Charisma Verlag) 1999.

es nicht verwunderlich, dass im BEFG die charismatische Bewegung großen Einfluss gewinnen konnte, in der EmK wesentlich weniger.

Anders sieht es in hierarchisch verfassten Kirchen oder in solchen Kirchen aus, die synodal verfasst sind und eine bürokratisch hochentwickelte Kirchenleitung haben, wie etwa die Landeskirchen der EKD. Man muss den Optimismus der Charismatiker um Kopfermann geradezu bewundern, oder ihn auch als unrealistisch einstufen, dass sie der Meinung waren, Synoden, Kirchenleitungen und Kirchenbürokratie gewissermaßen charismatisch „aufrollen“ zu können. Daher musste das Experiment misslingen. Der alte Gegensatz von „Charisma“ und „Amt“, der die Kirche seit ihren Anfängen begleitet hat, bleibt auch dann bestehen, wenn sich etwa ein evangelischer Kirchenleiter – Bischof, Präses oder Kirchenpräsident – zur charismatischen Bewegung bekennt. Es kann immer nur in Einzelgemeinden oder in Personalgemeinden zur Integration charismatischer Elemente oder zu ihrer Dominanz kommen. Im römisch-katholischen Raum hat man es leichter, weil man diese Erneuerungsbewegungen kirchlich dadurch „binden“ kann, dass sie besondere „Bewegungen“ oder gar „Orden“ bilden.

Pfingstler und Charismatiker verbindet der Glaube an die besonderen Wirkungen des Geistes, wie sie im Neuen Testament (bes. 1. Kor. 12) berichtet werden; hervorzuheben sind die Gaben der Sprachenrede (Glossolalie) und der Heilungen, aber auch Weissagungen, Unterscheidung der Geister, Auslegung der Zungenrede. Sowohl Pfingstler als auch Charismatiker sprechen von einer „Taufe im Heiligen Geist“. Bei dieser Geisttaufe erfüllt der Geist die Gläubigen und befähigt sie, ihre Gaben umzusetzen. Die Geisttaufe ist zumeist ein von der Wiedergeburt unterschiedenes Ereignis, doch lehrt der Mülheimer Verband, dass jedem Christen die Geisttaufe bei der Wiedergeburt zuteil wird. In vielen Pfingst- und charismatischen Gemeinden geht man davon aus, dass die Zungenrede ein „nachfolgendes Zeichen“ bei der Geisttaufe ist, so dass die Zungenrede den Erweis für die erfolgte Geisttaufe erbringt. Von diesem einmaligen Ereignis wird häufig die Gabe der Zungenrede als einer ständigen Befähigung unterschieden, in anderen Sprachen zu beten oder zu weissagen. Die Weissagungen müssen dann von einem Geistbegabten übersetzt werden.

5.8.3 Verbreitung

Die Zahl der Pfingstler weltweit wird auf über 450 Mio. geschätzt. Manche Schätzungen gehen noch darüber hinaus. Damit ist die Weltpfingstbewegung nach der römisch-katholischen Kirche die größte christliche Gemeinschaft. Bedenkt man, dass sie diese Zahlen ziemlich unorganisiert in nur einem Jahrhundert erreicht hat und dass sie in dieser kurzen Zeit alle anderen aus der Reformation und Nachreformation hervorgegangenen Kirchen weit hinter sich gelassen hat, dann kann man ermessen, dass die Pfingstbewegung das Erscheinungsbild des Christentums in der Welt radikal verändert hat und inzwischen nachhaltig prägt. Ihr Wachstum ist vor allem in Lateinamerika erstaunlich, wo jährlich ca. 4,5 Millionen neue Mitglieder gewonnen werden. Das bedeutet, dass ganze Länder schon nicht mehr mehrheitlich römisch-katholisch und dass inzwischen Pfingstler auch in politische Ämter aufgestiegen sind. Dieser Prozess wird sich weiter fortsetzen. Auch in Asien wächst die Bewegung, vor allem in Südkorea, wo die größte Kirche der Welt, die *Yoido Full Gospel Church* des Pastors Paul Yonggi Cho, beheimatet ist. Aber auch in Indonesien, Singapur und auf den Philippinen verzeichnen die Pfingstler Zuwächse. In Afrika wachsen besonders die so genannten einheimischen (indigenen) Pfingstgemeinden. Die viertgrößte Kirche der Welt ist die *Deeper Life Bible Church* des Pastors William Kumuyi und befindet sich in Lagos, der Hauptstadt Nigerias. Die lutherische Mekane Jesu Kirche in Äthiopien ist von einer pfingstlichen Erweckung ergriffen und ist die schnellst wachsende lutherische Kirche der Welt.[313] In Europa ist im Westen das geringste Wachstum (Ausnahme: Italien), so dass man hier meint, sich der Auseinandersetzung mit den Gedanken der Pfingstgemeinden entziehen zu können. Das trifft besonders auch in Deutschland zu. Dagegen sind die Pfingstgemeinden in Russland und Rumänien stark vertreten.

---

313 Zahlenangaben nach Paul Schmidgall, Von Oslo nach Berlin. Die Pfingstbewegung in Europa, Erhausen (Leuchter) 2003, 11 f.

5.8.4 Lehre

Mit der Heiligungsbewegung teilt die Pfingstbewegung das Pochen auf Erweckung, Bekehrung und Wiedergeburt, sowie das Verlangen nach einem „höheren christlichen Leben" (*higher Christian life*). Pfingstler sprechen gern davon, dass sie das „ganze" oder „volle" Evangelium vertreten, wie es in dem Namen der Organisation „Geschäftsleute des vollen Evangeliums" (*Full Gospel Businessmen's Fellowship*) zum Ausdruck kommt. Was verstehen die Pfingstler unter dem „vollen" Evangelium?

Donald W. Dayton hat den Nachweis zu führen versucht, dass es bei dem „vollen" Evangelium um vier Fundamentalartikel geht, die man besonders eindrucksvoll gebündelt bei Aimee Semple McPherson, der Begründerin der *International Church of the Foursquare Gospel* finden kann. „Jesus rettet uns gemäß Joh. 3,16. Er tauft uns mit dem Heiligen Geist gemäß Apg. 2,4. Er heilt unsere Körper gemäß Jak. 5,14 f. Und Jesus kommt wieder, um uns zu sich zu nehmen gemäß 1. Thess. 4,16 f."[314] Diese vier Artikel bilden zusammen das Viereck (*Foursquare*).

Es geht also um die Erlösung, die Taufe mit dem Heiligen Geist, physische – auch psychische – Heilungen und die Naherwartung. Jeder Artikel für sich genommen kann auch in anderen christlichen Gemeinschaften auftreten, aber erst das Zusammentreffen führt in das Herz pfingstlicher Theologie.

Allerdings gibt es innerhalb der Bewegung deutliche Unterschiede. Aus der wesleyanischen Heiligungstradition ließ sich ein Zwei-Stufen-Modell herleiten. Auf die Bekehrung folgt als zweiter, deutlich davon unterschiedener Schritt das Erlebnis der Heiligung als „zweite Segnung". Sie wurde schon vor Entstehung der Pfingstbewegung als „Geisttaufe" bezeichnet und konnte zwei unterschiedlichen Zielen dienen: Entweder verstand man dieses Erlebnis so, dass dadurch die Sünde aus dem Herzen der Gläubigen vertrieben wird oder dass die Gläubigen

[314] Donald W Dayton, Theological Roots of Pentecostalism, Metuchen, NJ 1987, 21. Neuere Interpretationen sind noch differenzierter. Vgl. Douglas Jacobsen, Thinking in the Spirit: Theologies of the Early Pentecostal Movement, Bloomington (Indiana Univ Press) 2003.

mit Vollmacht ausgestattet werden, ein geheiligtes Leben zu führen. Die Fortentwicklung zu einer pfingstlichen Anschauung besteht dann darin, dass diesem Modell noch eine dritte Stufe hinzugefügt wird. Nach Bekehrung und Heiligung folgt die Taufe mit dem Heiligen Geist bzw. die Taufe „in Heiligem Geist". Die Geisttaufe geht mit „anfänglichen Zeichen" einher, wie die Glossolalie gesehen wird. Als „Zeichen" ist sie der sofortige Erweis der Geisttaufe, während die „Gabe" der Zungenrede später immer wieder auftreten kann. Weil der Geist nur in ein zuvor reines, geheiligtes Herz einziehen kann, sind die Stufen Bekehrung und Heiligung unabdingbare Voraussetzungen für die Geist- oder Feuertaufe als dritten Gnadenakt. Die Lehre vertreten einmal die vorwiegend „weiße" Kirche *Church of God* (*Tennessee*) und die größte „schwarze" Pfingstkirche der USA, *Church of God in Christ*.

Davon zu unterscheiden ist ein zweistufiges Schema, das sich in den *Assemblies of God* durchgesetzt hat und das auf den Evangelisten William H. Durham aus Chicago zurückgeht. Er widersetzte sich der Zwei-Stufen Theorie der Heiligungsbewegung, weil für ihn Bekehrung und Heiligung zusammenfielen. Jesus hatte alles für den Gläubigen vollendet. Aber in dem Gläubigen musste jetzt ein Prozess einsetzen, der nicht das Erlösungswerk Christi betraf, sondern die Ausstattung des Bekehrten mit der Macht des Geistes (*power of the spirit*). Weil Aimee McPherson sich bei Durham bekehrt hatte, wurde das zweistufige Schema auch in ihrer *Church of the Foursquare Gospel* anerkannt. Auch hier galt die Zungenrede als das anfängliche Zeichen.

In der Lehre von der Geisttaufe mit den „anfänglichen Zeichen" sind sich beide Richtungen einig. Sie unterscheiden sich in der Verarbeitung der Tradition der Heiligungsbewegung. Die erste Gruppe nennt man deshalb die Pfingstler des wesleyanischen Heiligungstyps, während Durham und seine Anhänger dem sog. „reformierten" oder auch „baptistischen" Heiligungsverständnis zuzurechnen sind.[315]

Das dritte Kennzeichen der Pfingstlehre – die Glaubensheilung – kann als eine Form der Heiligung betrachtet werden; ein „dem Herrn geheiligtes Leben" lässt schon in diesem Leben die Folgen der Sünde, als die Krankheiten oft interpretiert werden, verschwinden. Schließlich lässt sich das vierte Kennzeichen leicht erklären. Ist erst einmal die „Taufe in Heiligem Geist“ in Verbindung gebracht mit dem Pfingstgeschehen nach Apg. 2, dann liegt es nahe, den in der Frühzeit des Christentums geschehenen „Frühregen“ mit dem jetzt einsetzenden „Spätregen“ zu verknüpfen, d. h. die Jetztzeit als Zeit der Reife kurz vor der Ernte zu interpretieren. In der Pfingstbewegung wurde diese Naherwartung zusätzlich durch die pessimistisch-düstere Apokalyptik darbystischer Herkunft verstärkt. Allerdings kann man auch optimistische Töne vernehmen; denn der gewaltige Zahlenanstieg kann die Idee der „Spätregen“-Zeit untermauern.

Die besondere Situation der Pfingstgemeinden in Deutschland hat es mit sich gebracht, dass sie sich in Bezug auf die Geisttaufe deutlich von großen Teilen der Weltpfingstbewegung unterscheiden. Im Mülheimer Verband gilt die Zungenrede weder als Erweis der Geisttaufe noch als Beweis eines besonderen Standes der Heiligkeit. Zungenrede ist eine unter den möglichen Gaben des Geistes. Eine Stufentheorie wird weitgehend abgelehnt. Betont wird die Einmaligkeit der vom Geist bewirkten Wiedergeburt, danach wird der Gläubige weitere geistliche Erfahrungen machen. Die Geisttaufe ist nicht mehr primär Mittel oder Ziel der persönlichen Heiligung, sondern Kraftausrüstung zum vollmächtigen Zeugendienst.[316] Die Pfingstgemeinde setzt sich also aus Christen zusammen, die im Glauben wachsen und nach der Heiligung streben wollen. Das Gemeindeleben wird deshalb stark von dem Gedanken bestimmt, die Jerusalemer Gemeinde als Vorbild der „biblischen“ Gemeinde zu nehmen und daraus die Aufgabe abzuleiten, heute die Gemeinde Jesu Christi als „reine Braut“ zu verwirklichen.

---

[315] Vgl. Henry I. Lederle, Treasures Old and New, Peabody, MA 15-19 Er führt dann noch die „Oneness Pentecostals“ an, die Jesus als die einzige Person der Gottheit betrachten und die in trinitarischen Formeln nur Titel des einen Gottes sehen, dessen Name Jesus ist. Nach Lederle machen sie immerhin 20% der amerikanischen Pfingstler aus, haben aber, soweit ich sehe, in Deutschland außer in einigen US-amerikanischen Militärgemeinden und einigen anderen ethnischen Gemeinden keine Rolle gespielt. Walter Hollenweger, wie Anm. 129, 26 bietet eine schematische Übersicht der Stufentheorien. Die in Pfingstkirchen gelehrten Stufentheorien weisen eine größere formale und inhaltliche Bandbreite auf, als sich schematisch darstellen lässt und oben skizziert wurde.

[316] So auch Dirk Spornhauer, wie Anm. 312, 79 f.

Alle Pfingstkirchen praktizieren die Glaubenstaufe durch Untertauchen des Täuflings. Durch diesen Schritt wird der Täufling in den Tod Jesu getauft, durch den er im Glauben Vergebung erhielt. Daher ist eine Säuglings- oder Kindertaufe ausgeschlossen. Das Abendmahl wird zur Vergegenwärtigung des Heilsgeschehens mit Brot und Wein (oft auch Traubensaft, um Alkoholikern keinen Anstoß zu geben) gefeiert. Eine Fülle von Konferenzen, Seminaren und Schulungskursen (z.B. über „Gaben des Heiligen Geistes", „erfüllte Partnerschaft", „Manager Gottes", „Mitarbeiter-Schulungen"), Evangelisation und Konzertveranstaltungen prägen das Leben der Pfingstgemeinden. Durch neues Liedgut (Lobpreis- und Anbetungslieder) haben sie großen Einfluss auf die Gottesdienstgestaltung anderer Kirchen und in der Jugendszene ausgeübt.

5.8.5 Die VEF und die Pfingstbewegung

Der Mülheimer Gemeinschaftsverband, der bereits 1970 die Gastmitgliedschaft in der ACK erworben hatte, trat 1981 der VEF als Gast bei. Die VEF ihrerseits erklärte im Januar 1989 auf ihrer Sitzung in Berlin, dass aufgrund der feststellbaren theologischen, historischen und institutionellen Weiterentwicklungen die in der „Berliner Erklärung" von 1909 (s. o.) ausgesprochenen Verurteilungen aufgehoben werden sollten. Der Mülheimer Verband wurde daraufhin Vollmitglied. Ab 1974 unterhielt die ACD eine Gastmitgliedschaft in der VEF, die ab 1994 in eine Vollmitgliedschaft des BFP umgewandelt wurde. Möglich wurde dies auf der Grundlage, dass die Pfingstler (außer dem Mülheimer Verband) an der Unterscheidung von Wiedergeburt und Geistestaufe mit dem anfänglichen Zeichen des Zungenredens – in Übereinstimmung mit ihrer Tradition und der weltweiten Pfingstbewegung – festhielten, während die VEF diese „Sonderlehre" zwar für sich ablehnte, aber tolerieren konnte, weil sie als nicht heilsnotwendig interpretiert wurde. Dies ermöglichte auch der Gemeinde Gottes, der VEF als Gast beizutreten. Die VEF hatte damit eine Haltung eingenommen, die dem Gnadauer Verband entgegenstand und von weiten Teilen der DEA noch nicht geteilt wurde. Erst 1996 sind DEA und BFP aufeinander zu gegangen (s. u.).

In der Präambel zur Verfassung des BFP vom 5. Mai 1982 heißt es:

„Die im Bund Freikirchlicher Pfingstgemeinden zusammengeschlossenen Gemeinden sind aus der weltweiten christlichen Erweckungsbewegung hervorgegangen, die unter dem Namen ‚Pfingsterweckung' bekannt ist und gehören der Weltpfingstbewegung an.

Sie wissen sich durch ihr Bekenntnis zum dreieinigen Gott verbunden, der sich durch das inspirierte Wort der Heiligen Schrift offenbart.

Sie glauben an Jesus Christus, den Sohn Gottes und Erlöser der Welt, der Seine Gemeinde beauftragt hat, das Evangelium allen Menschen zu bezeugen und die zu taufen, die an Ihn gläubig geworden sind.

Sie lehren die Wiedergeburt durch den Heiligen Geist und die Geistestaufe als Bevollmächtigung zum Zeugnis. Auch bekennen sie sich zur Gemeinde der Gläubigen nach urchristlichem Vorbild, in der sich der Heilige Geist durch Gnadengaben, Dienste und Wirkungen kundtut.

Sie warten auf die Wiederkunft Jesu Christi zur Entrückung Seiner Gemeinde, Auferstehung der Toten, das Errichten seines Reiches, ein ewiges Leben und ein ewiges Gericht.

Sie vertreten Glaubens-, Gewissens- und Versammlungsfreiheit, die Trennung von Kirche und Staat, das Prinzip der Selbständigkeit der lokalen Gemeinde sowie ihren verbindlichen Zusammenschluss zu einer Glaubensgemeinschaft (Bund) als Verwirklichung des biblischen Zeugnisses von der neutestamentlichen Gemeinde."

Im „Selbstverständnis" des Mülheimer Verbandes heißt es:

„Der Mülheimer Verband ist eine evangelische Freikirche in Deutschland auf der Grundlage einer evangelikal-charismatischen Frömmigkeit bzw. Theologie. Er bietet selbständigen Ortsgemeinden eine geistliche Lebens- und Dienstgemeinschaft an mit dem Ziel, diese Gemeinden darin zu unterstützen, Gott durch ein kontinuierliches Wachstum in den biblisch vorgegebenen Werten und Zielen für die Gemeinde Jesu zu verherrlichen. Die Gemeinden des MV erstreben

- einen durch Wort und Geist gelebten Glauben,
- eine biblische Theologie,

- eine glaubwürdige Evangelisation,
- verbindliche christliche Gemeinschaft,
- eine ganzheitliche Diakonie
- eine zielorientierte Gemeindestrategie

Darüber hinaus suchen sie einen Beitrag zu leisten
- zur Evangelisierung Deutschlands – auch durch neu zu gründende Gemeinden,
- zur Einheit der Kirche Jesu Christi [...],
- zur Weltmission – vermehrt auch durch Sendung von Mitarbeitern."

5.8.7 Weitere Informationen im Überblick

Mülheimer Verband Freikirchlich Evangelischer Gemeinden (MV)

Hauptstr. 36
34305 Niedenstein
www.muelheimer-verband.de
Mitglieder: ca. 3.500 in 50 Gemeinden, die von 60 Pastoren betreut werden.
Ausbildung der Pastoren: Universitäten oder Bibelschulen.
Höchstes Gremium: Hauptbrüdertag.
Liederbuch: Pfingstjubel; meist aber neueres Liedgut über Folien oder Power Point Präsentation.
Zeitschrift: Gemeinde konkret.
Gründungsjahr: 1907/1913.
Zusammenarbeit: VEF, ACK (Gastmitgliedschaft).

Bund Freikirchlicher Pfingstgemeinden KdöR (BFP)

Industriestr. 6-8
64390 Erzhausen
www.bfp.de
Mitglieder: ca. 35.000 in 541 Gemeinden und Zweiggemeinden, die von ca. 500 Pastoren betreut werden.
Ausbildung der Pastoren: Theologisches Seminar „Beröa" Erzhausen (4 Jahre).
Höchstes Gremium: Präsidium bzw. Geschäftsführender Vorstand.
Liederbuch: früher mehrheitlich Pfingstjubel; heute meist neueres Liedgut über Folien oder Power Point Präsentation.

Zeitschrift: Wort und Geist.
Gründungsjahr: 1948/54.
Besondere Aktivitäten: Velberter Mission (Außenmission), Aktionskomitee für verfolgte Christen (AVC), Leuchter Verlag, Bundesverband der Sozialwerke Freikirchlicher Pfingstgemeinden (BSFP) mit ca. 40 Mitgliedswerken.
Zusammenarbeit: FFP, PEF, WPF, VEF, DEA, örtlich u. regional ACK.

Vereinigte Missionsfreunde e.V. (VMF)
Kehler Str. 31
79108 Freiburg
www.missionsfreunde.de
Mitglieder: ca. 1.000 in 10 Gemeinden, die von 15 Ältesten betreut werden.
Ausbildung der Pastoren: Selbststudium oder Bibelschulen.
Höchstes Gremium: Vorstand.
Zeitschrift: Das Erntefeld.
Gründungsjahr: 1931.
Besonderheit: VMF Missionshaus Albtal
Zusammenarbeit: FFP, Gemeinde der Christen – ‚Ecclesia', DEA, AEM, RMJ.

Volksmission entschiedener Christen e.V.
Industriestr. 3
74321 Bietigheim-Bissingen
www.vmec.de
Mitglieder: ca. 4.000 in 60 Gemeinden, die von 60 Pastoren betreut werden.
Ausbildung der Pastoren: Bibelschulen.
Höchstes Gremium: Vorstand.
Zeitschrift: Wort und Geist.
Gründungsjahr: 1934.
Besonderheiten: Seniorenzentrum Bethesda, Sozialwerk Geislingen;
Zusammenarbeit: ist Teil des BFP.

Gemeinde der Christen Ecclesia e.V.
Merscheider Str. 40
42699 Solingen
www.ecclesia-gemeinden.de
Mitglieder: ca. 4.000 in 75 Gemeinden, die von Pastoren oder Ältesten betreut werden.
Ausbildung der Pastoren: Bibelschule.
Höchstes Gremium: Arbeitender Vorstand.
Liederbuch: neueres Liedgut über Folien oder Power Point Präsentation.
Zeitschrift: Fröhliche Nachrichten.
Gründungsjahr: 1944.
Besonderheiten: Haus des Heils (Schwarzwald), Haus Waldfrieden (Bilstein).
Zusammenarbeit: FFP, Teile sind im BFP, DEA.

Gemeinde Gottes e.V.
Schurwaldstr. 10
73660 Urbach
www.gemeindegottes.de
Mitglieder: ca. 3.000 in 65 Gemeinden, die von 140 Pastoren betreut werden.
Ausbildung der Pastoren: Europäisches Bibelseminar Kniebis bei Freudenstadt.
Höchstes Gremium: Bundesgeneralversammlung, Vorstand.
Liederbuch: neueres Liedgut über Folien oder Power Point Präsentation.
Zeitschrift: Stimme der Wahrheit.
Gründungsjahr: 1936.
Besonderheiten: Hilfswerk Samariterdienst.
Zusammenarbeit: FFP, PEF, WPF, VEF.

Jugend-, Missions- und Sozialwerk e.V. Altensteig

Bahnhofstr. 43-47
72213 Altensteig
www.jmsmission.org
Mitglieder: ca. 2.000 in 12 Gemeinden, die von 12 Pastoren betreut werden.
Ausbildung der Pastoren: Bibelschule.
Liederbuch: neueres Liedgut über Folien oder Power Point Präsentation.
Zeitschrift: JMS-Info.
Gründungsjahr: 1973.
Besonderheiten: Seminar- und Freizeitzentrum, Medienarbeit.
Zusammenarbeit: FFP.

Apostolische Kirche – Urchristliche Mission e.V.

Ringstr. 45
29525 Uelzen
www.apostolische-kirche.de
Mitglieder: ca. 250 in 4 Gemeinden, die von 5 Pastoren betreut werden.
Ausbildung der Pastoren: Bibelschule.
Höchstes Gremium: Vorstand.
Zeitschrift: Apostolische Nachrichten.
Gründungsjahr: 1953.
Zusammenarbeit: FFP, DEA.

Freikirchliches Evangelisches Gemeindewerk e.V.

Leusbergstr. 34
45663 Recklinghausen
www.fegw.de
Mitglieder: ca.1.000 in 16 Gemeinden, die von 20 Pastoren betreut werden.
Ausbildung der Pastoren: Selbststudium, Bibelschulen.
Höchstes Gremium: Vorstand.
Liederbuch: neueres Liedgut über Folien oder Power Point Präsentation.
Zeitschrift: fegw-Info-Ticker.
Gründungsjahr: 1937 (USA)/1986.
Zusammenarbeit: FFP, DEA.

5.9 Die Religiöse Gesellschaft der Freunde (Quäker)

5.9.1 Informationen auf einen Blick

Literatur: John Lampen, Warte im Licht. Das religiöse Erleben von George Fox, Bad Pyrmont 1986 – Quäker Glauben und Wirken (Faith and Practice, 1995), Bad Pyrmont 2002 – Heinrich Otto, Werden und Wesen des Quäkertums und seine Entwicklung in Deutschland, Wien 1972 – Religion ohne Dogma. Darstellung des Glaubens der Quäker, Bad Pyrmont 1995 – Quäker heute in Deutschland und Österreich, Bad Pyrmont 2003.
Adressen: Religiöse Gesellschaft der Freunde (Quäker) Deutsche Jahresversammlung e.V., Quäkerhaus, Bombergallee 9, 31812 Bad Pyrmont; – Quäkerbüro, Planckstr. 20, 10117 Berlin; www.quaeker.org .
Mitglieder: ca. 200 in Deutschland und Österreich / 300 000 weltweit.
Erwerb der Mitgliedschaft: schriftlicher Antrag und Aufnahmegespräch.
Doppelmitgliedschaft: möglich.
Zahl der Gemeinden: 32 Gruppen in acht Bezirksversammlungen in Dtl. und Österreich.
Höchstes Gremium: Jahresversammlung.
Untergliederung: acht Bezirksversammlungen (vierteljährlich); eine Monatsversammlung (Berlin); 32 örtliche Gruppen.
Zeitschriften: Quäker. Zeitschrift der deutschen Freunde (zweimtl.).
Besondere Aktivitäten: Quäkerhilfe e.V (selbständig, aber enge Zusammenarbeit); umfangreiche finanzielle und personelle Unterstützung der Friedensarbeit in Krisengebieten.
Zusammenarbeit: Die Quäkerhilfe arbeitet mit Aktion Sühnezeichen / Friedensdienste und Brot für die Welt zusammen; die Gesellschaft ist Gastmitglied der ACK und unterhält Beziehungen zur KEK und zum ÖRK.

5.9.2 Religion ohne Dogma

Martin Schmidt[317] hat das Quäkertum die „vielleicht eigenartigste Bildung im Christentum“ genannt und sich gegen die Auffassung Hermann Weingartens gewandt, der die Quäker als die edelste Blüte der „Revolutionskirchen Englands“ bezeichnet hatte.[318] Für Schmidt bleiben sie eine „Nebenströmung“. Wenn Heinz Röhr in einem Vortrag vor der ACK am 10.2.1989 in Frankfurt ausführte, dass es heute Quäker gebe, die sich als Biblizisten, ja sogar als Fundamentalisten bezeichneten, und andere sich als Pantheisten, ja sogar Anti-Theisten, wieder andere, die sich als Hindu-Quäker, Moslem-Quäker oder Quäker-Buddhisten verstehen, dann zeigt dies, zu welcher Bandbreite das Quäkertum fähig ist, aber auch, dass hier Gefahren lauern. Denn zweifellos ist nach allgemein ökumenischer Überzeugung eine Religionsvermischung das Überschreiten einer Grenze. Diese Gefahren werden von einigen Freunden durchaus als bedenklich empfunden und entsprechend diskutiert.

Wenn sich das Quäkertum als „Religion ohne Dogma“ versteht, so meint man damit, dass Glaubenssätze nicht die Grundlage für den Zusammenhalt der Gemeinschaft bilden. „Die Freunde sind sich bewusst, dass dem verbalen Ausdruck der tiefsten Erfahrungen Grenzen gesetzt sind. [...] Das Fehlen von Glaubenssätzen bedeutet nicht, dass es den Freunden gleichgültig sei, was eine Person glaubt. Sie anerkennen, dass persönliche Überzeugungen das Verhalten essentiell bestimmen.“ Daher wird nach den Auswirkungen im Leben gefragt. Als vernunftbegabte Menschen müssen die Freunde über das Wesen ihrer religiösen Erfahrungen nachdenken und sich gegenüber allen Erfahrungen in der Tradition und im alltäglichen Leben empfänglich zeigen: „Freunde werden aufgefordert, sich neuem Licht zu öffnen, woher immer es kommen mag, aber neue Ideen kritisch zu prüfen. Das Suchen der Freunde und ihre offene Haltung dem Leben gegenüber hat sicher zur Toleranz beigetragen, mit welcher sie anderen Men-

[317] In: Friedrich Heyer (Hg.), Konfessionskunde, Berlin 1977, 695.
[318] In dem gleichnamigen Buch von 1868.

schen sowie Problemen des Glaubens und Verhaltens begegnen. Diese Umstände mögen erklären, weshalb die Religiöse Gesellschaft der Freunde unter ihren Mitgliedern eine derartige Weite von religiösen Auffassungen in Übereinstimmung bringen kann."[319] Daher erklärt sich aber auch, warum die Bedeutung der universalistischen Richtung im Quäkertum spürbar zunimmt und damit die Gefahr wächst, dass sich der Abstand zu den christlichen Kirchen vergrößert. Aber auch diejenigen Freunde, die sich als Christen und als Teil der Kirche Jesu Christi verstehen, wollen eine „Religion ohne Dogma" verwirklichen, weshalb das Spezifische des Quäkertums auch nicht in einer Aufzählung gewisser Lehrpunkte zu erfassen ist. Man wird dem Quäkertum wohl am ehesten gerecht, wenn man seine Anfangsgeschichte „erzählt".

5.9.3 Die Leitidee: inneres Licht

Der Sohn eines Webers und Schuhmacherlehrling George Fox (1624–1691) geriet mit 19 Jahren in eine Krise, als er wahrnehmen musste, wie sehr die Lehre der Kirche und das Leben der Kirchenglieder im Gegensatz standen. Nach vielen Jahren der Wanderschaft, der Meditation, der Schriftlektüre und intensiver Gespräche mit Pastoren aller kirchlichen Richtungen hatte er eine Audition, die ihm freudige Gewissheit gab „Und als all meine Hoffnungen auf sie und alle Menschen dahin waren, so dass ich nichts Sichtbares hatte, das mir helfen konnte, da – oh! – da hörte ich eine Stimme, welche sagte, 'Es gibt einen, nämlich Christus Jesus, der zu deiner Gemütsverfassung sprechen kann', und als ich das hörte, hüpfte mein Herz vor Freude".[320]

Durch dieses Erlebnis tritt etwas für das Quäkertum Grundlegendes auf den Plan, was es von allen anderen christlichen Kirchen und Freikirchen unterscheidet: die Erkenntnis, dass in jedem Menschen der „Same" oder die „Kraft Gottes", das „innere Licht" ruht. Dieser Aussage liegt nicht eine opti-

[319] Quäker heute in Deutschland und Österreich, Bad Pyrmont 2003, 15.
[320] Zitiert aus dem Tagebuch nach Duncan Wood, Die Leute – die man Quäker nennt, Bad Pyrmont 1983, 3.

mistische Sicht des Menschen zugrunde, sondern sie will sagen, dass Gott „nicht fern und unnahbar, sondern einem jeden von uns nahe und erreichbar ist."[321] So erklärt sich eigentlich auch, dass George Fox nie beabsichtigte, eine neue religiöse Gruppe oder Kirche zu gründen. Er meinte, dass die ihm zuteil gewordene Erkenntnis mit dem ursprünglichen Christentum, wie es Jesus gelehrt hatte, übereinstimmte und dass er damit die Jesus-Nachfolge wieder entdeckt hatte.

5.9.3.1 Heilige Schrift und inneres Licht

Das, was für George Fox ein Schlüsselerlebnis darstellte, hat der große Quäkertheologe der ersten Generation, Robert Barclay (1648–1680), in seiner bedeutsamen Schrift *Apology for the True Christian Divinity* von 1678 theologisch reflektiert. Der erste Punkt seiner Apologie ist nämlich dem Thema *immediate revelation* – unmittelbare Offenbarung – gewidmet. Die Offenbarung vollzieht sich direkt, ohne Umwege über einen Priester oder eine heilige Schrift Sie kann sich im Herzen eines jeden Menschen, der Gott aufrichtig sucht, abspielen; sie ist eine innere Erleuchtung – *inward illumination* – durch den Heiligen Geist, ja eine innere Einwohnung Jesu Christi selbst. Auf diesem inneren Licht beruht die Erfahrung des wahren Glaubens.

Damit stellt sich die Frage nach der Bedeutung der Heiligen Schrift. Die biblischen Schriften sind nach Fox „die Worte Gottes, aber nicht Gott, das Wort".[322] Die Schrift ist bedeutsam und durch nichts zu ersetzen, aber sie ist doch nur ein äußerlicher Lehrer. Man muss die Schrift „öffnen", so dass sie über sich hinausweist und zum unmittelbaren Erlebnis Christi führt, nämlich zu dem „Licht Christi, das jeden Menschen erleuchtet, der in diese Welt kommt" (Joh. 1,9). Fox verwies die Menschen auf ihren „inneren Lehrer Jesus Christus". Diese unmittelbare Offenbarung tritt in keinen Gegensatz zur Offenbarung in der Schrift. Es besteht lediglich ein zeitlicher Unterschied zwischen damals und heute. Was der Heilige Geist

[321] Ebda.
[322] George Fox, Journal l, 197.

damals in den Menschen wirkte, die die Schrift geschrieben haben, wirkt derselbe Geist auch heute in den Menschen, die sie lesen. Außerdem kann Gott „durch das Innere Licht allen Menschen Zugang zu spiritueller Wahrheit für die heutige Zeit" geben. Von daher weigern sich die Freunde, die Bibel als eine Urkunde der Vergangenheit „zum endgültigen Kriterium für die richtige Lebensgestaltung und die wahre Lehre zu machen."[323]

5.9.3.2 Die „schweigende Andacht"

Aus diesem Hauptgedanken des Quäkertums folgt eine neue Form der christlichen Gemeinschaft und ihres Gottesdienstes. Es bedarf keiner „Hirten", keiner „Lehre" und keiner „Predigt". Quäker versammeln sich zur stillen Andacht (*silent meeting*) in einfachen Räumen ohne Bilder, Kreuze oder sonstige religiöse Symbole. Es gibt auch keinen Gesang, der nur die konzentrierte innere Übung des Schweigens zunichte machen würde. Heute sitzen die Teilnehmerinnen und Teilnehmer in einem *meeting for worship* in der Regel in einem Kreis oder Viereck, damit sie sich gegenseitig bewusst wahrnehmen können und so miteinander in der gemeinsamen Andacht verbunden sind. Es geht daher nicht um eine individuelle Meditation, sondern um das gemeinsame Suchen nach Gottes Willen. Ein solches Treffen kann völlig wortlos verlaufen.

Wer sich aber gedrängt fühlt, sei es ein Mann, eine Frau, ein Kind, oder sogar eine Person, die zum ersten Mal anwesend ist, kann aus der Stille heraus – sozusagen als Extrakt des gesammelten Schweigens – sprechen. Das Gesprochene (*spoken ministry*) wird schweigend bedacht. „Dieser Wechsel von Schweigen und Reden in der Quäkerandacht erfordert eine straffe geistige Zucht. Gemeinsames Suchen und Warten soll alle Teilnehmer zu einer Gemeinschaft zusammenschließen, in der die segensvolle Wechselwirkung zwischen Mensch und Mitmensch und Gott hergestellt wird". Dieses Ziel der Andacht kann nicht erzwungen werden, sondern wird stets als

[323] Quäker heute in Deutschland und Österreich, 14 f.

Geschenk erfahren.[324] Von hier aus wird auch klar, warum die Quäker keine Sakramente, keine besonderen Festtage und feierliche Handlungen kennen. Für die Quäker ist das ganze Leben ein Sakrament. Auch gibt es im allgemeinen keine Pastoren, wenngleich einige große Quäkerversammlungen in den USA, Kenia, Indien oder Taiwan hauptamtliche Prediger angestellt haben. Vorwiegend in afrikanischen und lateinamerikanischen Gemeinden werden auch Lieder gesungen und Predigten gehalten. Man nennt diese Gottesdienste „programmierte" Andachtsformen.

Selbst eine Hochzeit beginnt in der Stille. Ein Mitglied des Andachtskreises erklärt dann den Gästen aus den Familien, häufig selbst keine Quäker, das weitere Vorgehen: Es folgt wieder Stille. Wenn Braut und Bräutigam sich bereit fühlen, erheben sie sich, nehmen einander bei der Hand und geben vor der Versammlung ein Versprechen ab. Danach geht die Andacht in Stille weiter. Im Blick auf das Brautpaar können dann „aus der Stille heraus" Gebete gesprochen oder andere Wortmeldungen erfolgen.

Die „*Elders*" (Älteste) sind für das geistliche Leben der Gruppe und für die Durchführung der Andachten verantwortlich. So z. B. besteht eine ihrer Aufgabe darin, dass sie sich gegenseitig die Hände geben und damit die Andacht beenden. In größeren Gruppen gibt es noch „*Overseers*", die gewisse pastorale Aufgaben an einzelnen Quäkern, Familien oder „Freunde der Freunde" durch Gespräche und Besuche übernehmen. Sie halten auch Kontakte mit denen aufrecht, die aufgrund äußerer Umstände nicht regelmäßig zu Andachten kommen können.

5.9.3.3 Radikale Ethik

Nicht nur für das interne Leben der Gemeinschaft, sondern auch für die Außenbeziehungen ist das Erlebnis des „inneren Lichts" entscheidend. Damit wurden die herkömmlichen, gesellschaftlichen Unterscheidungsmerkmale hinfällig. Die Gleichheit aller Menschen war theologisch begründet und

---

[324] Elisabeth Hering und Hubert Kirchner, Die Religiöse Gesellschaft der Freunde, in: Hubert Kirchner, wie Anm. 116, 67.

musste im Leben als „Zeugnis" zur Anwendung gebracht werden. Wie ernst die Quäker ihre radikale Ethik vertraten, zeigt sich an Kleinigkeiten. So waren sie einfach gekleidet, weigerten sich standhaft, vor Höhergestellten den Hut zu ziehen und redeten alle mit „Du" (engl „*thou*") an. Jede Begegnung mit der „Obrigkeit" begann deshalb damit, dass sich Beamte und Richter verhöhnt vorkamen. Weil anfänglich die Quäker wegen religiöser Vergehen oft vor Gericht erscheinen mussten, erfolgte regelmäßig zu Prozessbeginn eine Ordnungsstrafe wegen Richterbeleidigung. Viele Quäker haben daher persönlich die Gefängnisse von innen erlebt – Fox selbst war acht Mal im Gefängnis –, so dass sie sich aktiv für eine Gefängnisreform einsetzten. Das gilt für William Penn ebenso wie für Elizabeth Fry (1780–1845), die auf Johann-Hinrich Wichern (1808–1881), den Begründer der Inneren Mission in Deutschland und Wegbereiter christlicher Liebestätigkeit, einen nachhaltigen Einfluss ausübte. Aus der Tatsache, dass viele Quäker in den Gefängnissen saßen, entwickelten sich besondere Andachten, die „Treffen für Leiden" (*meetings for sufferings*). Diese Tradition wurde insofern bewahrt, als dieser Name für den Arbeitsausschuss der Londoner Jahresversammlung verwandt wird, der Anliegen (*concerns*) berät.

Ursprünglich wurde das Wort „Anliegen" (*concern*) bei den Freunden verwandt, um zu beschreiben, dass Gott ihnen gezeigt habe, dass etwas getan werden muss. Gott hat einem Quäker ein „Anliegen" enthüllt, und dies wird in der Gemeinschaft vorgetragen, um die Unterstützung der Freunde zu erhalten. Die Gesamtheit der Freunde hat daher immer versucht, einzelne Mitglieder oder auch die Gemeinschaft als Ganze zu ermutigen, dem als von Gott ergangenen Ruf konsequent zu folgen. Das sollte der Vertiefung christlicher Lebensführung dienen, weil es darum ging, dem durch den heiligen Geist vermittelten Ruf Gottes zu folgen.

Um nicht den Anschein eines doppelten Wahrheitsstandards aufkommen zu lassen, lehnten die Quäker den Eid entschieden ab (Mt 5,37) und traten für Ehrlichkeit ein. Da sie vom Studium ausgeschlossen waren, gründeten sie schon früh eigene, auf das Praktische bezogene Schulen. So eroberten sie sich wegen ihrer Tüchtigkeit und ihres Verzichts auf Luxus und Vergnügungen Schlüsselstellungen im Handel und in der beginnenden industriellen Fertigung. Es waren vornehmlich

Quäker, die das Prinzip der festen Preise einzuführen begannen und damit das Feilschen als Norm ablösten. Wenngleich es unter den amerikanischen Quäkern Sklavenhalter gab, so ist es doch entscheidend, dass die Quäker, allen voran John Woolman (1720–1772), gegen die Sklaverei kämpften und dass entflohene Sklaven in den Häusern der Quäker Unterschlupf finden konnten. Die Häuser der Quäker galten auf der *underground railroad*, d. h. auf dem Fluchtweg aus dem Süden der USA in den Norden oder gar nach Kanada – von den des Lesens unkundigen Sklaven oft mit Kanaan verwechselt –, als „Bahnhöfe", wo sie tagsüber ausruhen konnten, um nachts die Flucht fortzusetzen.

Dass die traditionelle Rolle der Frau grundlegend verändert wurde und man bereits ab 1668 Mädchenschulen gründete[325], gehört ebenso zu den Konsequenzen der quäkerischen Leitidee wie die Ablehnung des Kriegsdienstes und der Kriegssteuer. Schon Fox schrieb 1660 mit Freunden an den englischen König Karl II. einen Brief, der noch heute als „das Friedenszeugnis" angesehen wird. Doch will man nicht nur den Krieg ablehnen, sondern auch ein Klima schaffen, das Kriege unnötig macht. Schon für Penn galt dies. Er entwarf einen detaillierten Plan zur Schaffung eines Europarates, um Blutvergießen zu verhindern. Damit Rangstreitigkeiten nicht erst aufkommen konnten, sah er vor, dass der Europarat an einem „runden Tisch" tagen sollte, an dem es weder „oben" noch „unten" gibt. Seit dem Ersten Weltkrieg bemühen sich Quäker, das Recht auf Kriegsdienstverweigerung in den einzelnen Ländern verfassungsmäßig zu verankern. Heute sind die Quäker führend in der weltweiten Friedenssteuerinitiative. Im Nahen Osten, auf Sri Lanka und in Belfast sowie überall dort, wo es zu Konflikten, Kriegen und Katastrophen kommt, sind Quäker zu finden. Nach beiden Weltkriegen traten sie in Deutschland durch Schulspeisungsprogramme („Quäkerspeisung") hervor. 1947 erhielten die amerikanischen und englischen Hilfsdienste der Quäker den Friedensnobelpreis. Das „Beratende Weltkomitee der Freunde" (*Friends' World Committee for Consultation*), das 1937 auf der Weltkonferenz der

[325] John Punshon, Portrait in Grey, London 1984, 87.

Freunde in Swarthmore, Pennsylvania (USA) gegründet wurde und dem heute 60 Jahresversammlungen (s. u.) in vier Sektionen (Amerika, Europa und Mittlerer Osten, Afrika sowie Asien und Westpazifik) mit ca. 300.000 Quäkern angeschlossen sind, ist als Nichtregierungsorganisation bei der UNO akkreditiert.

5.9.3.4 Irrungen

Das theologische Leitmotiv des „inneren Lichtes“ hat aber auch zu Verwirrungen geführt. So etwa zog James Naylor 1655 mit Palmen und auf einem Esel reitend in die Stadt Bristol ein. Er wurde grausam bestraft.[326] Fox zog aus dem Vorfall die Konsequenz, dass er der Bewegung äußere Strukturen gab und die Gemeinschaft betonte, in der Anliegen erwogen werden sollten. Bedrohlich konnte es sich auswirken, wenn man das „innere Licht“ als Ersatz für Bildung ansah und das Bibellesen vernachlässigte. Ist aber der Leitidee vom „inneren Licht“ erst einmal die biblische Grundlage entzogen, besteht die Gefahr, dass das innere Licht mit der Vernunft gleichgesetzt wird: die Mystik kippt in Rationalismus um. Vor diesen Gefahren ist das Quäkertum nicht verschont geblieben, doch hat es immer wieder zu seinen Quellen zurückgefunden. Heute bilden die Quäker zwar nur eine kleine Gemeinschaft, doch sind die Wirkungen der Quäker nicht nur in der Christenheit, sondern überall auf der Welt spürbar. Für die Kirchengeschichte gilt, dass ihre Einflüsse in umgekehrt proportionalem Verhältnis zu der Zahl ihrer Anhänger standen, und für heute lässt sich sagen, dass Kirchen und Welt ohne Quäker bedeutend ärmer wären.

5.9.4 Organisation

Die Organisation ist auf das Notwendigste begrenzt. Der Andachtskreis kommt außer zur sonntäglichen Andacht auch zur Monatsversammlung zusammen, um über Angelegenhei-

[326] M. Schmidt, wie Anm. 317, 697: „Stundenlang wurde er am Pranger gegeißelt, seine Zunge mit einem glühenden Eisen durchbohrt, dann eine lange Strecke unter der Peitsche durch die Straßen von London getrieben, schließlich ein ‚B‘ (Blasphemy = Lästerung) auf seine Stirne eingebrannt.“

ten zu beraten. Monatsversammlungen entscheiden über Anträge auf Mitgliedschaft, über die Durchführung der Andachten und können ein besonderes Anliegen eines Quäkers prüfen und dieses sogar vor die Jahresversammlung bringen. Alle Mitglieder tragen gleichermaßen Verantwortung für das Leben in ihrer Gruppe. Alle Monatsversammlungen sowie die nächst höheren Ebenen ernennen einen *Clerk* (Vorsitzenden). Die meisten Andachtskreise haben für spezielle Aufgaben Komitees, damit nicht nur Einzelne entscheiden, sondern die Verantwortung auf mehreren Schultern liegt.

Mehrere Monatsversammlungen bilden die Vierteljahresversammlung, und diese wiederum die Jahresversammlung. Die Versammlungen werden von Schreibern geleitet, deren Aufgabe darin besteht, die Ergebnisse der Gespräche (*sense of the meeting*) zusammenzufassen und als Protokoll allen zu verlesen. Die „Geschäftsversammlungen" sind Andachtsversammlungen in anderer Form; daher verbieten sich Abstimmungen. Quäker versuchen, herauszufinden, wohin Gott sie führen will. Durch Ausschüsse werden Fragen vorgeklärt; auch Personalvorschläge werden so vorbereitet und dann unterbreitet. Wird ein Konsens nicht erreicht, muss weiter darum gebetet und danach gesucht werden. Dazu kann auch eine besondere „Versammlung für Klarheit" (*meeting for clearness*) einberufen werden. Bei dieser Gelegenheit kann es um besondere Anliegen der einzelnen Versammlung gehen, aber auch um Fragen einzelner Mitglieder. Man versucht, sich über mögliche Wege oder über Entscheidungen in schwierigen Situationen Klarheit zu verschaffen.

In Deutschland gab es im 17. Jahrhundert einige Quäkerfamilien in Griesheim (Pfalz), Hamburg, Danzig und Friedrichstadt. Gegen Ende des 18. Jahrhunderts lassen sich Quäker in Minden und Pyrmont nachweisen. Doch so gut wie alle wanderten vornehmlich in die Quäkerkolonie Pennsylvania aus. Erst nach dem Ersten Weltkrieg kam es im Gefolge der Schulspeisungsprogramme wieder zur Gründung kleiner Andachtskreise und 1925 zur Jahresversammlung. Heute zeigt sich nicht nur in Deutschland, sondern auch in England eine Überalterung der Mitglieder.

Die deutsche Jahresversammlung ist Gastmitglied in der ACK.

5.9.5 Text

Aus den „Ratschlägen“:

„Achtet, liebe Freunde, auf die Regungen der Liebe und der Wahrheit in euren Herzen, denn diese sind die Stimme Gottes.

Seid beständig im Lesen der Bibel und anderen Schriften, die die Wege Gottes offenbaren.

Sucht die Gründe für soziale Unruhe, Ungerechtigkeit und Furcht zu entdecken und versucht, die neuen Ansatzpunkte im sozialen und wirtschaftlichen Leben zu erkennen. Wirkt für eine Ordnung der Gesellschaft, die es Männern und Frauen ermöglicht, ihre Fähigkeiten zu entwickeln, und ihren Wunsch zu dienen fördert. Seid getreu in der Aufrechterhaltung unseres Zeugnisses gegen jeden Krieg als unvereinbar mit dem Geist und der Lehre Christi.“

5.10 Die Evangelische Brüder-Unität
(Herrnhuter Brüdergemeine)

5.10.1 Informationen auf einen Blick

Literatur: Die Brüder-Unität, Herrnhuter Brüdergemeine. Eine kurze Information, Bad Boll 1985 – Hans-Christoph Hahn und Hellmut Reichel (Hg.), Zinzendorf und die Herrnhuter Brüder. Quellen zur Geschichte der Brüder-Unität 1722–1760, Hamburg 1977. Dietrich Meyer, Zinzendorf und die Herrnhuter Brüdergemeine, Göttingen 2000; ders. (Hrsg.), Er der Meister, wir die Brüder. Eine Auswahl seiner Reden, Briefe und Lieder, Gießen / Basel 2000.
Adressen: Direktion der Brüder-Unität, Postfach 21, 02745 Herrnhut oder Badwasen 6, 73087 Bad Boll; www.ebu.de
Mitglieder: 6.312 Deutschland / 828.000 weltweit (563.000 in Afrika).
Erwerb der Mitgliedschaft: Durch Taufe, Aufnahme in die Abendmahlsgemeinschaft durch „konfirmierendes Handeln“, Bestätigung der Mitgliedschaft nach Vollendung des 18. Lebensjahres; durch Übertritt aus einer anderen Kirche, was nicht die Lösung von einer anderen evangelischen Kirche erfordert.

Doppelmitgliedschaft: möglich.
Zahl der Gemeinden: 17 in der Provinz: 26 und acht Sozietäten.
Zahl der Pastoren: 32.
Ausbildung d. Pastoren: Universitätsstudium.
Höchstes Gremium: Die Synode der Europäisch-Festländischen Provinz.
Untergliederung: die Provinz gliedert sich in die Skandinavische Konferenz, die Brüdergemeine in Dtl., den Zentralrat der Brüdergemeinen in den Niederlanden und die Schweizer Konferenz.
Liederbuch: Gesangbuch der Herrnhuter Brüdergemeine, 1967.
Zeitschriften: Herrnhuter Bote (mtl.) (Nachfolger des Brüderboten); Unitas Fratrum (halbjhl.).
Gründungsjahr: in Deutschland: 1727.
Gründerpersönlichkeit: Nikolaus Ludwig Graf von Zinzendorf.
Organisationsstruktur: Synodal-presbyterial.
Verfassung: Kirchenordnung, in die die Verfassung der weltweiten Brüder-Unität integriert ist.
Bekenntnis: Grund der Unität.
Feier des Abendmahls: alle vier bis sechs Wochen.
Besondere Aktivitäten: Missionsfeste; Chortage; Singstunden; Liebesmahl.
Zusammenarbeit: Mitglied in der ACK, KEK, im ÖRK, EMW, DW, in der aej und Gastmitglied in der VEF.

5.10.2 Geschichtliche Hinführung

Die Brüdergemeine ist weiten Kreisen durch das Losungsbuch und die Herrnhuter Sterne bekannt. Die täglichen „Losungen“ aus dem Alten Testament mitsamt den dazu ausgewählten „Lehrtexten“ aus dem Neuen Testament sowie einem Gebet oder einer Liedstrophe erscheinen in 50 Sprachen mit einer Gesamtauflage von fast zwei Million Exemplaren (in Deutschland über 900.000). Herrnhuter Sterne erleuchten zur Advents- und Weihnachtszeit viele Kirchen und Wohnungen. Einige weitere Besonderheiten sind der Brüdergemeine durch das Wirken des Reichsgrafen Nikolaus Ludwig von Zinzendorf (1700–1760) mit auf den Weg gegeben worden. Denn nach seinem Willen sollte die Unität keine eigenständige Kirche werden, sondern ein ökumenisch-missionarisches Ferment sein, das in allen Kirchen wirkt.

In Übereinstimmung mit diesem Grundsatz ist die Brüder-Unität seit 1949 der Evangelischen Kirche in Deutschland angegliedert und zugleich Gastmitglied der VEF. Sie ist eigentlich auch keine besondere Konfession, sondern eine Gemeinschaft, die die verschiedenen Bekenntnisse der reformatorischen Kirchen anerkennt, wenngleich Zinzendorf besonderen Wert darauf legte, ein Lutheraner zu sein. Schließlich ist die Unität eine Kirche, die durch den Grafen „erneuert", aber nicht eigentlich „begründet" wurde. Ihre Geschichte reicht weiter zurück.

5.10.2.1 Die Anfänge

1722 gestattete der Graf Glaubensflüchtlingen aus Böhmen und Mähren auf seinem Grundbesitz Berthelsdorf in der Oberlausitz die Ansiedlung am Hutberg. Sie waren Nachfahren einer vorreformatorischen Kirche, die jedoch unter harten Verfolgungen im 16. und 17. Jahrhundert so bedrängt wurden, dass die meisten nach Polen auswichen oder anderwärts ins Exil gingen. Der letzte Senior (Bischof) des böhmischen Zweigs der Unität war der Theologe und herausragende Pädagoge Johann Amos Comenius (1592–1670; seit 1632 Bischof), der in seiner ergreifenden Schrift „Testament der sterbenden Mutter Brüder-Unität" den Gliedern anvertraute, das Erbe der Unität in andere evangelische Kirchen weiterzutragen. Aus diesen Anfängen erklären sich die heute unterschiedlichen Namen: „Evangelische Brüder-Unität" verweist auf die Herkunft aus der alten Unität (*Unitas Fratrum*), „Herrnhuter Brüdergemeine" nennt den Ortsnamen in der sächsischen Oberlausitz, und die englische Bezeichnung *Moravian Church* greift auf den Ursprung in Böhmen und Mähren zurück.

Der Enkel von Comenius, Daniel Ernst Jablonsky (1660–1741), war Bischof der nach Polen exilierten Brüder. Von ihm wurden der Zimmermann David Nitschmann 1735 und der Graf Zinzendorf 1737 zu Bischöfen geweiht und so die Brüder-Unität „erneuert".[327] Dem Grafen gelang es, das Bischofs-

[327] Vgl. Ernst Benz, Bischofsamt und apostolische Sukzession, Stuttgart 1953.

amt vom englischen Parlament und der Anglikanischen Kirche anerkannt zu bekommen. Das erwies sich als nützlich, weil die seit 1732 in alle Welt ausziehenden Missionare sich als von einer alten, bischöflichen Kirche kommend legitimieren konnten.

Unter den Siedlern am Hutberg, zu denen sich noch andere Religionsverfolgte gesellt hatten, waren Spannungen aufgetreten. Sie konnten aber dank des seelsorgerlichen Einsatzes des Grafen abgebaut werden, so dass die Gemeine bei einer Abendmahlsfeier am 13. August 1727 ihre innere Einheit erlebte. Seither wird dieses Tages gedacht, weil es zum „Zusammenschluss der Einwohner Herrnhuts zur Brüdergemeine durch den Geist Gottes" kam.[328] Im Diarium der Gemeinde heißt es dazu: „Wir brachten diesen und folgenden Tag in einer stillen und freudigen Fassung zu und lernten lieben".[329]

5.10.2.2 Neue Gemeinschafts- und Andachtsformen

Man wuchs zu einer Gemeinschaft zusammen, in der spontan und kreativ neue Gemeinschaftsformen hervorgebracht wurden, die auch auf andere Kirchen anziehend wirkten und z.T. übernommen wurden: es entstanden die „Banden", d. h. kleine Gebetszellen, deren Glieder sich im gegenseitigen Vertrauen zueinander stärkten; ferner die „Chöre", die, nach Familienstand, Geschlecht und Alter getrennt, und unter Anleitung eines „Chorpflegers" oder einer „Chorpflegerin" bis zur Gegenwart die innere Aufgliederung der Gemeine kennzeichnen. Die Gemeine lernte, eine Atmosphäre der Festfreude zu verbreiten. Gegenüber einer oft gesetzlich wirkenden, auf den Bußkampf abgestellten Frömmigkeit des Pietismus in Halle betonte Zinzendorf eher einen „spielerischen" Umgang mit dem Heiland, was seiner adligen Herkunft entsprach und auf die Gemeine abfärbte: Fromme Fröhlichkeit und heitere Gelöstheit sollten aller Enge weichen: „Die Pietisten gehen den Weg, den wir tanzen", konnte er sagen. Daher spielten die Musik und das Singen, aber auch die Freude an Feiern (Ge-

---

[328] So im Losungsbuch für 2004.

[329] Zitiert bei H. C. Hahn und H. Reichel (Hg.), Zinzendorf und die Herrnhuter Brüder, 107.

denkfeiern) und Theaterspielen von Anfang an eine große Rolle, und es ist nicht zufällig, dass das urchristliche Agapemahl (Liebesmahl) und die Fußwaschung wieder entdeckt wurden. In den Zusammenhang der Gemeinschaftsbildung gehört auch die Lospraxis, d. h. das Herbeiführen einer Entscheidung durch das „Losen", und das Ausrufen einer Tageslosung, sowie das Stundengebet. Am 3. Mai 1728 verkündete Zinzendorf der Gemeine ein kurzes Wort für den kommenden Tag. Daraus entwickelte sich die Praxis einer „Parole für jeden Tag", die dann ab 1731 gedruckt wurde. Bei der weit verzweigten Missionsarbeit der Herrnhuter lässt es sich leicht vorstellen, wie sehr die Losungen ein alle einigendes Band darstellten. Jedes Glied wusste, dass dieses Christuszeugnis der Schrift „im Extrakt", wie Zinzendorf die Losungen kennzeichnete, von allen Brüdern und Schwestern gelesen und auf ihre Situation bezogen wurde.

Von diesen Anfängen haben sich bis zur Gegenwart wichtige Lebensäußerungen der Gemeine erhalten. Die Losungen fanden auch außerhalb der Gemeine weite Verbreitung. In der Gemeine gibt es außer den sonntäglichen Predigtversammlungen die Gebetssingstunde zum Wochenschluss, fröhliche Abendmahlsfeiern, bei denen in festliches Weiß gekleidete Diakone nach der Konsekration Brot und Wein an die Gemeine austeilen und zu denen Gäste aus anderen Kirchen willkommen sind, ferner: Agapen, die Christnachtfeier und die Feier des Ostermorgens im Saal mit einer anschließenden Prozession auf den Gottesacker, wo der Heimgegangenen des letzten Jahres gedacht und so die Verbindung zur „oberen Gemeine" gesucht wird. Die Taufen, Trauungen und Begräbnisse werden auch zu besonderen Festen der ganzen Gemeine. Eindrücklich ist, dass beim Begräbnis der selbstverfasste Lebenslauf des Verstorbenen verlesen wird, so dass dieser gleichsam noch einmal in der Gemeine gegenwärtig ist und selbst erzählt, wie Gott in seinem Leben gehandelt hat.

5.10.2.3 Mission und heutige Provinzen

Kennzeichnend für die Gemeinen ist eine schlichte, aber tiefe Bibelfrömmigkeit, die ihre Mitte in einer Bezogenheit auf das Lamm oder den Sünderheiland findet. Die ständig gepflegte „Connexion mit dem Heiland", wie Zinzendorf es ausdrückte, lässt einen „Gemeingeist" entstehen, der zu großen Aktivitäten Anlass gab.

Herausragend waren die missionarische Tätigkeit und die Diasporaarbeit der Gemeine. Bereits 1732 begann eine bezogen auf die Zahl der Glieder beispiellose Missionsarbeit, als die beiden ersten Missionare auf die Karibikinsel St. Thomas zogen. Sie wandten sich den unter unmenschlichen Bedingungen lebenden Plantagensklaven zu. Weitere Sendboten zogen bald nach Grönland, Südafrika und Surinam. Zinzendorf selber gründete Gemeinschaften in verschiedenen Staaten Europas. Man wollte überall die „Erstlinge" dem Heiland zuführen, und als Zinzendorf starb, sah er in einem Bild, dass sich schon eine „formidable Karawane" um das Lamm herum gebildet hatte.

Es war das Bestreben der Herrnhuter, das zu verwirklichen, was man heute „ganzheitliche Mission" nennt. Dazu gehörte, dass man die konkreten Lebensumstände der Menschen ernst nahm und mit der Verkündigung der frohen Botschaft wartete, bis man gefragt wurde. Zuvor war man bestrebt, die Lebensumstände zu verbessern. Das gelang den anfänglich aus dem Handwerkerstand kommenden Missionaren besonders gut. Später kam die Errichtung von Schulen und medizinischen Einrichtungen dazu. Die zum Glauben gekommenen Menschen wurden möglichst schnell in die Arbeit integriert und dazu angeleitet, selber die frohe Botschaft unter ihren Stammesgenossen oder Mitmenschen weiterzusagen. Auf diese Weise wurde ein authentisches Zeugnis gewonnen und eine Dominanz der Missionare verhindert.

Die ehemaligen Missionsgebiete bilden heute Provinzen der Unität: In Europa hat die Gemeine heute ca. 30.000 Mitglieder, die in drei selbständige Kirchen in Tschechien, Großbritannien und Irland, sowie in Kontinental-Europa (Deutschland [1722], Niederlande, Schweiz, Dänemark, Schweden und Estland) aufgeteilt sind. Die anderen Provinzen sind: Westindien Ost (1732), Surinam (1735), Südafrika (1737), Nördliche Provinz USA (1741), Großbritannien (1742), Südliche Provinz USA (1753), Jamaica (1754), Labrador (1771), Guyana (1878), Nicaragua (1849), Tschechische Provinz (1862), Alaska (1885), Tanzania Süd (1891), Tanzania West (1897), Honduras (1930), Tanzania Südwest (1978), Tanzania-Rukwa (1986), Costa Rica (1980). Ferner bestehen sog.

„Unitätswerke", d.h. von der Gesamtunität unterhaltene Werke, in Nordindien, Palästina und der Tschechischen Republik.

Eine Besonderheit ist in den Niederlanden zu beobachten, weil dorthin etwa 270.000 Surinamer eingewandert sind, von denen ca. 20.000 zur Brüdergemeine gehören, die in Surinam volkskirchliche Züge trägt. In den Großstädten Amsterdam, Rotterdam, Den Haag und Utrecht sind daher neue und oft sehr große Gemeinden entstanden. Sie bieten den Surinamern durch ihre Sozialarbeit einen wichtigen sozialen Bezugspunkt im Umfeld der weißen Gesellschaft, in der die Surinamer mit erheblichen Widerständen zu kämpfen haben. Diese Gemeinden sind in der Synode der Europäisch-Festländischen Provinz vertreten, und zwischen ihnen und den deutschen Gemeinden sind Partnerschaften entstanden, so dass es regelmäßig zu Besuchen und Begegnungen kommt.

5.10.3. Organisation

Zinzendorf hatte mit der ihm eigenen Weitsicht und genialen Unbekümmertheit, aber auch mit Zielstrebigkeit und hoher Sensibilität die Gemeine bestimmt. Nach seinem Tod übernahm August Gottlieb Spangenberg (1704–1792) die Leitung. Es kam zu drei bedeutsamen Synoden (1764, 1769, 1775), auf der sich die Unität eine Ordnung gab, die bis heute ausstrahlt.

Weltweit steht heute die Unitätssynode, die alle sieben Jahre einberufen wird, an der Spitze. Zwischenzeitlich führt das Unitätsdirektorium, das sich aus Vertretern der Provinzialbehörden zusammensetzt, die Geschäfte. Die Ortsgemeinde wird vom Ältestenrat geleitet. Mindestens einmal im Jahr tritt der Gemeinrat, die Versammlung der ganzen Gemeinde, zusammen. Die Gemeindiener, wie die Mitarbeiter genannt werden, bestehen aus den Akoluthen (Laienmitarbeitern) und den Predigern (Diakonus und Presbyter). Aus den Presbytern werden die Bischöfe gewählt, die keine Leitungsaufgaben übernehmen, sondern für Seelsorge und Ordination der Prediger verantwortlich sind. Der Theorie nach stehen die Bischöfe über die Slawenmissionare Cyrill und Method in apostolischer Sukzession, was die Anglikanische Kirche anerkannte. 1741 wurde als Absage an alle kirchliche Hierarchie Jesus Christus zum Generalältesten gewählt. Auch hier kommt die Christozentrik der Gemeine zum Ausdruck. Unter ihrem Generalältesten sind alle Glieder Brüder und Schwestern.

5.10.4 Geschlossene Siedlungen

Kennzeichnend für die Herrnhuter waren die geschlossenen Siedlungen mit ihren sinnbildlichen Namen, wie z.B. Herrnhut (in des Herren Hut), Gnadau, Gnadenfeld, Salem, Bethlehem, Nazareth; in Deutschland wurden die letzten geschlossenen Siedlungen 1807 in Königsfeld (Schwarzwald) und nach den Wirren des Krieges 1946 in Neugnadenfeld errichtet. Eine Besonderheit bildet in Deutschland das Kurhaus Bad Boll, das 1920 von den Erben Christoph Blumhardts d.J. der Brüdergemeine übergeben wurde. In Bad Boll wurde 1923 eine selbständige Brüdergemeine errichtet. Die Bewohner der Siedlungen zeichneten sich durch großen Fleiß aus, so dass ein gewisser Wohlstand einzog, der die Pilger- und Streitermentalität zu verdrängen drohte. Auf Besucher konnten die Gemeinschaften etwas skuril-idyllisch wirken, deren behaglich-bürgerlicher Anstrich etwa durch den für die Würstchen nötigen Sarepta-Senf aus Russland, das Bier aus der eigenen Brauerei in Neuwied und die „kleinen Herrnhuter" der Zigarrenfabrik Dürninger bezeichnend waren. Es hängt wohl auch mit dem Fleiß zusammen und ist kaum zufällig, dass sich in Bethlehem, Pennsylvania, eine Stahlindustrie und in Salem, North Carolina, eine Zigarettenindustrie entwickelten. Von Bethlehem, das ursprünglich als christliche Kommune betrieben wurde, ging eine Indianermission aus, die zunächst blühte, dann aber in Tragik endete. Für die weißen Landsucher waren die Indianer, ob missioniert oder nicht, Hindernisse bei ihrer Gier nach Land. Sie gingen nach der Devise vor, dass der beste Indianer ein toter Indianer sei (*the best Indian is a dead Indian*). Die christlichen Indianer wurden aber auch von ihren Stammesgenossen verachtet. Sie gerieten so zwischen alle Fronten und wurden gleichermaßen von den Weißen wie von ihren Stammesbrüdern niedergemacht

5.10.5 Die Erziehungsanstalten

Charakteristisch für die Aktivitäten der Herrnhuter waren und sind die Erziehungsanstalten. Hier wurden Schüler, nicht zuletzt auch Kinder von Missionaren, ausgebildet, und in Preußen wurde sogar während der Turnsperre das Jahn'sche Turnen weiter gepflegt. Ein eigenes theologisches Seminar in Gnadenfeld bewahrte die Brüdergemeine vor einigen Kapriolen der wissenschaftlichen Theologie, wurde aber auch mitunter ein Zankapfel auf den Synoden. Heute unterhält die Brüdergemeine in Deutschland vier Schulen in Königsfeld, Tossens, Gnadau und Herrnhut und zusätzlich in Herrnhut ein Predigerseminar, auf dem die Prediger nach dem Universitätsstudium für ihren Gemeindienst vorbereitet werden. Hinzuweisen ist auch auf die Archivarbeit der Gemeine. Große und gut geführte Archive gibt es in Herrnhut und in Bethlehem, Pennsylvania.

5.10.6 Die Tropenlehre

Aus der Christozentrik, die Zinzendorf der Brüder-Unität mit auf den Weg gegeben hatte, folgt auch ihr ökumenisches Engagement. Der Graf hatte in allen Konfessionen die verschiedenen Weisen gesehen, wie der Heiland die Seinen zu sich zieht. Er war davon überzeugt, dass der Heiland seine Hand darunter hat, dass es viele Kirchen gibt, und wenn man eine weniger machen könnte, müsse man zuerst fragen, ob man auch solle. Für Zinzendorf ist jede Konfession ein „*tropos paideias*", eine Erziehungsweise Gottes. So wie jedes Individuum auf seine Art und Weise „vom Heiland traktiert wird" und einen „aparten Heiland" hat, d. h. also ein unverwechselbares Original ist und nicht über einen frommen Kamm geschoren werden darf, so hat auch jede „Religion" (= Kirche oder Denomination) ihre unverwechselbare Funktion bei der Erfüllung der großen Aufgabe, die Kinder Gottes unter dem einen Herrn und Haupt zu versammeln. Dies ist der tiefste Grund, warum die Brüder-Unität ein ökumenischer Sauerteig ist und zugleich der EKD angegliedert ist und der VEF angehört, warum sie Mitglied in der ACK und im ÖRK ist und warum sie auch in der DEA mitarbeitet.

5.10.7 Text

„Der Herr will, dass die Christenheit mit Eifer und Liebe die Einheit in ihm bezeugt und sucht. In unserer Mitte sehen wir, wie solche Einheit uns verheißen und aufgegeben ist. Wir erkennen, dass durch die Gnade Christi den verschiedenen Kirchen viele Gaben geschenkt sind. Es ist unser Wunsch, voneinander zu lernen und dabei den Reichtum der Liebe Christi und die mannigfaltige Weisheit Gottes zu preisen“ (Kirchenordnung I, 1959, 16).

5.11 Die Gemeinschaft der Siebenten-Tags-Adventisten (STA)

5.11.1 Informationen auf einen Blick

Literatur: Was Adventisten glauben. 27 biblische Grundlehren umfassend erklärt, Lüneburg 1996; Chronik der Siebenten-Tags-Adventisten in Deutschland 1875–2004, Hamburg 2004.
Adressen: Gemeinschaft der Siebenten-Tags-Adventisten, KdöR, Presse- und Informationsstelle, Senefelderstraße 15, 73760 Ostfildern; www.adventisten.de
Mitglieder: 36 000 Deutschland / 13,6 Mill weltweit.
Erwerb der Mitgliedschaft: durch Bekenntnistaufe.
Doppelmitgliedschaft: Nicht möglich.
Zahl der Gemeinden: 576.
Zahl der Pastoren: 292.
Ausbildung d. Pastoren: Theologisches Hochschule Friedensau 5jähriges Studium, Abitur oder Fachhochschulreife.
Höchstes Gremium: Generalkonferenz (weltweit).
Untergliederungen: 13 Divisionen, 99 Verbände (Unionen), 539 Vereinigungen.
Liederbuch: Wir loben Gott; Leben aus der Quelle.
Zeitschriften: Adventecho (mtl.), Zeichen der Zeit (viertelj.), Programmzeitschrift der Stimme der Hoffnung (zweimtl.), Informationen des Adventistischen Pressedienstes (mtl.).
Struktur: synodal-repräsentative Verfassung.
Feier des Abendmahls: in der Regel einmal im Vierteljahr mit Fußwaschung.

Besondere Aktivitäten: Adventistische Entwicklungs- und Katastrophenhilfe (ADRA = Adventist Development and Relief Agency); Gruppen des Deutschen Vereins für Gesundheitspflege (DVG); Gesundkostwerke („Granovita"), Advent Wohlfahrtswerk (AWW); Bildungswerk; Buchevangelisten.
Zusammenarbeit: vorsichtige Annäherung an ÖRK; Gastmitglied der ACK und VEF.

5.11.2 Ist die Gemeinschaft der STA eine Freikirche?

Die Gemeinschaft der Siebenten Tags-Adventisten (STA) wird gewöhnlich nicht zu den Freikirchen, sondern zu den „Sondergemeinschaften" oder „Sekten" gezählt. Dies ist im älteren Standardwerk über die „Sekten" von Kurt Hutten[330] ebenso der Fall wie in der neusten Auflage des „Handbuch Religiöse Gemeinschaften und Weltanschauungen" (Gütersloh 2000), das die Vereinigte Evangelisch Lutherische Kirche Deutschlands (VELKD) erarbeiten ließ und das dem ökumenischen Klima in Deutschland in vieler Hinsicht nicht zuträglich ist. Das Handbuch definiert Sekten als „Gemeinschaften, die mit christlichen Überlieferungen wesentliche außerbiblische Wahrheits- und Offenbarungsquellen verbinden und in der Regel ökumenische Beziehungen ablehnen".[331] Es hat die STA unter die „Sondergemeinschaften" eingestuft, was dem Selbstverständnis der STA nicht entspricht, sondern ebenso eine negative Benotung einschließt wie das Wort „Sekte". Man bescheinigt den STA ausdrücklich, dass sie derzeit „noch" zwischen Freikirchen und Sekten angesiedelt seien, weil sie an Sonderlehren festhalten, „die teilweise sektiererische Züge tragen". Diese Sonderlehren machen die STA zu einer „Sondergemeinschaft", was wohl eine Abschwächung von „Sekte" sein soll. Aber wer würde sich schon als „Sondergemeinschaftler" bezeichnen?

---

[330] Auch in der vollständig revidierten Neuausgabe des Buches Seher – Grübler – Enthusiasten. Das Buch der traditionellen Sekten und religiösen Sonderbewegungen, Stuttgart (Quell Verlag) 1982, 35 ff. wurde diese Zuweisung beibehalten.

[331] Diese Definition findet sich so auch im Ökumene-Lexikon, Frankfurt/M. (Lembeck Verlag) 1983, Sp. 1082.

Es wird im Laufe der Ausführungen klar werden, warum man unter dem Gesichtspunkt der „Sonderlehren" die STA den Sekten oder Sondergemeinschaften zuordnet. Dass dies heute nicht mehr gerechtfertigt ist, soll gleich zu Eingang mit Andreas Rössler betont werden. Er hat 1989 geschrieben: „Bei der Gemeinschaft der STA handelt es sich nicht um eine ‚Sondergemeinschaft', die sich durch einen sektiererischen Absolutheitsanspruch von allen übrigen Christen und Kirchen abhebt oder die bestimmte Sonderlehren vertritt, die nicht in der Bibel verankert sind und dem gesamtchristlichen Bekenntnis zum dreieinigen Gott und zur Erlösung durch Jesus Christus widersprechen. Die STA verstehen sich nicht als alleinseligmachende Kirche. Doch sehen sie, wie die meisten anderen Kirchen für sich auch, in ihrer Gemeinschaft die jetzt erreichbare Fülle der Glaubenserkenntnis und des Glaubensgehorsams gegeben."[332] Als durch die politische Wende und die dadurch notwendige Neukonstituierung der ACK die STA einen Antrag auf Gastmitgliedschaft gestellt hatte, ergab sich die Frage, wie man verfahren solle; denn es ist klar, dass eine herkömmlich als „Sekte" bezeichnete Gemeinschaft keine Aufnahme in die ACK finden sollte. Von daher ergab sich die Dringlichkeit einer gutachterlichen Stellungnahme, die mit den grundsätzlichen Einsichten Rößlers übereinstimmte.[333]

5.11.3 Geschichtliche Hinführung

In der adventistischen Bewegung lassen sich deutlich zwei große Schübe unterscheiden: Der erste Schub gehört nur indirekt zur Geschichte der Adventbewegung, muss aber berücksichtigt werden, um die Anfänge der Bewegung einordnen zu

[332] A. Rössler, „Adventisten", in: Ev. Gemeindeblatt für Württemberg Nr. 9/1989,4; folgerichtig hat er die Adventisten auch in seinem Buch Positionen, Konfessionen, Denominationen. Eine kleine Kirchenkunde, Stuttgart 1988, 74-76, abgehandelt.
[333] Erich Geldbach, Die Adventisten – eine konfessionskundliche Einordnung, in: MdKI 43, 1993, 48-51.

können. Er ist mit dem Namen des baptistischen Farmers William Miller (1782–1849) aufs engste verknüpft.[334]

5.11.3.1 Die Miller-Bewegung

Nach einem Bekehrungserlebnis zog sich Miller zwei Jahre zurück, um nur mit Hilfe einer Konkordanz die Bibel zu lesen. Er stieß immer wieder auf „Vorhersagen", die sich dann seiner Erkenntnis nach auch tatsächlich „erfüllt" hatten, entdeckte aber auch die Vorhersage von Geschehnissen, die noch der endgültigen Erfüllung harrten. Er berechnete den Termin der Wiederkunft Christi „für das jüdische Jahr 1843 oder davor", indem er, wie vielfach schon vor ihm, einen prophetischen Tag mit einem Jahr gleichsetzte und die 2300 Tage (= Jahre) aus Daniel 8,14 auf die in der englischsprachigen Welt weit verbreitete Chronologie übertrug, wie sie von dem anglikanischen Primas von Irland und Mitglied der Westminstersynode von 1643, Jacob Ussher (1581–1656), entwickelt worden war. Anders als bei dem schwäbischen Pietisten Johann Albrecht Bengel (1687–1752), dessen Berechnungen einer Weltwende erst seine Enkel betreffen konnten, war Miller unmittelbar berührt. „So wurde ich am Ende meines zweijährigen Bibelstudiums zu der heiligen Schlussfolgerung geführt, dass in etwa 25 Jahren alle Angelegenheiten unseres gegenwärtigen Zustandes zu ihrem Ende kommen würden".[335]

Die Scheu des Laien vor Illusionen ließ ihn nicht sofort seine Erkenntnisse mitteilen. Er vertraute sie vielmehr einigen Geistlichen und Freunden an. Als keiner sich jedoch beeindruckt zeigte, begann er ab 1831 eine feurige Predigttätigkeit. Miller besaß das „größte Zelt der Welt", mit dem er predigend

[334] Zu Miller und der anfänglichen Bewegung vgl. die Darstellung von Konrad F. Mueller, Die Frühgeschichte der Siebenten-Tags Adventisten. Studia Irenica IV, (2. Aufl.), Hildesheim 1977. Ferner: Ruth Alden Doan, The Miller Heresy, Millenialism, and American Culture, Philadelphia 1987 und Ronald L Numbers and Jonathan M. Butler (eds.), The Disappointed: Millerism and Millenarianism in the Nineteenth Century, Bloomington 1987.

[335] „... in about twenty-five years from that time [=1818] all the affairs of our present state would be wound up", zitiert bei L. E. Froom, The Prophetic Faith of Our Fathers, Bd. IV., Washington 1954, 463.

durch die Lande reiste; bei Lagerversammlungen und mittels Druckschriften in hohen Auflagen mit so bezeichnenden Titeln wie „Mitternachtsruf", „Zeichen der Zeit", „Stimme Elias" u. a. wurde die Adventbotschaft verkündet und damit eine endzeitliche Bußbewegung ausgelöst.

Je näher indes das berechnete Jahr rückte, desto häufiger wurden die Milleriten aus den bestehenden Denominationen ausgeschlossen. Die Spannungen verstärkten sich noch weiter, als insbesondere der Prediger Charles Fitch[336] gegen den Willen Millers die Adventgläubigen aufforderte, „Babylon" zu verlassen (Offb. 18,4). Nicht nur die römisch-katholische Kirche wurde, wie traditionell üblich, mit Babylon identifiziert, sondern auch die protestantischen Denominationen. Etwa 100.000 Menschen sollen dem Aufruf Folge geleistet haben. Hier liegt einerseits der Beginn eines eigenen Gemeinschaftsbewusstseins der Adventgläubigen. Andererseits ist damit der Grund zu den Verdächtigungen gelegt, es könnte sich bei dieser Adventgemeinschaft um nichts anderes als eine „Sekte" handeln.

Als das jüdische Jahr 1843 vergangen war, führte der Prediger Samuel S. Snow (1806–1870) an, dass im Gleichnis von den zehn Jungfrauen der Bräutigam „bis Mitternacht" verzieht, d. h. einen halben Tag (= ein halbes Jahr). Jetzt wurde ein konkreter Termin genannt: der 22. Oktober 1844. Es galt also, die Schläfer aufzurütteln. Eine fieberhafte Bußbewegung setzte ein. Manche verkauften ihren Besitz und überantworteten das Geld der Bewegung zur Verbreitung der Botschaft; Menschen gaben ihre Berufe auf, um fortan zu predigen; Farmer ließen die Ernte auf dem Halm und das Obst auf den Bäumen; selbst beim Finanzamt gingen Steuernachzahlungen von solchen ein, die es nicht genau genommen hatten, und die sich fürchteten, in Kürze vor dem himmlischen Richter erscheinen zu müssen; selbst zerrüttete Ehen wurden wieder geheilt.

Es ist einleuchtend, dass in diesem spannungsgeladenen Klima auch die Enttäuschung besonders groß gewesen sein muss, als an dem berechneten Tag nichts Sichtbares geschah.

---

[336] Vgl. über ihn K. F. Mueller, wie Anm. 334, 94ff.

Miller selbst resignierte und trat fortan nicht mehr öffentlich in Erscheinung. Die Miller-Bewegung war damit am Ende, nicht aber die Adventbewegung.

5.11.3.2 Die STA

Es begann nämlich nach der Enttäuschung die zweite Phase. Sie ist durch vier Personen geprägt, die alle zusammen zur Herausbildung einer eigenen Denomination beigetragen haben. Zunächst hatte der Farmer Hiram Edson (1806–1882) nach der vergeblich durchwachten Nacht am nächsten Morgen die Erkenntnis, dass das Datum richtig war, dass aber an diesem Tag Christus in das Allerheiligste des himmlischen Heiligtums eingetreten sei, um dort seinen „Schlussdienst" als Mittler, Versöhner und Richter zu beginnen. Damit ist das Nichterscheinen Christi auf Erden erklärt, und man kann an dem Datum sowie an der Naherwartung festhalten. Die zweite Person war Joseph Bates (1792–1872), der von der kleinen Gemeinschaft der Siebenten-Tags-Baptisten die Sabbatlehre übernahm und sich auch zur Temperenzbewegung bekannte. Er verband sich mit dem organisatorisch geschickten James White (1821–1881), der die Bedeutung der Visionärin Ellen Gould Harmon (1827–1915) erkannte und sie 1846 heiratete. Wenige Wochen nach der Hochzeit feierten sie den Sabbat.

Ellen G. White sah in einer Vision die Gesetzestafeln im himmlischen Heiligtum, wobei das Gebot „du sollst den Sabbat heiligen" in leuchtenden Buchstaben hervorstach. Daraus zog man den Schluss, dass die Heiligung des Sabbats die eigentliche Trennwand zwischen dem wahren Israel und den Ungläubigen sei und der Vereinigungspunkt der wahren Heiligen.

Die „Unterscheidungslehren" – vor allem die dreifache Engelsbotschaft nach Offb. 14,6-12 und die Sabbatheiligung – trugen dazu bei, in den Adventgläubigen ein Selbstbewusstsein aufkommen zu lassen, das sich davon speiste, in allen anderen Kirchen nur die große Hure erkennen zu können, während man selbst das „Malzeichen des Tieres" nicht trägt. Dieser anfängliche Ausschließlichkeitsanspruch und die Tatsache, dass die neue Bewegung in ihrem Namen zwei fundamentale Sonderlehren nannte – die Sabbatheiligung und die Naherwartung – bedingten, dass man die 1863 als eigenständige Gemeinschaft gegründete STA den „Sekten" zurechnete.

Dazu kam als dritter Faktor die Rolle einer Visionärin. Sie galt den Gläubigen als Trägerin des „Geistes der Weissagung" und war damit zugleich auch in ein apokalyptisches Schema eingebunden. Ihre Zeugnisse und Botschaften hatten großes Gewicht, so dass die Gegner leicht unterstellen konnten, dass die Heilige Schrift durch die umfangreichen Schriften der White relativiert werde. Obwohl sie nie ein offizielles Amt bekleidete, stand dennoch für die Gegner fest, dass sie nicht nur als Visionärin, sondern auch als Frau den Sektencharakter der Adventgläubigen zeige; denn sie und die Gemeinschaft missachteten das Schweigegebot für die Frau.

Stets stand für die STA fest, dass Ellen G. White eine endzeitliche Prophetin war. Die Zuordnung von Heiliger Schrift und der „Gabe der Weissagung" wurde von der Generalkonferenz der STA 1980 wie folgt vorgenommen: „Eine der Gaben des Heiligen Geistes ist die Weissagung. Diese Gabe ist ein Kennzeichen der Gemeinde der Übrigen und hat sich im Dienst von Ellen G. White erwiesen. Die Schriften dieser Botin des Herrn sind eine fortwirkende, bevollmächtigte Urkunde der Wahrheit und geben der Gemeinde Trost, Leitung, Unterweisung und Zurechtweisung. Sie heben auch deutlich hervor, dass die Bibel der Maßstab ist, an dem alle Lehre und Erfahrung geprüft werden muss (Joel 3,l f.; Apg. 2,14-21; Hebr. 1,1-3; Offb. 12,17; 19,10)".

Die Schriften Whites werden so verstanden, dass „mit prophetischer Dringlichkeit" von der Heiligen Schrift her Weisungen für das geistliche und sittliche Leben gegeben werden. Der Zweck ihrer Schriften besteht nicht in einer Ergänzung des Kanons; sie dienen auch nicht als Grundlage für die Lehre oder als Ersatz der Schrift.[337] Doch sind sie auch nicht einfach Ergebnis christlicher Frömmigkeit, sondern sie gelten als inspiriert. Auch die breite Nutzung literarischer Quellen, die zu

[337] Vgl. auch Seventh-day Adventists Believe, 227: „The writings of Ellen White are not a substitute for Scripture. They cannot be placed on the same level [...]. Seventh-day Adventists fully support the Reformation principle of sola scriptura, the Bible as its own interpreter and the Bible alone as the basis of all doctrines."

dem Vorwurf des Plagiats geführt hat, schließt die Inspiration nicht aus.

Im Rheinland, besonders in Vohwinkel, Gladbach und Solingen, gab es einige Gruppen unter Johann Lindermanns Leitung, die den Sabbat hielten.[338] Daraus ging die erste deutsche Adventistengemeinde hervor. Im Jahre 1886 kam Ludwig Richard Conradi (1856-1939) aus Amerika in seine Heimat zurück und führte die kleinen Anfänge systematisch fort. Sogar Ellen G. White besuchte im Mai 1887 für wenige Tage die Adventgläubigen.[339] Conradi zog 1889 nach Hamburg um und wurde von dort der Pionier der STA-Arbeit in Deutschland. In „Friedensau" bei Magdeburg entstanden ab 1899 eine Missionsschule, ein Sanatorium, wo auch die „Friedensauer Schwesternschaft" ausgebildet wurde, ein Altersheim und die Nährmittelfabrik DeVauGe (= Deutscher Verein für Gesundheitspflege). Diese befindet sich heute in Lüneburg. In Friedensau ist nach der politischen Wende eine von der letzten DDR-Regierung staatlich anerkannte Theologische Hochschule entstanden. Im Westen wurde 1925 auf der „Marienhöhe" in Darmstadt-Eberstadt eine Bildungsstätte errichtet. Bis zur Wende wurden hier auch die adventistischen Pastoren ausgebildet. Heute ist dort das in Darmstadt angesehene private Schulzentrum mit Gymnasium, Kolleg und Realschule.

Unter den Nationalsozialisten kam es zu Behinderungen der Gemeindearbeit und auch zu Verboten. Evangelisationen nach außen waren nicht erlaubt. Eine Unterrichtsbefreiung für Schülerinnen und Schüler aus adventistischen Familien am Sonnabend sowie eine Arbeitsbefreiung für adventistische Bedienstete bei Post, Bahn und in der staatlichen Verwaltung wurden zurückgenommen. Die Mitgliederzahl war durch die Wirren der Kriegs- und unmittelbaren Nachkriegszeit erheblich zurückgegangen, doch kam es schon bald zu einem Wachstum, was sich jedoch wieder abflachte. Die 1928 gebildete „Mitteleuropäische Division" mit dem Süddeutschen,

---

[338] Zum Ganzen vgl. August Jung, Als die Väter noch Freunde waren. Zur Geschichte der freikirchlichen Bewegung im Bergischen Land ab Mitte des 19. Jahrhunderts, Wuppertal (Brockhaus) 1999.

[339] Vgl. die Broschüre Advent-Mission im Rheinland. Hundert Jahre nach dem Besuch E.G. Whites im Rheinland.

Westdeutschen und Ostdeutschen Verband war trotz des Krieges funktionsfähig geblieben, doch musste infolge der deutschen Teilung der Ostdeutsche Verband ausscheiden. Es bildete sich 1972 die „Union der Gemeinschaft der Siebenten-Tags-Adventisten in der DDR". Die westdeutschen Verbände schlossen sich 1972 der „Südeuropäischen Division" an, die in „Euro-Afrika Division" umbenannt wurde. Nach der Wende bildeten im April 1992 der Westdeutsche und der Ostdeutsche Verband den Norddeutschen Verband.

5.11.4 Kennzeichen

1. „Die STA teilen mit allen Christen den Glauben an den dreieinigen Gott der Bibel, wie er in den frühchristlichen Bekenntnissen bezeugt wird".[340]

2. Die Bibel gilt als maßgebende Offenbarungsquelle und alleinige Grundlage des Glaubens[341], wobei Jesus Christus bzw. das Kreuz der zentrale Fixpunkt der Offenbarung ist.[342]

3. Die Erde ist Austragungsort eines universalen Konflikts, wobei sich der Gott der Liebe letztlich als Sieger erweisen wird.

4. Der Mensch wird als eine unteilbare Einheit aus Leib, Seele und Geist verstanden, der durch Christus zu seiner ursprünglichen Bestimmung gelangt. Von daher gilt, für den Leib durch körperliche Ertüchtigung und durch gesunde Ernährung Sorge zu tragen. Daher unterhalten Adventisten in aller Welt, so auch in Deutschland, Nährmittelfabriken für Vollwertkost und engagieren sich in der Präventivmedizin, aber auch in der medizinischen Versorgung durch Krankenhäuser und Sanatorien. Weltweit unterhält die Gemeinschaft 165 Krankenhäuser und Sanatorien.[343] In den USA verfügen

---

[340] Gelebter Glaube, Hamburg 1979, 72.

[341] Auf der 53. Generalkonferenz 1980 wurden die Glaubensüberzeugungen neu gefasst. Sie sind in deutscher Übersetzung erschienen im Adventecho 80, 1981, Nr. 6, 6-10.

[342] Seventh-day Adventists Believe, 6.

[343] In Berlin-Zehlendorf ist das 1920 gegründete Akutkrankenhaus „Waldfriede" bekannt. Es ist seit 1988 Akademisches Lehrkrankenhaus der Freien Universität Berlin.

sie über zwei berühmte medizinische Hochschulen. Medizinische Untersuchungen haben ergeben, dass die Adventisten die gesündeste Subgruppe in der amerikanischen Gesellschaft sind. Alle Krankheiten, auch Krebserkrankungen, kommen bei ihnen signifikant weniger vor als in der übrigen Bevölkerung. Das hängt auch damit zusammen, dass sie keine in der Bibel als „unrein" bezeichnete Speisen zu sich nehmen und sich aller Alkoholika, des Tabaks, der Drogen und des Medikamentenmissbrauchs enthalten.

5. Zur Gemeinde als der Familie Gottes gehören alle, die aus der Welt herausgerufen sind und Jesus Christus als ihren Herrn und Erlöser bekennen. In Christus sind alle eins; dieses Einssein hat seinen Ursprung in der Einheit des dreieinigen Gottes.

6. Die Taufe durch Untertauchen ist Bekenntnistaufe und ist Sinnbild für die Gemeinschaft mit Christus, die Vergebung der Sünden und den Empfang des Heiligen Geistes.

7. Beim Abendmahl, an dem alle gläubigen Christen teilnehmen können, gelten Brot und Wein als Zeichen für den Leib und das Blut Jesu Christi. In der Gemeinschaft ist Christus gegenwärtig. Der Dienst der Fußwaschung geht voraus.

8. Die Zehn Gebote gelten als bindend für die Menschen aller Zeiten, als Grundlage für Gottes Bund und als Maßstab für sein Gericht. Das Gesetz zu erfüllen hat keinen Verdienstcharakter. Die Erlösung, so wird ausdrücklich betont, geschieht allein aus Gnade und nicht durch Werke. Aber das Gesetz ist Hinführung zu Christus und dann Norm gelebten Glaubens.

9. Von daher muss man auch die Sabbattheologie einordnen. Der Sabbat war nach Meinung der Adventisten willkürlich durch den Sonntag verdrängt worden; es ist aber die Heiligung des Sabbats von Sonnenuntergang freitags bis Sonnenuntergang samstags unwandelbar im Gesetz geboten. Die Feier des Sabbats wird Sinnbild der Erlösung durch Christus, Zeichen der Heiligung, Zeugnis des Gehorsams und Vorgeschmack des ewigen Lebens. Die Einhaltung des Sabbats in einer Gesellschaft, die noch nicht die Fünf-Arbeitstage-Woche kannte, stempelte die Adventisten zu Außenseitern.

10. Damit ihre Kinder am Sabbat die öffentlichen Schulen nicht zu besuchen brauchten, bauten die Adventisten ein eigenes Schulsystem auf, das nach ihren anthropologischen Prä-

missen einer ganzheitlichen Pädagogik verpflichtet ist. Das ist natürlich vor allem in den USA der Fall, aber auch dort, wo die missionarischen Aktivitäten einen hohen Bevölkerungsanteil erreichten. Die Adventisten unterhalten weltweit 6.600 Schulen und 100 Hochschulen mit insgesamt ca. 66.400 Lehrkräften und über 1,2 Millionen Schülern und Studenten.

11. Anklänge an einen Exklusivitätsanspruch finden sich in den Aussagen über die Schar der „Übrigen", die angesichts des weit verbreiteten, endzeitlichen Abfalls herausgerufen sind, um an den Geboten Gottes festzuhalten und den Glauben an Jesus zu bewahren. Die Gabe der Weissagung ist ein Kennzeichen der Gemeinde der „Übrigen" und hat sich bei E. G. White erwiesen.

12. Betont wird auch, dass das Kommen Christi nahe bevorsteht, doch enthält man sich aller Spekulationen über einen Termin, sondern fordert dazu auf, jederzeit bereit zu sein.

13. Die Adventisten haben „Buchevangelisten", d. h. Kolporteure, die Bibeln und Schriften von Haus zu Haus zu verkaufen suchen.

5.11.5 Organisation

Die Einzelgemeinde ordnet im Rahmen allgemeiner Regeln ihre Angelegenheit selbständig durch den Gemeindeausschuss. Die hauptamtlichen Pastoren werden von der Vereinigung zugewiesen. Mehrere Vereinigungen bilden einen Verband. In der Bundesrepublik Deutschland gibt es den Süddeutschen und den Norddeutschen Verband; zum Süddeutschen Verband gehören die Vereinigungen Baden-Württemberg, Mittelrhein, Nordbayern und Südbayern, zum Norddeutschen Verband die Vereinigungen Berlin-Brandenburg, Hansa, Niedersachsen/Bremen, Nordrhein-Westfalen und Mitteldeutschland. Die Verbände gehören zur Euro-Afrika-Division mit Sitz in Bern (Schweiz). Höchste Verwaltungs- und Rechtsinstanz ist die Generalkonferenz in Silver Spring, Maryland, USA.

5.11.6 Die STA und die anderen Kirchen

Unter den Adventisten wächst ein Bewusstsein, dass sie nur gemeinsam mit anderen Kirchen die Kirche Jesu Christi bilden. Dies drückt sich an vielen Stellen aus. Seit 1968 sind die

STA bei den jährlichen Zusammenkünften der Sekretäre der konfessionellen Weltbünde – der „Weltweiten Christlichen Gemeinschaften" – vertreten und stellen seit Jahren den Sekretär. In der Kommission für Glauben und Kirchenverfassung, in der Medizinischen Kommission und im Ausschuss für Religionsfreiheit des ÖRK sind sie vertreten und haben zu den Lima Erklärungen über Taufe, Eucharistie und Amt durch die Generalkonferenz eine Stellungnahme abgegeben. Adventistische Hilfswerke arbeiten mit anderen Hilfswerken eng zusammen und umgekehrt. In über sechzig Ländern sind die STA Mitglied in nationalen Bibelgesellschaften – so auch in Deutschland –, und viele christliche Radio- und TV-Sender werden von den STA zusammen mit anderen Kirchen betrieben. Die STA waren von der römisch-katholischen Kirche als Beobachter zum Zweiten Vatikanischen Konzil eingeladen und haben dieser Einladung auch Folge geleistet. Dabei kam es zu einem Zusammentreffen des adventistischen Beobachters Dr. Bert B. Beach mit dem damaligen Direktor der Kommission für Glauben und Kirchenverfassung, Dr. Lukas Vischer, was zu einer Reihe von Gesprächen zwischen dem ÖRK und den STA führte, deren Ergebnisse 1973 vom ÖRK unter dem Titel *So much in common* (So viel Gemeinsames) veröffentlicht wurden. All dies hat dazu geführt, dass die Generalkonferenz 1980 einen „Rat für zwischenkirchliche Beziehungen" (*Council on Interchurch Relations*) ins Leben gerufen hat. In der früheren DDR waren die Adventisten Gastmitglied in der AGCK. Ihrem Antrag auf Gastmitgliedschaft in der gesamtdeutschen ACK wurde aufgrund der Einsicht stattgegeben, dass das, was unter den Kommunisten im Osten theologisch richtig war, durch die politische Wende nicht als falsch erwiesen werden könne. Sowohl der Lutherische als auch der Reformierte Weltbund haben sich seit 1994 auf einen offiziellen Dialog mit der Gemeinschaft der STA eingelassen. Die Ergebnisse haben in Deutschland zur Kritik Anlass gegeben, wobei man den Eindruck gewinnen muss, dass die Einordnung der STA als „Sekte" hier immer noch eine große Rolle gespielt hat. Die Kommission hatte nämlich den Lutheranern empfohlen, sie sollten in Zukunft regional und national „die Gemeinschaft der Siebten-Tags-Adventisten nicht als Sekte, sondern als Freikirche und christliche Weltgemeinschaft betrachten".

Der Adventistische Pressedienst (APD) bringt regelmäßig nicht nur Mitteilungen aus der eigenen Gemeinschaft, sondern auch aus anderen Kirchen.

6. Zwischenkirchliche Organisationen

6.1 Die Evangelische Allianz

Freikirchliche Christen sind herkömmlich mit Christen anderer Kirchen durch die Evangelische Allianz verbunden. Diese wurde 1846 in London gegründet und ist daher die älteste ökumenische Organisation. Im Gegensatz zu ökumenischen Formen der Zusammenarbeit, wie sie sich im 20. Jahrhundert entwickelt haben, ist die Allianz aber kein zwischenkirchliches Gremium oder ein Kirchenbund, sondern ein „Bruderbund"[344], der die einzelnen, an Jesus Christus Gläubigen über die Grenzen von Denominationen und Kirchen, Nationen und Rassen hinweg durch gemeinsames Gebet und den Einsatz für Mission und Evangelisation zusammenführen will. Die Allianz hat sich eine Glaubensbasis gegeben, die im 19. Jahrhundert sowohl einen Orientierungsrahmen als auch eine Abgrenzung gegenüber den „Sekten" und der römisch-katholischen Kirche abgab.[345] Die Frontstellung ist heute so nicht mehr gegeben.

Anfänglich hat die Allianz versucht, mit dem seit 1848 jährlich tagenden Kirchentag in Deutschland Kontakte aufzunehmen. Es kam auch zu persönlichen Begegnungen, als etwa der Präsident des Kirchentages, Moritz August v. Bethman-Hollweg zusammen mit August Tholuck, Johann Hinrich Wichern und anderen zur Allianz-Konferenz 1851 nach London reisten und dort ein Grußwort sprachen bzw. ein Referat (Wichern) hielten. Sie luden umgekehrt Vertreter der englischen Allianz zum Kirchentag nach Elberfeld ein. Als dann aber der Sekretär

---

[344] Bis in die jüngste Vergangenheit wurde die Allianz tatsächlich nur von „Brüdern" geleitet.

[345] Einzelheiten über Entstehung und frühe Entwicklung bei Hans Hauzenberger, Einheit auf evangelischer Grundlage. Von Werden und Wesen der Evangelischen Allianz, Gießen (Brunnen) 1986, 69 ff.

der Allianz, der Baptistenpastor Edward Steane, als Abgesandter vor dem Plenum in Elberfeld die Religionsfreiheit einforderte, stieß er auf ebenso kühle wie einhellige Ablehnung. Die Vorstellung konnte sich festsetzen, dass die Allianz als Instrument herhalten sollte, die Freikirchen, besonders die Baptisten, durch die Hintertür salonfähig zu machen. Die Allianz stieß daher auch in den von der Erweckungsbewegung ergriffenen Teilen des deutschen Protestantismus keineswegs auf einhellige Zustimmung. Von den Konfessionellen wurde sie ohnehin lächerlich gemacht.[346] Der Einsatz der Allianz für Glaubens- und Gewissensfreiheit machte sie unter den Staatskirchen im damaligen Deutschland suspekt, wie sie umgekehrt von den Freikirchlern als Hilfe in ihrer notvollen Lage empfunden wurde. Die Engländer empfanden es als skandalös, dass den freikirchlichen protestantischen Förderern der Allianz von anderen Protestanten die Glaubensfreiheit verweigert wurde. Eine Folge war die Einberufung einer internationalen Konferenz für Religionsfreiheit 1853 in Homburg v.d.H., die durch die internationale Evangelische Allianz getragen wurde.[347] Von der Geschichte her erklärt sich die Nähe der Freikirchen zur Allianz.

Die Deutsche Evangelische Allianz (DEA) hat sich in den letzten Jahrzehnten immer deutlicher zu einer „evangelikalen" Allianz entwickelt. Führende Männer in ihren Reihen bezeichnen sie als „Sammlung der Evangelikalen". Dabei ist nicht ausgemacht, wer als „evangelikal" gilt und wo die Trennlinie zum christlichen Fundamentalismus verläuft. Es hat sich in Deutschland eingebürgert, mit dem Begriff „bibeltreu" zu operieren, was der frühere Seminardirektor des Seminars des Bundes Freier evangelischer Gemeinden, Gerhard Hörster, als „Reizwort" einstufte. Trotz der Tatsache, dass innerhalb der „Konferenz bibeltreuer Ausbildungsstätten" 2002/03 eine heftige Auseinandersetzung um die „Bibeltreue" tobte, die wohl auch noch nicht ausgestanden ist, finden sich dennoch unter

[346] Vgl. die Beispiele bei Hauzenberger, a.a.O., 192-195.
[347] Dazu Karl Heinz Voigt, „Die ‚Homburg Conference' für Religionsfreiheit von 1853", in: Lena Lybaek, Konrad Raiser, Stefanie Schardien (Hgg.), wie Anm. 56, 492-503.

der Losung „bibeltreu“ sowohl „Evangelikale“ als auch „Fundamentalisten“ zusammen, und beide unterstützen mehr oder weniger die DEA. Man scheut vor einer inhaltlichen Klarstellung zurück, weil dadurch die Zerklüftung deutlich zu Tage treten würde.[348] Außerdem ist eine Diskussion im Gang, ob man sich von der römisch-katholischen Kirche einerseits und der charismatischen Bewegung bzw. den Pfingstkirchen andererseits abgrenzen solle und ob die „Berliner Erklärung“ von 1909 (s. o.) noch gilt oder welche Form der Mitarbeit durch die „Kasseler Erklärung“ jetzt möglich ist.[349]

Die DEA kennt keine formale Mitgliedschaft. Sie wird gemeinsam vom 1. Vorsitzenden und dem Generalsekretär geleitet. Der zur Zeit aus 36 Personen bestehende Hauptvorstand, dessen Mitglieder allein die juristischen Mitglieder des Trägervereins sind, trifft sich zweimal jährlich, um die Grundsätze der Arbeit festzulegen. Die aktuellen Entscheidungen trifft der neunköpfige Geschäftsführende Vorstand. Der Generalsekretär führt die Beschlüsse aus und wird dabei von einem Referenten und dem Direktor des Evangelischen Allianzhauses in Bad Blankenburg/Thüringen unterstützt. Die DEA hat eine größere Zahl von Arbeits- und Projektgruppen gebildet und damit quasikirchliche Strukturen hervorgebracht. In Deutschland gibt es etwa 1.250 örtliche Allianzgruppen. Die Finanzierung der gesamten Arbeit geschieht ausschließlich durch Spenden oder andere freiwillige Gaben. Schwerpunkte der Arbeit bilden nach wie vor die zu Beginn jedes Jahres durchgeführte Allianz-Gebetswoche, für die Arbeitsmaterialien zur Verfügung gestellt werden, Evangelisationen vor Ort oder auch durch Großveranstaltungen wie etwa ProChrist, sowie Konferenzen. Eine große Zahl diakonischer Einrichtungen hat eine Anbindung an die Allianz.

Neben einer Fülle von Organisationen, die auf der Glaubensbasis der Allianz arbeiten, gibt es außerdem eine Anzahl

---

[348] Vgl. Erich Geldbach, Protestantischer Fundamentalismus in den USA und Deutschland, Münster (LIT) 2001, 180-186, wo tabellarisch die theologischen Unterschiede bzw. Schwerpunktsetzungen zwischen dem „herkömmlichen“ Protestantismus, dem Evangelikalismus, dem Fundamentalismus und der charismatischen Bewegung aufgelistet sind.

[349] Zur „Kasseler Erklärung“ vgl. den Schluss dieses Abschnitts.

selbständiger Werke und Einrichtungen, die direkt mit der DEA verbunden und von ihr (mit-)gegründet worden sind und die andere kirchliche und freikirchliche Werke verdoppeln. Dies hat auch aus den Reihen der Freikirchen zu Kritik an der DEA geführt. Dazu gehören etwa Arbeitsgemeinschaften und Arbeitskreise für Biblische Frauenarbeit, für Soldatenseelsorge, für Evangelikale Mission und Missiologie, für evangelikale Theologie; ferner die Hilfsorganisationen „Christliche Fachkräfte International“ und „Hilfe für Brüder“, sowie der Evangeliums-Rundfunk Wetzlar, der Ring Missionarischer Jugendbewegungen und der Pressedienst idea.

Diese Nachrichtenagentur, der „Informationsdienst der Evangelischen Allianz“ (idea) besteht seit 1970. Freilich wird nur noch die Abkürzung idea, nicht mehr deren Auflösung gebraucht, weil sich die DEA nicht mehr voll mit den transportierten Inhalten identifizieren möchte. Seit 1979 wird idea-Spektrum herausgegeben, ein bebildertes Wochenmagazin, das die wichtigsten Nachrichten präsentiert und das sich zur auflagenstärksten evangelischen Illustrierten entwickelt hat. Dieses Magazin verfügt in den der Allianz nahe stehenden Kreisen über einen richtungsbestimmenden und richtungsweisenden Einfluss. Ein auch nur flüchtiger Blick in die Meldungen zeigt, dass hier der theologisch, politisch und sozialwirtschaftlich konservative Flügel des deutschen Protestantismus vorzugsweise zu Wort kommt. Es lassen sich dabei keine konfessionellen Grenzen aufzeigen; die Fronten laufen nicht entlang der Konfessionen oder gar der Landeskirchen hier und der Freikirchen dort. Eine konservative Grundhaltung verbindet mehr als die Kirchenzugehörigkeit. Die mit den Meldungen stets einhergehenden Abgrenzungen gegen vermeintliche oder wirkliche kirchenpolitische Gegner bewirken offenbar ein starkes Zusammengehörigkeitsbewusstsein. Die Nachrichtenagentur will angesichts des bekämpften kirchlich-theologischen „Pluralismus“ Flagge zeigen und wirbt mit Eindeutigkeit und geistlichem Profil und meint, diese auch zu besitzen.

Den Freikirchlern, die dieser Vorgehensweise Beifall zollen, müsste man ins Stammbuch schreiben, dass es sich von ihrer Geschichte her verbieten müsste, vor Pluralismus Angst zu haben. Durch die pure Tatsache ihrer Existenz als Freikirchen in der Mehrzahl machen sie deutlich, dass sie eine plurale Ausdrucksweise des Christlichen einem Drang nach „evangelikaler". Einheitlichkeit vorziehen (vgl. oben als unverdächtiges Beispiel Zinzendorf). Außerdem sollten sie sich davor hüten, eine differenzierte und, wenn nötig, auch eine kritische Betrachtungsweise gesellschaftlicher Vorgänge auf dem Altar vermeintlicher Eindeutigkeit zu opfern.

Von einem freikirchlichen Standpunkt aus hat die DEA eine Reihe von Schwachpunkten, u. a.:

1. Ihre Glaubensbasis stammt aus dem 19. Jahrhundert und ist stark der Problematik der damaligen Zeit verhaftet. Man kann sie heute nur schwer ohne erläuternde Kommentare verstehen[350], und die Auswahl der behandelten dogmatischen Lehrpunkte erscheint nicht zwingend. So bekennt sich die Allianz

– zur Allmacht und Gnade des dreieinigen Gottes in Schöpfung, Offenbarung, Erlösung, Endgericht und Vollendung;

– zur göttlichen Inspiration der Heiligen Schrift als höchster Autorität in allen Fragen des Glaubens und der Lebensführung;

– zum stellvertretenden Opfer des Gottessohnes;

– zur Rechtfertigung des Sünders allein durch die Gnade Gottes aufgrund des Glaubens an Jesus Christus;

– zum Werk des Heiligen Geistes, der Bekehrung bewirkt und die Gläubigen zur Heiligung befähigt;

– zum Priestertum aller Gläubigen und

– zur Erwartung der sichtbaren Wiederkunft Jesu Christi und zur Auferstehung zum Gericht und zum ewigen Leben der Erlösten.

2. Ein „Bruderbund" oder wie man inzwischen auch gelegentlich lesen kann, ein „Geschwisterbund" reicht heute von der Sache her nicht mehr aus. Heute muss es um Beziehungen zwischen Kirchen und nicht nur zwischen Individuen gehen. Das macht die DEA und ihre Arbeit keineswegs überflüssig, weil Kontakte zwischen Individuen stets auch positive Auswirkungen auf zwischenkirchliche Beziehungen haben. Hier liegt

[350] Fritz Laubach und Helge Stadelmann (Hgg.), Was Evangelikale glauben. Die Glaubensbasis der Evangelischen Allianz erklärt, Wuppertal 1989.

unbestreitbar ein wichtiger ökumenischer Beitrag der Allianz. Inzwischen aber hat die Allianz ihre einstige ökumenische Vorreiterrolle mit der einer Nachhut vertauscht.

3. Auch wenn nicht verkannt werden darf, dass es der Allianz um eine gelebte und aktive Form der persönlichen Frömmigkeit geht, so trifft dennoch die Beobachtung zu, dass der unter Christen offenbar unausrottbare Hang zu Polemik, Verdächtigung und Unterstellung in Kreisen der DEA besonders ausgeprägt ist, wie man aus idea unschwer erfahren kann. Die Allianz erweckt in einigen ihrer Wortführer oft den Eindruck, dass ihr oberstes Ziel nicht mehr darin besteht, Christen verschiedener Konfessionen versöhnend zusammenzuführen, sondern Gräben zu vertiefen oder gar neue aufzureißen.

4. Das ursprünglich sozial-politische Engagement der Allianz etwa im Kampf gegen die Sklaverei oder um Glaubens- und Gewissensfreiheit ist weitgehend einem Glaubensindividualismus gewichen. Zwar unterhält die DEA einen Arbeitskreis „Religionsfreiheit – Menschenrechte – Verfolgte Christen", doch reklamiert man hier Menschenrechte für Christen und nicht in gleichem Maße auch für andere, was den universalen Anspruch der Menschenrechte nur schmälern kann.

Die DEA und der Bund Freikirchlicher Pfingstgemeinden haben durch die „Kasseler Erklärung" vom 1. Juli 1996 eine Annäherung erreicht und damit das schroffe Urteil der „Berliner Erklärung" von 1909 überwunden. Allerdings ist davon auszugehen, dass der BFP ursprünglich nicht das Gegenüber der Berliner Erklärung gewesen ist, sondern der Mülheimer Verband. Dieser aber ist in der Kasseler Erklärung nicht einbezogen gewesen. Die Erklärung ihrerseits geht davon aus, dass sich der BFP „uneingeschränkt zur Glaubensbasis der DEA" bekennt. Das schließt, so fügt die Erklärung an, unterschiedliche Lehrmeinungen und Frömmigkeitsformen nicht aus, die aber um der Einheit willen zurückgestellt werden können (Nr. 1). Auf der Grundlage des Bekenntnisses zum dreieinigen Gott (Nr. 2.1) wird ein „mehrstufiges Heilsverständnis" abgelehnt (Nr. 2.2), die Gnadengaben und Dienste des Heiligen Geistes bejaht (Nr. 2.3), aber zwischen beiden keine Wertung vorgenommen (Nr. 2.4). „Prophetische Rede" ist ebenso am Wort der Schrift zu beurteilen (Nr. 2.4.1), wie „beim Sprachengebet und der Sprachenrede" die apostolische Ordnung nach 1. Kor. 14 als „verbindlich anerkannt" wird (Nr. 2.4.2).

Krankenheilungen sind „unverfügbare Geschenke Gottes", doch gilt genauso, dass Gott sich auch in Zeiten der Krankheit „verherrlichen kann" (Nr. 2.4.3). Beide Seiten bedauern, „dass spektakuläre Erscheinungen, wie z.B. das ‚Ruhen im Geist', die Austreibung sogenannter ‚territorialer Geister' usw." zu Verwirrungen und Spaltungen geführt haben. Man ist sich einig, dass bei Veranstaltungen „im Rahmen und in der Verantwortung" der DEA „solche umstrittenen Inhalte keinen Raum finden" (Nr. 3). Bei Schwierigkeiten in der Zusammenarbeit vor Ort erklären sich Präsidium des BFP und Hauptvorstand der DEA zu vermittelnden und klärenden Gesprächen bereit (Nr. 4).[351]

Vermutlich hat nicht nur der Gedanke an die Aufarbeitung der Geschichte beim Zustandekommen der Kasseler Erklärung eine Rolle gespielt, sondern auch der Umstand, dass verschiedene Pfingstkirchen und charismatische Kreise auf europäischer Ebene und auf Weltebene unbefangener in die Arbeit der Allianz einbezogen sind als es in Deutschland der Fall war. Daher ist die Kasseler Erklärung ein bedeutsamer Schritt zur Entspannung.

Die DEA ist Mitglied in der *European Evangelical Alliance*, die jährlich eine Ratstagung durchführt und in der *World Evangelical Fellowship*, deren Generalversammlung alle sechs Jahre zusammentritt.
www.ead.de
www.europeanea.org
www.worldevangelical.org

6.2 Die Vereinigung Evangelischer Freikirchen (VEF)

Aus dem 1916 gebildeten Hauptausschuss deutscher Freikirchen ging die Vereinigung Evangelischer Freikirchen (VEF) hervor, die sich am 29. April 1926 in Leipzig konstituierte. Die VEF war damit die erste ökumenische Organisation selbständiger Kirchen in Deutschland. Gründungsmitglieder waren der Bund der Baptistengemeinden (heute BEFG), der Bund Freier evangelischer Gemeinden, die Evangelische Ge-

[351] Der vollständige Text ist abgedruckt in MdKI 48, 1997, 14.

meinschaft und die Bischöfliche Methodistenkirche. Die beiden Letzteren haben sich 1968 zur Evangelisch-methodistischen Kirche vereinigt. Nachdem die Weimarer Reichsverfassung festgelegt hatte, dass es keine Staatskirche in Deutschland mehr geben solle, schien sich den Minderheitskirchen eine neue Möglichkeit aufzutun, eine größere Rechtssicherheit zu erlangen. Daher verdankt sich die Gründung der VEF dem Wunsch, gemeinsame Anliegen nach außen zu vertreten. Dies sollte ebenso gegenüber dem Staat hinsichtlich der Körperschaftsrechte für die Freikirchen und der bürgerlichen Gleichstellung der Mitglieder geschehen als auch gegenüber den Landeskirchen in Bezug auf den Religionsunterricht, die Friedhofsstreitigkeiten[352], Seelsorge in öffentlichen Einrichtungen und dergleichen Fragen. Es ging aber auch darum, die zwischenkirchlichen Beziehungen der Freikirchen untereinander zu fördern sowie gemeinsam gegenüber der sich bildenden ökumenischen Bewegung aufzutreten.

Die VEF umfasst inzwischen zwölf Mitglieds- und Gastmitgliedskirchen. Im April 2000 trat eine neue Ordnung der VEF in Kraft, deren Präambel einen erstaunlichen theologischen Grundkonsens wiedergibt. Sie lautet:

„Die Vereinigung Evangelischer Freikirchen versteht sich als eine Gemeinschaft evangelischer Gemeindebünde und Kirchen, die durch den Herrn Jesus Christus untereinander verbunden sind. Ihre Verbundenheit zeigt sich insbesondere durch folgende gemeinsame Kennzeichen:

– Sie erkennen in der Heiligen Schrift Alten und Neuen Testaments Gottes Wort als Grundlage und alleinige Richtschnur ihrer Verkündigung, ihrer Lehre und ihres Lebens.

– Sie bekennen Jesus Christus als Haupt der Gemeinde sowie als Herrn und Heil der Welt. Mit allen Kirchen der Reformation bezeugen sie die Errettung der Sünder um Jesu Christi willen aus Gottes freier Gnade allein durch den Glauben.

---

[352] Im Jahr 1928 legte die VEF eine Dokumentation mit 24 Streitfällen vor. Verschiedentlich wurden freikirchliche Pastoren wegen Hausfriedensbruch angezeigt, wenn sie auf kirchlichen Friedhöfen beerdigten.

– Sie verstehen die Kirche bzw. Gemeinde Jesu Christi als Gemeinschaft der Gläubigen, geschaffen durch das Wort Gottes und gestaltet als Lebens- und Dienstgemeinschaft im Sinne des Priestertums aller Gläubigen.

– Sie erwarten von den Gliedern ihrer Gemeinden ein Bekenntnis des persönlichen Glaubens an Jesus Christus sowie die ernsthafte Bereitschaft, ihr Leben dem Willen Gottes entsprechend zu führen.

– Sie halten an der rechtlichen und organisatorischen Unabhängigkeit vom Staat fest und finanzieren ihre Arbeit durch freiwillige Beiträge der Mitglieder.

– Sie treten ein für Menschenrechte, insbesondere für Glaubens- und Gewissensfreiheit, und übernehmen ein ihren Möglichkeiten entsprechendes Maß an Verantwortung für alle Menschen.

– Ihre Hauptaufgabe sehen sie darin, das Evangelium von der Liebe Gottes zu allen Menschen in Wort und Tat zu verkündigen.

Die Mitglieder der Vereinigung Evangelischer Freikirchen erkennen sich gegenseitig als Teil der einen Kirche Jesu Christi an und wollen der wesenhaften Einheit dieser Kirche durch ihre Gemeinschaft sichtbar Ausdruck verleihen. Sie verpflichten sich, diese Gemeinschaft durch enge Zusammenarbeit zu vertiefen. Zugleich bemühen sie sich aufrichtig, die Gemeinsamkeiten mit anders geprägten Kirchen besser zu erkennen und zu stärken.“[353]

Mit den Kirchen der Reformation weiß sich die VEF durch die alleinige Autorität der Schrift und die anderen flankierenden allein-Aussagen der Reformation – allein aus Gnade, allein durch den Glauben und allein um Christi willen – verbunden.[354] Außerdem teilen die Kirchen der VEF die reformatorische Einsicht, dass die Kirche *creatura verbi divini* ist. Sie teilen auch die reformatorische Entdeckung des Priestertums aller Gläubigen, die als Lebens- und Dienstgemeinschaft konkrete Gestalt annehmen soll. Die Konkretheit bedingt auch,

---

[353] Zitiert im Freikirchenhandbuch. Informationen – Anschriften – Texte – Berichte, Wuppertal (Brockhaus) 2004, 141 f.

[354] Es sei ausdrücklich darauf verwiesen, dass der Wortlaut und die flankierenden Aussagen ein fundamentalistisches Schriftverständnis ausschließen.

dass ein persönliches Glaubensbekenntnis erwartet wird, so dass die Aufnahme in eine der VEF angeschlossenen Kirchen ein persönliches Bekenntnis voraussetzt. Damit bejahen die Glieder die verantwortliche Mitarbeit in der Gemeinde und deren Auftrag zur Mission durch Evangelisation, Diakonie und Seelsorge. Diese Aussagen betonen den freikirchlichen Charakter der VEF, der noch zusätzlich darin zum Ausdruck kommt, dass man die Trennung von Staat und Kirche, die Freiwilligkeit der finanziellen Zuwendungen und das Eintreten für die Menschenrechte betont. Dass das Evangelium mit Wort und Tat verkündigt werden muss, teilen die Kirchen der VEF mit allen anderen Kirchen. Ökumenisch hoch bedeutsam ist einmal die gegenseitige Anerkennung als Teil der einen Kirche Christi und zum anderen die Bekundung, auch mit anderen Kirchen Gemeinsamkeiten zu suchen. Es liegt mit dieser Präambel ein Dokument vor, das die beteiligten autonomen Kirchen zu einer Gemeinschaft in wahrhaft „versöhnter Verschiedenheit", auch jenseits aller bestehenden Lehr- und Strukturunterschiede, so eng miteinander verbindet, dass die VEF geradezu ökumenischen Modellcharakter angenommen hat.

Auf dieser Grundlage bietet die VEF eine Plattform für das Gespräch über gemeinsame Anliegen und zur Zusammenarbeit auf wichtigen Gebieten kirchlicher Lebensäußerungen. Damit soll der Einheit im Glauben gedient werden. Um der Koordination der Arbeit gerecht zu werden, hat die VEF ständige Arbeitsgruppen gebildet und zwar derzeit für Evangelisation und missionarischen Gemeindeaufbau; Presse und Verlage; Rundfunk und Fernsehen; Arbeit mit Kindern/Sonntagsschule; Jungschararbeit; Jugend- und Teenagerarbeit; Betreuung der Soldaten; Betreuung der Kriegsdienstverweigerer; Theologische Aus- und Weiterbildung; Theologischer Grundkurs; Evangelium und Weltverantwortung; Studentenarbeit. Außerdem gibt es die Konferenz freikirchlicher theologischer Ausbildungsstätten und den Verband freikirchlicher Diakoniewerke. Die freikirchlichen Verlage bringen jährlich einen gemeinsamen Andachtskalender heraus. Arbeitsbeziehungen der VEF bestehen mit der ACK, der aej, dem Bund christlicher Posaunenchöre, dem Christlichen Sängerbund, der Diakonischen Arbeitsgemeinschaft evangelischer Kirchen, dem EMW, der Deutschen Bibelgesellschaft, der Ökumenischen Arbeitsgemeinschaft für Bibellesen und dem Gemeinschaftswerk der Evangelischen Publizistik.

Zur VEF gehören als Mitgliedskirchen (alphabetische Reihenfolge):

– Arbeitsgemeinschaft Mennonitischer Gemeinden in Deutschland KdöR;
– Bund Evangelisch-Freikirchlicher Gemeinden in Deutschland KdöR;
– Bund Freier evangelischer Gemeinden in Deutschland KdöR;
– Bund Freikirchlicher Pfingstgemeinden KdöR;
– Evangelisch-methodistische Kirche KdöR;
– Heilsarmee in Deutschland KdöR;
– Kirche des Nazareners e.V.;
– Mülheimer Verband Freikirchlich-Evangelischer Gemeinden GmbH.

Den Gaststatus haben:

– Evangelische Brüder-Unität KdöR – Herrnhuter Brüdergemeine;
– Freikirchlicher Bund der Gemeinde Gottes e.V.;
– Gemeinde Gottes e.V.;
– Gemeinschaft der Siebenten-Tags-Adventisten in Deutschland KdöR.

Die VEF hat ein Präsidium, das aus jeweils bis zu drei Vertretern der Mitgliedskirchen und je einem Vertreter der Gastmitglieder besteht. Es trägt für die gesamte Arbeit der VEF die Verantwortung, erteilt bestimmte Aufträge und sorgt für die Koordination in den genannten Arbeitsgruppen. Beschlüsse des Präsidiums müssen von den Freikirchenleitungen ratifiziert werden. Die Jahrestagung dient als Gesprächsforum für Sachfragen zwischen dem Präsidium, den Arbeitsgruppen, den Vertretern freikirchlicher Einrichtungen und Werken sowie den Beauftragten des Präsidiums.

In § 8.3 der Ordnung der VEF heißt es: „Die Vereinigung Evangelischer Freikirchen entsendet zur Wahrnehmung gesamtfreikirchlicher Interessen Beauftragte." Im Jahre 1999 beschloss das Präsidium die Berufung eines „Beauftragten der Vereinigung Evangelischer Freikirchen am Sitz der Bundesregierung". Diese Beauftragung wird seit dem 1. Januar 2000 durch Pastor Dr. Dietmar Lütz vom Bund Evangelisch-Freikirchlicher Gemeinden wahrgenommen. In einem ökumenischen Gottesdienst wurde er am 23. Januar 2000 in der Baptistengemeinde Berlin-Prenzlauerberg von dem damaligen Präsidenten der VEF, Bischof Dr. Walter Klaiber von der Evangelisch-methodistischen Kirche, eingeführt. Obwohl sein Deputat nur auf eine Teilzeitstelle begrenzt ist, zeigt die Berufung dennoch ein wachsendes Bewusstsein für politische Zusammenhänge. Wer in einer Demokratie nicht präsent ist, wird auch nicht gehört.

Zu seinen Aufgaben gehört es, Kontakte mit parlamentarischen und Regierungsorganen zu halten, um über die für Freikirchen relevanten Vorgänge Entscheidungsgrundlagen zu erstellen. Umgekehrt soll er die Mitgliedskirchen der VEF in allen Fragen beraten, die freikirchliche Belange gegenüber Politik und Regierung betreffen. Dietmar Lütz nimmt seine Aufgaben sehr rührig wahr und hat über seine Arbeit bereits einen umfangreichen Arbeitsbericht vorgelegt: Dietmar Lütz, Am Sitz der Bundesregierung. Freikirchen melden sich zu Wort, Berlin (WDL-Verlag) 2004, 266 S.
www.vef.de

6.3 Die Arbeitsgemeinschaft Christlicher Kirchen (ACK)

Am 10. März 1948 gründeten die Vertreter der Evangelischen Kirche in Deutschland, der baptistischen, methodistischen und mennonitischen Freikirchen sowie der Alt-Katholischen Kirche in Kassel die ACK. Ihr erster Vorsitzender wurde Pastor Martin Niemöller. Die politische Teilung Deutschlands hatte zur Folge, dass die Delegierten aus den Kirchen der ehemaligen DDR ab 1963 nicht mehr zu den Sitzungen reisen durften, so dass 1970 offiziell die „Arbeitsgemeinschaft Christlicher Kirchen in der DDR“ (AGCK) gegründet wurde. Im November 1991 schlossen sich beide Arbeitsgemeinschaften in Eisenach mit einer neuen Satzung zusammen. Heute gehören ihr siebzehn Kirchen als Voll- und vier als Gastmitglieder an. Dazu kommen noch drei ständige Beobachter (Religiöse Gesellschaft der Freunde – Quäker, Arbeitsgemeinschaft Ökumenischer Kreise und das Evangelische Missionswerk).

Ein wichtiger Einschnitt in der Geschichte der deutschen Ökumene bildete das Jahr 1974, als die römisch-katholische Kirche (Deutsche Bischofskonferenz) und die Griechisch-Orthodoxe Metropolie von Deutschland im Westen als Vollmitglieder beitraten. Im Osten hatte die Gemeinschaft der Siebenten-Tags-Adventisten und das Apostelamt Jesu Christi einen Beobachter (=Gast) Status. Nach der Vereinigung behielten diese sowie der Bund Freier evangelischer Gemeinden und der Mülheimer Verband die Gastmitgliedschaft bei. Vollmitglieder sind die EKD, die Deutsche Bischofskonferenz, das Katholische Bistum der Alt-Katholiken in Deutschland, die unterschiedlichen national-orthodoxen Kirchen, die Selbständig Evangelisch-Lutherische Kirche, der Bund Evangelisch-Freikirchlicher Gemeinden, die Evangelisch-methodistische Kirche, die Evangelische Brüder-Unität, die Arbeitsgemeinschaft Mennonitischer Gemeinden, die Heilsarmee, die Evangelisch-altreformierte Kirche in Niedersachsen sowie die Arbeitsgemeinschaft Anglikanisch-Episkopaler Gemeinden in Deutschland.[355]

Die ACK ist keine „Überkirche"; sie kann auch nicht die Eigenverantwortung der Kirchen antasten. Vielmehr ist sie eine Gesprächsplattform für alle Kirchen, die ihre Satzung anerkennen. Deren § 1 lautet in Anlehnung an ökumenischen Sprachgebrauch (Pariser Basis des CVJM, Basisformel des ÖRK): Die Kirchen der ACK „bekennen den Herrn Jesus Christus gemäß der Heiligen Schrift als Gott und Heiland und trachten darum, gemeinsam zu erfüllen, wozu sie berufen sind, zur Ehre Gottes, des Vaters, des Sohnes und des Heiligen Geistes".

Das Leitungsorgan ist die Mitgliederversammlung, die aus den Delegierten der Mitglieds- und Gastmitgliedskirchen sowie der Beobachter besteht. Die Kirchen benennen für die Dauer von fünf Jahren ihre Delegierten. In der Regel tagt die Mitgliederversammlung im Frühjahr und Herbst jeden Jahres. Sie wählt den Vorsitzenden und dessen Stellvertreter sowie den Vorstand, der aus fünf Personen besteht und der die Vielfalt der ACK widerspiegeln soll. Er trifft sich viermal im Jahr. Bisherige Vorsitzende waren Kirchenpräsident Martin Niemöller von der EKD (1948–1961), Seminardirektor Hans Luckey von den Baptisten (1961–1966), Landesbischof Erich Eichele von der EKD (1966–1970), Bischof Ernst Sommer von der

[355] Nähere Einzelheiten: Arbeitsgemeinschaft Christlicher Kirchen in Deutschland e.V. (ACK): Eine Informationsbroschüre über die ACK und ihre Mitgliedskirchen, Farnkfurt/M. 2000.

Evangelisch-methodistischen Kirche (1970–1976), Landesbischof Gerhard Heintze von der EKD (1976–1979), Bischof Paul-Werner Scheele von der römisch katholischen Kirche (1979–1982), Präsident Heinz Joachim Held von der EKD (1982–1988), Pfarrer Hans-Beat Motel von der Brüder-Unität (1988–1992), Präsident Heinz-Joachim Held von der EKD (1992–1995), Bischof Joachim Warnke von der römisch-katholischen Kirche (1995–2001) sowie Bischof Walter Klaiber von der Evangelisch-methodistischen Kirche (seit 2001).

Die ACK widmet sich vor allem der Förderung des ökumenischen Verantwortungsbewusstseins und der Beziehungen unter ihren Mitgliedskirchen sowie des theologischen Gesprächs mit dem Ziel der Klärung und Verständigung, der Beratung bei Meinungsverschiedenheiten, der Vertretung besonderer Anliegen einzelner Kirchen auf deren Antrag und der Vertretung gemeinsamer Anliegen und der ökumenischen Bemühungen nach außen, in der Öffentlichkeit und bei politischen Institutionen. Man hat über theologische Themen gearbeitet, zwischenkirchliche Spannungen auszuräumen versucht und Empfehlungen erarbeitet, u. a. über so brisante Themen wie Doppelmitgliedschaft, Proselytismus, Mission und Evangelisation sowie Religionsunterricht. Beide Arbeitsgemeinschaften waren Träger der Versammlungen im Rahmen des konziliaren Prozesses zu Gerechtigkeit, Frieden und Bewahrung der Schöpfung (Dresden und Magdeburg 1988/89, Königstein und Stuttgart 1988) und haben so zu den umwälzenden politischen Ereignissen in Europa ihren Beitrag geleistet. Außerdem bildete das Arbeitsvorhaben zur Überwindung von Fremdenfeindlichkeit, Rassismus und Gewalt ein Schwerpunkt. Schließlich und nicht zuletzt wird alljährlich die Gebetswoche für die Einheit der Christen vorbereitet und durchgeführt.

Zur Bewältigung der Aufgaben sowie zur Durchführung von Veranstaltungen, Projekten und Initiativen unterhält die ACK in Frankfurt/M. die ursprünglich auf Druck von außen eingerichtete[356] Ökumenische Centrale als Geschäftsstelle, wo

[356] Hans Schönfeld (1900–1954), Direktor der Studienabteilung der Bewegung für Praktisches Christentum in Genf, hatte 1946 die Einrichtung der ÖC nicht nur forciert, sondern anfänglich auch durch ökumenische Kanäle finanzieren lassen.

je ein Referent aus dem Bereich der EKD, der Deutschen Bischofskonferenz, der Freikirchen und der orthodoxen Kirchen arbeiten. Finanzielle Engpässe werden wohl in den kommenden Jahren zu einer Reduzierung der Stellen führen. Die wissenschaftlich-theologische Arbeit wird von dem etwa 25 Mitglieder umfassenden Deutschen Ökumenischen Studienausschuß (DÖSTA) geleistet. Der DÖSTA hat zu Themen wie Interkommunion, Konziliarität, Verbindliches Lehren, Ekklesiologie, und zum Glaubensbekenntnis von 381 Studien nach intensiven internen Diskussionen veröffentlicht.

Aus freikirchlicher Sicht hat die ACK zwei entscheidende Nachteile: 1. Sie hat seit ihrer Gründung darunter gelitten, dass ihr die Rolle eines unverbindlichen Gremiums ohne Entscheidungskompetenz zugedacht war. Die EKD widersetzte sich 1948 erfolgreich der Bildung eines Nationalen Kirchenrates, was einige Vertreter der Freikirchen damals wollten. Das lag daran, dass die Mitgliedskirchen der EKD untereinander keine Verbindlichkeit kannten, auch keine Kanzel- und Abendmahlsgemeinschaft, die erst 1973/74 mit der „Leuenberger Konkordie“ eingeführt wurde. Martin Niemöller gelang es, die vom Rat der EKD reduzierte Zahl ihrer Delegierten von zwei wieder auf die ursprüngliche Zahl fünf anzuheben. Der EKD lag nicht viel an der innerdeutschen Ökumene mit den kleinen Kirchen, doch Niemöller steuerte dem entgegen und wollte bewusst eine festere Einbindung der EKD erreichen.

2. Im Gefolge des Zweiten Vatikanischen Konzils (1962–1965) hat sich zwischen der Deutschen Bischofskonferenz und der EKD eine bilaterale Ökumene herausgebildet, die durch eine Kontaktgruppe gepflegt wird und die sich zuungunsten der multilateralen ACK entwickelt hat. Die beiden „Großkirchen“ entwickeln Projekte oder bringen Verlautbarungen auf den Weg, an die sich dann die kleineren Kirchen, wenn es gut geht, noch anschließen dürfen. Dadurch wird die ACK als gemeinsames Instrument aller Kirchen der Bundesrepublik entwertet. Es ist verwirrend, wenn etwa Verlautbarungen vom EKD-Ratsvorsitzenden, dem Vorsitzenden der DBK und vom Vorsitzenden der ACK unterzeichnet werden. Bei jedem Außenstehenden muss der Eindruck entstehen, EKD und römisch-katholische Kirche seien keine Mitglieder in der ACK.

www.oekumene-ack.de

7. Neue Freikirchen – oder: Wie viele Kirchen braucht das Land?

In den letzten dreißig Jahren hat sich in Deutschland ein entscheidender Wandel auf religiösem Gebiet vollzogen. Die Migration von Arbeitskräften hat nicht nur die orthodoxe Kirche in ihren unterschiedlich nationalen Traditionen zur drittgrößten Kirche heranwachsen, sondern hat auch den Islam zu einer viel beachteten Religion sich entwickeln lassen. In beiden Fällen gibt es eine nur geringe Zahl von „ansässigen" Deutschen, die von diesen beiden religiösen Gemeinschaften angezogen wurden, so dass sich ihre numerische Ausbreitung tatsächlich auf von „außen" kommende Menschen bezog und nicht zu Lasten „einheimischer" Kirchen und Freikirchen ging.

Die politische Wende 1989/90 hat außerdem noch einen weiteren, für die religiöse Situation entscheidenden Faktor ins Bewusstsein gebracht. Die große Mehrheit der Bewohner der neuen Bundesländer gehört keiner christlichen Kirche an, so dass mit der Wende die Zahl der „konfessionslosen" Menschen in dem wiedervereinigten Land ein Drittel der Bewohner ausmacht. Was im Westen nur oberflächlich kaschiert wird, ist im Osten mit Händen zu greifen: Deutschland ist ein Missionsland, weil die Bindekraft der traditionellen Kirchen und Freikirchen immer mehr nachlässt. Diese Tatsache hat es mit sich gebracht, dass von unterschiedlichen Seiten Anstrengungen unternommen werden, das Land zu missionieren. Vielfältige Methoden werden von den „etablierten" Kirchen, landeskirchlichen Gemeinschaften, Freikirchen und der DEA zur Anwendung gebracht, wie der von der ACK veranlasste Prozess „Aufbruch zu einer misionarischen Ökumene" verdeutlicht hat.[357]

[357] Vgl. Aufbruch zu einer missionarischen Ökumene wie Anm. 104 und Missionarische Ökumene. Eine Zwischenbilanz. Erfahrungen und Perspektiven, hg. von EMW, ACK und missio, Hamburg 2002.

7.1 Gemeindeneugründungen

Die neue religiöse Situation ist aber auch geprägt von zahlreichen neuen Gemeindebildungen innerhalb des protestantischen Christentums. Die Gründe für eine innere Ausdifferenzierung sind ganz unterschiedlicher Art. Eine genaue Erforschung der Phänomene steht noch aus, doch sind einige wichtige Faktoren auf einer Tagung des Konfessionskundlichen Instituts (Bensheim), des Johann-Adam-Möhler- Instituts für Ökumenik (Paderborn) und der Evangelischen Zentralstelle für Weltanschauungsfragen (Berlin) im November 2002 zusammengetragen worden.[358] Bei den Gemeindeneugründungen lassen sich gänzlich unterschiedliche Hintergründe, theologische und frömmigkeitsmäßige sowie andere Faktoren ausmachen. Zunächst soll eine grobe Übersicht gegeben werden, um welche Gruppen es sich handelt.

1. Zum einen sind es Aussiedlergemeinden. Durch politische Weichenstellungen seitens der Bundesregierung sind aus den früheren Ostblockstaaten, vor allem aus der früheren Sowjetunion, Aussiedler in großer Zahl in die Bundesrepublik gekommen. Sie wurden als „ethnisch" deutsch eingestuft und von der Politik mit finanziellen und steuerlichen Vergünstigungen unterstützt, um sie zur Eingliederung in die hiesige Gesellschaft zu bewegen. Viele von ihnen sind Mennoniten, Baptisten, Pfingstler oder auch Adventisten. In den meisten Fällen ist eine Integration in die in Deutschland bestehenden Freikirchen nicht gelungen, so dass die Aussiedler eigene, von den herkömmlichen deutschen Strukturen unabhängige Gemeinden gegründet haben. Schätzungen gehen davon aus, dass es ca. 200.000 solcher „religiösen" Aussiedler gibt, von denen nur ca. 10 % sich den herkömmlichen Freikirchen angeschlossen haben. Es gibt natürlich nicht *die* Aussiedlergemeinde, sondern sie zerfallen ihrerseits in die jeweiligen kirchlichen Traditionen ihrer Herkunft und sind – wie im Fall der Mennoniten und des Baptismus – auch untereinander noch einmal zerfallen. Ein besonderes Kennzeichen dieser Gemein-

---

[358] Die auf der Tagung gehaltenen Vorträge sind zugänglich als epd-Dokumentation Nr. 8 vom 17. Februar 2003.

den besteht darin, dass der sonntägliche Gottesdienstbesuch sehr ausgeprägt ist und manche Gemeinden über 1.000 Gottesdienstbesucher zählen.

2. Eine andere Gruppe der Migranten betrifft Menschen aus europäischen Ländern wie dem früheren Jugoslawien, Italien, Spanien oder etwa Rumänien, die, genau wie Orthodoxe oder Muslime, als Arbeitermigranten nach Deutschland kamen und entweder in ihren Heimatländern bereits einer der in diesem Buch behandelten Freikirchen angehörten oder hier dafür gewonnen wurden. Sie bilden häufig auch sprachlich eigenständige Gemeinden.

3. Eine weitere Gruppe betrifft die Asylanten. Sie haben, vor allem wenn sie aus Afrika oder Asien stammen, ihre besonderen Traditionen mitgebracht, die sie hier in ihren Gemeinden pflegen. Sprachlich und frömmigkeitsmäßig sind sie von den deutschen Gemeinden so unterschiedlich, dass ihre Eigenständigkeit eigentlich wie selbstverständlich wirkt. Sie betreiben unter ihren Landsleuten intensive Missionsarbeit, so dass diese Gemeinden ein leichtes Wachstum verzeichnen können. In Großstädten lässt sich beobachten, dass sich auch „Einheimische" von den lebendigen Gottesdiensten anziehen lassen. In den afrikanischen Gemeinden, die häufig Englisch oder Französisch als Gottesdienstsprache benutzen, mag zudem eine Rolle spielen, dass junge Deutsche hier ihre Fremdsprachenfähigkeiten erweitern möchten. Bei diesen beiden Gruppen fremdsprachiger Gemeinden ist es den deutschen Freikirchen in manchen Fällen gelungen, sie in bestehende Strukturen einzubinden. Innerhalb einiger der oben behandelten Pfingstkirchen – vor allem dem BFP und der Gemeinde Gottes – findet man nicht wenige „ethnische" Gemeinden. Das gilt abgeschwächt auch für den BEFG. Diese Gemeinden genießen in den freikirchlichen Bünden eine gewisse Selbständigkeit, was schon aufgrund sprachlicher Gegebenheiten notwendig erscheint, nehmen aber am Leben der Gesamtkirche Anteil.

4. Von diesen Gemeinden zu unterscheiden sind solche, die man als „revers-missionarische" Gemeinden bezeichnet, was bedeutet, dass solche Gemeinden sich bewusst Deutschland als Missionsland ausgesucht haben und somit die Missionierung, die einstmals von hier in die afrikanischen oder asiatischen Länder ging, jetzt umgekehrt wird. Deutschland wird

von Afrika oder Asien aus missioniert. Diese Gemeinden verstehen sich als Tochtergemeinden ihrer „Mutterkirchen" in der Heimat, während die anderen Asylantengemeinden entweder Kontakte in die Heimatkirchen unterhalten oder sich völlig selbständig organisieren.

5. Eine andere Tendenz lässt sich bei koreanischen Gemeinden beobachten. Einige gehen zurück auf die Zeit, als koreanische Krankenschwestern nach Deutschland geholt wurden. Andere sind infolge der Ausweitung der Handelsbeziehungen entstanden und umfassen Geschäftsleute und Diplomaten mit ihren Angehörigen. Sie sind eigentlich auch stark missionarisch ausgerichtet, doch verhindert die Sprache eine intensive Kommunikation mit der deutschen Umwelt. Man kann in Universitätsstädten beobachten, dass Theologen, die in Deutschland einen Doktorgrad anstreben, von koreanischen Gemeinden auf der Basis von Teilzeitarbeit als Pastoren angestellt werden.

6. Ganz anders sind neue Gemeindebildungen zu verorten, die sich aufgrund der internationalen Vernetzungen von Gruppen gebildet haben, die durch eine besondere Theologie und/oder Frömmigkeit oder durch eine dominierende Persönlichkeit geprägt sind. Auch diese Neugründungen bilden naturgemäß keine Einheit, sondern zerfallen in verschiedene Richtungen.

6.1 Seit den 70er Jahren des 20. Jahrhunderts entstanden unabhängige, charismatisch-neopfingstliche Gemeinden. Einige haben mit spektakulären Aktionen auf sich aufmerksam gemacht und eine breite Wirkung entfaltet. Es sind „Christliche Zentren" etwa in Berlin, Frankfurt/M., Wuppertal oder im Ruhrgebiet mit hohen Gottesdienstbesucherzahlen entstanden. Hinzu kamen nach Kongressen mit John Wimber Gründungen der von ihm inspirierten Vineyard-Gemeinden (z. B. Hamburg-Altona, München, Nürnberg). Man spricht von mehreren charismatischen „Wellen", die sich im Gefolge der charismatischen Bewegung ereignet haben und die jeweils ihre Spuren in Gemeindegründungen hinterlassen haben.[359] Auch der Austritt Kopfermanns aus der evangelischen Landes-

[359] Vgl. Dirk Spornhauer, wie Anm. 312, 410 ff.

kirche und die Gründung der Anskar-Gemeinden stehen damit in unmittelbarem Zusammenhang. Durch immer neue Kongresse, Seminare, Jesus-Märsche und durch persönliche Verbindungen, lose organisiert im „Kreis Charismatischer Leiter", soll das Feuer erhalten bleiben: „Power" soll auf „Dauer" gestellt werden (S. Grossmann).

6.2 In etlichen der neuen Gemeinden kommt die Glaubensbewegung (*Faith-Movement*), wie sie z. B. von Kenneth E. Hagin und Kenneth Copeland propagiert wird, zum Zuge. Sie verbindet charismatische Elemente mit der Kraft „positiven Denkens". Zugrunde liegt die Anschauung, dass die Realität durch die Vorstellungskraft des Geistes geschaffen wird. Wenn der Mensch die Kraft des göttlichen Geistes und Gesetzes für sich in Anspruch nimmt, kann er Krankheit und Armut überwinden. Kritiker sprechen vom Gesundheits- und Wohlstandsevangelium (*gospel of health and wealth*). Mehr oder weniger ausgeprägt werden diese Anliegen in der „Christlichen Gemeinde" Köln, der „Gemeinde auf dem Weg" Berlin (W. Margies), der „Biblischen Glaubensgemeinde" Stuttgart (Peter Wenz), der „Freien Christlichen Jugendgemeinschaft e.V." Lüdenscheid (Irene und Walter Heidenreich) und im „Gospel Life Center" München vertreten. Gefährlich können die mit den Heilungsversprechungen hervorgerufenen Erwartungen werden, wenn sich Heilungen trotz des geistlichen Drucks der Umgebung nicht einstellen und Menschen daher an ihrem Glauben Zweifel nehmen müssen. Die öffentliche Proklamation und Zur-Schau-Stellung solcher Phänomene können seelische Schäden zur Folge haben und sind daher aus theologischen und seelsorgerlichen Gründen höchst umstritten. Unter diesen Gesichtspunkten ist es erstaunlich, dass sich im „Kreis Charismatischer Leiter" auch Vertreter dieser Richtung finden.

6.3 Im fundamentalistischen, „bibeltreuen" Spektrum verwirft man die spektakulären, ekstatischen Aufbrüche. Hier sind Gemeinden angesiedelt, die in der 1983 gegründeten „Konferenz für Gemeindegründung" einen Bezugspunkt haben und von dort auch mit Materialien versorgt werden. Die Zeitschrift „Gemeindegründung" bietet weltweite Modelle für Gemeindegründungen, lehrhafte Aufsätze, Artikel zu den Themenbereichen Evangelisation, Hauskreis- und Frauenarbeit, Jüngerschaft u. ä. Auf der Liste der Konferenz stehen ca. 150 Gemeinden. Unter den Personen, die für Kontakte angeführt sind, befinden sich etliche Amerikaner. Die Namen der Gemeinden variieren stark. Oft werden „Bibel Baptisten" Gemeinde, „Freie Baptisten Gemeinde" oder „Freie Bibelgemeinde" und andere Variationen angegeben. Die Konferenz kooperiert mit einer fundamentalistischen Organisation in den USA „*Independent Fundamental Churches of America*". Daneben gibt es die „Arbeitsgemeinschaft für bibeltreue Gemeinden", die 1993 gegründet wurde. Die Mitarbeit ist offenbar auf „Brüder" begrenzt, die bibeltreue Gemeindegründungs- und Gemeindeaufbauarbeit leisten möchten und keinem Gemeindebund angehören. Man will die aus der Welt herausgerufene Gemeinde verwirklichen und grenzt sich von anderen stark ab. Zugrunde liegt ein besonderes Geschichtsbild mit einer Naherwartung der „Entrückung" und einer besonderen Israel-Theologie. Zur Abgrenzung benötigt man ein Feindbild.

6.4 Es können neue Gemeinden zur Eigencharakterisierung auch die Wortverbindung „evangelikal-charismatisch" gebrauchen. Das ist etwa bei den Anskar-Gemeinden Kopfermanns der Fall. Man bringt damit zum Ausdruck, dass man sich der „evangelikalen" Bewegung, vor allem in ihrer amerikanischen Spielart, zurechnet, dass man sich dann der „Heilig-Geist"-Bewegung des 20. Jahrhunderts verpflichtet weiß und dass man ferner die Gemeindewachstumsbewegung für wesentlich hält.

Die von Donald McGavran (1897-1990) ins Leben gerufene Gemeindewachstumsbewegung (*church growth movement*) hatte auf die unter Punkt 6 vorgestellten Kreise erhebliche Auswirkungen. Allen gemein ist, dass man in Gemeindeneugründungen oder Gründung von Tochtergemeinden die effektivste Art der Mission erblickt.

7. Ein weiterer Typ neuer Gemeinden sind sog. Milieugemeinden, von denen die Jesus Freaks die bekanntesten sind. Es begann in Hamburg mit dem Versuch, fernab von Orgeln und herkömmlichen Liturgien neue Gottesdienstformen auszuprobieren, die in der Szene aufgrund ungewöhnlicher Sprache und Musik ankamen und sich in andere Städte wie Stuttgart, Berlin, Heilbronn oder Nürnberg verbreiteten.

7.2 Zur Einordnung der neuen Gemeinden

In den meisten Fällen bezeichnen sich alle Gruppierungen als „freikirchliche" Gemeinden. Sie verstehen sich als Gemeinden, die nicht nur die römisch-katholische Kirche und die evangelischen Landeskirchen als „Dach" oder „Heimat" ablehnen, sondern die sich auch bewusst nicht in bestehende freikirchliche Strukturen einpassen lassen wollen. Mit der Eigenbezeichnung „freikirchlich" wird daher eine Unabhängigkeit signalisiert und damit verknüpft, dass man sowohl vom Staat unabhängig ist als auch von den bestehenden Kirchen und Freikirchen. Das bedeutet auch, dass man sich eigenständig durch Spenden finanzieren muss. Nach vorsichtigen Schätzungen wird man davon ausgehen können, dass diese neuen „freikirchlichen" Gemeinden zusammen noch einmal so viel Anhänger haben wie die traditionellen Freikirchen. Die Pluralisierung des Christentums in Deutschland geht daher merklich voran, wenn auch die neuen Gemeinden häufig nicht wahrgenommen werden oder – von außen und innen – nicht wahrgenommen werden wollen.

Besonders die Aussiedler- und Asylantengemeinden haben aber eine wichtige, auch gesellschaftspolitisch nicht unerhebliche Funktion; denn sie binden Menschen an eine kirchliche oder frömmigkeitliche Tradition und geben ihnen daher in einer anders geprägten kulturellen Umwelt, die durch eine verbreitete Ausländerfeindlichkeit und durch die an sich unbegreifliche Debatte um eine „deutsche Leitkultur" geprägt ist, ein Stück Halt und Sicherheit. Von der Politik ist diese stabilisierende Funktion der Gemeinden bisher weder wahrgenommen noch honoriert worden.

Zur Entstehung und Interpretation der neuen Gemeinden lässt sich nichts Einheitliches sagen. Sie haben alle eine andere Entstehungsgeschichte. Auch sind andersartige Faktoren im Spiel, die ihre Eigenständigkeit bedingen und die auch auf absehbare Zeit keine Vereinigungstendenzen mit traditionellen Kirchen und Freikirchen aufkommen lassen dürften.

7.2.1 Die Aussiedlergemeinden

Die Aussiedlergemeinden sind stark durch ihre Herkunftsländer geprägt. Das betrifft auch religiöse Bräuche und Ansichten. So sind beispielsweise deutschsprachige Gemeinden von Aussiedlern aus Russland deutlich von orthodoxen Gepflogenheiten mehr geprägt als von den eigenen baptistischen oder mennonitischen Traditionen, wie diese sich in westlichen Ländern entwickelt haben. Das lässt sich z. B. an der Rolle der Ältesten ablesen, die – ähnlich wie ein orthodoxer Bischof – auf Lebenszeit eingesetzt werden und die darüber hinaus eine deutlich höhere Autorität für sich in Anspruch nehmen können als vergleichbare Gemeindeleiter in deutschen Gemeinden. Auch ist für Aussiedler die Rolle der Frau völlig anders definiert, und man kann sich nicht den Entwicklungen anpassen, die in den letzten Jahrzehnten gerade im Blick auf die Emanzipation der Frau vor sich gegangen sind. Es kommt hinzu, dass bestimmte Kleidungsstücke wie etwa Hosen oder alle Arten von Schmuck und Make-up unter Verbot stehen bzw. als „sündig" eingestuft werden, so dass eine Gemeinschaft für Aussiedler mit solchen schwer vorstellbar ist, die derartige „Sünde" tolerieren. Das würde einer Verweltlichung gleichkommen. Der Vorwurf der „Verweltlichung" ergeht auch bei Alkohol- und Tabakgenuss oder beim Fernsehen und gilt erst recht für die Gottesdienste, die man für zu wenig ehrfürchtig und für zu kurz hält – in Russland sind vierstündige Gottesdienste mit mehreren Predigten keine Seltenheit. Diese Predigten werden von Ältesten oder leitenden Brüdern gehalten, die aufgrund der Situation in der alten Sowjetunion keine theologische Ausbildung oder nur eine durch Korrespondenzunterricht besaßen. In Deutschland wird oft eine „klare" Verkündigung vermisst, was nichts anderes bedeutet, als dass vertraute Sprachformen oder eine starke Schwarz-Weiß-Malerei fehlen. Spannungen werden in Aussiedlergemeinden auch dadurch hervorgerufen, wenn sich die Zahl der in Russland ordinierten Ältesten durch Zuzug häuft und Konkurrenzsituationen entstehen.

Hält man sich diese theologischen und kulturellen Faktoren vor Augen, dann kann man Klagen deutscher Gemeindevorstände verstehen, dass die „normale" Gemeindearbeit schwer fällt, wenn man ständig wegen der in ihren Augen nichtigen Probleme in Grundsatzfragen verwickelt ist. Andererseits muss man auch nüchtern feststellen, dass unterschiedlich geprägte, aber konfessionsidentische Christen offenbar nicht in der Lage sind, zwischen kulturellen und theologischen Fragen zu unterscheiden bzw. erstrangige von weniger wichtigen Belangen zu trennen. Dieses Unvermögen, die Geister zu scheiden, ist für das christliche Zeugnis beschämend. Es trifft „Einheimische" ebenso wie die zugereisten Aussiedler in ihrer Kommunikationsunfähigkeit.

Die Aussiedlergemeinden haben große Schwierigkeiten, ihre heranwachsenden Kinder und Jugendlichen zu halten bzw. zu integrieren. Es wird berichtet, dass an Orten mit großer Dichte die Zahl der im Gefängnis sitzenden Jugendlichen aus baptistischen Aussiedlerfamilien sehr hoch ist. Es können auch Wanderbewegungen zu offeneren Gemeinden einsetzen oder Jugendliche beschreiten den Weg in die totale Loslösung von der gemeindlichen Tradition. Das zweite Problem betrifft die Eheauffassung. Viele Frauen der Aussiedler gehen einer Arbeit nach, und es ist nur natürlich, dass dann die Frage gestellt wird, ob sie weiterhin so selbstverständlich wie in Russland allein die Hausarbeit übernehmen müssen und ob die Zahl der Kinder so groß bleiben muss wie bisher.

Die Aussiedlergemeinden sind stark biblizistisch geprägt. Dieses kindliche Vertrauen in die Bibel hat ihnen auf ihrem Weg, der nicht selten ein Leidensweg war, durchgeholfen. Man würde daher auch zu weit gehen, sie als fundamentalistisch einzuordnen, wenngleich sie dem nahe kommen. Sie sind aber weit weniger rationalistisch eingestellt und kennen nicht die Feinheiten des fundamentalistischen Systems, wenngleich es eine große Versuchung für sie darstellt, weil sie am ehesten empfänglich dafür sind. Einige Aussiedlergruppen haben sich inzwischen eine theologische Ausbildungsstätte gegeben, das „Bibelseminar Bonn". Es wurde 1993 zur Bewältigung der Aufgaben in Gemeinden des „Bundes Taufgesinnter Gemeinden e.V." gegründet. Das Seminar versteht sich als evangelikale Ausbildungsstätte in baptistisch-mennonitischer Glaubenstradition. Man bejaht das Apostolische Glaubensbekenntnis sowie die innerhalb der evangelikalen Bewegung entstandene Glaubensbasis der Evangelischen Allianz (1972) und die Lausanner Verpflichtung (1974). Allerdings – und hier wird die Grenze zum Fundamentalismus überschritten, wozu es keine zwingenden Gründe gab – anerkennt man auch die Chicago-Erklärung zur Irrtumslosigkeit der Bibel (1978).

7.2.2 Bibelfundamentalistische Gemeinden

Im Gefolge internationaler Verflechtungen wachsen fundamentalistische neue Gemeinden auch in Deutschland. Das will nicht verwundern, weil schon seit Jahren eine Reihe von Bibelschulen und Theologische Akademien auf fundamentalistischer Basis operieren und ihre Absolventen mit einem hohen Sendungsbewusstsein entlassen. Sofern diese nicht in die Mission gehen oder bei Gemeinschaften und bereits existierenden Freikirchen eine berufliche Zukunft erhalten, gründen sie neue Gemeinden. Ein bibelfundamentalistisches Gepräge wirkt auf manche anziehend, weil durch Abgrenzung zur „Welt" und zu anderen Gemeinden und durch eine christliche Apokalyptik Orientierung und Sicherheit vermittelt wird.

7.2.3 Charismatische Gemeinden

So sehr die bibelfundamentalistischen Gemeinden anders sind als die neo-pfingstlich-charismatischen Gemeinden, so sehr ist beiden gemein, dass sie bestimmte Kennzeichen teilen. Dazu gehören: ein kongregationalistisches Verfassungsprinzip, die Gläubigentaufe, die als Ausdruck der Umkehr und des Bekenntnisses als einzige biblische Taufform anerkannt wird, das Experimentieren mit neuen Gottesdienstformen und Liedern, die Ablehnung des „modernen" Zeitgeistes bei gleichzeitiger Inanspruchnahme der modernsten Kommunikationstechniken, eine ausgeprägte Skepsis gegenüber religiösem Pluralismus, zu dem man aber gerade durch gemeindliche Neugründungen selbst beiträgt, eine Betonung des Individuums und damit eine Beschleunigung des Individualismus bei gleichzeitiger Betonung der Gemeinschaft, die so überschaubar bleibt, dass daraus eine positive Verstärkung der individuellen Entscheidung abgeleitet werden kann, und schließlich das Verlangen nach numerisch ablesbarem Wachstum durch missionarische Anstrengungen.

Das kongregationalistische Verfassungsprinzip macht es leicht, neue Gemeinden zu gründen, wobei die Neugründung von Gemeinden als Methode des Wachstums angesehen wird. Gleichzeitig erwecken Gemeindeneugründungen den Eindruck des Spontanen, der sich gegenüber der bürokratisch-institutionellen Erscheinungsweise der kirchlichen und freikirchlichen Institutionen positiv abzuheben scheint. Angespornt werden die Neugründungen von begleitenden „prophetischen“ Aussprüchen und Visionen mancher Leiter, die „Erweckungen“ und zahlenmäßige Explosionen als Wirkung der Geistausgießung vorhersagen. Diese Prophetien sind stets begleitet mit Hinweisen, dass der Geist nur wirken könne, wenn die Gläubigen sich ganz dem Ziel der Erweckung und Reinigung hingeben. Bleibt das prognostizierte Wachstum aus, kann es nur daran liegen, dass sich die Gemeinde nicht genügend „hingegeben“ hat. Man gerät in eine Falle von Ursache und Wirkung: Gott als Ursache will eine Erweckung als Wirkung schenken, aber nur unter der Bedingung, dass die Gemeinde als Gottes Volk „bereit“ ist. Bleibt die Wirkung aus, kann es nur an der Hartherzigkeit der Gemeinde liegen, so dass dieses kausale Denken bei Schuldgefühlen enden muss. Dieses Hinwirken auf „Erfolge“ ist seelsorgerlich bedenklich.

In charismatischen Gemeinden legt man zudem großen Wert auf Erfahrungen mit dem Nicht-Alltäglichen. Es kann zu Dämonenaustreibungen, zur Bekämpfung „territorialer Mächte“ durch Märsche und Gebetsketten oder zu Wunderheilungen kommen. Das alles vollzieht sich nicht in einer seelsorgerlichen Verschwiegenheit, sondern vor aller Augen, am besten vor laufenden Fernsehkameras. Es soll bewusst zu einer Glaubensvergewisserung durch außergewöhnliche Erfahrung kommen. Hier zeigt sich auch eine starke „Amerikanisierung“ der religiösen Gepflogenheiten. Außerdem lässt sich häufig beobachten, dass es zu einer starken Fixierung auf einen charismatischen Leiter kommt, was zu einer bedenklichen Abhängigkeit führen kann. Gerade im charismatischen Umfeld kann man erkennen, dass die Entstehung neuer Gemeinden die Unzufriedenheit mit herkömmlichen Ausdrucksformen voraussetzt, dass damit ein Streben nach dem, was man im 19. Jahrhundert als das „höhere christliche Leben“ bezeichnete, einhergeht, dass es häufig auch zu Spaltungen wegen persönlicher Differenzen der „Leiter“ kommt, und dass ein unverkennbarer Hang zum Elitären zu beobachten ist.

Das Entstehen neuer Gemeinden hat oft genug nicht dazu geführt, bisher vom Evangelium oder christlichem Glauben entfremdete Menschen zu gewinnen. Neue Gemeinden rekrutieren sich zu einem hohen Prozentsatz aus Mitgliedern von bestehenden Kirchen und Freikirchen. Man kann von einem Frömmigkeitsproselytismus sprechen, so dass auch die klassischen Freikirchen zu „abgebenden" Gemeinden geworden sind. Menschen gehen von ihnen weg, um sich in neuen Gemeinden zu engagieren. Man spricht dann von einem „Transferwachstum". Dies stellt für die herkömmlichen Freikirchen eine neue Situation dar. Aber die Verselbständigung von religiösen Gemeinschaften ist mit der Pluralisierung gegeben und richtet sich heute stark nach bestimmten Themen, die in ihnen zur Sprache kommen wie z. B. Heilungen, Prophetien, Wachstum im Glauben oder der Heiligung, Wohlstand oder „Wohlfühlen", was einhergeht mit einer neuen Musikkultur. Der Tendenz zu immer neuen Spaltungen und zur Isolierung „einer" Ortsgemeinde bis hin zu kleinen „Hauskirchen" oder „Gemeindezellen" steht die Furcht vor Institutionen zur Seite. Andererseits betont man gerade in den neuen Gemeinden den „weltweiten" Zusammenhang der Gemeinde Jesu stark.

Stellt man sich ernsthaft die Frage, wie viele Kirchen das Land braucht, dann muss man zunächst sagen, dass man es in Deutschland in der Vergangenheit gewohnt war, mit einem religiösen Monopolisten zu tun zu haben, allenfalls mit zwei Großanbietern, die sogar in religiös ziemlich homogenen Territorien beheimatet waren. Erst durch die Industrialisierung, die beiden Weltkriege und die Flüchtlingsströme nach dem Zweiten Weltkrieg ist eine größere „Vermischung" eingetreten. Dies geschah freilich zu einer Zeit, als die Bindekraft des christlichen Glaubens aus unterschiedlichen Gründen schon beträchtlich abgenommen hatte. Trotz aller gesellschaftlicher Verlagerungen und Traditionsabbrüchen bestimmen aber immer noch die „Duopolisten", also die römisch-katholische Kirche und die evangelischen Landeskirchen, die religiöse Landschaft. Es lässt sich aber wohl allgemein feststellen und auch für die Religion wahrscheinlich machen, dass ein Monopol oder Duopol dem Angebot nicht zuträglich ist. Mit anderen Worten: der Markt, auch der religiöse Markt, verlangt nach mannigfachen Angeboten. Erst wenn eine größere Auswahl zur Verfügung steht, wächst die Anziehungskraft des Angebotenen. Gerade die neuen Gemeinden veranschaulichen, dass sie Themen (d. h. Angebote) besetzen, die in anderen Kirchen vernachlässigt werden oder die aus theologischen Gründen erst gar nicht auf den Markt kommen. Das aber interessiert die Konsumenten nicht, weil diese Ausschau halten, wo ihre Fragen eine Antwort erhalten. Wenn religiöses Angebot und religiöse Nachfrage auseinanderklaffen, verlangt der Markt nach anderen, neuen Angeboten.

Freilich ist das kein Plädoyer für unkontrollierten Wildwuchs oder einen religiösen Turbo-Neoliberalismus. Das verbietet die ökumenische Bewegung und die Suche nach mehr Einheit und Gemeinschaft unter den Kirchen und Christen. Man muss aber ein Axiom der ökumenischen Bewegung in Frage stellen, dass nämlich das christliche Zeugnis unter der Vielfalt der Kirchen leidet und dass die Glaubwürdigkeit des Glaubens durch die Buntheit der kirchlichen Landschaft in Frage gestellt wird. Das Gegenteil ist aus der Geschichte abzulesen: Gerade in Zeit, in denen sich eine Kirche in einem Territorium oder in einer Nation monopolartig durchgesetzt hatte, trat eine Erschlaffung ein, die gerade zu neuen Reformationen Anlass bot. Nicht die Vielgestaltigkeit und das vielfältige Angebot der Kirchen stehen der Glaubwürdigkeit im Wege, sondern die Art, wie Kirchen und Christen miteinander umgehen. Die ökumenische Bewegung sollte gezeigt haben, dass es besser ist, auf Ketzerhüte zu verzichten, dafür aber in aller Freiheit so miteinander Umgang pflegen, dass sich nichtglaubende Menschen erstaunt fragen, was diese bunte Schar der Christenleute beieinander hält.

7.3 Schluss

Viele Freikirchler sind davon überzeugt, dass die Kirche der Zukunft dem Kirchentyp der Freikirche entsprechen wird. So wünschenswert dies insgesamt für das christliche Zeugnis wäre, so unrealistisch ist die Erwartung. Realistisch ist vielmehr, dass die relative „Stabilität“ der Landeskirchen mit großer Wahrscheinlichkeit auch in den nächsten Jahren erhalten bleibt. Freilich wird dies weniger wegen der inneren Vitalität so sein. Nicht nur jeder ökumenische Besucher aus dem Ausland, sondern auch die eigenen Theologen stellen fest, dass der Volkskirche das Volk abhanden gekommen ist.

Die Stabilität der Volkskirchen hat wenig mit einer überzeugenden Theologie oder Frömmigkeit zu tun, dafür umso mehr mit Brauchtum und Finanzen. Das Brauchtum aber kann, wie die Verhältnisse in den neuen Ländern vor Augen führt, sehr leicht abbröckeln. In der früheren DDR bezeichnete man dies euphemistisch als „Minorisierungsprozess“, was nichts anderes bedeutet, als dass die Kirche auf dem Rückzug in eine Minderheitenposition war. Dieser Prozess wurde von der Partei und anderen Massenorganisationen gewollt und dem hatten die Kirchen nicht viel entgegenzusetzen. Der von den Kirchen selbst proklamierte Kampf um die Konfirmation als Alternative zur staatlich gewollten Jugendweihe ging negativ für die Kirchen aus. Bei der Wende wurde von westlicher Seite das Finanzierungssystem der Kirchensteuer auch in den neuen Bundesländern eingeführt, obwohl der Mitgliederbestand diese Form der Kirchenfinanzierung eigentlich nicht geraten erscheinen ließ. Aber auf dem Feld der Finanzen hat sich das „Unverhältnis“ zwischen Landes- und Freikirchen deutlich erhalten.

Die Landeskirchen haben sich sowohl durch die Kirchensteuer als auch durch zusätzliche kommunale oder andere staatliche Zuwendungen ein finanzielles Übergewicht geschaffen, das es ihnen erlaubt, nicht nur große Verwaltungsapparate zu unterhalten, sondern auch überall als gesellschaftliche Großorganisation präsent zu sein. Sie sind mit hochqualifizierten Experten in der Lage, eigene wissenschaftliche Institute und eine bedeutende Zahl spezialisierter Sonderpfarrämter zu betreiben, ganz zu schweigen davon, dass sie auch auf den Sachverstand der von den einzelnen Bundesländern mit den Steuergeldern aller Bürger unterhaltenen theologischen Fakultäten zurückgreifen können. Es sei auch ausdrücklich betont, dass alle Kirchen – auch die Freikirchen – von den kirchlichen Experten und den theologischen Fakultäten in vielfacher Weise profitieren. Die Landeskirchen teilen in vorbildlicher und großzügiger Art und Weise ihre Einsichten mit anderen und geben auch Freikirchlern daran Anteil. Sie praktizieren damit beispielhaft evangelische Freiheit, auch wenn sie bei bestimmten Gelegenheiten ihre eigenen Interessen handfest verteidigen.

Gleichwohl stimmen die Relationen nicht, wenn man sich vor Augen hält, dass in den Freikirchen große finanzielle Opfer von den Mitgliedern verlangt werden, um die kirchlichen Werke, Seminare, Gemeindezentren und Verwaltungen zu finanzieren. Zwar akzeptieren auch die Freikirchen im Bereich der Diakonie und der Jugendarbeit staatliche finanzielle

Zuwendungen. Doch bestehen keine Staats-Kirchen-Verträge, so dass Freikirchen gar nicht in den Genuss weiterer finanzieller Unterstützungen durch Bund, Länder oder Kommunen kommen können. Auch lässt sich bei ihnen eine große Zurückhaltung gegenüber derartigen Verbindungen feststellen. Die Furcht, in eine Abhängigkeit vom „Staat" geraten zu können, ist aufgrund geschichtlicher Erfahrungen im Umgang mit religiös gebundenen „Obrigkeiten" tief verwurzelt. Deshalb und wegen der nur geringen Mitgliederzahlen werden die Freikirchen auch in Zukunft auf eine Kirchensteuer verzichten. Diese erweist sich auch bei den Religionsgemeinschaften, die von dem Recht auf staatlichen Einzug der Kirchensteuer Gebrach machen, als zweischneidig. Abgesehen davon, dass es an einer grundgesetzlichen Absicherung der Kirchensteuer als Annexsteuer zur Einkommenssteuer fehlt, erweist sie sich auch als Damoklesschwert über den Kirchen; denn jede Absenkung der Einkommenssteuer oder jede Verlagerung von den direkten auf die indirekten Steuern hat verheerende Auswirkungen auf das kirchliche Steuereinkommen. Die Religionsgemeinschaften, die sich über eine Kirchensteuer finanzieren, können gar kein Interesse an einer Steuersenkung haben, weil sie dann den Ast, auf dem sie sitzen, abschneiden lassen würden.

Im Blick auf die Freikirchen muss man aber doch die Frage stellen dürfen, ob es im Zusammenhang mit staatlichen finanziellen Zuwendungen so verkehrt wäre, wenn sie von einem Staat, der nicht mehr religiös gebunden, sondern durch das Grundgesetz zu religiöser und weltanschaulicher Neutralität verpflichtet ist, eine Gleichbehandlung mit den beiden Großkirchen verlangen würden? Man wird freilich nicht übersehen dürfen, dass bestimmte finanzielle Leistungen des Staates gegenüber den „Großkirchen" aus alten Rechten abgeleitet werden, auf die seitens der Freikirchen kein Anspruch besteht. Aber solche Rechte, die häufig bis zum Reichsdeputationshauptschluss 1803 zurück reichen, können ja nicht ewig ihre Geltung behalten.

Weil die Landeskirchen über vergleichsweise enorme Geldmittel verfügen und einen weiträumigen und engmaschigen Betreuungsapparat aufgebaut haben, der von freiwilligen Opfern gar nicht finanziert werden könnte, ist die Stabilität noch immer gesichert. Denn die Kirchen sind als einer der größten Arbeitgeber der Bundesrepublik in Pflicht genommen, und selbst wenn sie es wollten, könnten sie gar nicht von heute auf morgen ihre Strukturen ändern. Damit aber bleibt das „Unverhältnis" zementiert.

Die Freikirchen waren einst angetreten, um gegen den Strom zu schwimmen. In ihnen sammelten sich vom Evangelium ergriffene Menschen, die sowohl gegen die geistlichen als auch die sozialen Missstände in den Gesellschaften ankämpften. Nachfolge erwies sich als kostspielig und keineswegs als eine billige Angelegenheit. Vom Evangelium empfing man befreiend-emanzipatorische Einsichten, und der Geist Gottes leitete zu erneuerter Frömmigkeit an, die soziale Probleme wahrnehmen und Randgruppen der Gesellschaft – die Mühseligen und Beladenen – in den Blick nehmen ließen.

Die Freikirchen in Deutschland stehen vielfach in der Versuchung, einer „Seelenlastigkeit" anheim zu fallen. Häufig wird ein enges, auf das „Seelenheil" eines Individuums abzielendes Christentum propagiert; in Evangelisationen ist man oft genug auf eine einmalige, individuelle Entscheidung fixiert. Über das soziale Zeugnis und innovative Sozialprogramme wird zu wenig nachgedacht. Die vielfältigen diakonischen Einrichtungen bleiben daher zu häufig ohne eine theologisch-theoretische Unterfütterung. Evangelisation steht in der Gefahr, ihrer Ganzheitlichkeit entkleidet und auf einen kleinen Teilbereich menschlichen Individuallebens begrenzt zu werden. Außerdem sind die Freikirchen gegenwärtig der Gefahr ausgesetzt, sich einer theologisch und sozial konservativen Ausrichtung zu verschreiben. Freikirchen zeigen sich sehr anfällig für den Ansturm des aus den USA inspirierten und international operierenden Fundamentalismus. Dass es unter den Gemeinden der „Konferenz für Gemeindegründung" so viele „freie" Baptistengemeinden gibt, lässt die Anfälligkeit deutlich werden.

Der Frage, welche Rolle den Freikirchen als Kirchen in einer freien Gesellschaft zukommt, wird allerdings mehr Aufmerksamkeit gewidmet als noch vor dreißig Jahren. Was bedeutet es heute, unter den Bedingungen einer freiheitlichen Demokratie, die im angloamerikanischen Raum ganz wesentlich von freikirchlichen Gedanken mit hervorgebracht worden ist, und unter den Bedingungen der Ära nach dem Holocaust Freikirche zu sein? In Deutschland sind die äußeren Bedingungen für Freikirchen noch nie so günstig gewesen wie nach dem Zweiten Weltkrieg oder wie im Zuge der Säkularisierung, und dennoch ist keine „Theologie der Freiheit“ oder „Theologie der radikalen Nachfolge“ entwickelt worden, die den Freikirchen und ihren Gliedern gezeigt hätte, was es heute bedeutet, gegen den Strom zu schwimmen. Ansätze dazu gibt es bei den Mennoniten.[360]

Freikirchen haben bisher kein überzeugendes Beispiel für ihre innere Freiheit liefern können. Sie wirken im Gegenteil bieder, brav und angepasst oder kleinlich in ihren internen Auseinandersetzungen und von einem Harmoniebedürfnis geprägt, das eine offene Auseinandersetzung scheut. Deshalb wenden sich viele kritische Geister unter ihrem Nachwuchs in großer Zahl von ihnen ab. Sie tun es auch, weil es weder theoretisch noch praktisch gelingen will, das Kapital der zweifellos vorhandenen persönlichen Frömmigkeit einzusetzen, um selbstlos der Welt zu dienen. Es fehlt eine glaubwürdige, gelebte Frömmigkeit, die Menschen und Gemeinden heilt und sie furchtlos und mutig die sozialen und politischen Fragen der Gesellschaft anpacken lässt. Freikirchen haben es inzwischen begriffen, dass sie aus der Pluralität ihrer Existenzweise notwendige Folgerungen ziehen. Denn die brennende Frage, was die Einheit der Kirche Jesu Christi gegenüber der Vielzahl der (Frei)Kirchen bedeutet, haben sie im Blick auf die VEF im Sinne einer gelebten und versöhnten Verschiedenheit beantwortet. Sie sind als zahlenmäßig kleine Kirchen gefordert, diese überzeugende Form ökumenischen Miteinanders verschiedener Kirchen für sich selbst und für andere Kirchen und die Gesellschaft als Ganze noch deutlich sichtbarer zu leben und in Erscheinung treten zu lassen. Man wird schließlich auch nicht vergessen dürfen, dass die Freikirchen zu den re-

---

[360] Vgl. Heinold Fast, Beiträge zu einer Friedenstheologie, Maxdorf 1982 oder die Dissertation von Fernando Enns, der auch das ökumenische Programm zur Überwindung der Gewalt angeregt hat, Friedenskirche in der Ökumene. Mennonitische Wurzeln einer Ethik der Gewaltfreiheit, Göttingen (V&R) 2003. Ansätze gab es einmal, als z. B. der baptistische Oncken-Verlag das Buch von Harvey Cox, Der Christ als Rebell, herausbrachte. Bei den Methodisten wird das „soziale Bekenntnis“ immer wieder fortgeschrieben. Die „Dekade zur Überwindung von Gewalt – Kirchen für Frieden und Versöhnung“ hat bislang allgemein wenig Echo ausgelöst.

formatorischen bzw. nachreformatorischen Kirchen gehören, die zweifellos eine geistig-geistliche Nähe zu den aus der Reformation hervorgegangenen Landeskirchen besitzen. Es geht heute nicht mehr um Abgrenzungen, sondern um die Notwendigkeit, Gemeinsamkeiten auszuloten und dann auch das gemeinsam zu tun, was eint. Dabei ist eine „Einheitskirche" nicht anzustreben, wohl aber Kanzel- und Abendmahlsgemeinschaft auf der Grundlage eines gemeinsamen Verständnisses des Evangeliums von Jesus Christus.

In der Geschichte sind die Freikirchen häufig der Häresie bezichtigt worden. Um die rechte Lehre ist viel mit den Freikirchen und auch in ihnen selbst gestritten worden. Auffallend gering ist in allen Kirchen die Bereitschaft ausgeprägt, sich mit „ethischer Häresie" (Visser t'Hooft) auseinander zu setzen. In den Freikirchen sind „Lehre" und „Leben" vielfach auf einen rein individuellen Ansatz begrenzt worden. Wer sich der Norm nicht anschließt oder wer gegen die vermeintlich christlichen Sitten verstößt, gerät leicht in Verdacht und verfällt der Gemeindezucht. Was bedeutet es aber, wenn in unserer Welt durch sündige Strukturen zu ethischer Häresie angeleitet wird, ja wenn der gesamte Lebensstil auf sündigen Voraussetzungen beruht und so zu immer neuen sozialen Sünden gegen Gerechtigkeit, Frieden und Bewahrung der Schöpfung Anlass gibt?

Müssten nicht gerade die Freikirchen als christliche Gemeinden bewusster Nachfolger Jesu Christi eine alternative Gemeinschaft in der Gesellschaft sein, die gegen solche sündigen Strukturen kämpft? Was aber bedeutet es, diesen Kampf zu unterlassen? Aus der Geschichte der Freikirchen kann die Antwort nur lauten, dass es bedeutet, den „öffentlichen" Geist Gottes zu dämpfen. Dies, so muss man nüchtern konstatieren, geschieht in breitem Ausmaß in den deutschen Freikirchen. Deshalb zeigen sich gerade Freikirchen so anfällig für fundamentalistische Strömungen, die indes keineswegs „bibeltreu" sind, wie sie vorgeben, sondern auf rein rationalistischen Voraussetzungen beruhen und stets zu rechthaberischen Separationen führen. Würde der Geist Gottes nicht gedämpft, könnten die Freikirchen sich als wahrhaft „frei" erweisen, die ihr Erbe treu verwalten, denn wo der Geist Gottes weht, da herrscht Freiheit.

Stammbaum der Freikirchen

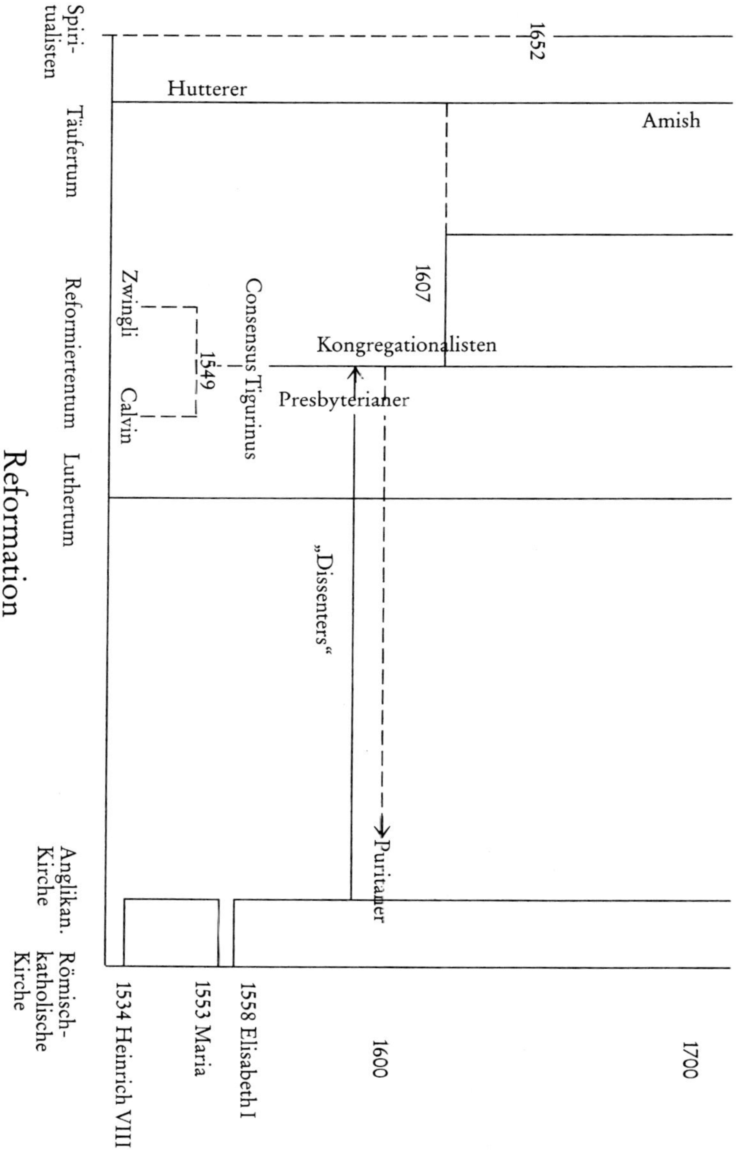

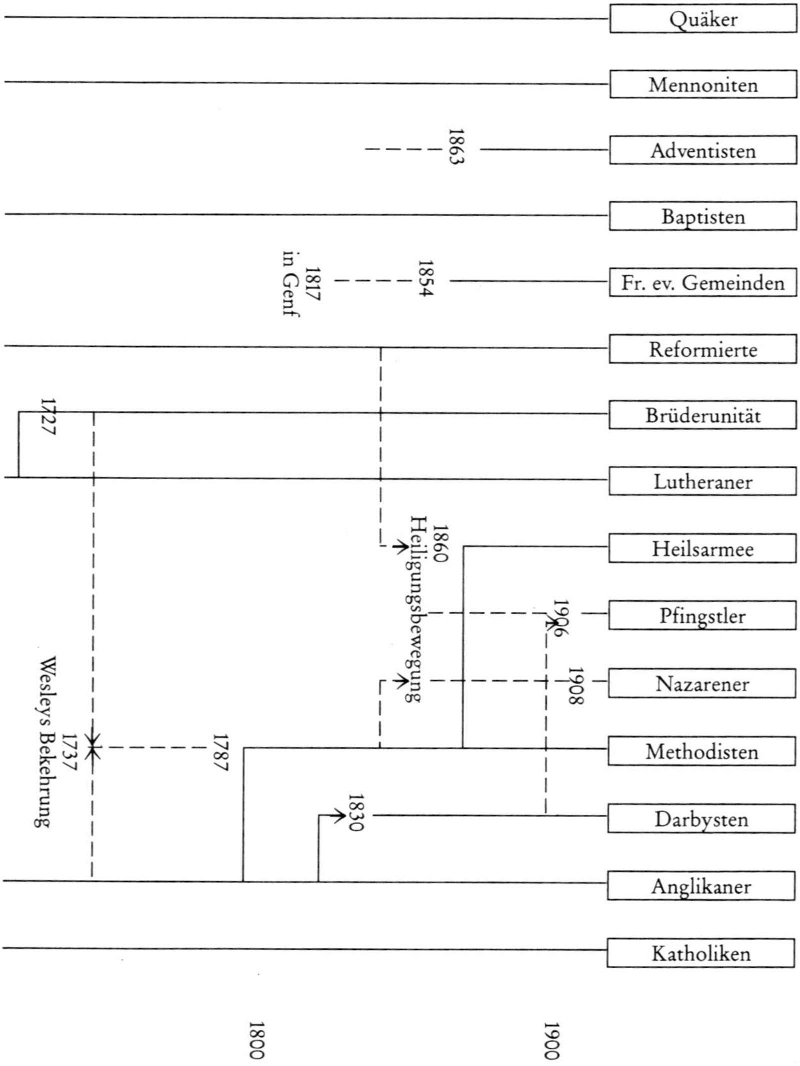
Quäker
Mennoniten
1863
Adventisten
Baptisten
1817 in Genf
1854
Fr. ev. Gemeinden
Reformierte
1727
Brüderunität
Lutheraner
1860 Heiligungsbewegung
Heilsarmee
1906
Pfingstler
1908
Nazarener
1737 Wesleys Bekehrung
1787
Methodisten
1830
Darbysten
Anglikaner
Katholiken
1800
1900

Ausgewählte Literatur

Außer den einschlägigen konfessions- bzw. kirchenkundlichen Werken von Konrad Algermissen, Wilhelm Bartz, Erwin Fahlbusch, Friedrich Heyer, Hubert Kirchner, Peter Meinhold, Hans-Beat Motel, Andreas Rössler und dem Handbuch „Religiöse Gemeinschaften" der VELKD sei verwiesen auf die ältere Buchreihe „Die Kirchen der Welt"; darin:

Band 2 Die Baptisten
Band 5 Die Brüder-Unität
Band 6 Der Methodismus
Band 7 Die Pfingstkirchen
Band 8 Die Mennoniten
Band 14 Die Quäker.

Ferner:

VEF (Hg.), Freikirchenhandbuch. Informationen – Anschriften – Texte – Berichte, Wuppertal (Brockhaus) 2004.

Karl Heinz Voigt, Freikirchen in Deutschland (19. und 20. Jahrhundert), Kirchengeschichte in Einzeldarstellungen Bd. III/6, Leipzig (Evangelische Verlagsanstalt) 2004.

Fortlaufende, detaillierte Bibliographien finden sich in den Jahrbüchern des Vereins für Freikirchenforschung, 1992ff.